Biologisch und giftfrei gärtnern

Ingrid Gabriel

Biologisch und giftfrei gärtnern

BUCH UND ZEIT
BZ

Buch und Zeit Verlagsgesellschaft mbH · Köln

ISBN 3-8166-9451-9

Titelbild: F. Jantzen
Fotos und Zeichnungen: Atelier Gabriel, Wiesbaden
Fotos: Ingrid Gabriel und Ruth Matthias
Zeichnungen: Ingrid Gabriel: Seite 10, 12, 15, 21, 40, 92, 149 unten, 150, 173, 177, 180, 182, 184, 185, 188, 204, 207, 222, 230, 232
Theresa Verspohl: Seite 29, 39, 57, 63, 83, 89, 102, 104, 149 oben, 169
Marianne Viertel: Seite 50, 52, 53, 66, 73, 88, 116, 117

Gesamtherstellung: Ebner Ulm
1999945183X7 2635 4453

Inhalt

Vorwort

Warum wachsen die Bäume im Wald? Sie werden nicht von Menschen gedüngt und werden doch groß und stattlich.
Sind die Bäume ihre eigenen Gärtner? Ja, die Bäume erhalten den Boden, in dem sie wurzeln, seit Tausenden von Jahren fruchtbar. Und dabei stehen sie nur einfach so da. Aber während sie herumstehen, lassen sie im Herbst Blatt für Blatt zur Erde fallen, Nadelgehölze einen Teil ihrer Nadeln. Damit bedecken die Bäume den Boden. Die Blätter und Nadeln schützen ihn vor Austrocknung, vor Kälte, direkter Sonnenbestrahlung, Auswaschung durch Regengüsse und Erdbewegung durch Sturm und Wind.
Die Blätter und Nadeln schützen gleichzeitig die vielfältigen Bodenorganismen, wie Einzeller, Pilze, Algen, Bakterien und Regenwürmer. Diese ernähren sich von den abgestorbenen Blättern, lockern den Boden und führen ihm mit ihren Exkrementen wertvollen Humus zu. Viele dieser winzigen Organismen binden den Stickstoff aus der Luft im Boden.
Auf der lockeren Humusschicht können sich kleine und größere Pflanzen entwickeln, deren Samen entweder vom Wind angeweht oder von Vögeln mitgebracht worden sind.
Die Vögel überlassen wiederum ihre Exkremente dem Boden zur Verrottung, sie picken von den Bäumen schädliche Insekten, die gar keine Schädlinge werden können, weil sie rechtzeitig von Vögeln und anderen nützlichen Lebewesen dezimiert werden.
So grünt und blüht es im Wald unentwegt; auch damals war es nicht anders, als der Mensch noch Sammler von Beeren, Blättern und Wurzeln war und Jäger.
Selbst als der Mensch anfing, Ackerbau und Viehzucht zu betreiben, kannte er die Gesetze der Natur noch in solchem Maße, daß er die Erde pflegte und nicht ausbeutete. Er war noch so mit der ihn umgebenden Natur verbunden, daß er ein Teil ihrer selbst war.
Das war aber nur anfänglich. Schlagartig mit dem Auftreten des Ackerbaus gab es weltweit heilige Stätten, deren Priester den Bauern sagten, wann sie säen und ernten sollten und wie der Boden in seiner Fruchtbarkeit erhalten werden konnte. Bis dahin gab es Totenkulte, mit dem Beginn des Ackerbaues wurden Fruchtbarkeitskulte zelebriert. Durch Jahrtausende ging das gut. Doch allmählich wurde die Weisheit der Priester zu bloßer Überlieferung. Man handhabte die Dinge so, weil man es schon immer so machte, aber man wußte nicht mehr warum. Und weil man es nicht mehr wußte, vergaß man auch manches. Dafür ergänzte das erwachende Selbstbewußtsein der Menschen Vergessenes und – machte Fehler.
So schildert Plato, wie die Berghänge Griechenlands ursprünglich bewaldet waren, bis man den Wald zu roden begann und die fruchtbare Erde, von Regen und Wind fortgerissen, in den Tiefen des Meeres, das Griechenland umspült, verschwand. Ähnlich geschah es in Italien zur Zeit des alten Roms, im Spanien Philipps II.
In Mitteleuropa erhielt man die Fruchtbarkeit des Bodens lange durch Fruchtfolge oder Dreifelderwirtschaft, indem man auf einem Feld in einem Jahr Wintergetreide anbaute, im nächsten Sommergetreide und im dritten Jahr das Feld brach liegen ließ. Im darauffolgenden Jahr hatte sich das Land so erholt, daß man wieder Getreide anbauen konnte.
Justus von Liebig schildert, wie noch im vorigen Jahrhundert in Japan alles dem Boden zurückgegeben wurde, was der Mensch ihm jeweils entnommen hatte, und die Japaner Kompostwirtschaft betrieben. Die Chinesen arbeiten bis heute nach einer ähnlichen Methode.
Justus von Liebig wird auch heute noch von den Verfechtern der Agrikulturchemie (einem Zweig der angewandten Chemie) hoch gepriesen und noch immer von vielen als Begründer der jetzigen Anbaumethoden angesehen.
Justus von Liebig selbst sagte darüber: „Was mich entschuldigen dürfte, ist der Umstand, daß der Mensch das Kind seiner Zeit ist . . . Die Ansicht, daß die Pflanzen ihre Nahrung aus einer Lösung entnehmen, die sich im Boden durch das Regenwasser bildet, war aller Ansicht. Sie

war mir ins Fleisch gewachsen. Diese Ansicht war falsch und die Quelle meines törichten Verhaltens gewesen. Wenn der Chemiker in der Beurteilung von landwirtschaftlichen Düngern Fehler und Verstöße begeht, so darf man sie ihm nicht allzu hoch anrechnen, weil er seine Schlüsse in diesen Fällen auf Tatsachen begründen muß, die er nicht aus eigener Erfahrung kennen kann, sondern aus landwirtschaftlichen Schriften als wahr und zuverlässig entnimmt. –"
Er war im letzten Drittel seines Lebens ein eifriger Verfechter des biologischen Land- und Gartenbaus, aber man hörte nicht auf ihn oder schwieg sein eigentliches Anliegen tot.

Etwas mehr als 50 Jahre nach dem Tod von Justus von Liebig hielt auf dem Gut Koberwitz in Schlesien Rudolf Steiner, der Begründer der Anthroposophie, acht Vorträge über „Geisteswissenschaftliche Grundlagen zum Gedeihen der Landwirtschaft" (1924). Die zuhörenden Landwirte griffen das Gehörte sofort begeistert auf und entwickelten aus dem Vorgetragenen die biologisch-dynamische Landwirtschaft.
Im Zusammenhang mit dem biologischen Land- und Gartenbau sind weitere Namen zu nennen: In England May E. Bruce und Howard; aus der Abtei Fulda die Benediktinerin Laurentia Dombrowski, die das Buch von Miss Bruce übersetzte, das 1955 unter dem Titel „Gartenglück durch Schnellkompost" erschien. Schwester Laurentia war unermüdlich tätig, den naturgemäßen Land- und Gartenbau zu fördern.
Der Arzt und Biologe Hans Peter Rusch erkannte nach dem Zweiten Weltkrieg, wie wichtig die Bakterien bei allen Lebensvorgängen sind. Er wurde der Berater des Schweizers Hans Müller, der sich um den biologischen Landbau in der Schweiz verdient gemacht hat. Rusch ging es um die lebendigen Kräfte und deren Erhaltung. Auch Justus von Liebig hatte im 19. Jahrhundert bereits auf diese Kräfte hingewiesen, und Rudolf Steiner hatte in den zwanziger Jahren dieses Jahrhunderts eine Gruppe von Landwirten dazu gebracht, mit diesen Kräften zu arbeiten.
Ein bekannter Pionier auf diesem Gebiet ist der 1972 verstorbene Landschaftsarchitekt Alwin Seifert, der in seinen eigenen Gärten den biologischen Weg ausprobierte.
In der Bundesrepublik kommt heute ein biologischer landwirtschaftlicher Betrieb auf 12000 konventionell geführte, in der Schweiz auf einen biologisch geleiteten Hof 300 wie bisher üblich bewirtschaftete. In den USA gibt es mehr als 24000 „organic farms", wie biologisch betriebene Farmen dort heißen. In den Privatgärten der Bundesrepublik werden immerhin fast zu 60% Naturdünger verwendet.
Seit Koberwitz mußten erst weitere 50 Jahre vergehen, ehe Pestizide in den Nahrungsmitteln und der Muttermilch, „umkippende" Gewässer, weltweit stagnierende Ernten und vieles andere die Menschheit wachzurütteln begannen.
Die Hälfte der Fläche von Schleswig-Holstein steht uns in der Bundesrepublik als Gartenland zur Verfügung. Man bedenke: Fast genauso groß ist der asphaltierte Boden der Straßen und Autobahnen. Soviel Gartenland ist es also nicht. Aber wenn wir es herauslösen aus diesem Teufelskreis: unharmonische Bodenzusammensetzung, Vermehrung von Schädlingen, Einsatz von Pestiziden, Mitvernichtung der Nützlinge, Resistenz der Schädlinge, mehr Pestizide, höhere Düngergaben, noch weniger Gleichgewicht in der gesamten Natur; wir könnten Oasen der Fruchtbarkeit schaffen, von denen die Gesundung ausginge. Nicht nur der Boden würde gesunden, denn ein fruchtbarer, gesunder Boden läßt auch Pflanzen, Tiere und Menschen gedeihen.
Heute könnte man sagen: „Was nützt das alles?" Erde und Atmosphäre sind so mit Schadstoffen belastet, daß es auf 7000 Quadratkilometer schadstofffreies Gartenland auch nicht mehr ankommt.
Gegen solch eine Mutlosigkeit läßt sich vieles einwenden. Wenn man beispielsweise vor 20 Jahren in einem Gespräch durchblicken ließ, man esse soweit wie möglich biologisch gezogenes Obst und Gemüse, dann lächelte alles mitleidig. Heute fahren die Menschen viele Kilometer weit, wenn sie die Anschrift eines biologisch, biologisch-dynamisch oder orga-

nisch-biologisch arbeitenden Gärtners oder Bauern ausfindig gemacht haben, um für ihre Kinder und sich Gemüse, Kartoffeln und Obst zu kaufen.
Es stellen immer mehr Gärtner und Landwirte ihre Betriebe auf biologischen Anbau um, weil der sogenannte Kunstdünger immer teurer wird. Er muß nämlich unter Verwendung des kostbaren Erdöls hergestellt werden. Diese Art der Düngung erfordert außerdem immer intensivere Schädlingsbekämpfung, die für den Landwirt kaum noch zu bezahlen ist.
Was ist nun aber biologischer Gartenbau? Jeder Pflanzenbau sei biologisch, so wird oft argumentiert. Assimilation und Photosynthese verlaufe bei den Pflanzen unabhängig davon, ob chemischer Pflanzenschutz, synthetischer Dünger oder biologische Anbauweise im Spiel sind.
Das griechische Wort „bios“ heißt Leben. Biologisch bedeutet soviel wie den Gesetzen des Lebens entsprechend. Wer biologischen Garten- oder Landbau betreiben will, muß die Gesetze des Lebendigen erkennen und nach ihnen handeln. Mit anderen Worten: Wir müssen umdenken.
Das, was im ersten Augenblick wie ein strenges Müssen, ein Zwang aussieht, entwickelt sich nach kurzer Zeit, wenn wir erst einmal in das Zentrum des lebendigen Geschehens in der Natur vorgestoßen sind, zu viel mehr Freiheit. Dieses Zentrum der biologisch gesunden Natur ist das organische Bodenleben. Dieses reicht von winzigen Einzellern bis zu den wirkungsvollen Regenwürmern. Bieten wir diesen milliardenfachen Kleinlebewesen Schutz, Unterstützung und Nahrung, dann entwickeln sie sich in kurzer Zeit zu unseren emsig tätigen Helfern. Sie sorgen für die Umwandlung aller organischen Abfälle in wertvollen Humus, für Fruchtbarkeit und gesundes Wachstum.
Die Grundlagen und Mindestmaßnahmen im biologischen Garten sind schützende Heckenanlagen, Bodenbedeckung und Kompostzubereitung. Alle weiteren Maßnahmen dienen der Beschleunigung der Naturvorgänge, denn die Anreicherung des Bodens mit stabilen Humuskomplexen vollzieht sich in der sich selbst überlassenen Natur innerhalb von einigen Jahrhunderten.
So lange können wir nicht warten. Deshalb regen wir mit bestimmten Mitteln die Tätigkeit der Bodenorganismen an, sorgen für ihre schnelle Vermehrung, berücksichtigen kosmische Wirkungen und schalten schädigende Einflüsse soweit wie möglich aus. Das kleine Reich eines Gartens wird so zu einem in sich geschlossenen lebendigen Organismus, in dem sich uns die ganze Welt erschließen kann.
Für viele Gartenbesitzer, die nicht nur ihre Freude an einem Ziergarten haben möchten, ist es wichtig, daß ein Garten kostensparend ganz oder teilweise das Obst und Gemüse für die Familie liefert.
Der biologisch bearbeitete Garten bietet dafür die günstigsten Voraussetzungen. Er ist bei richtigem Einsatz aller Helfer im Garten, die sich als Bodenorganismen und Pflanzen kostenlos zur Verfügung stellen, wenig arbeitsintensiv; man braucht nicht viel für Düngemittel auszugeben und spart ganz und gar die Mittel für die Schädlingsbekämpfung.
Dazu kommen Werte, die sich in Zahlen nicht ausdrücken lassen. Die geernteten Nahrungsmittel schmecken hervorragend. Das bringt einen Gewinn an Freude und Appetit. Außerdem sind Gemüse und Obst aus dem biologischen Garten gesundheitsfördernd. Die bessere Gesundheit fördert die Lebensfreude, erfordert weniger Kosten und bringt größeren Schaffensdrang mit sich.
Die artenreiche Tierwelt im biologischen Garten, das Beobachten der Naturzusammenhänge und der gesund heranwachsenden Pflanzen bringen Erwachsenen und Kindern so viele Erlebnisse, die abseits von Lärm und Abgasen der Städte, Fabriken und Straßen auch zu seelischer Gesundung führen.
Wie gesund körperliche Betätigung in frischer Luft für jeden Menschen ist, weiß heute jeder. Da wir Städter jedoch körperliche Arbeit kaum gewöhnt sind, ist es wichtig, daß man die Gartenarbeit so einteilt, wie es die jeweilige Konstitution, Gesundheit und Alter erlauben. Übertreibungen sind ungesund und auch keineswegs nötig.

Dieses Buch vermittelt neben den selbstverständlichen Grundkenntnissen auch alle zur Zeit bekannten Spezialkenntnisse auf dem Gebiet des biologischen Gartenbaus. Es ist empfehlenswert, das Buch erst einmal ganz durchzulesen, damit die Zusammenhänge bekannt sind, ehe man sich dem zuwendet, was im Augenblick an Gartenarbeit erforderlich ist.

Bodenschichten: Oben die Rotteschicht (etwa 5 cm), in der Kleinlebewesen organische Abfälle zerkleinern. In der darunterliegenden Humusschicht (10 bis 30 cm dick) wird von anderen Bodenlebewesen das zerkleinerte Material für die Aufnahme durch die Pflanze zubereitet. Hier entstehen die dauerhaften Humuskomplexe.
Unter der Humusschicht finden wir die Mineralschicht (bis etwa 2,50 m) vor, die aus verwittertem Gestein besteht. In dieser Schicht wird die Zahl der Bodenorganismen mit zunehmender Tiefe immer geringer. Darunter liegt Felsgestein.

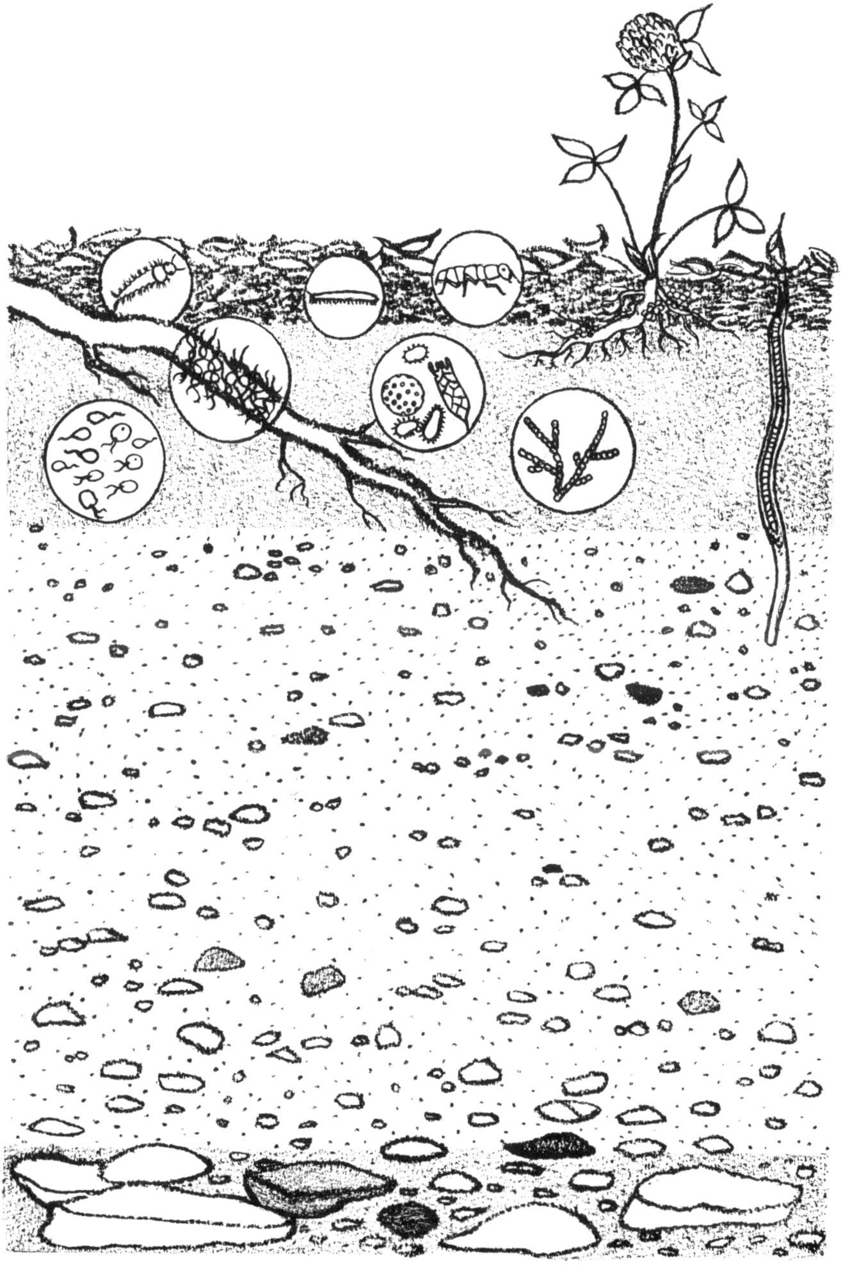

Anlage des Gartens

Wer in der glücklichen Lage ist, auf einem Stück Land einen Garten anzulegen, kann die günstigsten Bedingungen für einen biologischen Garten schaffen.
Soll auf dem Stück Land ein Haus gebaut oder das Gelände umgestaltet werden, läßt man von der beauftragten Baufirma zuallererst die obere dunkle Bodenschicht, den Mutterboden, abtragen. Dazu ist unbedingt trockenes Wetter nötig. An einer Stelle des Geländes, die nicht vom Bau oder der Umgestaltung betroffen ist, schichtet man diesen Boden bis zu 1,50 m hoch auf. Um sein strukturelles Gefüge zu erhalten, vermischt man ihn vor dem Aufschichten mit Alginure Bodengranulat (ca. 500 g je m^3).
Alginure ist ein Präparat aus organisch gebundenen Kohlenstoffen, wie sie im Boden und in jeder Pflanze zu finden sind. Ohne diese Kohlenstoffe gibt es keine belebte Natur. Die in Alginure enthaltenen primären Bodenaufbaustoffe, die Polyuronide, fördern die biologische Aktivität. Der Übergang zwischen Boden und Pflanzenwurzel wird durch eine halbdurchlässige Polyuronid-Membrane bewerkstelligt. Die organisch gebundenen Aufbaustoffe sorgen für Krümelung des Bodens, Pufferung bei zu großem Nährstoffangebot für die Pflanzen, sie fördern das Anwachsen der Pflanzen und deren Bewurzelung, sie schließen Nährstoffe auf, regulieren den Wasserhaushalt und schützen vor Pflanzennährstoffverlust.
Zusätzlich zu diesen Maßnahmen sät man auf der Miete aus Muttererde schnell begrünende

Alte Bäume und Büsche sollen in neu angelegten Gärten stehenbleiben. Sie sorgen für hohe Luftfeuchtigkeit und an heißen Sommertagen für 3–4 °C kühlere Luft, die an den Hauswänden hochstreicht. Im Laubwerk werden Staubpartikel gebunden.

Leguminosen (Hülsenfrüchtler), wie Futtererbsen, Sommerwicken oder Bitterlupinen aus. Auch Gelbsenf eignet sich sehr gut. Später mäht man diese Pflanzen ab und läßt sie als schützende Bodenbedeckung auf der Miete liegen.
Bei der Vorbereitung des Geländes für Haus und Garten ist auch zu bedenken, ob vorhandene ausgewachsene Bäume stehenbleiben können. Ein größerer Laubbaum verdunstet bei guter Wasserversorgung bis zu 500 Liter Wasser am Tag. Diese Luftbefeuchtung schafft zusammen mit Staubbindung und Beschattung eine spürbare Verbesserung des Kleinklimas. Fällt man beispielsweise eine 100jährige Buche, so müßte man etwa 2700 Jungbäumchen anpflanzen, um die gleichen günstigen kleinklimatischen Verhältnisse zu schaffen.
Bevor man mit dem Hausbau beginnt, sollte man auch schon die Gartenanlage planen. Für einen kleinen Garten kann man selbst einen Plan ausarbeiten, für einen größeren ist ein Gartenarchitekt zu Rate zu ziehen und auf jeden Fall eine Gartenbaufirma. Oft werden die eigenen Kräfte und Möglichkeiten überschätzt, denn eine gute Gartenanlage erfordert Maschinen, die die Erdmassen dorthin bringen, wo sie gebraucht werden. Außerdem haben Fachleute eine Menge Erfahrungen, die man sich zu Nutze machen kann. So müssen Nachbarschaftsrechte sowie die Umgebung des Gartens berücksichtigt werden, etwa hohe oder niedrige Häuser, Straßenlage, Wege, umliegende Gärten oder Landschaft, die Nord-Süd-Richtung, feuchte Stellen auf dem Gelände, Gefälle, Wasserführung, Zapfstellen, eine eventuelle Bewässerungsanlage oder ein eigener Brunnen und Stromanschlüsse. Nichts ist kostspieliger in einem Garten als die Ausgleichung von begangenen Fehlern. Bevor man diese Fachleute beauftragt, sollte man allerdings selbst genaue Vorstellungen davon haben, was der eigene Garten enthalten muß und wozu er dienen soll. Schriftliche Aufzeichnungen und Skizzen sind dabei nützlich.
So ist es für eine gute Zusammenarbeit mit dem Gartenarchitekten hilfreich, bereits beim ersten Gespräch sagen zu können, ob man eine Terrasse am Haus wünscht, offen oder als Pergola, einen Zier-, Gemüse- oder Obstgarten oder von allem etwas. Vielleicht wünscht man noch eine Sitzgruppe abseits vom Haus, einen Kinderspielplatz, einen kleinen Teich und ein Gewächshaus. In einen biologischen Garten gehört unbedingt ein günstig gelegener Kompostplatz. Auch das Kräuterbeet darf nicht vergessen werden und die Kinderbeete, denn der Wunsch nach einem eigenen Beet taucht bei Kindern bald auf. Ganz besonders wichtig ist die Hecke, die den Garten einerseits nach außen abgrenzt, andererseits nach innen zu einer schützenden Hülle werden soll.
Ist das Haus gebaut, der Gartenplan aufgestellt, kommt die Gartenanlage an die Reihe. Bei den vorzunehmenden Erdbewegungen ist nicht nur zu bedenken, wo Niveauunterschiede angeglichen werden müssen oder bei abfallendem Gelände ein Teil der Fläche aufzuschütten ist und Böschungen anzulegen sind, damit man an anderen Stellen ebene oder annähernd ebene Flächen erhält. Zu diesem Zeitpunkt ist es auch notwendig, die Hecke zu berücksichtigen, die den Garten möglichst bald nicht etwa bloß vor neugierigen Blicken schützen soll, sondern vor allem vor zuviel Wind, Stürmen und auch vor zuviel Sonneneinstrahlung. Außerdem soll die einmal eingefangene Wärme nicht zu plötzlich wieder abgegeben werden. Durch eine Hecke wird das alle Lebewesen im Garten begünstigende Kleinklima geschaffen, der Austausch zwischen Kälte und Wärme harmonisiert.
In ebenem, baum- und strauchlosen Gelände vermindert die Hecke die Windgeschwindigkeit bis zu 60%, während der Ertrag von angelegten Obst- und Gemüsekulturen um 20% gesteigert wird.
Bei den Bodenbewegungen im Gartengelände ist die Art der Heckenanlage zu berücksichtigen. Es gibt zwei Grundtypen von Hecken. Da ist zuerst die Schnitthecke zu nennen, die längs des Zaunes gepflanzt wird und für die Erdbewegungen noch keine große Rolle spielt. Diese Form der Hecke wird vor allem gewählt, wenn der Garten nicht so groß ist und man den vorhandenen Raum für solche Dinge verwenden will, die einem wichtiger erscheinen als eine breite Hecke.

Pergola mit Holzplattenfußboden und Häuschen für Gartenmöbel.

In der freiwachsenden Hecke wechseln verschiedene Arten von Sträuchern und Bäumen zu Gruppen zusammengefaßt ab. Dadurch wird einerseits ein natürlicherer Übergang zur Umgebung des Gartens geschaffen, andererseits wirkt der Garten von innen unbegrenzt, ähnlich einer Lichtung im Wald. Diese Form der Hecke kann man bereits bei den Erdarbeiten einplanen. Man läßt zur Gartenbegrenzung hin den Boden etwas aufschütten. So kann die Wirkung der natürlichen Hecke noch verstärkt werden. 50 cm Höhe eines um den Garten verlaufenden Walls ergeben eben auch 50 cm mehr Höhe bei der Hecke.

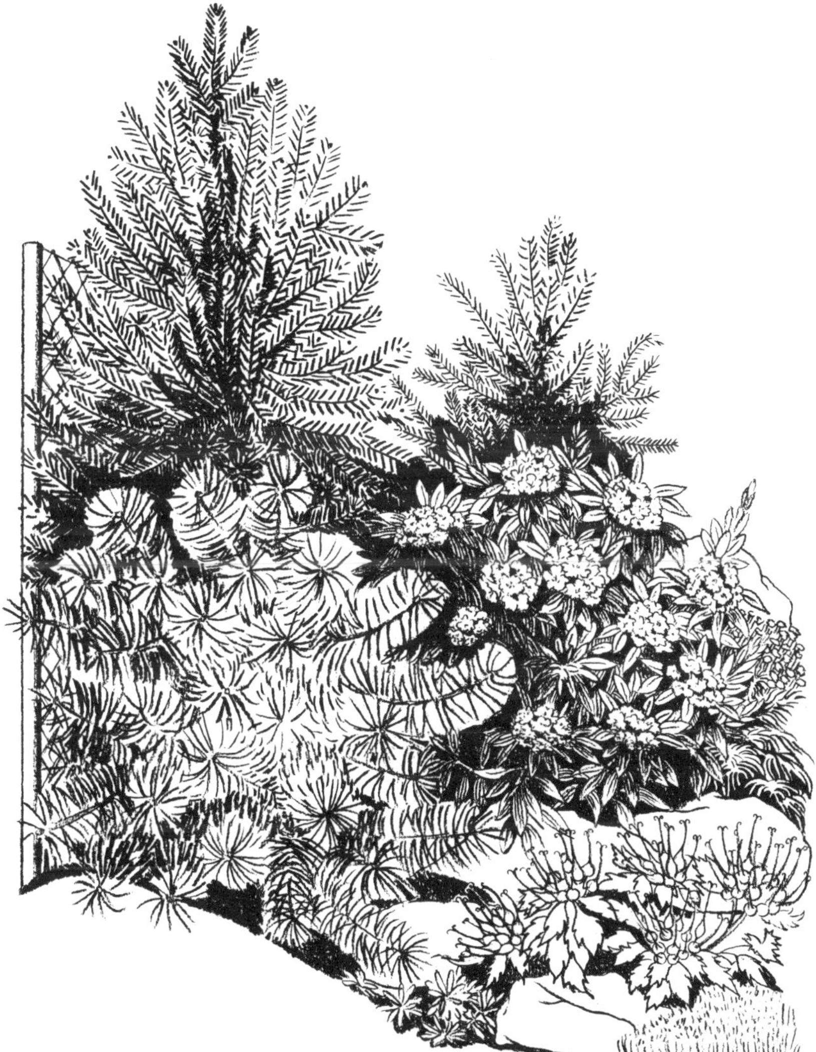

Freiwachsende Hecke am Zaun auf angeschüttetem Wall.

Nach Beendigung der Erdarbeiten besteht der Unterboden vor dem Aufbringen des Mutterbodens aus einer Mischung von Bauschutt und dem vorhandenen Unterboden. Dieses Gemisch ist dazu auch noch in seinem ungünstigsten Zustand: festgetreten, zusammengebacken, undurchlässig, hervorgerufen durch an- und abfahrende Baufahrzeuge, Maschinen und Bauarbeiter, die bei jedem Wetter das Gelände betreten mußten.
Der natürliche Unterboden kann je nach Lage des Gartenlandes aus mittelfeuchtem, durchwurzeltem Boden, aus trockenem Sand, sandigem Lehm, Lehm, schwerem Lehm mit hohem Tonanteil oder aus Ton bestehen. Da alle Maßnahmen der Bodenbearbeitung und die Düngung auf den vorgefundenen Boden abgestimmt werden müssen, ist es gut, wenn man etwas über den Boden weiß, der zur Verfügung steht.

Bodentests

Für einen Bodentest entnimmt man von verschiedenen Stellen aus 20–30 cm Tiefe etwas Erde und mischt die Bodenproben. Diese Mischung kann man verschiedenen Tests unterziehen; es handelt sich um einfache Methoden, die jeder durchführen kann.
Man füllt beispielsweise ein Marmeladenglas mit einer Handvoll Erde und Wasser bis zu dreiviertel seiner Höhe. Dann rührt man alles gut durch. Nachdem die Mischung einige Zeit ruhig gestanden hat, zeigt sich das Ergebnis. Leichter Sandboden sinkt fast ganz auf den Boden. Das Wasser ist kaum getrübt. Schwerer tonhaltiger Lehmboden färbt das Wasser erdig braun und macht es trübe. Nur ein Teil der Erde sinkt auf den Grund. Bei humusreichem Boden wird das Wasser erdbraun, aber durchsichtig. Die Erde setzt sich unten ab, doch auf der Oberfläche schwimmt eine dunkle Humusschicht. Zusätzlich treiben oft kleine fasrige Pflanzenteile im Wasser.
Außerdem bietet sich ein Knettest an. Knetet oder rollt man etwas Erde von der Bodenprobe zwischen den flachen Händen, und die Erde zerfällt, dann handelt es sich um reinen Sand. Lehmiger Sand bindet etwas, aber nicht genug, um eine dünne Rolle herzustellen. Sandiger Lehm läßt sich einwandfrei zu einer dünnen Rolle kneten. Zerdrückt man die Rolle, bleiben zwischen den Fingern einige Körnchen Sand. Lehm kann man gleichfalls zu einer dünnen Rolle formen. Die Oberfläche wirkt stumpf. Lehmiger Ton verhält sich ebenso, glänzt nach dem Kneten jedoch, während Ton sich so weich wie Butter verhält.

pH-Werte

Um jeder Pflanze im Garten den Boden zu geben, den sie für ein normales Wachstum braucht, kann man zusätzlich den Kalktest machen. Dabei wird der pH-Wert (pH = Abkürzung für potentia hydrogenii = Wasserstoffstärke) gemessen. Am Ergebnis der pH-Wert-Versuche läßt sich feststellen, mit welcher Bodenart man zu rechnen hat.

Boden	pH-Wert	zum Beispiel
Ton und Lehm	7,0–7,5	
sandiger Lehm	6,5–6,8	Lößboden (fruchtbarer Boden)
lehmiger Sand	6,0	Buntsandsteinboden
Sand (leicht bis mittel)	5,5–6,0	
Moor	4,5–5,0	

Um den pH-Wert feststellen zu können, gibt es im einschlägigen Handel verschiedene Kalkprüfer, beispielsweise den *Calcitest.* Die Packung enthält ein leeres Glasröhrchen, destilliertes Wasser und ein mit Tabletten gefülltes zweites Glasröhrchen.
Man geht folgendermaßen vor: Von der gemischten Bodenprobe füllt man das leere Glasröhrchen 1 cm hoch, gibt eine Tablette dazu und füllt mit 2½ cm destilliertem Wasser auf. Dann schüttelt man das mit dem eigenen Daumen verschlossene Röhrchen 1–1½ Minuten lang. Anschließend läßt man die Mischung noch 1–2 Minuten ruhen, bevor man die Farbe des Röhrcheninhaltes mit der Farbtafel auf der Packung vergleicht.
Ein leicht ins Grünliche gehendes Gelb deutet auf einen stark sauren Boden (pH-Wert 4). Über die Farben Grün (pH-Wert 5) und Blau (pH-Wert 6), was schwach sauer bedeutet, geht es bis zu Violett (pH-Wert 7), womit neutraler Boden signalisiert wird. Erreicht die entnommene Mischprobe eine violette oder wenigstens blauviolette Färbung, so gehen die Bodenbakterien mit Fleiß ihrer Wandlungsarbeit nach und vermehren sich gut.
Außer dem Kalkprüfer Calcitest gibt es den PEHA-Bodenprüfer und Universal-Indikatorpapier. Bei beiden Methoden der Bodenprüfung entnimmt man dem Boden etwa 100 g Erde aus 30 cm Tiefe und steckt in die gelockerte Erde einen der Papierstreifen (beim PEHA-Bodenprüfer das Ende mit dem Farbfeld) und läßt den Streifen 15 Minuten in der Erde. Dann zieht man den Streifen heraus und prüft anhand der Farbtabelle den pH-Wert. Die Bodenprobe kann zur leichteren Handhabung mit Wasser durchfeuchtet werden. Vorher überprüfe man den pH-Wert des Leitungswassers. Es liegt meist im neutralen oder schwach sauren Bereich und läßt sich verwenden.

Der günstigste pH-Wert des Bodens für gebräuchliche Gartenpflanzen

Beerensträucher

Blaubeere	4,5
Brombeere	6,0
Himbeere	6,0
Johannisbeere	6,75
Kulturheidelbeere	5,0
Preiselbeere	5,25
Erdbeere	6,5

Blumen

Akelei	6,75
Anemonen	6,0
Astern	6,75
Begonien	6,0
Canna	6,75
Chrysanthemen	6,75
Clematis	6,75
Dahlien	6,75
Erika	4,5
Fuchsien	5,5
Gänseblümchen	6,0
Geranien	7,5
Gladiolen	6,75
Hortensien	4,5
Hyazinthen	6,75
Iris	6,75
Kornblumen	6,75
Krokus	6,75
Lilien	6,0
Löwenmäulchen	6,75
Lupinen	6,0
Maiglöckchen	5,25
Margeriten	6,75
Nelken	6,75
Osterglocken	6,0
Petunien	7,5
Pfingstrosen, Päonien	6,75
Phlox	6,0
Primeln	7,5
Rittersporn	6,0
Rosen	6,75
Schneeglöckchen	6,75
Sonnenblumen	6,75
Stiefmütterchen	6,0
Tulpen	6,75
Veilchen	6,75
Vergißmeinnicht	7,5
Wicken	7,5
Zinnien	6,75

Gemüse	
Bohnen	6,25
Blumenkohl	6,75
Endivien	6,75
Erbsen	6,75
Grünkohl	6,75
Gurken	6,75
Knoblauch	6,75
Kohlrabi	6,75
Kürbis	6,0
Mangold	6,75
Meerrettich	6,75
Möhren	6,75
Petersilie	6,75
Porree	6,75
Radieschen	6,75
Rettich	6,75
Rhabarber	6,75
Rosenkohl	7,0
rote Bete	6,75
Rotkohl	6,75
Salat	6,75
Schwarzwurzel	7,0
Sellerie	6,75
Spargel	7,5
Spinat	6,75
Tomaten	6,0
Wassermelonen	6,0
Weißkohl	6,75
Zwiebeln	6,75

Gründüngung	
Esparsette	8,0
Futtererbse	7,5
Gelbklee	7,0
gelbe Lupine	5,4
Inkarnatklee	6,2
Ölrettich	7,5
Perserklee	7,0
Phacelia	6,4
Serradella	5,0
Sommerwicken	7,0
Weißer Steinklee	7,0
Winterraps	8,0
Winterwicke	6,5
Hackfrüchte	
Kartoffeln	5,25
Steckrüben	6,0
Nußbäume	
Haselnuß	6,0–6,5
Mandeln	6,0–7,0
Walnuß	6,75
Obstbäume	
Apfel	6,75
Birne	6,75
Kirsche	6,75
Pfirsich	6,75
Pflaume	7,5
Quitte	6,75
Rasen	6,75

Bodenvorbereitung

Jeder gute Mutterboden hat ein bedeutend größeres Wasserhaltevermögen als der beschriebene Unterboden eines jeden Baugeländes. Bei Regen nimmt der Mutterboden beträchtliche Mengen Wasser auf und vergrößert dadurch sein Gewicht. Ist der Mutterboden mit Wasser vollgesogen, beginnt er, Wasser an den Unterboden abzugeben. Die im Unterboden vorhandenen Kolloide (fein verteilte Stoffe) lösen sich ähnlich wie Seife. Die Folge ist bei Neigung des Geländes, daß der kostbare Mutterboden abrutscht.

Deshalb ist ein Aufstreuen von *Alginure Granulat* auf den Unterboden günstig. Man arbeitet Alginure flach ein. Selbst bei ebenem Gartengelände ist dieser Arbeitsgang zu empfehlen, da die Verbindung von Unter- und Oberboden beschleunigt wird und in kurzer Zeit auch der obere Teil des Unterbodens zu Mutterboden wird. In regenreichen Zeiten entsteht keine stauende Nässe bei lehmigem Boden, da die Bodendränage durch Alginure sehr verbessert wird. Bei Sandboden wird hingegen die Wasserhaltefähigkeit um das Vielfache erhöht.

Alginure ist das bisher einzige Polyuronidkonzentrat in verschiedenen Aufbereitungen, abgestimmt auf unterschiedliche Anwendungsgebiete im Pflanzenanbau. Polyuronide sind organisch gebundene Kohlenwasserstoffe, die den Boden anbaufähig und fruchtbar ma-

chen. Sie sind in der Erde, in Pflanzen, Tieren und Menschen als Grundelement der belebten Natur vorhanden. Pflanzliche, tierische und menschliche Abfälle sind in den verschiedenen Stadien ihres Zerfalls Quellen für Polyuronide. Diese Polyuronide haben jedoch weitgehend eine unstabile Form, die nur zu vorübergehender Begünstigung von Bodenstrukturbildung, Wasser- und Nährstoffspeichervermögen, Pufferung, biologischer Aktivität und Fruchtbarkeit führt.
Alginure ersetzt keineswegs Kompost, Gründüngung und Stallmist, aber in Verbindung mit Alginuregaben werden die so wertvollen Polyuronide stabilisiert und führen zu steigender Fruchtbarkeit des Bodens über mindestens 4 Jahre.
Durch Alginure erreichen wir eine außergewöhnliche Wirtschaftlichkeit in unserem Garten. Zum Beispiel wird der Wasserverbrauch, der bei der Anlage eines Gartens besonders hoch ist, sehr günstig eingeschränkt. Im Laborversuch nimmt 1 g Alginure 1 Liter Wasser auf. Im Boden nimmt Alginure das 300fache seines Eigengewichtes auf. Beim Gießen fällt sofort auf, daß der mit Alginure behandelte Boden das Wasser wie ein Schwamm aufsaugt. Das Wasser wird im Boden kolloidal gebunden und ist den Pflanzen durch Osmose zugänglich. Nur durch die Transpiration der Pflanzen gelangt es in die Luft und nicht direkt aus dem Boden. Besonders in trockenen Sommern macht sich diese Eigenschaft wohltuend bemerkbar.
Durch die Bodenkrümelung mit Alginure ist die Luftzufuhr zu den Pflanzenwurzeln gewährleistet.
Das hervorragende Nährstoffspeichervermögen von Alginure schützt den Boden vor Nährstoffverlusten und stellt den Pflanzen deshalb jederzeit ausreichend Nährstoffe zur Verfügung. Andererseits werden toxische Stoffe von Alginure adsorbiert (gepuffert) und aus der Bodenlösung entfernt, so daß die Pflanzen diese nicht mehr aufnehmen können. Dadurch garantiert Alginure sofort nach der ersten Behandlung des Bodens den einwandfreien biologischen Anbau. Die bisher nötige Umstellungszeit von einigen Jahren fällt bei gründlicher Behandlung des Bodens mit Alginure weg.
Alginure sorgt für sofortige Bewurzelung und Tiefenausschlag der Wurzeln frischer Pflanzungen und begünstigt auch die Bewurzelung vorhandener Pflanzenbestände.
Im Boden enthaltener Gesteinsphosphor wird von Alginure freigesetzt und den Pflanzen verfügbar gemacht. Das an Eisen im Boden gebundene Kali wird ebenfalls den Pflanzen durch Alginure zugänglich.
Die Verrottung wird durch Alginure gefördert, der Boden erwärmt sich rasch und bekommt schnell eine dunkelbraune Färbung. Die Pflanzen erhalten eine größere Widerstandsfähigkeit gegen Windbruch. Selbst Stürme richten weniger Schäden bei den Pflanzen an.
Ausgezeichnete Böden können mit der Zeit zu Mangelböden werden. Die auf solchen Böden wachsenden Pflanzen bilden kaum noch neue Wurzeln. Sie verlieren an ober- und unterirdischem Volumen. Sie nehmen an Schönheit ab und schießen in die Höhe, um in ihrer lebensbedrohenden Not noch Samen bilden zu können. Meist wird in solch einem Falle angenommen, daß die Pflanzen überaltert seien. Die Zufuhr von Alginure in die Wurzelregion normalisiert das Wachstum jedoch wieder, und es stellt sich heraus, daß die Pflanzen keineswegs überaltert sind, sondern nur unter einem Mangel an organisch gebundenen Kohlenstoffen litten.
Solitärpflanzen können mit Hilfe von Alginure in ausgewachsenem Zustand verpflanzt werden. Innerhalb von wenigen Tagen zeigen solche Pflanzen, bei denen es sich meist um Bäume oder Sträucher handelt, bereits durch ihr erneutes Wachstum an, daß die Bewurzelung sofort nach dem Verpflanzen eingesetzt hat.
Alginure erhöht die Reaktionsfähigkeit der Pflanzen bei plötzlichen Witterungsveränderungen. Vor allem kann bei Frosteinbruch leicht die Rinde platzen, wenn die Pflanzen nicht ausreichend reagieren können.
Gartenbesitzer möchten oft Pflanzen nebeneinander setzen, die unterschiedliche Böden brauchen. Sie wundern sich, wenn Heidekraut, Azaleen oder Rhododendron, alles Pflanzen, die kalkarme saure Böden brauchen, nicht neben Flieder, Rosen, Mohn und den vielen

anderen Pflanzen gedeihen, die basenüberschüssige Böden schätzen. Mit Alginure wird auch dieses Problem gelöst. Alle Pflanzen gedeihen nebeneinander.
Eine ähnliche Wirkung erzielt man mit dem Wirkstoff *C 779* im biologisch orientierten Garten- und Landbau. Dieser Wirkstoff regt das Bodenleben ebenfalls an, sorgt für schnelles Anwachsen und gute Bewurzelung neu gesetzter Pflanzen, er speichert Wasser im Boden, bindet und aktiviert alle für die Pflanzen lebensnotwendigen Nährstoffe und Spurenelemente und verhindert deren Auswaschung durch Niederschläge. Stauende Nässe wird ebenfalls durch Wirkstoff C 779 verhindert. Der Wirkstoff verbessert jede Bodenart, steigert die Ernteerträge aller Obst- und Gemüsepflanzen und läßt Zierpflanzen üppig blühen.
Man benötigt von Wirkstoff C 779 zwischen 70 und 150 g je Quadratmeter, für Blumentöpfe gebräuchlicher Größe 1 Eßlöffel voll.
Erst nach dem lohnenden Arbeitsgang der Ausbringung von Alginure auf den Unterboden verteilt man den Mutterboden gleichmäßig auf das vorhandene Gartengelände. Dabei ist zu beachten, daß von jetzt ab der Gartenboden nur noch bei trockenem Wetter betreten werden sollte. Die Belastung des nassen Bodens führt zur Zerstörung der Bodenstruktur und Behinderung der am Boden arbeitenden Bakterien. Der Boden vermoost dann leicht, was besonders bei Rasenflächen lästig ist.
Um sich doch eine Möglichkeit zu schaffen, den feuchten Garten zu betreten, plane man von Anfang an Kunststeinplatten und Steine ein, die man dort auslegt, wo man auch in Regenzeiten Gänge machen will. So kann der Weg zum Gerätehäuschen nötig werden, weil dort auch der Besen aufgehängt ist, mit dem man feuchte Blätter, die auf dem Weg zur Haustür Rutschgefahr bedeuten, wegfegen will. Auch ein kurzer Rundgang durch den Garten bei schlechtem Wetter, das meist trotz verhangenem Himmel ein paar Minuten ohne Regen bietet, sollte möglich sein. Der Spielplatz bekommt einen gepflasterten Zugang. Auch zum Komposthaufen muß man jederzeit Küchenabfälle bringen können. Will man Küchenkräuter auf dem täglichen Speisezettel nicht missen, sollte auch zum Kräuterbeet ein Plattenweg führen.
Auf breiten Beeten, die für Zierpflanzen vorgesehen sind, legt man in brauchbaren unregelmäßigen Abständen Natursteine aus, die oben eine so breite Fläche haben, daß man auf dieser bequem stehen kann. Solche Beete kann man auch dann bearbeiten, wenn die Erde noch nicht gänzlich abgetrocknet ist.

Kunststeinplattenweg im neu angelegten Garten.

Zäune und Hecken

Wie schon eingangs beschrieben, dient die Hecke rund um den Garten in offenem Gelände als Windschutz, grundsätzlich als Sichtschutz und außerdem als Nistmöglichkeit für Vögel. Lärm, Staub und Abgase von Straßen werden von Hecken weitgehend abgehalten. Sowohl die Schnitthecke als auch die freiwachsende Hecke bieten diese Möglichkeiten, wobei die Schnitthecke platzsparend ist, aber abgrenzender wirkt. Die freiwachsende Hecke dagegen erscheint von außen und innen als ein natürlicher Übergang. Von außen vermutet man bei geschickter Gliederung der freiwachsenden Hecke kaum einen Garten, von innen erwartet man eher eine bewaldete Gegend als eine Straße oder ein Nachbargrundstück. Allerdings benötigt diese Art der Hecke verhältnismäßig viel Platz.

Hecken haben auch den Vorzug, kostspielige Zäune überflüssig zu machen und häßliche Drahtzäune zu verdecken. Bei allen Heckenarten muß man die Nachbarrechte beachten und darf genausowenig Hecken in einen Gehweg hineinragen lassen. Deshalb pflanzt man Sträucher wenigstens 70 cm von der Grundstücksgrenze weg. Man muß sich dabei nach der Breite der Hecke in ausgewachsenem Zustand richten. Soll ein Drahtzaun durch die Hecke unsichtbar werden, setzt man den Zaun etwa 20–30 cm von der Gartengrenze einwärts.

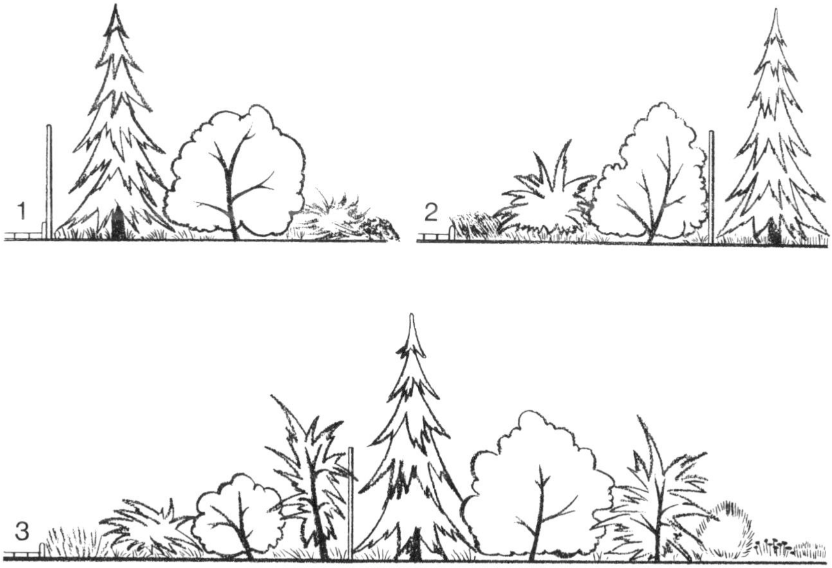

Verschiedene Möglichkeiten, eine Hecke am Zaun anzulegen: 1. Größte Pflanze unmittelbar am Zaun; zum Garteninneren werden die Pflanzen immer niedriger. 2. Von der Straße ansteigende Bepflanzung mit zurückversetztem Zaun; größte Pflanze innen. 3. Breite Hecke, die nach außen und innen niedriger wird.

Bei der *freiwachsenden Hecke* gibt es drei Formen: Erstens diejenigen, für die man weniger Platz braucht. Für diese kann man die höchsten Pflanzen einmal direkt am Zaun haben und nach innen immer niedrigere Pflanzengruppen anlegen, zum anderen gibt es auch die Möglichkeit, die kleineren Pflanzen außen zu setzen und die größeren innen. In letzterem Falle ist es günstiger, den Zaun so weit nach innen zu verlegen, daß seine Höhe von der Höhe der Pflanzen verdeckt wird.
Steht einem sehr viel Platz zur Verfügung, läßt man die Pflanzen nach innen und außen niedriger werden.
Für die **Schnitthecke** verwenden wir eine Reihe Großgehölze, die sich durch den Beschnitt in günstiger Höhe halten lassen. Will man schnell eine hohe, aber schmale Hecke haben, so kann man größere Eiben der Sorte *Taxus baccata ,Fastigiata Auren'* pflanzen oder den Lebensbaum *Thuja occidentalis*, der in Nordamerika beheimatet ist. Beide vertragen verschmutzte Luft gut.
Die Säulenzypresse *(Chamaecyparis lawsoniana)* ist zwar auch von hohem schmalem Wuchs, aber weniger abgehärtet. In strengen Wintern erfriert sie leicht. Abgasempfindlich ist sie nicht. Bei der Pflanzung von Nadelhölzern muß man heute verstärkt darauf achten, daß man Sorten wählt, die Luftverschmutzung vertragen, denn die Schäden durch Autoabgase und Industrieemissionen sind gerade bei Nadelhölzern alarmierend.
Eine beliebte, anspruchslose Heckenpflanze ist der Liguster (Rainweide). Er verträgt Trockenheit und verschmutzte Luft, gedeiht sowohl im Halbschatten als auch in praller Sonne. Besonders geeignet ist die Sorte *Ligustrum valgure ,Atrovirens'*, die ihre grünen Blätter bis zum Frühjahr am Strauch behält.
Auch die Schneebeere *(Symphoricarpos albus)* ist eine anspruchslose Heckenpflanze, die überall wächst, selbst in sehr mageren Böden, im Schatten und in verschmutzter Luft. Sie treibt viele Ausläufer, die vermindert werden müssen. Einmal in 5 Jahren sollten alle älteren Zweige ausgeschnitten werden.
Sehr beliebt ist auch die Hain- oder Weißbuche *(Carpinus betulus)*, die in Europa und im Kaukasus beheimatet ist. Sie läßt sich gut schneiden, ist winterhart, anspruchslos und verträgt Abgase gut. Beliebt ist diese Heckenpflanze vor allem auch deshalb, weil sie ihr von Gelb, über Orange bis zu verschiedenen Brauntönen schön gefärbtes Laub den Winter über behält.
Ganz ausgezeichnet verträgt auch der Buchsbaum *(Buxus sempervirens)* den Schnitt, wird er doch in Barockgärten zu Ornamenten und Figuren geschnitten. Er ist recht anspruchslos, verträgt Trockenheit, volle Sonne, aber auch Schatten und Abgase. Allerdings wirkt er etwas starr und hart, da seine Zweige sehr gerade wachsen und die Blätter ledrig sind, während die aus den Blattachsen wachsenden Blütenbüschel kaum in Erscheinung treten.
Als niedrigere Schnitthecke eignet sich Berberitze *(Berberis julianae)*. Sie erreicht eine Höhe von 1,5 m, hat leuchtendgelbe bis organgefarbene Blüten und im Herbst bläulich bereifte Beeren. Wie alle Berberitzen hat die Pflanze Stacheln.
Noch niedriger kann man folgende Berberitzen halten: *B. thunbergii, B. thunbergii ,Atropurpurea', B. wilsoniae.* Auch unter den Ligusterarten gibt es niedrige, nämlich den *Ligustrum vulgare ,Lodense'*. Die Weißbuche läßt sich bei regelmäßigem Beschnitt ebenfalls gut auf einer Höhe von 1 m halten. Für eine niedrige Schnitthecke eignet sich auch die anspruchslose Blutjohannisbeere *(Ribes sang. atrorubens)* mit schönen roten Blüten.
Auch der Feldahorn *(Acer campestre)* wird gelegentlich als Schnittheckenpflanze verwendet. Er ist anspruchslos, wächst schnell und verträgt verschmutzte Luft. Allerdings verliert er im Herbst in wenigen Tagen die leuchtendgelb gefärbten Blätter.
Für die **freiwachsende Hecke** gibt es eine reichhaltige Auswahl von Bäumen und Sträuchern, solche mit herrlichen Blüten, andere, deren Beeren farbenprächtig den Herbst verschönern und zudem den Vögeln reichlich Nahrung anbieten. Wir finden unter ihnen immergrüne Pflanzen, solche, die ihr Laub bis in den Frühling hinein behalten, und andere, die ihr Laub im Herbst verlieren. Bei soviel Auswahl kann man alle Wünsche zufriedenstellen.

Geeignete Gehölze für Schnitthecken

Deutscher Name	Lateinischer Name	Höhe in m	Boden	Licht-bedürfnisse	frostfest	Verträglichkeit von Luftver-schmutzung	Blatt-färbung	Beeren-farbe
1. Nadelhölzer								
Eibe	*Taxus baccata*	über 2	feucht und nährstoffreich	◐ ●	Vorsicht bei Kahlfrösten	ja	dunkelgrün	rot
Lebensbaum	*Thuja occidentalis*	über 2	feucht	☼ ◐	ja	ja	goldgelb	–
Säulenzypresse	*Chamaecyparis-lawsoniana-Sorten*	über 2	Mulchkompost	◐	nein	ja	blaugrün	–
	Chamaecyparis lawsoniana ‚Ellwoodii‘	über 2		◐	ziemlich	ja	blaugrün	–
Zypresse leylandii (schnellwüchsig)	*Cupressocyparis*	3	auch nährstoffarm	☼ ◐	ja	ja	sattgrün	–
Zypresse Castlewellan (schnellwüchsig)	*Cupressocyparis* leylandii	3	auch nährstoffarm	☼ ◐	ja	ja	gelbgrün	–

Deutscher Name	Lateinischer Name	Höhe in m	Boden	Licht-bedürfnisse	frostfest	Verträglichkeit von Luftverschmutzung	Blatt-färbung	Beeren-farbe
2. Laubhölzer								
Alpenjohannis-beere	*Ribes alpinum*	bis 1,5	auch nährstoffarm	☼ ◐ ●	ja	ja	grün	rot
Berberitze	*Berberis julianae*	bis 1,5	durchlässiger Boden, nicht zu feucht, gilt für alle Sorten	◐	kann erfrieren, erneuert sich aber nach Rückschnitt, gilt für alle Sorten	ja	mattgrün	bläulich
	Berberis thunbergii			◐		–	grün	–
	Berberis thunbergii ‚Atropurpurea'			◐		–	rötlich	–
	Berberis wilsoniae					–		–
Buchsbaum	*Buxus sempervirens*	über 2	nährstoffreich	◐	ziemlich	–	grün	–
Feldahorn	*Acer campestre*	6	leicht bis schwer	☼ ◐ ●	ja	ja	grün, schöne gelbe Herbstfärbung	–
Liguster (Rainweide)	*Ligustrum vulgare ‚Atrovirens'*	über 2	leicht, auch trocken	☼ ◐	ja	gut	sattgrün	schwarz-blau
Schneebeere	*Symphoricarpos albus*	bis 2	leicht, auch nährstoffarm	☼ ◐ ●	ja	gut	grün	weiß
Weißbuche (Hainbuche)	*Carpinus betulus ‚Columnaris'*	über 2	schwer, feucht	☼ ◐ ●	ja	gut	grün	–
	Carpinus betulus ‚Fastigiata'	über 2	schwer, feucht	☼ ◐ ●	ja	gut	grün	–
	Carpinus betulus ‚Pendula'	über 2	schwer, feucht	☼ ◐ ●	ja	gut	grün	–

Wählt man eine freiwachsende Mischhecke, die vielen Menschen am natürlichsten erscheinen mag, so ist zu beachten, daß alle Pflanzen in ausgewachsenem Zustand ausreichend Platz zur Verfügung haben müssen.
Wählt man von einer Sorte mehrere Pflanzen, die man in einer oder mehreren Gruppen zusammenpflanzt, so kann man sie in den meisten Fällen dichter setzen, als wenn verschiedene Sorten nebeneinanderstehen. Pflanzen derselben Sorte durchdringen sich meist und schädigen sich dabei nicht.
Besonders rasch wachsende Pflanzen, wie Weißbuche, Feldahorn, Hartriegel oder Holunder, verdrängen gern langsamer wachsende, weniger robuste Gewächse. Der so anspruchslose Liguster beispielsweise kommt gegen einen Traubenholunder oder einen Hartriegelstrauch nicht auf, wenn er zu dicht neben diese Sträucher gesetzt wurde. Bald windet er sich wie eine Schlingpflanze am Boden entlang, um ans Licht zu kommen. Will man dem Liguster bei zu geringem Abstand Geltung verschaffen, muß man in solch einem Fall die schneller wachsenden Sträucher bis auf den Stamm zurückschneiden. Dann allerdings erlebt man nie die Blütenpracht und die Beerenfülle des Tellerholunders oder die rot leuchtenden Beeren des Traubenholunders, weil die einjährigen Triebe keine Blüten tragen.
Die bereits erwähnten, für Schnitthecken günstigen Nadelhölzer, wie Eiben, Lebensbäume und Säulenzypressen, eignen sich selbstverständlich auch sehr gut für die Anpflanzung in einer freiwachsenden Hecke.
Von den Nadelhölzern bewähren sich für eine freiwachsende Hecke auch die Gemeine Fichte (*Picea abies*, auch Rotfichte genannt) und die Douglastanne *(Pseudotsuga menziesii)*. Beide Bäume brauchen Platz, damit sie nicht die Nadeln der unteren Äste verlieren.
Zu diesen verhältnismäßig rasch wachsenden hohen Bäumen unter den Nadelhölzern kommen noch einige niedrige hinzu, die sich ebenfalls für eine freiwachsende Hecke eignen. Unter den Eiben kommt die Japanische Eibe *(Taxus cuspidata)* in Frage, die breit ausladend wächst, aber niedrig bleibt.
Auch die Berg- oder Krummholzkiefer *(Pinus mugo ssp. pumilio)* gehört zu den niedrigen Nadelhölzern. Sie erreicht eine Höhe von etwa 1 m, wird aber bis zu 4 m breit.
Die für Schnitthecken geeigneten Laubgehölze sind ebenfalls beliebte Pflanzen in freiwachsenden Hecken. Will man auch im Winter einen durchgehenden Sichtschutz für seinen Garten haben, dann wechselt man in der freiwachsenden Hecke Nadelhölzer mit solchen Laubhölzern, die ihr Laub im Winter behalten. Außer den bereits erwähnten Sträuchern für Schnitthecken, wie Weißbuche, Buchsbaum, Liguster und Berberitze, gibt es noch weitere Pflanzen, die ihr Laub nicht im Herbst abwerfen. Zu ihnen gehört der immergrüne Kirschlorbeer *(Prunus laurocerasus)*, der in unseren Breiten nur 2 m hoch wird. Er ist während der Blütezeit mit weißen Blütentrauben übersät und bekommt im Herbst schwarze Steinfrüchte. Er verlangt durchlässigen, nährstoffreichen und kalkhaltigen Boden. Trockenheit und verschmutzte Luft verträgt er gut. Er wächst rasch, hält sich dann aber auf der Höhe von etwa 2 m. Es werden mehrere Sorten angeboten, von denen die großblättrigen die empfindlicheren sind.
Sehr beliebt ist heute der Feuerdorn *(Pyracantha)*, der erst im Frühjahr die Blätter abwirft und im Herbst mit orangegelben bis roten Beeren übersät ist. Die Färbung der Beeren richtet sich nach der Sorte. Der Feuerdorn ist anspruchslos und schützt durch seine Stacheln weitgehend vor Einbrechern. Man pflanzt ihn deshalb gern vor Fenster, die ohne solch einen stachligen Schutz leicht zugänglich wären.
Die Mahonie *(Mahonia aquifolium)* ist in Nordamerika beheimatet, völlig abgehärtet und anspruchslos. Sie kann vor allem als Unterholz unter lichten Sträuchern und Bäumen gepflanzt werden und bildet unter laubabwerfenden Pflanzen auch im Winter einen bis zu 1 m hohen immergrünen Sichtschutz. Der gelb blühende Strauch trägt blaue kugelige Beeren. Die immergrüne Stechpalme *(Ilex aquifolium)* hat ähnlich bizarre ledrige Blätter wie die Mahonie und trägt weiße, ziemlich unscheinbare Blüten und leuchtendrote Beeren, ist aber weniger abgehärtet und bekommt leicht Frostschäden. Sie braucht deshalb geschützte

Plätze, eignet sich jedoch mehr für den Rand einer freiwachsenden Hecke, um zur vollen Geltung zu kommen.
Der Rhododendron wurde inzwischen in vielen abgehärteten Hybridensorten gezüchtet; er erfreut uns durch verschiedene Größen und in abwechslungsreicher Farbenpracht von Weiß, über alle rosa und violetten Farbtöne bis zu tiefem Purpur und leuchtendsattem Rot. Rhododendron in Büschen von verschiedener Höhe um den Ziergarten gepflanzt, verwandelt diesen im Juni und Juli in ein farbenprächtiges Blütenmeer. Vor laubabwerfenden Sträuchern stehend schützt der immergrüne Rhododendron auch im Winter vor neugierigen Blicken.
Als Abschluß einer freiwachsenden Hecke eignet sich die Zwergmispel *(Cotoneaster horizontalis)*, die höchstens 1 m hoch wird und mit ihren immergrünen Blättern den Boden abdeckt. Die kleinen weißen Blüten sind unscheinbar, um so augenfälliger aber die leuchtendroten Früchte. Die Pflanze ist anspruchslos und verträgt verschmutzte Luft.
Auch beim Schneeball gibt es eine immergrüne Art, *Viburnum rhytidophyllum*. Dieser Strauch, der bis zu 3 m hoch wird, ist nicht ganz frosthart, erneuert sich jedoch nach dem Rückschnitt schnell. Er verträgt Trockenheit und ist anspruchslos, blüht weiß, und seine Beeren sind zuerst rot, später schwarz. Diese langblättrige Art stammt aus China.
Sein europäischer rundblättriger Verwandter ist der laubabwerfende Strauch namens Wolliger Schneeball *(Viburnum lantana)*. Er verträgt ebenfalls Trockenheit, liebt Sonne oder Halbschatten und verlangt nährstoffreichen, kalkhaltigen Boden.
Beide Sträucher werden verhältnismäßig groß und eignen sich deshalb mehr für große Gärten.
Mit dem Wolligen Schneeball sind wir bei den laubabwerfenden Sträuchern angelangt. Die für Schnitthecken geeigneten, wie Alpenjohannisbeere, Feldahorn und Schneebeere, eignen sich ebenfalls für die freiwachsende Hecke.
Gern gepflanzt wird auch die anspruchslose Kornelkirsche *(Cornus mas)*, die noch vor der Belaubung in gelben Sträußchen blüht und im Herbst leuchtendrote Steinfrüchte trägt, die auch bei Vögeln als Futter beliebt sind. Sie gedeiht in Sonne und Halbschatten und verträgt Trockenheit sowie verschmutzte Luft.
Für große Gärten eignen sich sowohl der Hartriegel *(Cornus sanguinea)*, dessen junge Zweige eine rote Färbung aufweisen, als auch zwei Kreuzdornarten *(Rhamnus catharticus)* und der Faulbaum *(Rhamnus frangula)*. Diese Sträucher sind anspruchslos, wachsen schnell und lassen sich beliebig zurückschneiden.
Ebenfalls gut geeignet für größere Gärten ist die Rote Heckenkirsche *(Lonicera xylosteum)*. Der weißgelblich blühende Strauch erfreut uns mit roten Beeren und wird 2–3 m hoch. Als Unterholz ist er sehr beliebt.
Auch die im Mai rot, rosa oder weiß blühende Heckenkirsche *(Lonicera tatarica)* ist nur für große Gärten geeignet, denn auch sie erreicht eine Höhe von 3 m. Ihre Beeren reifen im Juli orangerot.
Beide Sträucher sind anspruchslos, vertragen Sonne und Halbschatten sowie verschmutzte Luft.
Wegen der purpurroten Färbung der Blätter im Herbst wird in größeren Gärten gern das Pfaffenhütchen *(Euonymus europaeus)* gepflanzt. Am besten gedeiht es in feuchten Böden und im Halbschatten, nimmt aber auch mit anderen Bedingungen vorlieb.
Ebenso abwechslungsreich wirken die den ganzen Sommer und Herbst hindurch dunkelroten Blätter der Blutpflaume *(Prunus cerasifera ‚Nigra')*.
Sehr gern wird auch die Haselnuß *(Corylus avellana)* gepflanzt. Ihre großen Blätter decken gut gegen Sicht ab. Die hängenden Kätzchen kündigen den Frühling an. Es gibt einige besonders schöne Sorten wie *C. avellana ‚Aurea'* mit gelben Blättern beim Austreiben, *C. avellana ‚Contorta'*, bekannt als Korkenzieherhasel. Kinder wie Erwachsene und Eichhörnchen freuen sich über die Nüsse.
Außergewöhnlich beliebt ist auch der Spierstrauch *(Spiraea)* mit den Sorten *S. arguta* und *S. vanhouttei*. Die reich und weiß blühenden Zweige hängen über, wie mit Schnee bedeckt. Der

Strauch wird etwa 2 m hoch und liebt Sonne oder Halbschatten. Im Schatten blüht er nur spärlich. *Spiraea salifolia* blüht weiß oder rosa und hat aufrechte Zweige.
Die Deutzie *(Deutzia scabra)*, auch Rauhe Deutzie oder Maiblumenstrauch genannt, ist ebenfalls ein gern angepflanzter Gartenstrauch, der sich für freiwachsende Hecken eignet. Es gibt verschiedene Sorten mit weißen und rosa Blüten, ungefüllt und gefüllt. In strengen Wintern kann sie erfrieren, schlägt aber nach dem Rückschnitt von unten wieder aus.
Die Scheinquitte *(Chaenomeles speciosa)*, auch Zierquitte genannt, ist in Ostasien beheimatet und wird in vielen Hybridensorten mit weißen, lachs-, dunkel- und karminroten Blüten angeboten. Sie ist ziemlich anspruchslos, braucht aber Sonne. Der Standort in einer freiwachsenden Hecke muß deshalb mit Bedacht gewählt werden. Sie blüht an den Seitenzweigen und sollte deshalb nicht beschnitten, sondern ausgelichtet werden. Die *Chaenomeles japonica* wird nur 1 m hoch und eignet sich deshalb sehr gut für den niedrigen Abschluß der freiwachsenden Hecke.
Die Kerrie *(Kerria japonica)* kommt aus China und hat gelb blühende überhängende Zweige. Bei Frostschäden in besonders kalten Wintern erneuert sie sich in der kommenden warmen Jahreszeit. Die Kerrie treibt viele Ausläufer und muß deshalb immer wieder in ihre ursprünglichen Grenzen zurückverwiesen werden.
Der Besenginster *(Cytisus scoparius [syn. Sarothamnus scoparius])* gedeiht überall, besonders gut aber in sandigen, trockenen und sauren Böden. In strengen Wintern erleidet er leicht Frostschäden, regeneriert sich jedoch leicht von unten heraus.
Die Forsythie *(Forsythia suspensa)* ist in China zu Hause. Die frühen gelben Blüten leuchten im Frühling weithin durch die rundum noch kahlen Zweige der Laubgehölze. Wenn die herabhängenden Zweige den Boden berühren, schlagen sie Wurzeln. Die Forsythie braucht nährstoffreichen, lockeren Boden und Sonne. Sie braucht Platz, damit ihre überhängenden Blütenzweige sich gut entfalten können.
Der Pfeifenstrauch *(Philadelphus coronarius)*, auch als Duftjasmin oder Falscher Jasmin bekannt, stellt keine großen Ansprüche. Es gibt viele Hybriden mit einfachen, halbgefüllten oder gefüllten Blüten. Letztere sind niedriger, beanspruchen aber lockeren und humosen Gartenboden, Sonne oder wenigstens Halbschatten. Verschmutzte Luft vertragen sie gut.
Für *blühende Hecken* und als Nistplätze von Vögeln sehr geschätzt sind Strauch- und Wildrosen besonders zu empfehlen. Sie werden mindestens 1 m hoch, erreichen etwa 3 m Höhe, erfreuen durch ihre weiße, rosa, rote oder gelbe Blütenfülle im Sommer und im Herbst durch die roten Hagebutten, die oft noch in Rauhreif und Schnee leuchten.

Wie alle Rosen verlangen auch Wild- und Strauchrosen Sonne, Wärme, nährstoffreichen Boden und ausreichende Feuchtigkeit. *Rosa canina*, die Hundsrose, die als Veredelungsgrundlage für Edelrosen am meisten benutzt wird, ist auch als Gartenhecke von 2–3 m Höhe sehr zu empfehlen. Sie ist vor allem sehr abgehärtet und gibt dem Garten eine urwüchsige Note.
Andere schöne Wildrosen sind die *Rosa rugosa*, die Kartoffelrose, auch Japanische Apfelrose genannt, mit großen runden Hagebutten und einer Höhe zwischen 60 und 150 cm; die Apfelrose *(Rosa villosa)* mit rosa Blüten und borstigen Hagebutten, die zum Einmachen verwendet werden, ist ein fast dornloser Strauch von 2 m Höhe.
Rosa pimpinellifolia hat gelblich bis gelbweiße Blüten und eigenartige, in Vollreife schwarze Hagebutten. Der Strauch wird nur 1 m hoch, ist dornenreich und breitet sich durch unterirdische Triebe aus.
Die Strauchrosen braucht man nicht zu stützen. Es genügt, sie zusammenzubinden, damit sich die Zweige unter der Blütenfülle nicht zu Boden neigen. Es gibt viele Sorten mit edlen Blüten, die älteste und berühmteste ist die Sorte *‚Conrad Ferdinand Meyer'*, ein wuchsfreudiger Strauch von 2,50 m Höhe mit herrlich duftenden altrosa Blüten.
Die winterharte Strauchrose *‚Bonn'* hat scharlachrote Blüten, blüht von Juni bis zum Frost und wird etwa 1,50 m hoch. Sie duftet nur schwach.

Anders ist es bei der kräftig rosa blühenden Strauchrose *,Pruhonice'*, die sehr angenehm duftet, ebenfalls den ganzen Sommer und Herbst über blüht und 1,80 m hoch wird.
Die weiß blühende Sorte *,Nevada'* ist duftlos, hat aber einen kräftigen Wuchs und wird 2 m hoch. Sie ist ebenfalls sehr gut für eine freiwachsende Hecke geeignet.
Sitzecken im Garten, in Lauben – die vor allem im Hochsommer beliebt sind, weil sie die Hitze abhalten – können aus Sträuchern und Bäumen bestehen.
Für Sitzecken wählt man Sträucher, die sich auch für Schnitthecken eignen. Mit ihnen kann man sich schattige, abgegrenzte Ecken verschaffen, in denen man ungestört die Natur genießen, ein Buch lesen oder ein Gespräch führen kann.
In einem großen Garten kann man auch Sträucher wählen, die eine freiwachsende Hecke bilden, die nach außen niedriger wird.
Für **Lauben** braucht man keine Holzhütten oder Spalierwände, wenn man Sträucher wählt, die auch im Schatten oder Halbschatten als Unterholz gut gedeihen. Sie müssen außerdem hoch genug wachsen, damit man bequem in einer Laube stehen kann. In diese Hecke setzt man einen Baum, der ein dichtes Blätterdach hat und den formenden Schnitt gut verträgt. Mit den Jahren schneidet man die heranwachsenden Sträucher und den Baum von innen und außen so zu, daß eine Laube entsteht. Der Baum kann allerdings auch ohne Beschnitt seine ausladende Blätterkrone über die rund angepflanzte Hecke breiten.
Kletterpflanzen sind ein wichtiges Element in jedem Garten. An Windschutzwänden hochgezogen, teilen sie beispielsweise den Gemüsegarten vom Ziergarten, schützen den Kinderspielplatz vor rauhen Winden, verschönen Häuserwände und das Gartengerätehaus. Ihre vielfältige Schönheit an Blüten und Laubfärbung hat zudem den wohltuenden Nebeneffekt, Mauern im Sommer vor Sonnenglut zu schützen, im Winter die Kälte zu dämmen und das Kleinklima günstig zu beeinflussen.
Die **Pergola** bietet Kletterpflanzen die nötigen Balken, Säulen oder Stangen, um üppig zu ranken. Die Waldrebe *(Clematis vitalba)*, übersät mit kleinen weißen Blüten, wächst sehr rasch und überwuchert alles. Sie ist anspruchslos und wird 20 m hoch. Kleinblütige Sorten wie *C. alpina, C. montana, C. tangutica* und *C. viticella* werden 2–4 m hoch.
Die großblütigen Waldreben sind in jedem Garten eine begeisternde Farbenpracht, aber sie stellen auch größere Ansprüche. *C. Hybride ,Jackmanii'* (dunkelviolett), *,Nelly Moser'* (violettrosa), *,Mme Lecoultre'* (weißrosa), *,The President'* (tiefblau), *,Ville de Lyon'* (rot) und der gelbe Neuling *Clematis tangutica ,Aureolin'* mit glockenförmigen Blüten brauchen einen nährstoffreichen Boden, mehrmalige Blattdüngung während des Sommers, Schatten am Boden, aber Sonne für die übrige Pflanze. Diese Hybriden erreichen eine Höhe von 2–3 m und benötigen einen jährlichen Schnitt.
Beliebt ist auch das Geißblatt *(Lonicera)*, auch Jelängerjelieber genannt, das es mit gelben *(L. caprifolium)*, orangefarbenen *(L. belgica)* und hellroten Blüten *(L. Dropmorc Scarlet)* gibt. Diese Kletterpflanzen werden 2–3 m hoch, blühen von Juni bis August üppig und verströmen einen angenehmen Duft.
Die Trompetenblume *(Campsis radicans)* ist eine besonders schön blühende Kletterpflanze mit rot leuchtenden Trompeten. Sie wird bis zu 10 m hoch und liebt einen sonnigen, geschützten Platz. Durch den nötigen jährlichen Schnitt, bei dem erfrorene Triebe gekürzt werden, wird die Blütenpracht nicht gemindert.
Auch die Glyzine *(Wisteria sinensis)* klettert bis 10 m hoch und ist von Mai bis Ende Juni über und über mit hängenden hellvioletten Blüten übersät. Sie verlangt einen sonnigen, warmen und geschützten Standort und einen lockeren, kalkhaltigen Boden. Im Winter erfriert sie häufig, erneuert sich aber von unten heraus.
Die Kletterhortensie *(Hydrangea petiolaris)* ist eine anspruchslose Pflanze, die auch auf der Nordseite und im Schatten prächtig gedeiht, 6 m hoch wird und große weiße Blütenschirme entwickelt.
Für schnellen Bewuchs sorgt der Knöterich *(Fallopia aubertii [syn. Polygonum aubertii])*, der alles überwuchert und im August und September mit weißen Blüten übersät ist.

Pergola mit Kletterpflanzen berankt.

Im Herbst färben sich die Blätter des Wilden Weins, auch als Jungfernrebe bekannt *(Parthenocissus quinquefolia)*, leuchtend rot. Diese Kletterpflanze ist abgehärtet und anspruchslos, ebenso *Parthenocissus tricuspidata*. Beide Sorten klettern mit Haftscheiben ausgestattet an Wänden und Mauern bis zu 10 und 20 m empor. Nur an Nordseiten gedeihen diese Kletterpflanzen nicht.

Genauso anspruchslos ist der Efeu *(Hedera helix)*, der auch im Vollschatten gedeiht und bis zu 6 m hoch wird.

Wenn eine sonnige und geschützte Lage zur Verfügung steht und man das Besondere liebt, pflanze man Kiwipflanzen, *Actinidia sinensis*. Sie klettern in kurzer Zeit und bilden dichtes Laub. Die aus China stammende Kletterpflanze hat vitaminreiche Früchte, wird 6 m hoch und ist winterhart. Man benötigt für 1–6 weibliche Pflanzen eine männliche für die Befruchtung.

Kletterrosen ranken bis zu 6 m hoch. Sie werden an den Balken der Pergola oder an einem Kletterrahmen hochgebunden. Der jährliche Schnitt wird im Winter vorgenommen. Dabei werden die ältesten Ruten bis zum Boden weggeschnitten. Unter den rot blühenden Kletterrosen sind besonders wetterfest und winterhart: *,Gruß aus Heidelberg'*, *,Flammentanz'* und *,Sympathie'*. Eine zart duftende gelbe Sorte ist die Kletterrose *,Golden Climber'*. Auch sie ist widerstandsfähig und blüht bis in den Herbst hinein. *,New Dawn'* ist eine bis zu 6 m hohe, rosa blühende Kletterrose mit angenehmem Duft.

Geeignete Gehölze für freiwachsende Hecken

Deutscher Name	Lateinischer Name	Höhe/ Breite in m	Boden	Licht-bedürfnisse	frostfest	Verträglichkeit von Luftverschmutzung	Beeren-farbe	Blüten-farbe	Anmerkungen
1. Nadelhölzer									
Douglastanne	*Pseudotsuga menziesii*	10	–	☼ ◒	–	–	–	–	braucht Platz, damit die unteren Äste nicht die Nadeln verlieren
Eibe, Japanische	*Taxus cuspidata*	1/2–3	nährstoffreich	☼ ◒	nur nicht bei Kahlfrost, treibt aber wieder aus	ja	rot	–	
Fichte, Gemeine (Rotfichte)	*Picea abies*	10/2	feucht	☼ ◒	–	nein	–	–	braucht Platz, damit die unteren Äste nicht die Nadeln verlieren
Kiefer (Berg- od. Krummholzkiefer)	*Pinus mugo ssp. pumilio*	1/4	sauer	☼	–	nein	–	–	Gartenformen kleinwüchsig
Kiefer, Gemeine	*Pinus sylvestris*	3/1	leicht	☼ ◒	–	nein	–	–	wächst schlecht in schweren Böden und auf Torfmooren
2. Laubhölzer									
Azalee, Japanische	*Rhododendron japonicum*	1/0,5	sauer	☼ ◒	ja	ja	–	pastell-gelb, -orange	halblaubabwerfend
Blutpflaume	*Prunus cerasifera, nigra*	–	–	◒	–	–	–	–	Blattfärbung dunkelrot
Deutzie, Rauhe (Maiblumen-strauch)	*Deutzia scabra*	2/1	durchlässig, nährstoffreich	☼ ◒	kann erfrieren, erneuert sich aber nach Rückschnitt	ja	–	weiß u. rosa, gefüllt und ungefüllt	gedeiht weder in allzu großer Trockenheit noch in allzu großer Nässe

Deutscher Name	Lateinischer Name	Höhe/ Breite in m	Boden	Licht-bedürfnisse	frostfest	Verträglichkeit von Luftverschmutzung	Beeren-farbe	Blüten-farbe	Anmerkungen
Faulbaum (Kreuzdornart)	*Rhamnus frangula*	6/2	feucht	☼ ◐	–	ja	zunächst rot, dann schwarz	weiß	wächst schnell, für große Gärten geeignet
Feuerdorn	*Pyracantha*	3/2	humusreich, durchlässig	☼ ◐	ja	ja	gelb-orange bis rot	weiß	Stacheln, wirft erst im Frühjahr die Blätter ab, anspruchslos
Forsythie	*Forsythia suspensa*	je nach Sorte verschieden	locker und nährstoffreich	☼	ja	ja	–	gelb	braucht reichlich Platz
Ginster (Besenginster)	*Cytisus scoparius (syn. Sarothamnus scoparius)*	1/2	sandig trocken und sauer	☼ ◐	kann erfrieren, regeneriert leicht von unten heraus	–	schwarze Schoten	gelb	immergrün
Goldregen	*Laburnum anagyroides*	6/2	durchlässig, kalkhaltig	☼ ◐	nicht ganz, erneuert sich nach Rückschnitt	ja	–	gelb	–
Hartriegel	*Cornus sanguinea*	2–4/3	trocken, kalkhaltig	☼ ●	ja	ja	schwarz-blau	grünlich-weiß	rote Zweige, wächst schnell, kann beliebig zurückgeschnitten werden, für große Gärten geeignet, Herbstfärbung rot
Haselnuß	*Corylus avellana* *C. avellana ‚Aurea‘*	5	feucht, nährstoffreich	☼ ●	ja	ja	–	–	große Blätter, Kätzchen; gelbe Blätter beim Austreiben

Deutscher Name	Lateinischer Name	Höhe/ Breite in m	Boden	Lichtbedürfnisse	frostfest	Verträglichkeit von Luftverschmutzung	Beerenfarbe	Blütenfarbe	Anmerkungen
Heckenkirsche, Rote	*Lonicera xylosteum*	2–3/1	–	☼ ◐	–	ja	rot	weißgelblich	als Unterholz beliebt, für große Gärten geeignet
Heckenkirsche, Tatarische, Geißblatt	*Lonicera tatarica*	3/1	trocken, sandig	☼ ◐	–	ja	–	rosa, weiß	–
Kerrie	*Kerria japonica*	1,5	gut durchlässig	☼ ◐	kann erfrieren, erneuert sich in der kommenden warmen Jahreszeit, verträgt Trockenheit	–	–	gelbe, überhängende Zweige	treibt viele Ausläufer, muß zurückgeschnitten werden
Kirschlorbeer	*Prunus laurocerasus*	2/2	feucht, nährstoffreich, kalkhaltig	◐	kann erfrieren, erneuert sich wieder	ja	schwarze Steinfrüchte	weiße Blütentrauben	immergrün, vor Winter Wurzeln bedecken
Kornelkirsche	*Cornus mas*	3–7/3	trocken	☼ ●	ja	ja	rote Steinfrüchte	gelbe Sträußchen	die Früchte sind bei Vögeln beliebt
Korkenzieherhasel	*C. avellana ‚Contorta'*	5	feucht, nährstoffreich	☼ ●	ja	ja	–	–	Kätzchen
Kreuzdorn	*Rhamnus cathartica*	3	trocken	☼ ●	ja	–	schwarzblau	grünlichweiß	wächst schnell, für große Gärten geeignet, kann beliebig zurückgeschnitten werden
Liguster (Rainweide)	*Ligustrum vulgare*	über 2/2	leicht, auch trocken	☼ ◐	ja	ja	schwarzblau	weiß	immergrün
Mahonie	*Mahonia aquifolium*	1/1,5	humusreich	◐ ●	abgehärtet	ja	blau	gelb	immergrün, als Unterholz geeignet, anspruchslos

Farbtafel 1: Weißbuche (oben links), Blutjohannisbeere (oben rechts), Feldahorn (unten links), Hartriegel (unten rechts).

Deutscher Name	Lateinischer Name	Höhe/ Breite in m	Boden	Licht-bedürfnisse	frostfest	Verträglichkeit von Luftverschmutzung	Beeren-farbe	Blüten-farbe	Anmerkungen
Pfaffenhütchen	*Euonymus europaeus*	2–4/ 1–2	feucht	◐ ●	–	–	rot	klein, grünlich	purpurrote Blattfärbung, im Herbst Früchte: vierkantige orangerote Springkapseln
Pfeifenstrauch (Falscher Jasmin)	*Philadelphus coronarius*	2,50 bis 3		☼ ◐	abgehärtet	–	–	weiß	–
einfache Blüten			feucht, nähr-stoffreich		ja	ja	–	weiß	–
gefüllte Blüten		1,50			ja	ja		weiß	
Rhododendron	*Rhododendron hybridum*	1–3/ 2–3	feucht, sauer	◐	ja	ja	–	weiß, rosa, rot, violett	immergrün, vor Winter Wurzeln bedecken
Scheinquitte (Zierquitte)	*Chaenomeles speciosa*	1	leicht, auch trocken	☼ ●	ja	ja	–	lachs, Hybriden: weiß, lachs, dunkel- u. karminrot	blüht an den Seitenzweigen, daher nur auslichten, nicht beschneiden; Blattfärbung rot
	Chaenomeles japonica	1	leicht, auch trocken	☼ ●	ja	ja	–	rot	–
Schneeball	*Viburnum rhytidophyllum*	3/1,5	trocken möglich	◐	nicht ganz, erneuert sich nach Rückschnitt aber schnell	ja	zuerst rot, dann schwarz	weiß	immergrün, vor Winter Wurzeln bedecken, anspruchslos
Schneeball, Wolliger	*Viburnum lantana*	3/1,5	nährstoffreich kalkhaltig	☼ ◐	–	–	zuerst rot, dann schwarz	weiß	laubabwerfend
Schneebeere	*Symphoricarpus albus*	1,5	leicht, auch nährstoffarm	☼ ●	ja	ja	weiß	weißrosa	treibt viele Ausläufer, ältere Zweige alle 5 Jahre zurück-schneiden

Farbtafel 2: Feuerdorn.

Deutscher Name	Lateinischer Name	Höhe/ Breite in m	Boden	Licht-bedürfnisse	frostfest	Verträglichkeit von Luftverschmutzung	Beeren-farbe	Blüten-farbe	Anmerkungen
Spierstrauch	*Spiraea arguta* } *S. vanhouttei* }	1–2/2	nährstoffreich	☼ ◒	–	ja	–	weiße Blütenzweige	–
	S. salici folia	1–2/2	feucht, nährstoffreich	☼ ◒	nein	–	–	weiß od. rosa	aufrechte Zweige
Stechpalme	*Ilex aquifolium*	5	sauer	◒ ●	nein	nein	leuchtendrot	weiß, unscheinbar	bizarre, ledrige Blätter
Tellerholunder od. Schwarzer Holunder	*Sambucus nigra*	2–4/4	auch nährstoffarm		ja	ja	schwarz	weiß	–
Traubenholunder	*Sambucus racemosa*	2–4/4	trocken, auch nährstoffarm	☼ ●	ja	ja	rot	weiß	völlig anspruchslos
Zwergmispel	*Cotoneaster horizontalis*	1/1–3	durchlässig, trocken	☼ ●	nicht in zu strengen Wintern	ja	rot	weiß, unscheinbar	immergrün, Breite mindestens 2 m, anspruchslos
3. Strauch- oder Wildrosen									
Apfelrose	*Rosa villosa*	2	nährstoffreich	☼	–	–	orange	rosa	borstige Hagebutten, zum Einmachen verwendbar, fast dornlos
‚Bonn'		1,50	nährstoffreich	☼	ja	–	rot	scharlachrot	nur schwach duftend, winterhart
‚Conrad Ferdinand Meyer'		2,50	nährstoffreich	☼	nein	–	rot	altrosa	wuchsfreudig, duftend, älteste und berühmteste Sorte, erfriert in strengen Wintern
Hundsrose	*Rosa canina*	2–3	nährstoffreich	☼	abgehärtet	ja	orange	weiß bis rosa	als Veredelungsgrundlage für Edelrosen am meisten benutzt

Deutscher Name	Lateinischer Name	Höhe/ Breite in m	Boden	Licht-bedürfnisse	frostfest	Verträglichkeit von Luftverschmutzung	Beeren-farbe	Blüten-farbe	Anmerkungen
Kartoffelrose (Japan. Apfelrose)	*Rosa rugosa*	0,60–1,50	–	☼	abgehärtet	–	rot	weiß, purpurrot	große, runde Hagebutten
‚Nevada'		2	nährstoffreich	☼	–	–	rot	weiß	duftlos, kräftiger Wuchs, als Hecke sehr geeignet
Bibernellblättrige	*Rosa pimpinellifolia*	1	nährstoffreich	☼	ja	–	schwarz	gelblich bis gelbweiß	dornenreich, breitet sich durch unterirdische Triebe aus; schwarze Hagebutten bei Vollreife
‚Pruhonice'		1,80	nährstoffreich	☼	–	–	–	kräftig rosa	sehr angenehm duftend
4. Kletterpflanzen									
Efeu	*Hedera helix*	bis 6	feucht	☼ ◒ ●	abgehärtet	ja	schwarz	gelbgrün	immergrün, nur gut eingewurzelte Pflanzen vertragen Trockenheit
Geißblatt (Jelängerjelieber)	*Lonicera Belgica* *L. caprifolium* *L. Dropmore Scarlet*	2–3	feucht	☼ ◒	ja	–	–	orange gelb hellrot	angenehm duftend, verträgt keine Trockenheit
Glyzine	*Wisteria sinensis*	10	locker, kalkhaltig	☼	erfriert häufig, erneuert sich aber von unten heraus	–	–	hellviolett, weiß	–
Kiwipflanze	*Actinidia sinensis*	bis 6	humusreich	☼	winterhart	–	grünbraun	weiß	vitaminreiche Früchte, dichtes Laub
Kletterhortensie	*Hydrangea petiolaris*	6/1	auch nährstoffarm	☼ ◒ ●	winterhart	–	–	weiße Blütenschirme	stellt kaum Anforderungen an Boden und Standort; wächst und klettert ausgezeichnet

Deutscher Name	Lateinischer Name	Höhe/ Breite in m	Boden	Licht-bedürfnisse	frostfest	Verträglichkeit von Luftverschmutzung	Beeren-farbe	Blüten-farbe	Anmerkungen
Knöterich	*Fallopia aubertii syn. Polygonum aubertii*	6	–	☼ ◒	ja	–	–	weiß	schnellwüchsig, reiche Blütenbildung
Trompetenblume	*Campsis radicans*	bis 10	durchlässig	☼	empfindlich	–	–	leuchtend rot	jährlicher Schnitt erforderlich
Waldrebe	*Clematis alpina*	2–4	auch ärmere Böden	☼	ja	ja	–	–	kleinblütig
	C. Hybride ‚Jackmanii‘	2–3	nährstoffreich	☼ aber am Boden ●	–	–	–	dunkel-violett	großblütig, braucht jährlichen Schnitt und mehrmalige Blattdüngung
	C. Hybride ‚Mme. Lecoultre‘		nährstoffreich	☼ aber am Boden ●	–	–	–	weißrosa	großblütig, braucht jährlichen Schnitt und mehrmalige Blattdüngung
	C. montana	2–4	anspruchslos	☼	ja	–	–	–	kleinblütig
	‚Nelly Moser‘	2–3	nährstoffreich	☼ aber am Boden ●	–	–	–	violett-rosa	großblütig, braucht jährlichen Schnitt und mehrmalige Blattdüngung
	‚The President‘	2–3	nährstoffreich	☼ aber am Boden ●	–	–	–	tiefblau	großblütig, braucht jährlichen Schnitt und mehrmalige Blattdüngung
	C. tangutica	2–4	auch ärmere Böden	☼	–	–	–	gelb	kleinblütig
	C. tangutica Aureolin	2–3	nährstoffreich	☼ aber am Boden ●	–	–	–	gelb	große, glockenförmige Blüten, braucht jährlichen Schnitt und mehrmalige Blattdüngung
	‚Ville de Lyon‘	2–3	nährstoffreich	☼ aber am Boden ●	–	–	–	rot	großblütig, braucht jährlichen Schnitt und mehrmalige Blattdüngung

Deutscher Name	Lateinischer Name	Höhe/ Breite in m	Boden	Licht- bedürfnisse	frostfest	Verträglich- keit von Luftver- schmutzung	Beeren- farbe	Blüten- farbe	Anmerkungen
	C. vitalba	20	auch ärmere Böden	☼	–	–	–	weiß	kleinblütig, wächst rasch und überwuchert alles
	C. viticella	2–4	auch ärmere Böden	☼	–	–	–	blauweiß	kleinblütig
Wilder Wein (Jungfernrebe)	*Parthenocissus quinquefolia*	10–20	leicht	☼ ◐ nicht an Nordseiten	abgehärtet	gut	schwarz	–	mit Haftscheiben ausgestattet; im Herbst leuchtendrote Blattfärbung
	Parthenocissus tricuspidata	10–20	leicht	☼ ◐ nicht an Nordseiten	abgehärtet, winterhart	gut	schwarz	–	mit Haftscheiben ausgestattet; im Herbst leuchtendrote Blattfärbung
5. Kletterrosen									
‚Flammentanz'		bis zu 5	humusreich, locker	☼	winterhart	–	rot	rot	absolut winterhart, wächst auch in die Breite, blüht überreich in der 2. Junihälfte
‚Golden Climber'		4	humusreich, locker	☼	winterhart	–	rot	gelb	zart duftend, Strauch muß nach 5–8 Jahren verjüngt werden, blüht bis in den Herbst
‚Gruß an Heidelberg'		2–3	humusreich, locker	☼	winterhart	–	rot	rot	gesund, wetterfest, blüht bis spät in den Herbst; Blüten gefüllt wie bei den Gartenrosen
‚New Dawn'		6	humusreich, locker	☼	winterhart	–	rot	rosa	angenehm duftend, blüht reich bis spät in den Herbst
‚Sympathie'		4	humusreich, locker	☼	winterhart	–	rot	rot	Blatt gesund, widerstandsfähig, blüht reich bis spät in den Herbst, duftet wie eine Wildrose

Die aufgeführten Pflanzen bilden nur einen Teil der möglichen, für Hecken und zum Beranken von Mauern, Balken, Kletterrahmen und Säulen gebräuchlichen Sträucher, Bäume und Kletterpflanzen; allerdings sind es diejenigen, die sich in unseren mitteleuropäischen Gegenden vielfach bewährt haben.

Pflanzung von Bäumen und Sträuchern

Nadelbäume werden am besten im Frühjahr gepflanzt, da sie über ihre Nadeln im Winter zuviel Wasser verdunsten, das man ihnen bei Eis und Schnee nicht wieder zuführen kann. Muß eine Pflanzung von Nadelhölzern unbedingt einmal im Herbst geschehen, dann müssen die Pflanzen etwa alle 10 Tage mit Alginure Verdunstungsschutzspray besprüht werden.
Die im Winter entblätterten *Laubhölzer* können auch im Herbst eingepflanzt werden, weil sie über die fehlenden Blätter keine Feuchtigkeit aus den Pflanzen verdunsten können. Dafür sind sie im Frühjahr in ihrem neuen Quartier schon heimisch geworden und beginnen gleich, sich zu entfalten.
Die Pflanzung von *Sträuchern und Kletterpflanzen* ist mit dem vorhandenen Mutterboden, den wir ja im gesamten Gartengelände auf den Unterboden aufgebracht haben, nicht sonderlich schwierig. Grundsätzlich muß man beachten, daß immergrüne Pflanzen sauren Boden brauchen, die anderen Pflanzen dagegen Kalk lieben. Deshalb mischt man dem Boden für Immergrüne Torf und das kalklose Eco-Vital S bei, dem Boden für kalkliebende Pflanzen Blutmehl, Hornmehl oder ein kalkhaltiges Düngergemisch, wie Eco-Vital.
Diese Unterschiede braucht man nicht zu beachten, wenn man der Erde für das Pflanzloch Alginure Bodengranulat beimengt (30–50 g je Pflanzloch). Auf jeden Fall sollte man die Wurzeln jeder Pflanze vor dem Einpflanzen um etwa ein Drittel zurückgeschnitten in eine Lösung oder einen Lehmbrei mit Alginure Wurzel-Dip eintauchen. Dadurch wird zwischen Wurzeln und Erde sofort eine Verbindung hergestellt, die Bewurzelung wird gefördert, und die Pflanze wächst sofort weiter.
Wählt man noch kleine Pflanzen, dann hat man es leichter, weil man nicht so breite und tiefe Pflanzlöcher auszuheben braucht. Allerdings dauert es auch länger, bis die Hecke sich zu einer brauchbaren Höhe entwickelt. Auf jeden Fall müssen die Wurzeln der Pflanzen genügend Platz im Pflanzloch vorfinden. Für geschlossene Schnitthecken hebt man Pflanzgräben aus und verfährt mit ihnen genauso wie mit Pflanzlöchern. Die ausgehobene Erde vermischt man mit den angegebenen Düngergaben, hält die Pflanze mit den Wurzeln in das Pflanzloch und füllt mit der vorbereiteten Erde auf. Nach dem Pflanzen gießt man sehr gründlich. Man wird dabei gleich merken, wie aufnahmefähig die mit Alginure behandelte Erde für Wasser ist. Das erste Tränken der Wurzeln ist besonders wichtig und kann durch späteres öfteres Wässern nicht mehr in seiner Wirkung ersetzt werden.
Wenn man größere Sträucher oder Bäume anfahren läßt, erkundige man sich vorsorglich nach der Verpackung der Wurzeln. Sind die Pflanzen mit Alginure Wurzel-Einschlagmittel behandelt, dann werden sie auch nach dem Ausgraben ausreichend mit Feuchtigkeit und Nährstoffen versorgt, erleiden keinen Verpflanzschock, und selbst ausgewachsene Bäume wachsen an ihrem neuen Standort schnell an.
Sind die Pflanzen nach dem Ausgraben nicht mit Alginure Einschlagmittel versorgt worden, dann empfiehlt es sich, die Wurzeln der Sträucher und Bäume für einige Stunden in eine wäßrige Lösung mit SPS einzuweichen. Bei kleineren Pflanzen, die beim Transport sehr gewelkt sind, legt man die ganzen Pflanzen in diese Lösung. Sie erholen sich fast immer soweit, daß sie nach einem kurzen Tauchen in Alginure Wurzel-Dip, dem man Lehm beimengen kann, schnell anwachsen.
Torf sollte man vor dem Verwenden mit Alginure Torfbenetzungsmittel behandeln. Man weicht ihn entweder in einer 0,3%igen Lösung ein oder begießt ihn mit dem Benetzungsmit-

tel. Dadurch wird Torf zu einem Wasserreservoir für die Pflanzen. Der sonst so leblose Torf wird zum Träger einer regen biologischen Tätigkeit.
Die frisch gesetzten *Heckenpflanzen* schneidet man zurück. *Laubgewächse* wie Liguster kann man um zwei Drittel kürzen, damit sie von unten viele neue Triebe austreiben und zu einem dichten Strauch werden.

a b c

a) Schnittheckenpflanzung im ausgehobenen Graben mit aufgelockerter Grabensohle, die während des Pflanzens nicht betreten werden darf. Bei Pflanzen ohne Wurzelballen wird das Anwachsen durch Rückschnitt begünstigt. Pflanzen mit Ballen brauchen erst nach dem Anwachsen einen Formschnitt.

b) Guter Heckenscnitt verjüngt sich nach oben etwas. Koniferenhecken erhalten immer diese Form.

c) Niedrige Hecken können oben eine leichte Wölbung erhalten.

Baumartige Pflanzen, wie Hainbuchen, Eiben oder Lebensbäume, bekommen, sollen sie eine Schnitthecke ergeben, gleich einen Formschnitt. Bei Koniferen verjüngt sich die Form nach oben zu, Hainbuchen werden gerade geschnitten.
In den ersten Jahren ist es notwendig, die Sträucher öfter zu schneiden, damit sie schön dicht werden. Später genügt ein Schnitt im Jahr. Blütensträucher schneidet man unmittelbar nach der Blüte, damit sie das nächste Mal wieder reich blühen.
Um durch den Schnitt eine gute Entwicklung der Pflanzen zu gewährleisten, richten sich heute viele Gärtner und Hobbygärtner nach dem *Aussaatkalender* von Maria und Matthias K. Thun. Dieser Kalender ist ein kleiner Ratgeber für den Pflanzenbau, der jährlich erscheint. Er enthält unter anderem auch Angaben darüber, wann die günstigsten Zeiten für Baum- und Heckenschnitt sind.
Die Sträucher der *freiwachsenden Hecke* bekommen einen sogenannten Erhaltungsschnitt, damit sie nicht zu breit und zu hoch werden und im unteren Bereich dichtes Laub behalten. Die neu gesetzten Sträucher besprüht man nach dem Rückschnitt mit Alginure Schutzspray. Es vermindert die Blattverdunstung, versorgt die Pflanze mit wichtigen pflanzenfördernden Mitteln und schützt vor Kälte und Hitze.

Unter die gesetzten Sträucher und Bäume streut man Grasschnitt, den man beim Anlegen eines Gartens ja noch nicht zur Verfügung hat, sich aber oft bei Nachbarn beschaffen kann. Blätter und Küchenabfälle erfüllen denselben Zweck. Sollte man überhaupt keine organischen Abfälle haben, kann man auch Papier, Pappe oder Wellpappe unter den Pflanzen ausbreiten.

Diese Bodenbedeckung heißt *Mulchen* und schützt die Erde vor dem Austrocknen. Dadurch bleibt nicht nur der Boden über lange Zeit feucht, sondern auch das Bodenleben wird rege gehalten. In trockener Erde arbeiten die vielfältigen Bodenorganismen nämlich nicht.

Bei Hecken und Zäunen zwischen Nachbargrundstücken ist es günstig, sich untereinander zu beraten, denn zwischen guten Nachbarn braucht man oft keine Zäune. Die Hecken können niedrig sein, oder es wird nur eine Hecke gemeinsam gepflanzt.

Bei Platzmangel kann man auch Hecken aus Beerensträuchern zwischen Nachbargrundstücken anlegen. Himbeeren, Brombeeren, weiße, rote oder schwarze Johannisbeeren bieten sich an. Auch Spalierobst kann eine lichte Hecke bilden.

Zwischen Reihenhäusern ist es angenehmer, man hat einen einzigen großen Garten oder eine parkähnliche Anlage statt der kleinen Rechtecke, die sich gewöhnlich hinter Reihenhäusern als Garten ergeben. Bei einer Gesamtanlage hat man großzügigere Möglichkeiten. Die Terrassen werden mit Busch- und Baumgruppen vor fremden Blicken geschützt. An der Terrasse pflanzt jeder seine Lieblingsblumen. Die Kinder hingegen bekommen einen gemeinsamen Spielplatz. Auf dem gemeinsamen Rasen oder der Wildwiese lassen sich hier und da Obstbäume allein oder in kleinen Gruppen mit Beerensträuchern pflanzen. Durch

Gemeinschaftsgartenanlage zwischen Reihenhäusern.

Beerensträucher, Spaliere mit Kletterpflanzen oder freiwachsende Hecken abgetrennt, lassen sich Stellen anlegen, innerhalb derer Gemüsebeete Platz finden, ohne daß der allgemeine Ziergarten oder die Parkanlage im Charakter beeinträchtigt werden.
Selbst die Komposthaufen und das Gerätehaus sind Gemeingut und beanspruchen nur einen Platz.
Ist genügend Raum vorhanden, läßt sich auch noch eine Laube oder eine Sitzgruppe, die von einer Hecke umgeben wird, anlegen. Dort ist ein Treffpunkt für alle Bewohner der Reihenhäuser, ohne daß es gleich nach Besuch und Verpflichtungen aussieht. Hier lassen sich Gespräche führen; Hausfrauen können ihre Früchte und Gemüse zum Kochen vorbereiten und sich dabei unterhalten; die Jugend kann sich treffen; die Pensionäre können schon am Vormittag dort plaudern; zu sommerlichen Gartenfesten steuern alle Nachbarn etwas bei und feiern gemeinsam. Alle Beteiligten machen dann gleichzeitig Lärm. Über nächtliche Ruhestörung kann sich niemand beschweren.

Giftpflanzen im Garten

Eine Reihe von Heckenpflanzen sind in einzelnen oder allen Teilen giftig. Die nachfolgende Tabelle gibt diese Pflanzen und die übrigen gebräuchlichen giftigen Gartenpflanzen mit ihren deutschen und lateinischen Namen, den giftigen Teilen, ihrer Giftwirkung, Gegenmaßnahmen und auch ihren Heilwirkungen an. Auch Bohnen und Kartoffeln sind in ihrer Giftwirkung beschrieben, worüber vielleicht mancher staunt, aber es ist nun einmal so, daß Bohnen in rohem Zustand giftig sind und bei der Kartoffel alle Pflanzenteile außer der Kartoffelknolle selbst. Besonders zu beachten ist, daß die Keime der Kartoffel giftig sind.
Auch zwei sogenannte „Unkräuter" sind in der Tabelle angegeben. Der Löwenzahn wird oft im Garten angetroffen und kann als Blattsalat verwendet werden. Er ist sehr gesund, weil er die Verdauungsorgane anregt. Kinder allerdings sollten den milchigen Saft beim Spielen meiden und auch Löwenzahnsalat nur in kleinen Mengen essen. So ist er auch für Kinder sehr gesund. Die Zaunwinde ist schwer aus Gärten zu vertreiben. Deshalb ist es gut, wenn man weiß, daß die Zaunwinde giftig ist.
Die in der Tabelle angegebenen Gegenmaßnahmen sind als erste Hilfe gedacht. Auf jeden Fall sollte bei den geringsten Anzeichen einer Vergiftung sofort ein Arzt gerufen werden.
Sind Kinder Mitbenutzer des Gartens, ist zu überlegen, ob man beim Anlegen des Gartens nicht gänzlich auf Giftpflanzen verzichten sollte oder sich auf wenige beschränkt, deren Gefährlichkeit man den Kindern immer wieder warnend darstellt.
Gräser sind in der Tabelle nicht aufgeführt, weil es selten zu Vergiftungen mit Gräsern kommt. Immerhin enthalten eine Reihe Gräser blausäurehaltige Verbindungen und Polyphenole. Vom Kauen von Grashalmen ist auf jeden Fall abzuraten.

Giftige Pflanzen im Garten

Deutscher Name	Lateinischer Name	Giftige Teile	Giftwirkung	Gegenmaßnahmen	Heilwirkung bei
Adonisröschen	*Adonis vernalis*	alle	Durchfall, Herzversagen	sofort mit Brech-, Abführmitteln und Aktivkohle	Herzbeschwerden, Harnleiden, Leberleiden
Alpenveilchen	*Cyclamen europaeum*	Knolle, Wurzel	—	—	Gicht, Rheuma, Migräne, Hämorrhoiden, Leberleiden
Besenginster	*Sarothamnus scoparius*	Samen, Blätter, Zweige	Lähmung	Abführmittel, Kohle	Herz- und Unterleibserkrankungen
Bohne	*Phaseolus vulgaris*	unreife Früchte, reife Samen (Bohnen) (durch Kochen ungiftig)	Magen- und Darmentzündungen, Krämpfe	Flüssigkeitszufuhr	—
Buchsbaum	*Buxus sempervirens*	vorwiegend Blätter und Rinde	Durchfall, Erbrechen, Krämpfe, Lähmung des Zentralnervensystems	wenn noch keine Krämpfe eingetreten sind, Magenspülung mit Kaliumpermanganat (1‰)	—
Christrose	*Helleborus niger*	alle	Durchfall, Herzlähmung	Abführmittel	Herzleiden
Eberesche	*Sorbus aucuparia*	frische Beeren (durch Kochen ungiftig)	Reizung der Magen- und Darmschleimhaut, Erbrechen, Ausschlag	Flüssigkeitszufuhr	—
Efeu	*Hedera helix*	vorwiegend die Beeren	Durchfall, Erbrechen	Aktivkohle, Magenspülungen	—
Eibe	*Taxus baccata*	besonders die Nadeln (2%), Fruchtfleisch fast giftfrei, aber die Samen giftig	Herz- und Atmungserregung, dann -lähmung, Magen- und Darmentzündung	Durch schnelle Giftwirkung sind Gegenmaßnahmen kaum möglich, sofort Abführmittel und Aktivkohle	—

Deutscher Name	Lateinischer Name	Giftige Teile	Giftwirkung	Gegenmaßnahmen	Heilwirkung bei
Eisenhut, Blauer	*Aconitum napellus*	alle, hauptsächlich die Wurzeln	Erregung des Nervensystems, Herz- und Atmungslähmung	Flüssigkeitszufuhr, Magenspülungen, Aktivkohle	Nervenschmerzen, Grippe
Faulbaum	*Rhamnus frangula*	Früchte, Blätter, Rinde	Kolik, Durchfall, Fieber	Kohle, Magenspülungen, Brechmittel	Verstopfung
Fingerhut, Großblütiger Fingerhut, Roter Fingerhut, Wollhaariger	*Digitalis grandiflora* *Digitalis purpurea* *Digitalis lantana*	alle, aber vorwiegend in Blättern	Erbrechen, Durchfall, Herzstillstand, Nierenreizung	sofort Abführmittel und Aktivkohle. Die Wirkung bereits im Herzen auftretender Giftmengen läßt sich nicht mehr aufheben	chronischen Herzleiden
Geißblatt	*Lonicera periclymenum*	vorwiegend in den Blättern, aber auch in den Beeren	Durchfälle, Erbrechen, bei Kindern auch Todesfälle	Entleerung des Magens durch Brechmittel und Spülungen	—
Goldregen, Gemeiner	*Laburnum anagyroides*	alle Teile	Schwindelgefühl, Erbrechen, Durchfall, Krämpfe, Atmungslähmung	Brech- und Abführmittel, Aktivkohle	(Zytisin ist in manchen Raucherentwöhnungsmitteln enthalten)
Heckenkirsche, Rote Heckenkirsche, Tatarische	*Lonicera xylosteum* *Lonicera tatarica*	vorwiegend in den Blättern, aber auch in den roten Beeren	Durchfälle, Erbrechen, bei Kindern auch Todesfälle	Entleerung des Magens durch Brechmittel und Spülungen	—
Herbstzeitlose	*Colchicum autumnale*	Blüten (1,8%) Samen (0,5%) Knollen (0,2%) Blätter (0,03%)	Appetitlosigkeit, Erbrechen, blutiger Durchfall, Bewußtlosigkeit, Atemlähmung	Die Behandlung ist schwierig und sollte unbedingt sofort von einem Arzt vorgenommen werden	Lebererkrankungen, akute Gichtanfälle
Holunder, Schwarzer	*Sambucus nigra*	frische Blätter und Rinde, unreife grüne Beeren, schwarze Beeren stets ungiftig	Erbrechen, Durchfall	Milch trinken, Haferschleim, Brechmittel	Blüten und Beeren ergeben einen guten Tee gegen Erkältungen

Deutscher Name	Lateinischer Name	Giftige Teile	Giftwirkung	Gegenmaßnahmen	Heilwirkung bei
Kalmus	*Acorus calamus*	Wurzelstock	Erbrechen, Brennen der Zunge	Magenspülungen, Aktivkohle	Nieren- und Gallenleiden, Krämpfen
Kartoffel	*Solanum tuberosum*	unreife Beeren, Keime, Blüten und Kraut	Reizung der Verdauungswege, Auflösung der roten Blutkörperchen, Durchfall, Krämpfe, Lähmungen, Hautausschläge, Atmungslähmung	Abführmittel, Aktivkohle	Preßsaft wirkt günstig auf die Magenschleimhaut, Kartoffelbrei aus rohen Kartoffeln, die in kochendes Wasser gerieben werden (5 Minuten kochen), wirkt ebenfalls günstig auf die Magenschleimhaut
Kirschlorbeer	*Prunus laurocerasus*	Blatt, Rinde, Knospe, Samen	Reizung der Verdauungswege, Atembeschwerden, Blockierung der Zellatmung	Entleerung des Magens durch Brechmittel und Magenspülungen, Riechampullen, sofort zum Arzt	Venenschmerzen, Krämpfen (früher gebräuchlich; wird heute nicht mehr verwendet)
Küchenschelle	*Pulsatilla pratensis* *Pulsatilla montana*	besonders die Wurzeln	Reizung der Verdauungswege und Nieren, Krämpfe, Erbrechen, Durchfälle	Brechmittel, Abführmittel Aktivkohle	—
Lebensbaum Lebensbaum, Morgenländischer	*Thuja occidentalis* *Biota orientalis*	besonders die Schuppenblätter	Magen- und Darmentzündungen, Leber- und Nierenveränderungen	Magenspülungen, Brechmittel, Aktivkohle, notfalls Milch und Haferschleim	—
Liguster, Gemeiner	*Ligustrum vulgare*	Beeren und Blätter	Magen- und Darmentzündungen; bei Kindern Beeren tödlich	Brechmittel	—
Lupine, Vielblättrige Lupine, Blaue Lupine, Gelbe	*Lupinus polyphyllus* *Lupinus angustifolius* *Lupinus luteus*	vor allem die Samen	Unruhe, Krämpfe, Gelbsucht, Atmungslähmung; bei chronischem Verlauf Leberschaden	Abführmittel	—

Deutscher Name	Lateinischer Name	Giftige Teile	Giftwirkung	Gegenmaßnahmen	Heilwirkung bei
Löwenzahn	*Taraxacum officinale*	Milchsaft in allen Teilen	manchmal bei Kindern Übelkeit, Erbrechen, Durchfall, Herzrhythmusstörungen	Flüssigkeitszufuhr, Abführmittel	Magen-, Leber-, Gallen- und Nierenleiden und bei chronischen Ekzemen
Maiglöckchen	*Convallaria majalis*	besonders in den Blüten, aber auch in Blättern und Wurzeln	Erbrechen, Durchfall, Herzstörungen, Nierenreizung	Abführmittel, Aktivkohle	Herzkrankheiten
Mohn	*Papaver somniferum*	Milchsaft in halbreifen Kapseln	Zähneknirschen, Tobsuchtsanfälle, Verstopfung; bei Kleinkindern und Säuglingen tödliche	Magenspülungen, Kohleaufschwemmungen, Abführmittel	—
Narzisse, Weiße Narzisse, Gelbe (Osterglocke)	*Narcissus poeticus* *Narcissus pseudonarcissus*	Zwiebeln vor allem	Krämpfe	Abführmittel, Aktivkohle	—
Oleander	*Nerium oleander*	alle, besonders Rinde und Blätter	Übelkeit, Kopfschmerzen, Erbrechen, Durchfall, Herzstörungen	Abführmittel, Aktivkohle	Herzkrankheiten, Hautausschläge
Pfaffenhütchen, Europäisches	*Euonymus europaea*	Samen, Blätter, Rinde	Darmentzündung, Durchfall, Kreislaufbeschwerden	Abführmittel, Aktivkohle	—
Pfingstrose, Echte	*Paeonia officinalis*	alle	Durchfall, Erbrechen, Reizung der Verdauungswege	Brechmittel, Abführmittel, Aktivkohle	—
Rizinus	*Ricinus communis*	Samen	Erbrechen		Stuhlverstopfung
Rhododendron-Arten	*Rhododendron*	Blüten und Blätter	Brechreiz, Krämpfe, Atemlähmung	Behandlung nur vom Arzt	—

Deutscher Name	Lateinischer Name	Giftige Teile	Giftwirkung	Gegenmaßnahmen	Heilwirkung bei
Rotbuche	*Fagus sylvatica*	vor allem in den Bucheckern, aber nicht im Öl	Reizung der Magen- und Darmschleimhaut, Krämpfe, Vitamin B wird zerstört	Abführmittel und Vitamin-B-Gaben	—
Schlangenwurz	*Calla palustris*	vorwiegend Blätter, Beeren und Wurzelstock	Entzündungen der Schleimhäute des Verdauungsweges, Durchfall, Herzanfälle, Lähmung des Zentralnervensystems	Aktivkohle, Flüssigkeitszufuhr	—
Schneeball, Gemeiner Schneeball, Wolliger	*Viburnum opulus*	besonders die Beeren	Magen- und Darmentzündungen	Brechmittel zur Entfernung der Beeren aus dem Magen	—
Schneebeere	*Symphoricarpus albus*	vorwiegend in den Beeren	Entzündungen der Schleimhäute im Mund, Reizung des Verdauungstraktes	Brechmittel zur sofortigen Entfernung der Beeren aus dem Magen	—
Seidelbast	*Daphne mezereum*	besonders Rinde und Beeren	Schwellungen und Entzündungen der Haut, Schädigung von Verdauungstrakt, Nieren, Kreislauf und Nervensystem; 10 Beeren können bei Kindern bereits zum Tode führen	sofort zum Arzt	—
Stechpalme	*Ilex aquifolium*	vorwiegend Blätter und Beeren	Erbrechen und Durchfall, in Mengen tödlich	sofort zum Arzt	—
Sumpfdotterblume	*Caltha palustris*	alle	Reizung der Verdauungswege und Nieren, Krämpfe, Erbrechen, Durchfall	Magenspülungen, Brechmittel, Aktivkohle, notfalls Milch und Haferschleim	—
Waldmeister	*Galium odoratum*	alle	Kopfschmerzen	—	Blutreinigungstee
Zaunwinde	*Calystegia sepium*	besonders Kraut und Wurzeln	Durchfall, Wahnvorstellungen	Aktivkohle	—

Grundnährstoffe (NPK)

Für ein gesundes Wachstum brauchen die Pflanzen neben Spurenelementen und Mineralstoffen die drei Grundnährstoffe Stickstoff, Phosphorsäure und Kali.

Stickstoff wird von den Pflanzen in Eiweiß umgewandelt und ist deshalb unverzichtbar. Allerdings sollte man sich nicht zu große Sorgen um den Stickstoffgehalt des Gartenbodens machen. In der Luft ist genügend Stickstoff vorhanden, den die Pflanzen in Verbindung mit Bodenbakterien aufnehmen. Besonders bekannt sind die Knöllchenbakterien an den Wurzeln der Leguminosen. Durch Gründüngung wird der Boden reichlich mit Stickstoff versorgt, ohne daß man fürchten muß, den Boden mit Stickstoff überdüngt zu haben.
Gute Stickstofflieferanten sind die Handelsdünger Blutmehl, Hornmehl, Hornspäne und Rizinusschrot. Von den tierischen Düngern eignen sich für die Stickstoffanreicherung im Boden Schafs- und Ziegenmist.
Überdüngung mit Stickstoff führt zu Geilwuchs und Anfälligkeit für Krankheiten. Die Pflanzen „schießen" ohne oder nur unzureichende Blüten- und Fruchtbildung. Hier kann Strohmulch Abhilfe schaffen, da Stroh ein sehr weites C-N-Verhältnis hat und Stickstoff an sich reißt. Stickstoffmangel zeigt sich durch gelbliche Blattfärbung.

Phosphorsäure wirkt blüten- und fruchtbildend. In einem humosen Boden ist Phosphor in ausgeglichenem Verhältnis zu den anderen maßgebenden Bestandteilen des Bodens vorhanden. Phosphordüngung ist nur mit aller Vorsicht vorzunehmen, da ein Zuviel an Phosphorsäure wichtige wachstumsfördernde Stoffe bindet. Unter den organischen Düngern ist Knochenmehl derjenige, der am meisten Phosphorsäure aufzuweisen hat.

Kali (Kaliumsalze)

Für die Pflanze spielt Kali eine besondere Rolle. Neben dem gefestigten Aufbau des Pflanzengewebes, der Wurzel- und Knollenbildung ist Kali maßgebend an der Saftzirkulation in der Pflanze, von der Wurzel zum Blatt und umgekehrt, beteiligt.
Im Boden ist Kali meist ausreichend vorhanden, muß allerdings von den Bodenorganismen in eine für die Pflanzen zugängliche Form umgewandelt werden.
Kalidünger sind Algenpräparate, Holzkohle als Gries oder Asche, Rizinusschrot, Knochenmehl oder -schrot, Kalimagnesia (Patentkali), getrockneter Rinderdung, Geflügel- und Schweinemist.
Kaliüberdüngung führt bei Pflanzen zu Wachstumsstockungen. Bei Kalimangel bekommen die Pflanzenblätter braune Ränder und sterben schließlich ab.

Kalk

Für den Säuregrad (pH-Wert) des Bodens, für Bodenkrümelung und -lockerung ist Kalk verantwortlich. Auch bei Erkrankungen durch Pilzbefall und bei Schädlingsbefall hilft ein Einstäuben der Pflanzen mit dem puderförmigen Algomin. Dabei wird den Schädlingen Körperflüssigkeit entzogen, wodurch sie schließlich absterben. Bei starkem Befall ist die Behandlung zu wiederholen.

Als Kalkdünger werden im biologisch behandelten Garten vor allem der Algenkalk Algomin, Steinmehle, Magnesiumkalk, kohlensaurer Kalk, Kalkmergel und Branntkalk eingesetzt.

Spurenelemente

Neben den Grundnähr- und den Mineralstoffen brauchen die Pflanzen Spurenelemente. Im biologischen Gartenbau sind die Voraussetzungen für ein ausgeglichenes Verhältnis aller Nährstoffe im Boden – und somit auch der Spurenelemente – gegeben.
So wird beispielsweise in trockenen Sommermonaten ein Mangel an den schwer löslichen Spurenelementen Kupfer, Bor und Mangan festgestellt, wenn der Boden trocken ist. In feuchten Wachstumsperioden tritt dieser Mangel nicht auf.
Durch die ständig den Boden bedeckende Mulche kann im biologisch geführten Garten der Mangel an diesen drei Spurenelementen nicht auftreten, da immer genügend Feuchtigkeit im Boden vorhanden ist, um die Elemente zu lösen und für die Pflanzen aufnehmbar zu machen.
Auch gestaute Nässe im Boden erzeugt Verhältnisse, bei denen Pflanzen Spurenelemente nicht aufnehmen können. In einem von Regenwürmern gut durchlöcherten Boden, wie er im biologischen Anbau sein soll, kann es niemals zu stauender Nässe kommen.
Auch Überdüngung führt zu Mangelverhältnissen. Ein zu reichlicher Kalkzusatz macht den Pflanzen alle Spurenelemente außer Molybdän unzugänglich. Zu starke Phosphatdüngung läßt die Pflanzen Mangel an den Spurenelementen Zink und Kupfer leiden. Eine Überdüngung mit Kali ruft einen künstlichen Bormangel hervor. Hohe Phosphorgaben regen zwar die Aufnahme von Magnesium an, stören aber die Zufuhr von Eisen, Kupfer und Zink.
Die Vitaminanreicherung in den Pflanzen hängt sehr von den Spurenelementen im Boden ab. Kupfer erhöht beispielsweise den Provitamin-A-Gehalt und den von Vitamin C. Auch Mangan wirkt in dieser Richtung. Der Vitamin-B-Komplex wird ebenfalls von den Spurenelementen beeinflußt. Bor ist dafür verantwortlich, daß die Pflanzen Vitamin B_1 und Nikotinsäure bilden können. Mangan sorgt für die Entstehung von Vitamin E und Karotin (Provitamin A) in den Pflanzen. Ein zu hoher Mangangehalt beeinflußt den Vitamingehalt der Pflanzen allerdings negativ. Molybdänmangel läßt den Vitamin-C-Gehalt in den Pflanzen zurückgehen. Er tritt nur in sauren Böden auf und kann durch Algomin ausgeglichen werden, das den pH-Wert des Bodens in den schwachsauren oder neutralen Bereich bringt. Dabei muß der Gärtner wissen, daß die meisten Pflanzen sich in neutralen bis schwachsauren Böden (pH-Wert 5,8 bis 7,3) am wohlsten fühlen. Mit dem Algenkalk Algomin ist deshalb äußerst sparsam umzugehen.
Mangel an Spurenelementen zeigt sich an den Pflanzen durch verschiedene Wachstumsstörungen. So deutet die Gelbfärbung der Blätter auf Eisenmangel hin. Mißbildungen der Blätter treten bei Molybdänmangel auf, zu wenig Kupfer färbt die Blätter hell und läßt die Blattspitzen eintrocknen. Mangel an Spurenelementen ist für Kleinwüchsigkeit verantwortlich.

Komposthaufen

Der Platz für die Komposthaufen ist das Herzstück des ganzen biologischen Gartens. Deshalb sollte man sehr sorgfältig planen, wie Wege gespart werden können.
Ist der Garten klein, kann der Kompostplatz in einer Ecke am Gartenzaun angelegt werden. Nachbarn werden, was der Anfänger vielleicht befürchten könnte, nicht durch unangenehme Gerüche belästigt. Komposthaufen riechen nie, selbst wenn faulende Abfälle eingearbeitet werden.
Allerdings sollte man den Kompostplatz durch eine Hecke oder, falls man Platz hat, durch freiwachsende Sträucher den Blicken der Nachbarn oder Vorübergehenden entziehen, denn der Kompostplatz ist ein Arbeitsplatz, der ständig benutzt wird. Da liegen Unkraut, Gemüseabfälle, die noch nicht verarbeitet sind, durchgesiebter Kompost und Abdeckmaterial.
Außerdem brauchen Komposthaufen Windschutz, denn je wärmer es ein Komposthaufen von außen hat, desto wärmer wird er auch innen. Die Eigenwärme fördert die Verrottung des Kompostmaterials. Je höher die Wärme im Komposthaufen ist, desto schneller erreicht man sein Ziel, den Mulch- und den Reifekompost.
Wenn der Platz es erlaubt, sollten auch auf den anderen beiden Seiten des Kompostplatzes Büsche stehen, die an einer günstigen Stelle eine Öffnung für den Zugang zum Kompostplatz lassen.
Für einen großen Garten ist eine Lage des Kompostplatzes in der Mitte der Gartenanlage geeigneter. Am besten legt man ihn mit dem Gerätehäuschen zusammen, wobei das Häuschen den Kompostplatz im Norden begrenzen sollte.
Die anderen Seiten werden durch eine Mischhecke oder, wenn der Platz ausreicht, durch eine Mischbepflanzung mit Sträuchern, die nach außen kleiner werden, begrenzt. Für den großen Garten sind zwei gegenüberliegende Zugänge zum Kompostplatz praktisch. Sie sollten so breit sein, daß eine normal große Schubkarre bequem durchgeschoben werden kann.
Die Mischhecke oder -bepflanzung besteht aus schattenspendenden, Windschutz bietenden Sträuchern, wie Hainbuchen, die ihr braunes vorjähriges Laub erst im Laufe des Austriebs der neuen Blätter im Frühjahr verlieren, Haselnußbüschen, auch schwarzem Holunder *(Sambucus nigra)* oder Traubenholunder *(Sambucus racemosa)*, der auch bei Radikalschnitt im Winter im folgenden Sommer bereits wieder eine Höhe von 2–3 Metern erreicht. Aber auch Sträucher der schwarzen Johannisbeere oder ein Spalier aus Himbeer- oder Brombeerruten leisten gute Dienste.
Alwin Seifert empfiehlt mit Recht für feuchte Böden Waldgeißbart *(Aruncus dioicus)*, der ausreichend hoch wird und ausdauernd ist.
Auf jeden Fall pflanzt man um den Kompostplatz Laubbüsche, weil die im zeitigen Frühjahr kahlen oder halbwegs blattlosen Äste dieser Sträucher die ersten wärmenden Sonnenstrahlen durchlassen, durch die der Platz schnell abtrocknet und der Kompost erwärmt wird, während im Sommer das dichte Laub vor austrocknender Sonneneinstrahlung schützt.
Dazu noch eine grundlegende Überlegung. Nicht immer ist die schattige Lage der Kompostmieten nützlich. In rauheren Höhenlagen und in kühlerem Klima ist die Sonneneinstrahlung sogar willkommen. An heißen Tagen bietet Rasenschnitt genügend Sonnenschutz.
Bei großzügigen Raumverhältnissen kann man in rauherem Klima die locker gepflanzten Sträucher oder die Hecke im Osten und Westen so weit weg vom Komposthaufen anlegen, daß der nötige Windschutz geboten wird, damit die vormittags und nachmittags scheinende Sonne ungehindert den Komposthaufen bestrahlen kann. Auf der Südseite sollte der Buschbestand so nah an den Komposthaufen heranreichen, daß die Sonnenstrahlen den Komposthaufen nicht erreichen.
Dafür darf der Buschbestand auf der Südseite besonders licht sein, da Südwind warm ist und

von geringer Stärke, während der Nord-, Nordost- und Nordwestwind durch dichteren und breiteren Buschbestand abgehalten werden sollte.
Man kann sich auch dadurch helfen, daß man abwechselnd höhere und niedrigere Sträucher pflanzt. Dadurch erreicht man eine dosierte Sonneneinstrahlung.
Die Zugänge sind nach Südosten bis Südwesten am günstigsten angelegt, können aber auch durch eine dem Einschnitt vorgelagerte Buschgruppe abgedeckt werden, falls es unumgänglich ist, den Kompostplatz nach Osten, Norden oder Westen zu öffnen.

Größe des Kompostplatzes

Wie groß muß der Kompostplatz sein? Der Komposthaufen hat für große Gärten eine Basis von 2 m Breite, für Kleingärten etwa von 1,50 m. Nur bei seitlicher Schichtung kommt man mit einem Haufen aus, wobei man das Verrottungsmaterial, also Kräuter, Blätter, abgestochenen Rasen, Baum- und Heckenschnitt, Küchenabfälle, Wurzeln von abgeerntetem Gemüse, Stengel von verwelkten Blumen und sogar unbedrucktes Papier und nicht bedruckte Pappe zerkleinert an einem Ende der Basis gleich auf etwa 75 cm bis 1 m Höhe bringt und je nach Anfall von Material seitlich anbaut. Die Länge des Haufens richtet sich nach der bearbeiteten Gartenfläche. Man rechnet 2–3 cm Komposterde, die jedes Jahr auf den Gartenboden aufgestreut wird. Für 100 m^2 Fläche ergeben sich etwa 3–4 m Länge des Komposthaufens bei einer Breite von 1,50 m.

Aufschichten von Komposthaufen:
links: seitliche Schichtung von etwa 50 cm Breite; hinterer, fertiger Teil bereits mit Erde und Rohrmatte abgedeckt;
rechts: im Hintergrund fertig aufgeschichteter, mit Grasschnitt abgedeckter Komposthaufen; im Vordergrund Komposthaufen von 1,50 m Breite und 1,50 m Länge, der in einem Arbeitsgang angelegt wird.

Verschiedene Formen von Komposthaufen

Der seitliche Aufbau hat den Vorteil, daß der Komposthaufen an seinem Anfang reif zum Verteilen auf den genutzten Boden ist, während sein Ende noch aufgesetzt werden kann. Hat man genügend Platz, zwei Komposthaufen nebeneinander anzulegen, so kann man die Schichtung waagerecht vornehmen. Man häufelt dabei eine Schicht auf die andere, muß dann aber viel Material zusammen haben, damit die unterste Schicht nicht bereits reifen Kompost enthält, die oberste aber noch gar nicht aufgeschichtet ist.
Die Form des Komposthaufens ergibt sich zwangsläufig: Die Basis ist die breiteste Stelle, nach oben zu verjüngt sich der Haufen, während er unten abgeflacht ist.
Wer Platzmangel hat, kann verschiedene *Silos* kaufen, die nur 1 m^2 Fläche beanspruchen. Bewährt haben sich Rundhölzer, die nicht imprägniert sind, da die Imprägnierungsgifte das Bodenleben beeinträchtigen.
Allerdings wird das Holz verhältnismäßig rasch von den im Komposthaufen wirkenden Bodenbakterien zerstört. Neuerdings gibt es ungiftige Firnisse, die man selbst auf die Hölzer auftragen muß, da diese roh geliefert werden.

Kompostsilos

Außer den Silos aus Rundhölzern gibt es solche aus Beton, Eternitplatten, Kunststoff, feuerverzinktem Blech oder Drahtgeflecht. Die Eternitplatten sind etwas spröde, und wenn man nicht geschickt mit ihnen umgeht, brechen sie leicht.

Kompostsilo aus Brettern, platzsparend in eine Ecke gebaut.

Hölzerne Bretter mit Einschnitten zum Zusammenstecken oder Rundhölzer kann man sich auch leicht selbst anfertigen. Wichtig ist, daß an den aufgesetzten Kompost genügend Luft kommt.

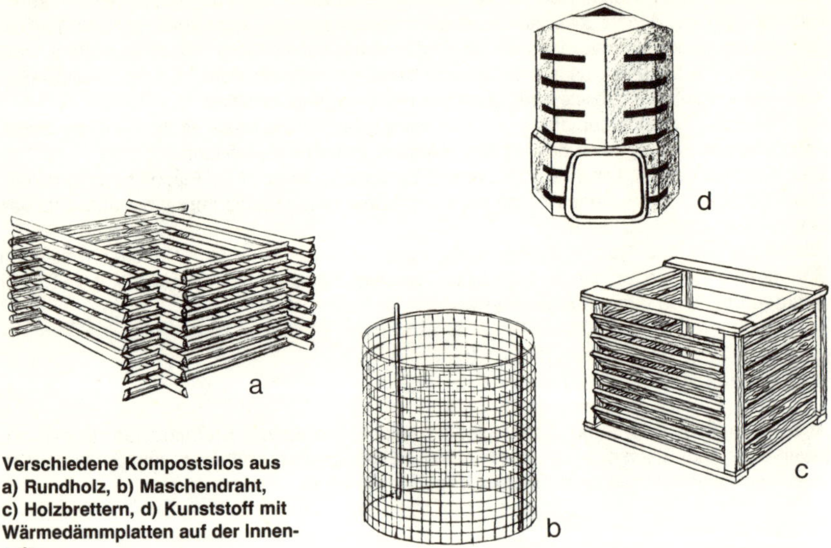

Verschiedene Kompostsilos aus a) Rundholz, b) Maschendraht, c) Holzbrettern, d) Kunststoff mit Wärmedämmplatten auf der Innenseite

Es gibt Silos aus verschiedenem Material, die unten geöffnet werden können. Dort holt man den reifen Kompost heraus, während man oben neue Schichten zubereitet, die nach unten rutschen.
Da auch Platz für die Abfälle gebraucht wird, denn nicht immer hat man die nötige Zeit, die Kompostschichten sofort zuzubereiten, ist es bei Silos gut, wenn man zwei oder drei davon aufstellen kann. Ein oder zwei mit Kompostmaterial versorgte Silos sind ständig am Reifen, während man in den dritten Garten- und Küchenabfälle wirft, bis man ein Silo mit Mulch oder Reifekompost entleeren kann, um mit den Abfällen einen neuen Kompostsilo zu füllen.
Sind alle Silos oder Kompostplätze mit reifendem Kompost besetzt und hat man immer noch Abfälle zur Verfügung, aber keinen geeigneten Platz, dann kann man Kompostsäcke einsetzen.

Kompostsäcke

Die Kompostsäcke bestehen aus PVC, haben Belüftungslöcher, sind UV-stabilisiert und haben als Farbe ein für Gärten unauffälliges, freundliches Grün.
Die Abfälle werden genauso vorbereitet wie für jede Kompostierung, vor allem gut zerkleinert, werden schichtweise in den Kompostsack gefüllt und mit einem Kompostpräparat geimpft. Dazwischen kann Gartenerde oder Kompost eingestreut werden. Der volle Sack wird mit einem mitgelieferten Verschluß zugemacht. Dann kann der Sack irgendwo im Garten abgestellt werden, wo er nicht auffällt.
Der Sackinhalt darf nicht zu feucht sein und sollte wie jeder Komposthaufen ab und zu kontrolliert werden. Die Säcke haben den Vorteil, daß man sie je nach Zustand des Inhaltes einmal in die wärmende Sonne, ein andermal in den Schatten stellen kann.

Auch zum Durchsieben der reifen Komposterde braucht man etwa 3 m^2 Raum zum Aufstellen des Siebes.
Mulchkompost enthält noch teilweise unverrottete Pflanzenteile, ist dafür aber schneller verfügbar als Reifekompost und regt das Bodenleben an. Man streut ihn unter Bäume und Sträucher, wo er mit der Zeit zu Humus wird, während reifer Kompost für Saatrillen, Pflanzlöcher oder Beete verwendet wird, die sofort bepflanzt werden sollen.
Damit man zu jeder Jahreszeit einen begehbaren und gleichzeitig sauberen Kompostplatz hat, legt man um jede Komposthaufenbasis Stein-, Kunststeinplatten oder Ziegel.
Nützlich ist auch ein Wasseranschluß, noch besser ein solcher mit einer Wassertonne oder einem Betonbehälter, damit man jederzeit der Außentemperatur angeglichenes Wasser zum Durchfeuchten des Komposts zur Verfügung hat.

Geräte für die Zubereitung

Für die Kompostbereitung braucht man folgende Geräte: eine Schubkarre, eine Schaufel, eine Mistgabel und ein Sieb, wie man es auf Baustellen zum Durchsieben von Sand und Kies oft sieht. Für die leichtere Handhabung von Zusätzen ist ein Eimer und ein Handspaten nützlich. Zum Lockern des Bodens vor der Aufschichtung des Kompostmaterials eignet sich hervorragend der Sauzahn.

Häcksler

Will man auch abgeschnittene Äste kompostieren, Pappe und Papier, so ist es praktisch, einen Häcksler anzuschaffen. Der Anschaffungspreis ist zwar recht hoch, aber wenn man Äste abtransportieren muß und das überall im Haushalt reichlich anfallende Papier sowie die Pappkartons dazu, dann macht sich so ein Häcksler bald bezahlt. Meist fehlt auch der Platz, um Äste über längere Zeit aufzubewahren. Außerdem bekommt man mehr Material zum

Geräte, die man zum Kompostieren braucht:
a) Grabegabel
b) Spaten
c) Durchwurfsieb
d) Schubkarren
e) Schaufel
f) Eimer
g) Häcksler (hier mit Elektromotor)
h) Gießkanne

Kompostieren und kann innerhalb einer Kompostmiete viel mehr Material unterbringen, da der Häcksler das Material sehr zerkleinert. Selbst Herbstblätter von Bäumen und Sträuchern, die sich nicht so schnell in Humus verwandeln lassen, werden so zerkleinert, daß sie schon wie Erde aussehend aus dem Häcksler kommen und anschließend im aufgesetzten Komposthaufen verhältnismäßig schnell zu Humus werden.
Die Häcksler gibt es mit Handantrieb, Benzin- oder Elektromotor. Sie sind leicht zu bedienen. Manche Häcksler verstopfen bei Eingabe von Blättern schnell, lassen sich aber einwandfrei säubern, indem man die Schutzabdeckung abnimmt. Dabei ist darauf zu achten, daß bei Elektromotoren der Stecker aus der Dose oder Verlängerungsschnur herausgezogen ist, bevor man die Messer säubert. Beim Kauf eines Häckslers sollte man ausprobieren, ob dieser bei der Eingabe von Blättern, Papier oder Pappe rasch verstopft, denn das Säubern kostet jedesmal einige Minuten Zeit, auch wenn die Reinigung schnell vonstatten geht.
Über Papier und Pappe muß man sich einige Kenntnisse aneignen, da verschiedene Sorten heute aus Kunststoff hergestellt werden. Dieses ist nicht kompostierbar. In der Regel merkt man beim Zerreißen von Papier und Pappe den Unterschied zwischen organischen Stoffen und Kunststoff. Papier, das aus Kunststoff besteht oder kunststoffhaltig ist, läßt sich schwerer zerreißen.
Umstritten ist bedrucktes Papier. Es wird oft geraten, auch dieses Material dem Kompost beizumischen. Druckerschwärze und Druckfarben enthalten jedoch Giftstoffe. Wie weit sie von den Bodenbakterien abgebaut werden, ist fraglich. Am ehesten sind Druckfarben noch einem Komposthaufen zuzumuten, der mit einem Alginure-Kompoststarter behandelt wurde, weil Alginure die für Pflanzen unzumutbaren Stoffe puffert.
Übrigens sind auch härtere Küchenabfälle, wie beispielsweise Kohlstrünke, mühelos im Häcksler zerkleinerbar. Wer Erfahrung mit Stengeln von Sonnenblumen hat, weiß den Häcksler zu schätzen. Dornige Rosenstiele und zähe Stengel frißt der Häcksler ohne Mühe und spuckt sie zerkleinert wieder aus.

Was kann kompostiert werden?

Aus all diesen verwelkten oder verhärteten Abfällen, die von Garten und Haushalt „ab-fallen" und oftmals wertlos werden, weil sie aus dem Kreislauf unseres Tätigkeitsfeldes als lästige Dinge herausgenommen werden und schließlich auf einer Mülldeponie landen, wird durch Kompostierung neues Leben erweckt.
Was kann noch alles zu Kompost verarbeitet werden? In der Küche gibt es reichlich organische Abfälle. Als erstes fallen jedem die rohen Obst- und Gemüsereste ein, die beim Schälen oder Putzen und Vorbereiten von Speisen übrigbleiben. Aber auch gekochte Speisereste lassen sich verwenden. Abgeschnittene oder ausgekämmte Haare und abgeschnittene Fuß- und Fingernägel gehören sogar zu den besonders wertvollen Kompostzugaben. Verschimmeltes altes Brot ist, in kleinere Stücke zerschnitten, ebenfalls gut im Komposthaufen zu gebrauchen. Kaffeesatz, Teesatz, Staubsaugertüten, Papiertücher, Holzwolle, alles außer Glas, Metall, Plastik, Keramik, Porzellan, Alufolie und Cellophan bereichert den Komposthaufen. In der Küche hat es sich deshalb bewährt, zwei Mülleimer aufzustellen.

Die Kompostbereiter

Was geschieht in einem Komposthaufen? Die dem Leben entfallenen Wesen, wie verwelkte Pflanzen und verendete Tiere, denn auch die verschiedensten verwesenden Kleinstlebewesen und Insekten und deren Ausscheidungen kommen, ohne daß wir sie mit bloßem Auge sehen, in den Komposthaufen, alles Abgestorbene wird im Komposthaufen von unzähligen Kleinlebewesen verwandelt. Dies geschieht, indem alle Stoffe von diesen hilfreichen Wesen als Nahrung aufgenommen werden, deren Verdauungstrakt durchwandern, wo die Materie vollkommen aufgelöst und schließlich verwandelt als Humus ausgeschieden wird. Diese Umwandlungsprozesse werden von Bodenbakterien, Pilzen, kleinen Tieren (vor allem vom Regenwurm), bewerkstelligt. Mit allem, was wir dem Komposthaufen zuführen, füttern wir diese kleinen und kleinsten, zum Teil unsichtbaren Lebewesen.

Die Wärme im Komposthaufen

Um das Bodenleben in Höchstform zu halten, ist Wärme, Feuchtigkeit und Luftzufuhr nötig. Die Wärme entwickeln die kleinen Helfer selbst durch ihre Stoffwechselvorgänge. Am Anfang arbeiten solche Bakterien im Komposthaufen, die diesen auf etwa 45–50° Celsius bringen. Dann sterben sie ab und überlassen den angerotteten Haufen solchen Arten, die Temperaturen bis zu 87° Celsius erzeugen und sich dabei wohl fühlen. Ein gut geschützter Komposthaufen kommt durch diese Mikroben auf Temperaturen von 60–80° Celsius.
In der einschlägigen Literatur kann man unterschiedliche Erfahrungen feststellen. Nach den Beschreibungen erhitzt sich manch ein Komposthaufen in den ersten Tagen sehr stark. Dann sinken die Temperaturen ab. Nach anderen Angaben verlaufen die Wärmeprozesse in drei Phasen: Anfangs tritt eine Erhitzung auf 45–50° Celsius ein, dann eine Steigerung bis zu 80° Celsius und schließlich eine Abkühlung auf die lange anhaltende Temperatur von etwa 40° Celsius.
Diese vielerlei Erfahrungen scheinen auf die Verwendung verschiedenster Kompostpräparate zurückzuführen zu sein. Ebenso ist es mit dem Sinken des Haufens. Manche Komposthaufen fangen schon nach einem Tag an zu sinken, andere erst nach 2–3 Wochen, wieder andere brauchen noch länger.

Kompostpräparate

Die im Handel erhältlichen Kompostpräparate, auch Kompoststarter genannt, bestehen aus verschiedenen Mischungen von Stoffen, die die Rotte im Komposthaufen beschleunigen. Folgende Wirkstoffe können enthalten sein: Kräuterauszüge (Baldrian, Brennessel, Eichenrinde, Huflattich, Kamille, Löwenzahn, Schafgarbe, Spitz- und Breitwegerich), Stickstoff, Spurenelemente, Tonminerale, organisch gebundene Kohlenstoffe, Bodenorganismen und Honig. Sind Bodenorganismen im Kompostbeschleuniger enthalten, so scheint die Rotte schneller voranzuschreiten, und das Absinken des Haufens fängt gleich nach dem Aufsetzen an.
Bei der Entwicklung der Komposttemperatur kommt es vermutlich auch darauf an, welche Bakterien im Kompoststarter vorhanden sind.
Eine zusätzliche Beschleunigung der Vorgänge im Komposthaufen scheinen auch die organisch gebundenen Kohlenwasserstoffe zu bewirken.
Sind Kompostpräparate zur Gewinnung von Humus nötig, wird sich mancher fragen. Auf jeden Fall sollte ein solcher Beschleuniger in einem neu angelegten Garten verwendet werden. Und auch der Garten, der erst gerade biologisch umgestellt wird, braucht solche Starthilfen, während es bei einem bestehenden, gut mit Komposterde versorgten biologischen Garten ausreicht, immer an derselben Stelle Kompost aufzusetzen, da der Boden dort die nötigen Faktoren für die schnelle Rotte enthält. Ein paar Schaufeln voll Komposterde werden zusätzlich zwischen die aufgehäuften Abfälle gestreut, damit die Rotte im ganzen Haufen gleichzeitig beginnen kann.

Schaden kann ein Kompoststarter niemals, auch nicht in einem älteren biologischen Garten. Bei den handelsüblichen Präparaten probiert am besten jeder selbst aus, welches am wirkungsvollsten ist. Man kann sich solch ein Präparat aber auch selbst herstellen oder die einzelnen Bestandteile in die Kompostmiete einarbeiten. Man kann aus Kräuterjauche einen flüssigen Kompoststarter zubereiten. Dazu braucht man wenigstens drei der angegebenen Kräuter. Je mehr zur Verfügung stehen, desto besser gelingt der Kompost. Auf jeden Fall sollten Brennessel und Schafgarbe verwendet werden. Man sammelt die genannten Kräuter etwa zu gleichen Teilen, legt sie in einen Eimer oder eine hölzerne Jauchetonne und beschwert die Kräuter mit einem Stein oder Ziegel. Dann gießt man abgestandenes Wasser darüber, bis alle Kräuter gut bedeckt sind. Diese Lösung läßt man stehen, bis sie gärt, und wartet noch 3 Tage ab. Dann hat die Lösung ihre Vollkommenheit erreicht, und man gießt die Kräuterjauche ab.

Schon 14 Tage vorher hat man sich eine Lösung aus 1 Teil Honig und 3 Teilen Wasser angesetzt. Die Honiglösung vermischt man nun mit 8 Teilen Kräuterjauche.

Vor Gebrauch verdünnt man das hergestellte Konzentrat mit 100 Teilen Wasser und kann jede Schicht des Komposthaufens mit dieser Lösung überbrausen. Das Konzentrat läßt sich in einem verschlossenen Behälter und einem kühlen Raum den ganzen Sommer über aufbewahren und bei Bedarf verwenden.

Auf keinen Fall soll die Lösung weniger verdünnt gebraucht werden. Dadurch wird der Kompost eher verschlechtert. Die Verhältnisse werden unharmonisch.

Ähnlich kann man sich ein Pulver herstellen. Dazu verwendet man die gleichen Kräuter und kann noch blühende Taubnessel dazunehmen. Die Kräuter werden in der Backröhre bei allerhöchstens 35° Celsius getrocknet, anschließend zwischen den Händen zerrieben, die groben Stengel entfernt und zuletzt mit einem Porzellanmörser pulverisiert. Die Kräuter sollen zu gleichen Teilen zusammengemischt werden und können dann dünn über die einzelnen Schichten beim Aufbauen des Komposthaufens gestreut werden.

Die genannten Kräuter enthalten folgende Aufbaustoffe:

Baldrian:	Apfel-, Ameisen- und Essigsäure
Brennessel:	Chlor, Eisen, Kalium, Kalk, Natrium, Phosphor, Schwefel, Ameisen-, Kiesel- und Kohlensäure
Kamille:	Kalium, Kalk, Phosphor, Schwefel, ätherisches Öl
Löwenzahn:	Eisen, Kalium, Kalk, Kupfer, Magnesium, Zink, Kieselsäure
Schafgarbe:	Eisen, Kalium, Kalk, Natrium, Schwefel, Apfel-, Essig- und Kieselsäure

Dazu kommen verschiedene Vitamine, Bitterstoffe, Gerbstoffe, Saponin, Fette und andere Stoffe, die alle dazu beitragen, Kompost in der richtigen Weise aufzubauen.

Spurenelemente, zu denen Eisen, Kupfer und Zink gehören, aber ebenso Bor, Chrom, Kobalt, Mangan und Molybdän, werden durch die Stoffwechselvorgänge der Mikroorganismen im Kompost gebildet.

Bei den biologisch-dynamischen Kompostpräparaten geht es nicht nur darum, die Bodenorganismen in ihrer Entwicklung zu fördern und ihre Tätigkeit anzuregen, sondern auch um die Förderung lebendiger Kräfte, die sich der chemischen Kräfte und materiellen Stoffe in allen Organismen bedienen.

Die Präparate werden einzeln zubereitet. Aus den Blüten von Baldrian, Kamille, Löwenzahn und Schafgarbe wird je ein Präparat gewonnen. Die Brennessel wird als ganze Pflanze mit Wurzel, Blattbereich bei beginnender Blüte gesammelt und anschließend präpariert. Die Eichenrinde ist das sechste Kompostpräparat mit wertvollen, heilenden Substanzen. Baldrian ist ein flüssiges Präparat, die anderen werden in Drogenform geliefert.

Ist der Komposthaufen zu einem Drittel aufgesetzt, werden die pulverisierten Präparate (je 1 Teelöffel voll) darübergestreut. Man kann den Komposthaufen aber auch ganz aufsetzen, anschließend 50 cm tiefe Löcher in den Haufen stoßen und jedes Präparat in ein anderes Loch füllen. Dabei soll der Abstand zwischen den Löchern 30 cm nicht unterschreiten. Zum Schluß verschließt man die Löcher mit Erde.

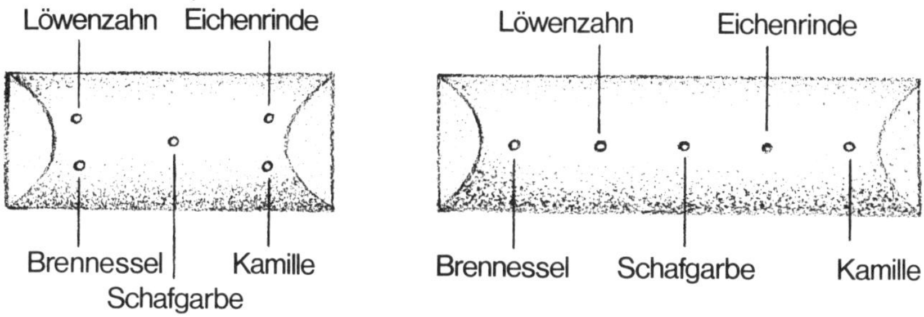

Eingabe von biologisch-dynamischen Kompostpräparaten.

Von dem flüssigen Baldrianpräparat werden 1–5 Kubikzentimeter auf 5 Liter handwarmes Wasser gegeben und 1 Minute verrührt. Das Rühren wird in wechselnden Richtungen ausgeführt. Es bewirkt den Übergang der Kräfte vom Präparat auf das Wasser. Zuletzt besprüht man den Komposthaufen mit dem Baldrianwasser.

Feuchtigkeit im Komposthaufen

Neben der Wärme brauchen die Mikroorganismen zum Leben Feuchtigkeit, die durch Niederschläge zugeführt wird. Fällt im Sommer über längere Zeit kein Regen, muß die Kompostmiete gegossen werden. Dazu braucht man einige Erfahrungen, denn naß darf die Miete auf keinen Fall sein, sonst werden alle luftdurchlässigen Räume zwischen dem Kompostmaterial mit Wasser ausgefüllt, so daß den Komposthaufen keine Luft durchziehen kann. Dadurch würde sein Inhalt faulen. Die Rotte geht aber nur bei Luftzufuhr vor sich. Die Stoffumwandlung benötigt Sauerstoff, während unter Luftabschluß Fäulnis stattfindet.
Der Zustand des Komposthaufens läßt sich leicht prüfen. Man sticht dabei mit einem Holzstiel so weit wie möglich in den Haufen hinein und zieht den Stiel gleich wieder heraus. Werden schmierige Stellen am Holzstiel festgestellt, deutet das auf Fäulnis oder beginnende Fäulnis. Dann bleibt meist nichts anderes übrig, als den Komposthaufen so schnell wie möglich umzusetzen, was heute unter normalen Bedingungen nicht mehr nötig ist, während man früher jeden Komposthaufen einmal umsetzte.
Beim Umschaufeln durchlüfte man das Kompostmaterial gut, setze kurze Aststücke und Stengel dazu, außerdem Stoffe, die das überschüssige Wasser aufsaugen, wie Tonminerale oder Alginure Granulat.

Stickstoff und Kohlenstoff

Außer Wärme, Wasser und Sauerstoff brauchen die Bodenorganismen Stickstoff (chemisches Zeichen N für die lateinische Bezeichnung nitrogenium), um körpereigenes Eiweiß für ihre eigene Erhaltung aufzubauen. Damit sie dieses Eiweiß erzeugen können, muß man ihnen auch Kohlenstoff (chemisches Zeichen C für die lateinische Bezeichnung carboneum) zur Verfügung stellen. Dieser ist in den meisten Fällen in dem anfallenden Kompostmaterial reichlich vorhanden, während es an Stickstoff manchmal mangelt. So enthalten frische grüne Abfälle reichlich N, auch Küchenabfälle und Rasenschnitt. Bei Herbstlaub, Torf, vor allem Weißtorf, gehäckseltem Holz und Sägespänen ist das Verhältnis von N zu C so ungünstig, daß unbedingt Stickstoff zugesetzt werden muß. Dafür eignen sich Gaben von Horn- und Blutmehl, Mist und Brennesseljauche.

Auf keinen Fall darf Kompost zu sauer werden, weil die Bodenbakterien nur dann zu lebhafterer Tätigkeit und ständiger Vermehrung angeregt werden, wenn das Kompostmaterial schwach sauer, neutral oder schwach alkalisch ist. Aus diesem Grund überprüfe man von Zeit zu Zeit den pH-Wert des Komposts.

Ist die Reaktion sauer, so kann das an zu geringer Luftzufuhr liegen. Man muß den Kompost in diesem Fall durchlüften, indem man von oben und seitlich ein Rohr in den Komposthaufen stößt und so eine größere Anzahl tiefe Löcher macht. Bei Kalkmangel macht man zusätzlich eine Lösung aus abgestandenem Wasser und Algomin (4 kg je m^3). Mit Hilfe einer Gießkanne füllt man einen Teil der Löcher mit dieser Lösung. Noch wirkungsvoller ist das Umsetzen des Komposts unter Beigabe von Branntkalk oder Algomin und einem Kompoststarter. Tierischem Dung darf kein Kalk zugesetzt werden.

Am besten bewährt sich eine gute Mischung aller anfallenden kompostierbaren Abfälle aus Garten und Haus. Damit erhalten wir einen guten Kompost, der alle Substanzen enthält, die der Gartenboden braucht.

Es kann vor allem im Herbst vorkommen, daß besonders viele herbstlich gefärbte Blätter zur Verfügung stehen. Sie verteilt man besser unter Bäumen und Sträuchern als wärmende Mulchdecke, streut etwas Kompoststarter in Pulverform darüber und pudert leicht mit Bentonit (Tonmineral) und Basaltmehl ein. Auch Korallalgenkalk ist nötig. Nur bei Nadelhölzern, Moorbeetgewächsen und anderen immergrünen Pflanzen lasse man den Kalk weg, weil diese Pflanzen sauren Boden bevorzugen. Im Frühjahr haben Bodenbakterien und kleine Tiere, vor allem der Regenwurm, ganze Arbeit geleistet: Die Blätter sind verschwunden und dunkle krümelige Erde bedeckt den Boden.

So verfährt man auch mit Rasenschnitt, wenn zuviel davon anfällt. Man verteilt etwa 10 cm hoch davon auf dem Boden und streut ebenfalls Kompoststarter, Tonmineral, Basaltmehl und Algonin darüber. Auf diese Weise hat man wenig Arbeit und gewinnt den Humus dort, wo man ihn ohnehin braucht.

Das Aufsetzen eines Komposthaufens

Zuerst zieht man kreuz und quer den Sauzahn durch den Boden, der die Basis des Komposthaufens bilden soll. Dann kommt die erste Schicht mit möglichst vielseitig gemischten Abfällen etwa 20 cm hoch auf die Basis. Darüber pudert man kohlensauren Kalk oder Korallalgenkalk. Etwas Kompoststarter in Pulverform, Horn-, Blut- und Knochenmehl und etwas Tonmineral und Basaltmehl streut man auf die Schicht. Dann klopft man mit der Mistgabel leicht an, dadurch sollen sich die Zusätze in der Schicht verteilen. Über diese gibt man eine dünne Schicht Gartenerde oder Kompost.

So folgt nun Schicht auf Schicht, bis der Komposthaufen die gewünschte Höhe von etwa 1,20 m erreicht hat. Obenauf kommt eine dickere Schicht Gartenerde oder Kompost, so daß der ganze Komposthaufen gut abgedeckt ist.

Benutzt man statt eines pulverförmigen Kompoststarters einen flüssigen, dann überbraust man jede Schicht mit diesem. Ist das Kompostmaterial trocken, so muß ohnehin jede Schicht mit Wasser besprüht werden. Flüssiger Kompoststarter kann auch in den fertig aufgeschichteten Haufen gegeben werden. Dafür bohrt man mit einem Holzstiel, einem Rohr oder Stab etwa 50 cm tiefe Löcher in den Kompost, gießt da das Präparat hinein und verschließt die Löcher wieder mit Erde.

Zuletzt wird der ganze Komposthaufen mit einer luftdurchlässigen, aber wärmenden Schicht abgedeckt. Sie kann aus Grasschnitt, Blättern, Stroh oder Strohmatten bestehen.
Nun können wir den Kompost unseren zahlreichen kleinen Helfern überlassen. In trockenen Sommern sollte ab und zu die Feuchtigkeit überprüft werden und bei Trockenheit des Komposthaufens entsprechend gegossen werden.
Oft wird davor gewarnt, samentragendes Unkraut zu kompostieren. Wenn wir dieses jedoch möglichst in der Mitte des Haufens unterbringen, dort, wo die größte Wärmeentwicklung zu erwarten ist, werden die Keimkräfte der Samen zerstört. An dieser Stelle kompostiert man auch Wurzelunkräuter, wie Quecken, Giersch (Geißfuß) oder Winden, hinein, um die Wurzeln zu vernichten. Hat man sie zuvor im Häcksler zerkleinert, ist man ihrer Verwandlung in gute Komposterde noch sicherer.
In früheren Zeiten wurden Komposthaufen wenigstens einmal umgesetzt, um die Rotte zu beschleunigen. Die aufgesetzten Haufen mußten 2–3 Jahre reifen. Bei den beschriebenen heute üblichen Methoden ist das nicht mehr nötig. Das zeitraubende Umsetzen entfällt, und außerdem ist der Kompost nach spätestens 9 Monaten reif. Durchschnittlich dauert es aber nur 6 Monate. Komposthaufen, die im Frühsommer aufgesetzt werden, können unter günstigen Witterungsbedingungen bereits nach 3–4 Monaten ausgereift sein.
Die Reifezeit richtet sich nach dem verwendeten Kompostpräparat, den übrigen Zutaten und dem Wetter. Wenn im Herbst das meiste Kompostmaterial im Garten anfällt, wird es nach dem Aufschichten des Komposthaufens oft sehr bald kalt. Das behindert das Leben im Kompost, so daß die endgültige Rotte erst bei wärmerer Witterung im Frühling einsetzen kann. Wenn man bei einer Kontrolle des Zustandes des Komposthaufens feststellt, daß die Rotte nicht so recht vorankommt, obwohl der Winter vorbei ist, dann kann man nachhelfen, indem man nochmals Löcher in den Kompost bohrt und ein Kompostpräparat einfüllt.
Der Kompost ist reif, wenn die Erde dunkel und krümelig ist und nach Walderde und Pilzen duftet. Ein weiteres Zeichen für die Beendigung des Rottevorganges ist auch der Rückzug der Regenwürmer in die Erde.

Das Sieb für reifen Kompost

Der reife Kompost wird durch ein Sieb geworfen, das man sich leicht selber machen kann. Dazu benötigt man Holzlatten für einen Doppelrahmen, rostfreie Nägel und nicht rostenden Maschendraht, der nur die feinkrümelige Erde durchläßt, während Aststücke, Steine und anderes grobes Material zurückbleibt. Außer den Steinen wandern alle groben Reste zurück in den nächsten Komposthaufen.

Mulchkompost

Schon nach 2–3 Monaten befindet sich jeder Komposthaufen im Zustand des Mulchkomposts. Dieser ist noch nicht völlig verrottet, aber es wimmelt von Kleinlebewesen darin. Dieser Mulchkompost ist deshalb sehr wertvoll zur Anregung des Bodenlebens und kann unter Sträuchern und Bäumen, aber auch auf Beeten ausgebracht werden. Der Mulchkompost wird nicht in den Boden eingearbeitet. Er soll nur Berührung mit dem Boden haben und verrottet an Ort und Stelle zu Reifkompost. Die Verwendung von Mulchkompost hat den zusätzlichen Vorteil, daß wir die Kompoststätte schneller für neue Komposthaufen freibekommen.
Wenn Kompost länger als ein Jahr als Haufen aufgeschichtet liegen bleibt, geht die lebendige organische Substanz in mineralischen Zustand über. Das verbessert den Kompost nicht etwa, sondern vermindert sowohl Nährstoffe als auch lebendige Aktivität. Man kann diesen alten Kompost als Zwischenschichten für einen neu aufzuschichtenden Komposthaufen gut gebrauchen und so wieder verlebendigen.

Reifekompost

Ausgereifter Kompost kann überall im Garten verwendet werden. Vor allem gibt man diese feinkrümelige Erde auf Saatbeete, in Frühbeete, in Saatrillen und auch in Pflanzlöcher. Dagegen darf Mulchkompost nie an die Wurzeln der Pflanzen kommen. Denn Mulchkompost braucht zur endgültigen Rotte viel Sauerstoff, den er unter der Erde nicht bekommt. Unter Luftabschluß fängt er an zu faulen und schadet den Wurzeln.
Auch der Reifekompost wird nur mit der obersten Bodenschicht vermischt, eingeharkt oder eingehackt, aber niemals eingegraben. Um die kostbare Erde vor Hitze, Kälte und Regengüssen zu schützen, bedeckt man den aufgebrachten Kompost mit einer Mulchschicht. So erhält man auch das so wichtige Bodenleben rege.
Kompost läßt sich vom Frühjahr bis zum Spätherbst aufbringen. Nur auf kaltem oder gar gefrorenem Boden sollte man keinen Kompost auftragen, da er sich nicht mit der darunterliegenden Erde verbinden kann. Er wird bald zu altem Kompost, der den Pflanzen nichts nützt.

Spezialkompost

Kompost sollte möglichst aus unterschiedlichsten Abfällen bestehen, doch oft läßt es sich nicht vermeiden, aus einer Sorte Abfall Spezialkompost zuzubereiten. Sei es, daß gerade viel Herbstlaub oder Rasenschnitt im Garten anfällt oder man die Möglichkeit hat, eine größere Menge Mist oder anderes Kompostmaterial günstig irgendwo zu bekommen.

Mistkompost

Beim Mistkompost ist es ganz gleich, welche Art von Mist zur Verfügung steht. Alle Sorten, wie Kuh-, Pferde-, Schweine- und Geflügelmist, können auf gleiche Weise einzeln oder zusammen kompostiert werden. Auf gar keinen Fall darf Mist im Gartenbau in seinem ursprünglichen Zustand auf den Gartenboden ausgebracht werden, da Mist sehr scharf ist und die Pflanzen verätzt.
Der Mistkompost wird ebenfalls schichtweise aufgesetzt. Zwischen jede, allerhöchstens 20 cm hohe Schicht Mist kommt eine Lage Gartenerde oder Kompost, Tonmineral, Steinmehl, beispielsweise Basaltmehl, und ein Kompoststarter. Kalk kommt nicht in den Mistkompost. Durch Kalk wird Stickstoff gebunden und entweicht, als Ammoniak wertlos geworden, in die Luft. So wird eine Schicht nach der anderen aufgesetzt. Da Mistkompost besonders gut durchlüftet werden muß, macht man ihn höchstens 1,20 m hoch oder baut durchlöcherte Rohre ein, die oben mit einem Drahtgitter verschlossen sind. Nach 3–4 Monaten setzt man den Mistkompost vorteilhafterweise um. Dabei kann man etwas Grasschnitt einstreuen. Nach weiteren 3 Monaten ist der Mistkompost zu einem besonders nährstoffreichen Humus für Starkzehrer wie Tomaten geworden.

Laubkompost

Haben wir unseren Garten im Herbst bereits vollständig mit einer Mulchschicht aus Blättern versehen und haben noch Blätter übrig, schichten wir einen Komposthaufen aus Laub auf. Die Laubschichten macht man 30 cm hoch, da Laub schon nach kurzer Zeit stark zusammenfällt. Zwischen die Laubschichten streut man außer einem Kompoststarter Kompost, Steinmehl und einen tierischen Dünger, wie Blut-, Horn- und Knochenmehl, oder auch etwas Mist. Ob man Kalk zusetzt, richtet sich nach der Verwendung. Ohne Kalk

aufgeschichteter Laubkompost eignet sich vorzüglich für die Düngung von immergrünen Pflanzen, wie Azaleen, Rhododendren und Nadelhölzer.
Für Laubkompost ohne Kalkzugabe ist es vorteilhaft, wenn er im Frühjahr umgesetzt wird. Nach 2–3 Monaten ist er zu dunkler, wertvoller Erde geworden. Die einzelnen Schichten des Laubkomposthaufens müssen gut angefeuchtet werden. Um die Rotte zu fördern, kann man dem Gießwasser Baldrianextrakt unterrühren. Das lockt die Regenwürmer an.

Rasenschnittkompost

Nach dem gleichen Verfahren stellt man auch Kompost aus Rasenschnitt her, wobei man dem Rasenschnitt zur besseren Durchlüftung zerkleinertes Reisig beimengen sollte. Will man das arbeitsintensive Umsetzen von Laub- und Rasenschnittkompost umgehen, so muß man ein Alginure Kompostpräparat einsetzen.

Sägemehlkompost

Hat man nicht genügend Ausgangsmaterial für Komposterde zur Verfügung, was gerade im Hochsommer der Fall sein kann, wenn der Rasen nicht mehr so schnell wächst wie im Frühling und Frühsommer, selbst das Unkraut bei Trockenheit sein Wachstum vermindert und die Blätter noch nicht von den Bäumen und Sträuchern fallen wie im Herbst, dann gibt es doch eine unerschöpfliche Quell für guten Humus, das Sägemehl. Es ist in jedem Sägewerk überreichlich verfügbar, ohne daß es genutzt wird.
In der Natur brauchen Pilze und Bakterien viele Jahre, um Holzabfälle zu Humus umzugestalten, handelt es sich doch um den Abbau von Lignin und Zellulose. Beide Substanzen machen beim Abbau Schwierigkeiten. Chemisch ist Zellulose nur mit Kupferoxydammoniak oder starken Säuren beizukommen.
Die heutigen Kenntnisse über die Kompostbereitung machen jedoch selbst Sägemehl zu einem leicht zu behandelnden Ausgangsmaterial für den so kostbaren Humus.
Frisches Sägemehl auf den Boden gebracht, versäuert die Erde und führt zu Pflanzenkrankheiten und Schädlingsbefall. Die Ursachen sind in den Harzen und Gerbstoffen zu suchen, die im Sägemehl enthalten sind. Mit Algomin (Algenkalk) kann man diese Stoffe neutralisieren. Dazu feuchtet man das Sägemehl gründlich mit Wasser an und läßt es 10–14 Tage aufgehäuft liegen. Bei trockener Witterung muß nachgefeuchtet werden. Zur besseren Durchlüftung mengt man kleine Äste unter. Die Wasseraufnahmefähigkeit des Sägemehls kann durch Übersprühen mit einer Lösung aus Alginure Torfbenetzungsmittel und Wasser gefördert werden. Gleichzeitig wird die biologische Tätigkeit angeregt und der niedrige pH-Wert gepuffert.
Nach dieser Vorbereitungszeit mischt man pro Kubikmeter Sägemehl 5 kg Algomin, 2–3 kg Hornmehl, -späne oder Blutmehl, 5 kg Basaltmehl, 5 kg Betonit und einen Kompoststarter unter. Diese Zutaten müssen gründlich mit dem Sägemehl vermischt werden. Dann wird der Kompost aufgesetzt. Dabei ist gute Luftzufuhr zu berücksichtigen, damit das Sägemehl nicht fault, statt zu verrotten. Beigemischte Äste, Rindenstücke und Schälspäne sorgen für die erwünschten Vorgänge, die Sauerstoff benötigen, im Sägemehlkompost. Zugedeckt wird der Komposthaufen aus Sägemehl am besten mit einer Schicht lockerer Gartenerde und Rohrmatten.
Die Rotte schreitet rasch voran. Bei konstanter Feuchtigkeit, die man beobachten und bei festgestelltem Trockenwerden des Materials durch Überbrausen regeln muß, ist im Sommer schon nach wenigen Wochen zumindest ein brauchbarer Mulchkompost entstanden, der unter Obstbäumen und Beerensträuchern ausgebracht das Regenwurmleben sehr günstig beeinflußt.

Strohkompost

Nach der Getreideernte geben die Landwirte oft gern Stroh ab, weil sie selbst nichts mehr damit anfangen können. Das angefeuchtete Stroh wird 30 cm hoch aufgeschichtet, mit Blutmehl, Hornspänen oder -mehl und etwas Algomin bestreut. Auch ein Kompostpräparat wird untergemischt. Damit das Stroh überall mit diesen Zusätzen versorgt wird, klopft man mit einer Mistgabel auf die Schicht und macht anschließend eine dünne Decke aus Gartenerde oder Kompost. Zwischendurch wird mit einer Gießkanne Wasser auf den aufgesetzten Haufen gesprüht. Der fertige Strohkompost ist sehr kieselhaltig und beugt daher Pilzerkrankungen vor.

Rasensodenkompost

Wer den Rand eines Beetes, das von Rasen umgeben ist, absticht oder ein Stück Rasen in ein Blumenbeet verwandeln will, baut einen Komposthaufen aus Rasensoden (kleine, rechteckige Rasenstücke) auf. Dazu legt man die grasbewachsene Seite des Sodens nach unten und streut über jede Lage etwas Kalk und ein Kompostpräparat. Nach etwa einem Jahr hat man herrliche Komposterde.

Torfkompost

Torf ist eine Substanz, die zwar im Handel irreführend als „Düngetorf“ angeboten wird, aber keinerlei Düngewirkung hat, es sei denn, der Torf ist mit allerlei Düngemitteln vermischt. Um sicher zu gehen, daß man einen reinen Torf kauft, sollte man sich den Text auf der Verpackung genau durchlesen. Gibt der Text keine ausreichende Auskunft, kann man den Händler um eine Torfprobe bitten. Oft findet sich ein geplatzter Ballen, von dem etwas entnommen werden kann. Mit dieser Probe macht man den Säuretest mit „Calcitest“. Ergibt der Test die Farbe Gelb, was einem pH-Wert von etwa 4 entspricht, dann ist der Torf ohne Düngemittelzusätze. Dieser Test kann allerdings nur bei Weißtorf gemacht werden, der heute hauptsächlich im Handel ist.
Für Azaleen, Rhododendren, Heidekraut und andere Moorbeetpflanzen kann Torf unter die Gartenerde gemischt werden, weil diese Pflanzen sauren Boden lieben, aber alle anderen Pflanzen gedeihen vorwiegend in schwachsauren, neutralen bis schwach alkalischen Böden. Deshalb ist es notwendig, Torf in Humus zu verwandeln, also Torfkompost zu machen.
Dabei ist zu beachten, daß Torf feucht aus dem Ballen entnommen wird. Ist Torf erst einmal trocken geworden, nimmt er kein Wasser mehr auf. Zur Kompostbereitung ist Feuchtigkeit jedoch unerläßlich. Ist Torf ausgetrocknet, kann man sich mit Alginure Torfbenetzungsmittel helfen. Dieses Mittel macht Torf wieder aufnahmefähig für Wasser.
Für 1 Kubikmeter Torfkompost werden etwa 10 kg Basaltmehl und 20 kg organischer Dünger gebraucht. Man kann auch eine Mischung von diesen Düngern nehmen, zum Beispiel Eco-Vital. Soll ein idealer Humus für Moorbeetpflanzen entstehen, wählt man Eco-Vital S ohne Kalk. Allerdings muß dieser Kompost alle 2–3 Wochen umgesetzt werden.
Die Zubereitung des Komposthaufens wird genauso vorgenommen wie bei anderem Kompostmaterial. Günstig ist, alle Dünger und den Torf vor dem Aufsetzen miteinander zu vermischen und noch ein paar Hände voll ausgereiften Kompost dazwischenzustreuen. Auch den Kompoststarter mengt man gleich unter. Dann schichtet man 20 cm Torfgemisch auf, darüber eine dünne Decke Gartenerde und so fort. Ist der Haufen 1 Meter hoch, kommt zuletzt Gartenerde und je nach Standort und Jahreszeit noch eine wärmende Blätterschicht, eine Rohrmatte oder Stroh. Wie jeder Komposthaufen ist auch der Torfkompost gut feucht zu halten.

Unkrautkompost

Vor allem in neu angelegten Gärten kommt mehr Unkraut zusammen, als einem lieb ist. Aber auch in einem lange bewirtschafteten Garten kann es vorkommen, daß hier und da Unkraut aufkommt, zum Beispiel dann, wenn man nicht genügend Material zur Bodenbedeckung hat. Zwar kann dem durch schnellwachsende Gründüngung, beispielsweise mit Gelbsenf, abgeholfen werden, aber wenn man sich vorübergehend nicht viel um seinen Garten kümmern kann, hat man doch manchmal unversehens Unkraut für einen ganzen Komposthaufen zusammen.

Viele biologisch arbeitende Gärtner haben die Erfahrung gemacht, daß auch samentragendes Unkraut kompostiert werden kann. Im gut angelegten Komposthaufen, in dem Feuchte und Luft im rechten Maß wirken, verliert Unkrautsamen selbst bei Wärmemangel durch Verpilzung seine Keimkraft.

Lange Wurzeln von Winden *(Convolvulus)*, Quecken *(Agropyron)*, Ampfer *(Rumex)* und Giersch *(Aegopodium)*, auch Geißfuß genannt, müssen kleingeschnitten oder durch einen Häcksler geschickt werden. Dann werden die angerotteten Wurzelstückchen auf jeden Fall von den Regenwürmern gefressen, die in einem gut geführten Komposthaufen zahlreich hausen.

Der reine Unkrautkomposthaufen wird genauso wie jeder andere Kompost behandelt. Will man sicher sein, so hohe Temperaturen im Komposthaufen zu erreichen, daß auch sie die Samen vernichten, packe man den fertig aufgesetzten Haufen zwar luftdurchlässig, aber warmhaltend ein. Strohmatten oder -ballen und Torf leisten da gute Dienste.

Komposthaufen kann man am Rand bepflanzen, aber niemals ihn selbst bepflanzen. Vorteilhaft sät man rund um den Haufen einige Kürbiskerne aus. Wenn die Pflanzen sich entwickeln, legen sich die Ranken über den Komposthaufen. So erreicht man zweierlei. Erstens wird der Komposthaufen beschattet und bleibt lange feucht, zweitens erhalten die Pflanzen von dem sich entwickelnden Komposthaufen genügend Nährstoffe, ohne dem Kompost Nährstoffe zu entziehen. Das würde eintreten, wenn man den Komposthaufen selbst bepflanzte. Das sollte niemals geschehen. Außer Kürbis läßt sich auch Kapuzinerkresse und Neuseeländer Spinat verwenden.

Umpflanzung eines Komposthaufens.

Flächenkompostierung und Mulchen

Im Zusammenhang mit Herbstblättern und Rasenschnitt wurde bereits vom Mulchen gesprochen. Flächenkompostierung ist nichts anderes als Mulchen. Beides bedeutet: die kostbare Gartenerde mit allen absterbenden Pflanzenresten, die zur Verfügung stehen, vor austrocknender Sonne, vor unmittelbaren Regengüssen und Wind zu schützen. Diese Bodenbedeckung soll fortwährend gepflegt werden, denn wir erzielen dadurch die beste Bodengare. Die Bodenorganismen werden geschützt und vermehren sich rasch. Der Boden bleibt über lange Zeiträume feucht, ohne naß zu sein, da der Boden bei solcher Behandlung wasseraufnahmefähig wird. Erosion gibt es bei bedecktem Boden nicht. Es entsteht ein lockerer fruchtbarer Humus unter der wärmenden Mulchdecke.
Was besonders wichtig ist, der Garten macht weniger Arbeit. Ein permanent bedeckter Gartenboden braucht nicht gehackt zu werden, geschweige denn umgegraben. Vom Regenwurm an bis zu den kleinsten Bodenorganismen sorgen alle unsere wertvollen kleinen Helfer für Bodenlockerung, -durchlüftung und ständige Vermehrung des notwendigen Dauerhumus.
Das Gießen fällt auch fast ganz weg und muß nur in Ausnahmefällen in trockener Hochsommerzeit durchgeführt werden. Wir sparen nicht nur die Arbeitszeit, sondern auch die Kosten für das immer knapper und teurer werdende Wasser.
Nicht zuletzt spart man die Zeit für unnötige Gänge. Wenn man einen Blumenkohl aus dem Gemüsegarten holt, dann trägt man die Blätter und den Strunk mit den Wurzeln gar nicht erst bis in die Küche und von der Küche mit anderen Abfällen wieder in den Garten zum Kompostplatz, den aus diesen Abfällen bereiteten Kompost wieder in den Gemüse- oder Obstgarten oder zu den Blumenrabatten. Zeitsparender ist es, an der Stelle, an der der Blumenkohl gewachsen ist, die Blätter abzumachen, den Kohlstrunk in Stücke oder Scheiben zu schneiden und alle Abfälle auf der Erde zu verteilen, am besten dort, wo die Mulchdecke am dünnsten geworden ist. Denn es ist keineswegs so, daß die Blätter und andere Abfälle für ewige Zeiten auf dem Boden liegen bleiben. Die Bodenorganismen holen sich, was sie brauchen, und verwandeln mit der Zeit, indem sie verdauen, alles in Humus.
Außer allen Gartenabfällen kann auch Papier und Pappe verwendet werden. Man beschwert die Blätter und Stücke mit etwas Erde, damit sie nicht davonfliegen. Auch Steine können hier und da aufgelegt werden. Die Blätter können auch zum Liegenbleiben gezwungen werden, indem wir sie mit Betonit und Basaltmehl bestreuen. Das fördert die Rotte. Will man die Rotte noch mehr beschleunigen, kann man entweder einen Kompoststarter in Pulverform dünn ausstreuen oder ein flüssiges Kompostpräparat über die Mulchdecke gießen. Auch Algomin ist gut. Nur bei Moorbeetpflanzen und Nadelbäumen läßt man Algomin weg.
Zur Flächenkompostierung kann auch fast unverrotteter Kompost ausgestreut werden. So kann man manchem Komposthaufen sogar zu neuem Leben verhelfen, falls der Haufen zu feucht ist oder zu wenig durchlüftet. Man verteilt den Kompost einfach auf der Gartenerde unter Obstbäumen, Beeren- und Ziersträuchern und zwischen aufwachsenden Gemüsekulturen. Auch in diesem Fall hilft man der Rotte mit einem Kompostpräparat nach und bedeckt den angerotteten Kompost mit einer dünnen Mulchschicht.
Übrigens ist auch Unkraut, das noch nicht zum Blühen gekommen ist, eine ausgezeichnete Mulchdecke. Gleichzeitig unterdrückt Bodenbedeckung aufkeimendes Unkraut, so daß auch auf diese Weise viele Arbeitsstunden beim Unkrautjäten eingespart werden können.
Wer die unterschiedlichen Temperaturen einmal im bedeckten und unbedeckten Boden messen will, wird feststellen, daß der bedeckte Boden um etwa 1–2° Celsius wärmer ist. Auch das fördert das Bodenleben. Der Boden unter einer Mulchschicht hat eine verhältnismäßig konstante Temperatur. Im unbedeckten Oberboden sinken die Temperaturen nachts sehr ab, während sie mittags bei Sonnenschein übermäßig ansteigen.

Farbtafel 3: Forsythie.

Auffällig ist, daß die Pflanzen bei bedecktem Boden viel üppigeres Blattwerk entwickeln. Das erklärt sich daraus, daß das rege Bodenleben besonders viel Kohlensäure entwickelt. Diese entströmt dem Boden und wird von den Pflanzen durch die Spalten an den Unterseiten der Blätter aufgenommen. Die Pflanzen brauchen die Kohlensäure für die Zubereitung von Zucker, der für sie lebenswichtig ist.
In die „Sparbüchse“ Bodenbedeckung fallen noch etliche „Geldscheine“, wenn wir feststellen, daß bedeckter Boden weniger zusätzliche Düngung braucht. Unser Bestreben ist es ja sowieso, möglichst wenig im Garten von dem zu verbrauchen, was nicht aus dem eigenen Garten hervorgegangen ist: je weniger Fremddüngung, desto größer die Gartenkunst.
Wenn zum ersten Mal eine Mulchschicht auf den Boden gebracht wird, ist es günstig, den Boden vorher oberflächlich zu hacken. Dadurch wird das Kapillarsystem im Boden unterbrochen und damit die Wasserverdunstung eingeschränkt. Ist ein Boden sehr verdichtet, zieht man den Sauzahn durch den Boden. Er lockert viel tiefer als die Hacke, ohne die Bodenschichtung zu verändern. Ist diese Arbeit getan, feuchtet man den Boden leicht an und streut die Mulchschicht auf. Die Schichthöhe richtet sich nach dem Untergrund. Ein an sich schon feuchter Boden bekommt nur eine Schicht von wenigen Zentimetern. Ein trockener sandiger Boden verträgt eher eine bis zu 10 cm hohe Decke. So ein trockenes Material wie Strohhäcksel darf auch noch etwas höher aufgeschichtet werden. Auf jeden Fall muß die Schicht locker und luftdurchlässig sein. Sie wirkt am günstigsten, wenn sie nicht einseitig ist, sondern aus verschiedenen zerkleinerten Abfällen besteht. Hat man unterschiedlichstes Material, dann sollte auch Papier und Pappe zerschnipselt und unter das übrige Mulchgemenge gemischt werden.
Benutzt man schwarze Folie, so sollte sie Luftschlitze oder -löcher haben, da die Folie sonst nur den Boden wärmt und feucht hält, aber keine Luft an den Boden läßt. Das aber würde Fäulnis bewirken. Nahrung für die Bodentierchen ist schwarze Folie auch nicht. Sie sollte nur für Notfälle verwendet werden, am besten gar nicht.
Die Bodenbedeckung wird immer dann erneuert, wenn sie von den Bodenorganismen überwiegend verarbeitet worden ist. Im Herbst wird die Schicht auf jeden Fall aufgefüllt, damit der Boden in der kalten Jahreszeit ausgeglichene Temperaturen hat. Unter der wärmenden Decke fällt die Temperatur nie so ab wie ohne diese, aber sie steigt auch nie extrem an. Im Frühjahr haben die Bodentierchen alles verarbeitet, und man findet einen garen Boden, den man für die Saat nicht erst vorbereiten muß.
Zum Säen schiebt man den Rest der Bodendecke nur dort beiseite, wo man einsäen will. Wo nimmt man aber jetzt die schützende Mulchdecke her? Gerade die junge Saat braucht Schutz und Wärme.
Und was macht man, wenn der Garten neu ist, die Erde nackt, die Sträucher und Bäume noch kurze, kahle Stöcke sind? Auch dafür gibt es eine gute Lösung.

Die Gründüngung

Sie setzt man im Garten überall da ein, wo es an organischen Abfällen fehlt. Das ist vor allem bei jedem neu angelegten Garten und im Frühling der Fall. Im Herbst bietet Gründüngung zusätzlichen Schutz für den Boden.
Für die Gründüngung sät man schnellwachsende Pflanzen, deren Samen in wenigen Tagen aufgehen und den Boden möglichst bald mit einer grünen Pflanzendecke überziehen. Bereits zu diesem Zeitpunkt setzt im Schatten der grünen Blätter die Bodengare ein. Das Bodenleben wird aktiviert. Haben sich die Pflanzen entwickelt, hackt oder sichelt man sie spätestens vor der Blüte um und läßt sie als Mulchdecke an Ort und Stelle liegen. Da grüne Blätter das für den Boden wünschenswerte enge Kohlenstoff-Stickstoff-Verhältnis haben, dazu reichlich Koh-

Farbtafel 4: Fingerhut (oben), Eibe (unten).

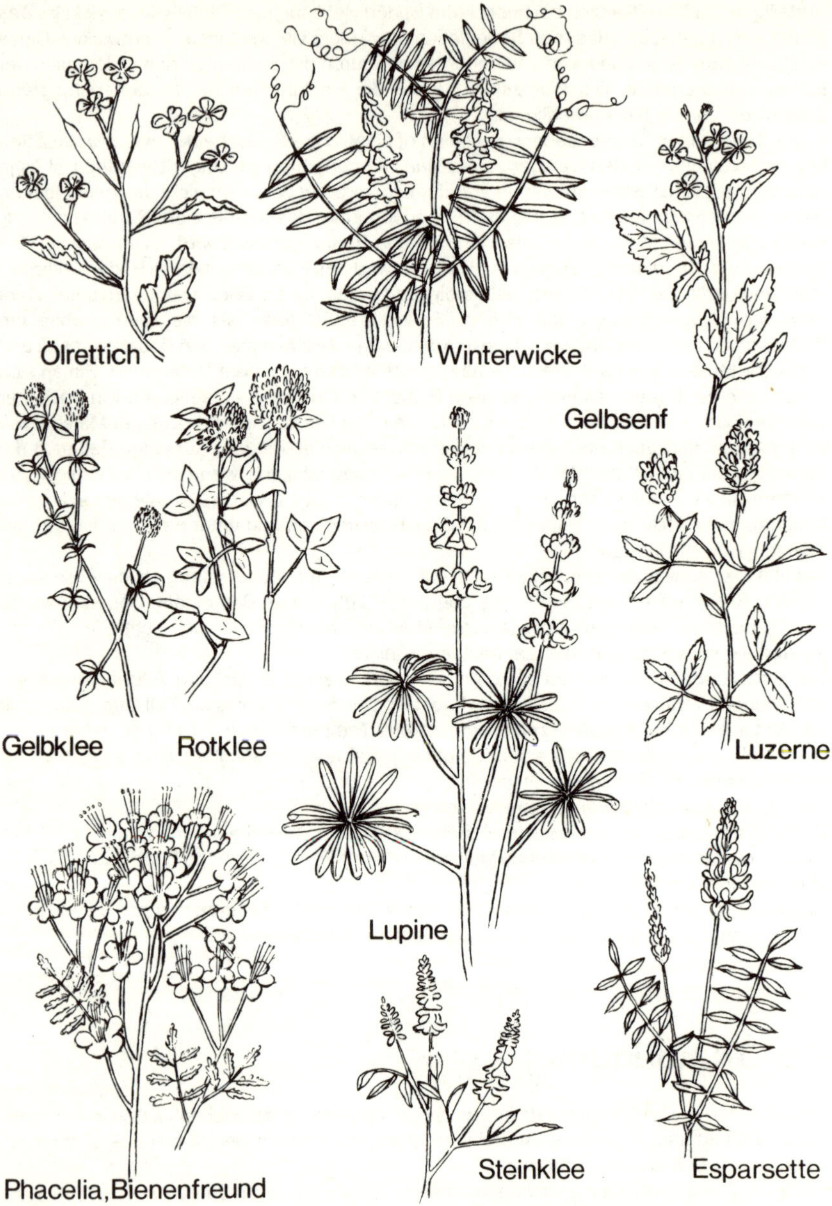

Gründüngungspflanzen

lenhydrate und Vorstufen von Eiweiß, wird die Humusbildung stark begünstigt. Die Wurzeln schließen auch tiefere Schichten im Boden auf, so daß die nachfolgenden Kulturpflanzen es leichter haben, ihre Wurzeln tiefer in die Erde zu schicken, wodurch ihre Versorgung mit Nährstoffen und Wasser verbessert wird.
Für die Gründüngung eignen sich viele Pflanzen. Bevorzugt werden eine Reihe von Leguminosen, Kruziferen und neuerdings auch ein Wasserblattgewächs (Hydrophyllaceae), die Phacelia, die früher nur bei Bienenzüchtern als Bienenfutter kultiviert wurde.
Die Gründüngung ist eine altbewährte Methode, die wohl schon bei den Römern angewandt wurde, sich dann bei der Dreifelderwirtschaft bewährte und schließlich vom Gartenbau übernommen wurde.
Diese Art der Bodenverbesserung hat auch den Vorteil, Unkraut zu unterdrücken, junge Kulturpflanzen vor direkter Sonneneinwirkung zu schützen und abgeerntete Gemüsebeete sofort neu zu beleben. Die Gründüngung dient in diesem Fall als Zwischenfrucht.
Für den Kleingärtner bietet sich vor allem der Gelbsenf *(Sinapis alba)* an, der mehrjährig keimfähig ist, leicht zu beschaffen und sehr rasch die gewünschte Höhe von 15–20 cm erreicht, um ihn dann umzusicheln oder zu hacken. Im September kann er noch gesät werden, entwickelt sich noch zur gewünschten Höhe, friert im Winter ab und bildet eine Mulchdecke. Im Frühling ist die so behandelte Erde reif für die Aussaat. Man kann nochmals Senf einsäen. So kann der Boden noch ungenutzt weitere Belebung erfahren. Ist der rechte Augenblick für die Aussaat oder die Bepflanzung gekommen, kann man den Gelbsenf in jeder Höhe umlegen oder auch als Sonnenschutz für die heranwachsenden Kulturpflanzen stehenlassen.
Nur wenn man Kohl pflanzen will, ist Gelbsenf nicht die richtige Gründüngung, da beide Pflanzen zu den Kreuzblütlern gehören und die gleichen Ansprüche an den Boden stellen. Sie sind Stickstoffzehrer und sind für eine Gabe organischer stickstoffreicher Dünger wie Blut- oder Hornmehl vor der Aussaat dankbar. Durch die Blattmasse, die reichlich entwickelt wird, hält Gelbsenf den Stickstoff jedoch für den Boden wieder bereit, so daß nichts verlorengeht.
Günstig ist auch ein Saatgemenge von Gelbsenf (⅔) und Ölrettich *(Raphanus sativus)* (⅓), wobei der Ölrettich tief wurzelt und leichten Frost meist übersteht. Dieses Gemenge bringt zugleich reichlich Blatt- und Wurzelwerk.
Übrigens lassen sich junge Senfpflanzen sehr gut kleingehackt unter Salate mischen. Durch das Senföl sind die Blätter ein wenig scharf, was dem Salat einen würzigen Geschmack verleiht. Zudem sind Senfblätter bekömmlich und vitaminreich.
Will man Kulturpflanzen heranziehen, die Kreuzblütler sind, dann verwendet man für die Gründüngung vorteilhafter Leguminosen. Da bietet sich für den Garten das Rotenburger-Kombi-Gemenge an, eine Leguminosenmischung, die schnell mit üppigem Blattwerk wächst und 2 m hoch wird.
Unter den Leguminosen gibt es viele Pflanzen, die als Gründüngung eingesetzt werden, beispielsweise verschiedene Bohnen, Erbsen, Klee, Wicken und Lupinen. Alle diese Pflanzen sammeln mit Hilfe von Bakterien, mit denen sie Lebensgemeinschaften bilden, Luftstickstoff. Da gibt es die bereits jedem bekannten Wurzelknöllchen, in denen der Stickstoff von den Knöllchenbakterien festgehalten wird. Wie inzwischen nachgewiesen wurde, sammeln Leguminosen in allen Pflanzenteilen Luftstickstoff.
Die Lupine wird im Ackerbau als Zwischenfrucht und Stickstoffdünger gern ausgesät. Aber auch im Garten sollte sie nicht nur als Zierstaude verwendet werden. Sie liebt keinen Kalk, dafür aber um so mehr den quarzhaltigen Sand. Je nach Klima sät man Ende April, Anfang Mai aus und läßt die schön blühenden Pflanzen bis zur Blüte, aber nicht bis zur Samenbildung, kommen. Dann mäht man sie ab und häckselt sie klein, um sie anschließend als Bodenbedeckung zu verwenden.
Für den Hausgarten gibt es neuerdings zur Bodenbegrünung die Sperli-Bodenkur mit der Bezeichnung „Grünhumus“ für leichte und mittlere Böden, ein Gemisch aus Lupinen-,

Inkarnatklee- und Phaceliasamen; „Grünaktiv“ ist für schwere Böden förderlich und enthält Samen tiefwurzelnder Pflanzen wie Ackerbohnen, Lupinen, Ölrettich und Saatwicken; unter dem Namen „Schnellgrüner“ wird eine Samenmischung von Klee, Lupinen und Weidelgras angeboten.

Bewährt hat sich auch die Ackerbohne *(Vicia faba)*, besonders als Vorfrucht für Tomaten, Gurken, Sellerie und Spätkohl. Von besonderem Vorteil ist, daß die Ackerbohne schon früh gesät werden kann, in günstigem Klima schon im Februar, für alle Böden gleich gut geeignet ist und sogar stärkere Fröste übersteht. Als Vorfrucht läßt man sie 30–40 cm hoch werden, schneidet sie dann ab und läßt sie als Bodendecke liegen. Die tiefgehenden Pfahlwurzeln läßt man wie bei allen Pflanzen, die man als Gründüngung nutzt, im Boden. So wird der von Bakterien in Eiweißverbindungen umgewandelte Luftstickstoff langsam wieder freigesetzt und den nachfolgenden Pflanzen nutzbar gemacht.

Die Gründüngung ist neben der Kompostierung die günstigste Möglichkeit, die Gartenerde mit geringen Mitteln zu beleben. Dabei sollte nicht einseitig verfahren werden. Hat man eine dünne Mulchdecke geschaffen, aber noch Gründüngung übrig, kompostiert man diese mit anderen Abfällen zusammen.

Algendünger

Es ist bekannt, daß Küstenbewohner die von den Meereswellen vor allem bei Stürmen angeschwemmten Algen, meist Grün- und Braunalgen, auf ihre Äcker und auch im Garten auf die Beete bringen. Seit Jahrhunderten wird mit größtem Erfolg so verfahren, denn Algen können – wie das grüne Blatt von Landpflanzen aus der Luft – aus dem Meerwasser wichtige Stoffe aufnehmen.

Interessant ist dabei, daß Algen im Meerwasser, das ja eine verhältnismäßig starke Salzkonzentration ist, gedeihen, ohne dieses Salz in sich zu konzentrieren. Dagegen sind Magnesium, Jod und Kali in ganz geringen Mengen im Meerwasser vorhanden. Trotzdem bilden diese Stoffe wesentliche Bestandteile der Algen.

Algen enthalten sehr reichlich Kali, etwas Stickstoff und fast keinen Phosphor. Besonders reich sind sie an Spurenelementen und Vitaminen. Aus dem großen Reichtum an Stoffen seien nur einige genannt: 3,2% Kalium, 3,1% Calcium, 1,4% Stickstoff, 0,5% Magnesium, 0,2% Eisen, 0,06% Jod, 5,7% Eiweiß, 2,6% Fett. Alle bisher bekannten Vitamine sind vorhanden. Kalkalgen enthalten bis zu 33% Kalk.

Für Landwirtschaft und Garten stehen verschiedene Algendünger zur Verfügung. Algomin ist ein wertvoller Magnesiumkalk, der den Boden lockert und aktiviert. Er wird aus den Skeletten der Korallalgen (Rotalgen) gewonnen. „Meerwunder“ aus Grün- und Braunalgen wird auf den Boden gestreut und leicht eingearbeitet. Dieses Präparat belebt den Boden und sorgt für intensive Grünfärbung der Pflanzenblätter. Algifert und Polymaris sind Spritzmittel für die unmittelbare Blattdüngung. Sie kräftigen die Pflanzen und machen sie widerstandsfähiger gegen Schädlinge.

Auch der Rosenblattdünger ECO-Rosenpflegemittel und Tannalgin zur Stärkung von Immergrünen wie Rhododendron, Azaleen, Heidekraut und Nadelhölzern bestehen zum Teil aus Algen.

Alginure-Präparate mit ihrer vielseitigen Anwendung werden ebenfalls aus Meeresalgen zubereitet. Die Schadstoffe, die durch die Luftverschmutzung und den Wasserkreislauf (Regen, Gewässer, Grundwasser, Verdunstung, die wieder zu Regen wird) überall auf der Welt von der Pflanzenwelt aufgenommen werden, kann man heute noch im kleinen Bereich des Gartens weitgehend durch Algenpräparate ausgleichen.

So schützt Alginure Verdunstungsschutzspray durch eine halbdurchlässige Membrane die Pflanzenblätter vor Entfettung durch sauren Regen und stärkt gleichzeitig, ohne die Atmung durch die Spaltöffnungen zu behindern. Zumindest die stärkende Wirkung wird auch Algifert und den anderen Algenspritzmitteln zugeschrieben.
Für Pflanzen, Tiere und Menschen schädliche Stoffe wie Rückstände von Pestiziden, Industrieemissionen und Autoabgasen werden im Boden, der mit Alginure Granulat oder Quellperlen behandelt wurde, adsorbiert und aus der Bodenlösung entfernt.

Regenwasser

Bevor wir uns den verschiedenen Jauchen und Spritzbrühen zuwenden, müssen wir neu überdenken, ob Regenwasser zum Ansetzen von Pflanzenjauchen noch vertretbar ist.
Ob unser Garten in einem Industriegebiet mit rauchenden Schloten liegt oder fernab von Industrie, Großstädten und Verkehr, ist heute belanglos, denn die Erde wird in den höheren Schichten der Atmosphäre von immer größeren Mengen von Schadstoffen umschwebt, die mit dem Regen verbunden den abgelegensten Ort erreichen.
Schweflige Säure, sogar Schwefel- und Salpetersäure fallen vom Himmel auf unseren Gartenboden, ob wir es wollen oder nicht.
Durch Alginure Granulat und Quellperlen, die man in den Boden einarbeitet, kann man diese unerwünschten Säuren und dazu die gratis von Wind und Regen mitgelieferten Schwermetallteilchen puffern (adsorbieren), so daß diese die Pflanzen und die Bodenorganismen nicht gefährden.
Wenn man heute noch Regentonnen im Garten aufstellt, um das Regenwasser aufzufangen, dann macht man das nicht mehr wegen dem Wert des chlorfreien Regenwassers, sondern weil das Leitungswasser teuer ist.
Um sicher zu sein, welche Qualität das Regenwasser hat, das man im Garten verwenden will, prüft man seinen pH-Wert mit Indikator- oder Lackmuspapier, indem man einen kurzen Streifen dieses farblich reagierenden Papiers für einige Sekunden in das Regenwasser taucht.
Sauberer Regen hat einen pH-Wert zwischen 5,8 und 7. Leider kann eine Prüfung des Säuregehaltes des Regenwassers bei uns in der Bundesrepublik Werte von 3, 3,5 oder 4 pH ergeben.
Eigene Versuche haben gezeigt, daß einige Gramm (je nach Säuregrad) Alginure Granulat oder Quellperlen, einige Gramm Biosmon oder einige Tropfen Algifert genügen, um aus saurem Regenwasser neutrales (7 pH) oder schwach saures (6 pH) zu machen.
Auf Nitrat oder gar Nitrit kann man sowohl das Regenwasser als auch das Leitungswasser selbst untersuchen. Die Firma Merck, Darmstadt, hat Nitrat-Teststäbchen entwickelt (Merckoquant 10020). Falls diese Chemikalien im Leitungswasser gefunden werden, muß man sich mit dem zuständigen Wasserwerk oder dem Gesundheitsamt in Verbindung setzen. Denn so wenig solches Wasser den Pflanzen bekommt, als Trinkwasser darf es auf keinen Fall verwendet werden. Wenn man ganz genau wissen will, was das Wasser enthält, dann kann man es vom Bremer Umwelt-Institut, Colmarer Straße 22a, D-2800 Bremen, oder vom Institut Fresenius, 6204 Taunusstein-Neuhof, untersuchen lassen.
Es werden 500 ml Wasser für die Untersuchung benötigt, die man per Post einschicken kann. Die chemische Untersuchung betrifft zwölf Stoffe, darunter auch Nitrat und Nitrit.

Kräuterspritzmittel

Beim biologischen Anbau spielen Kräuterjauchen eine große Rolle. Sie sind mit ihrer großen Wirksamkeit als Düngung und in der Schädlingsbekämpfung fast kostenlos im Garten und in der Landwirtschaft zu haben, denn Kräuter, zumal Brennessel, Beinwell, Schachtelhalm, Löwenzahn, Hirtentäschel, Rainfarn, Kamille, aber auch Zwiebel und Knoblauch, gibt es entweder im eigenen Garten oder am Feldweg.
Zunächst besorgt man sich ein Gefäß von geeigneter Größe, am besten ein Holzgefäß. Aber auch ein Plastikeimer reicht aus. Allerdings sollte man ihn erst auf die Probe stellen. Dazu stülpt man ihn über ein paar wachsende Kräuter wie Brennessel oder Löwenzahn. Die Eimerwände müssen die Blätter berühren. Dort wo der Eimer auf dem Boden aufliegt, legt man an einer Stelle ein Stück Holz oder einen größeren Stein unter, so daß der Luftaustausch nicht behindert ist.

Jauchetonnen mit verschiedenen angesetzten Kräutern in einer Gärtnerei, in der biologisch-dynamisch angebaut wird.

Werden die berührten Blätter nach einiger Zeit gelb, taugt der Eimer nicht zum Ansetzen von Pflanzenjauchen. Besonders bei älteren Gefäßen aus Plastik ist Vorsicht geboten. Sie können aus Polyvinylchlorid bestehen und geben ständig Chlor ab. Gefäße aus Polyäthylen sind unbedenklich.

Brennesseljauche

Wenn man Brennessel *(Urtica dioica, Urtica urens)* mit Wasser ansetzt, bekommt man ein Universalmittel für den Garten. Als Jauche düngen Brennessel den Boden und fördern das Bodenleben, Regenwürmer werden zum Beispiel angezogen. Als Spritzmittel und Jauchegaben belebt die Brennessel das Wachstum der Pflanzen, als Kaltwasserauszug vertreiben Brennessel Blattläuse und andere Schädlinge.
Wie wird Brennesseljauche angesetzt? Mit Garten- oder Gummihandschuhen zum Schutz der Hände gegen die brennenden Nesseln und einer Gartenschere schneidet man die oberirdischen Teile der Brennessel, bevor diese im Mai, Juni oder Juli zu blühen beginnt. Auf 1 kg Brennessel gießt man 10 l Wasser. In einem entsprechend großen Gefäß von 100 l Inhalt kann man sich für einen ganzen Sommer Brennesseljauche ansetzen. Man nimmt für 100 l Wasser etwa 10 kg Brennessel. Das Wasser wird wie beschrieben mit etwas Biosmon, Alginure oder Algifert verrührt, ehe man es über die Brennessel gießt, dabei spielt es keine Rolle, ob Regenwasser oder Leitungswasser benutzt wird. In jedem Fall sollte das Wasser mit einem dieser Stoffe angereichert werden. Der pH-Wert des Leitungswassers ist zwar meist neutral, aber dafür enthält es oft Chlor, das durch diese Mittel gepuffert wird.
Das Gefäß deckt man mit einem Gitter ab, damit weder kleine Tiere noch spielende kleine Kinder in die Jauche fallen können. Das Gefäß soll nicht ganz voll sein, denn bald fängt die Brühe an zu gären. Beim Umrühren, das man morgens und abends für einige Minuten machen sollte, damit Sauerstoff in die angesetzte Jauche kommt, fängt die Jauche an zu schäumen. Bei warmem Wetter ist die Gärung nach 1–2 Wochen abgeschlossen.
Ist es schon früh im Jahr notwendig, Brennesseljauche einzusetzen, kann man junge Brennessel nehmen oder die Jauche mit Brennesselpulver ansetzen. Die jungen Blätter kann man auch mit heißem Wasser überbrühen und als Tee für die gleichen Zwecke verwenden.
Als Jauchegaben oder Blattspritzung bereitet man eine Brühe von 1 Teil Jauche und 10 Teilen Wasser. Regelmäßig während der Vegetationszeit angewendet, gedeihen die behandelten Pflanzen prächtig.
Da die Jauche immer mit Wasser aufgefüllt wird, kann man sie weiter verwenden. Im Herbst verbraucht man den Rest. Hat man viel übrig, kann man den Komposthaufen mit Brennesseljauche gießen. Die Brennessel lassen sich im Komposthaufen mit verarbeiten oder mulchen.
Die Wirkung verbessert sich übrigens bei keiner Art von Jauche, wenn man eine stärkere Konzentration wählt. Die behandelten Pflanzen können verätzt werden. Eher darf die Konzentration schwächer sein.
Der Reichtum des unscheinbaren Krautes an Chlorophyll, Eisen, Mineralstoffen, Vitaminen, Kiesel, Kalk und anderen Wirkstoffen erklärt seine gesundende Wirkung auf die Gartenpflanzen.
Die wertvolle Jauche entwickelt leider recht unangenehme Gerüche. Etwas Basaltmehl oder Baldrianblütenextrakt mindern den üblen Geruch.
Bei Schädlingsbefall macht man einen 24stündigen Kaltwasserauszug der Brennessel, den man über die befallenen Pflanzen sprüht. Dafür werden 1 kg Brennessel mit 10 l Wasser übergossen. Diese Mischung läßt man 24 Stunden ziehen, seiht sie dann ab und verwendet den Auszug unverdünnt.
Einen vollständigen Auszug aller Inhaltstoffe erreicht man, wenn man die zurückbehaltenen ausgezogenen Brennessel mit der Hälfte der angegebenen Wassermenge überbrüht und vorher mit der anderen Hälfte den Auszug bereitet. Zuletzt mischt man beide Teile.
Auch Tees lassen sich vor allem als Beigabe zum Gießwasser verwenden. Man bereitet sie genauso wie Tees zum Trinken (1 TL Kraut mit 1 Tasse kochendem Wasser überbrühen). Eine Tasse Brennesseltee auf 5 l Gießwasser kräftigt die damit gegossenen Pflanzen nachhaltig.
Auch das Einstäuben von Pflanzen mit Algomin oder Urgesteinsmehl ist ein wirksames Mittel gegen Asternwelke, Kräuselmilbe, Mehltau, Rosen- und Löwenmaulrost, Gespinstmotten,

Apfelwickler und Kirschfliege. Einstäuben mit Urgesteinsmehl alle 2–3 Wochen im Wechsel mit Schachtelhalmspritzungen wirken durch die Kieselsäure, die beide enthalten, wie Licht und Wärme, selbst wenn der Himmel bedeckt ist.
Mit diesen Mitteln kann man auch Pflanzen zum Gedeihen, Blühen und Fruchten bringen, die bei der Pflanzung einzeln und im Licht standen, nach Jahren aber im Schatten großgewordener Bäume wachsen. Die Wirkung ist ähnlich, aber nicht ganz so stark wie bei dem Hornmist- und dem Hornkieselpräparat.
Zum Ausspritzen der Kräuterjauchen, Kaltauszüge oder Tees gibt es im einschlägigen Handel verschiedene Spritzgeräte, kleine Handgeräte, solche, die man über die Schulter hängen oder wie einen Rucksack auf dem Rücken tragen kann. Diese reichen für die verschiedenartigen Anwendungen im Hausgarten vollkommen aus. Für große Gärten gibt es Motorspritzen.
Zum feinverteilten gleichmäßigen Stäuben verwendet man Stäubemaschinen, die man in kleiner und großer Ausführung kaufen kann.

Ackerschachtelhalmjauche

Die Wedel des Ackerschachtelhalms *(Equisetum arvense)* besitzen im Spätsommer den gewünschten hohen Kieselgehalt neben Kalk-, Natrium- und Kaliumsalzen, schwefelsauren Salzen, Mangan und Magnesium. Diese Inhaltsstoffe und die zweifache Natur des Schachtelhalms von bräunlich gefärbten Sporentrieben im März und April und den nachfolgenden unfruchtbaren grünen Sommerwedeln machen Schachtelhalmjauche zum vorbeugenden Mittel gegen Pilzerkrankungen, worauf Rudolf Steiner hingewiesen hat.
Der auf Lehmböden wachsende Ackerschachtelhalm ist am wertvollsten. Die Sommerwedel enthalten am meisten Kiesel, wenn sie im Spätsommer ausgereift sind. In der Zeit schneiden wir sie ab und hängen sie in lockeren Bündeln an einen trockenen, luftigen Ort zum Trocknen. So gewinnt man für das ganze Jahr seinen jederzeit bereitstehenden Vorrat.
Für die Jauche kocht man 500 g der getrockneten Schachtelhalmwedel in 5 l Wasser eine halbe Stunde mit mäßiger Hitze. Dann rührt man den Absud in 20–25 l vorbereitetes Regenwasser oder Leitungswasser. Täglich rührt man mehrmals die entstehende Jauche um. Diese Schachtelhalmflüssigkeit läßt sich nun den ganzen Sommer über einsetzen. Man versprüht sie am zweckmäßigsten auf dem Gartenboden und auf Jungpflanzen. Man kann im Februar oder März damit anfangen und nach Beendigung der Gartenarbeiten im Oktober und November noch ein letztes Mal für das Jahr die Gartenerde durchspritzen.
Auch Ackerschachtelhalmbrühe ist sehr wirkungsvoll. Man stellt Kräuterbrühe folgendermaßen her: 500 g Kraut wird mit 5 l Wasser 12 Stunden lang kalt angesetzt; danach kocht man das Ganze eine halbe Stunde lang und siebt nach dem Kochen die Kräuter ab. Brühen werden zwei- oder dreifach verdünnt angewandt, wenn man plötzlich eine Anwendung gegen Schädlinge machen muß, aber weder Jauchen noch Kaltwasserauszüge zur Verfügung hat.

Beinwell, Beinwurz, Komfrey

Diese Pflanze wird wegen ihrer vielfältigen Heilwirkungen gerade in den letzten Jahren sehr empfohlen. Weil die Blätter ein Alkaloid enthalten, wird allerdings neuerdings vor der innerlichen Verabreichung gewarnt. In unserem Zusammenhang interessiert allerdings nur die günstige Wirkung auf die Pflanzen, und die ist unbestritten.
Man kann Komfrey im Garten anbauen, wozu ein Bastard von *Symphytum officinale* und *S. asperum*, nämlich *Symphytum x uplandicum* ausgesät wird. Komfrey zeichnet sich durch großen Blattreichtum und ein ausgewogenes Verhältnis von Nährstoffen aus. Die Pflanze schließt Kalireserven im Boden auf. Die Wurzeln enthalten unter anderem reichlich Kiesel-

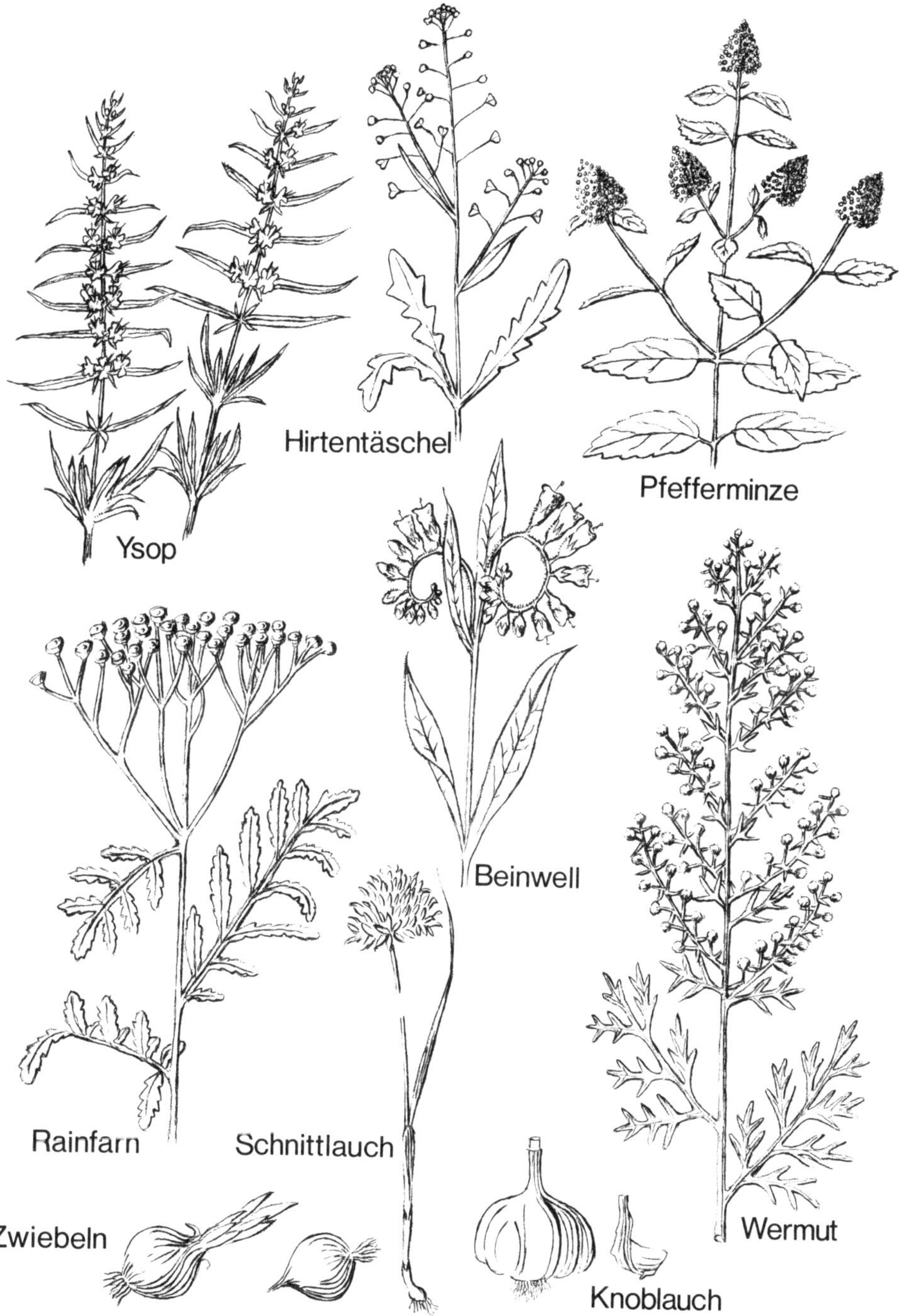

Pflanzen, die wirksame Jauchen ergeben.

säure. Während die Wurzeln kurz vor der Blüte im April geerntet werden, wenn der Wirkstoffgehalt am größten ist, können die Blätter bis zum Eintritt der ersten Herbstfröste ganz nach Bedarf geschnitten werden.
Die Jauche wird genauso angesetzt wie Brennesseljauche. Allerdings werden die Wurzeln kleingeschnitten im April zugesetzt. Drei- bis fünffach verdünnt läßt sich die Jauche als Spritzmittel oder Gießwasser verwenden. Sie fördert das Wachstum der Pflanzen, kräftigt sie und macht sie für Krankheiten weniger anfällig. Eine Mischung von Komfrey mit Brennesseln ergibt ebenfalls eine pflanzenfördernde Jauche.

Hirtentäschel

Wo ein Haus gebaut und Erde ausgehoben wird, erscheinen auf den Erdhügeln fast über Nacht die ersten Hirtentäschelpflanzen *(Capsella bursa-pastoris)*. An Wegrändern, auf Böschungen und Brachland finden wir diese genügsamen Pflanzen, die eine ausgewogene Vielfalt von Inhaltsstoffen aufzuweisen haben, darunter Kalium, Kalzium und Natrium. Die Kraft des Hirtentäschel wird in Aufgüssen und Jauchen auf einseitig beanspruchte Böden und Kulturpflanzen durch Übersprühen übertragen.

Andere Kräuterspritzmittel
Mit diesen anspruchslosen Pflanzen für die Herstellung von Jauchen und Spritzmitteln kann man im Garten gut auskommen. Vor allem die Brennessel und Beinwell sind leicht zu beschaffen. Allerdings kann man auch aus Gewürzkräutern wie Majoran, Pfefferminze, Ysop und anderen Kräuterjauche machen. Sie sind jedoch kostbarer.
Gegen Schädlinge kann Jauche aus Rainfarn *(Chrysanthemum vulgare)* oder Wermut *(Arthemisia absinthium)* eingesetzt werden. Auch Schnittlauch-, Zwiebel- und Knoblauchjauchen sind bewährte Mittel, vor allem gegen Pilzkrankheiten bei Pflanzen unter Glas und im Freiland. Tomaten, Kartoffeln, Himbeeren, Brombeeren, Stachelbeeren und Erdbeeren danken für solche Spritzungen mit kräftigen, gesunden Pflanzen.

Hornmist- und Hornkieselpräparate

Eine Sonderstellung unter den Mitteln, welche die Pflanzen fördern, nehmen das Hornmistpräparat Nr. 500 und das Hornkieselpräparat Nr. 501 ein. Beide werden in der biologisch-dynamischen Wirtschaftsweise erfolgreich angewendet. Das Hornmistpräparat wirkt auf den Wurzelbereich der Pflanze, während das Hornkieselpräparat auf Blatt- und Blütenregion günstigen Einfluß nimmt.

Hornmistpräparat

So unwahrscheinlich es klingt, aber das Hornmistpräparat besteht lediglich aus ein wenig Kuhmist, der in einem Kuhhorn für eine bestimmte Zeit in der Erde vergraben wird. Man stopft das Kuhhorn mit Kuhmist voll und vergräbt es im Herbst ½ – ¾ Meter tief in der Erde. Der Boden sollte nicht zu sandig, aber auch nicht zu tonhaltig sein. Im Frühjahr, wenn man die Spritzungen machen will, gräbt man das Kuhhorn mit dem Kuhhornmist aus. Der Erde wieder entnommen, enthält der Mist mit Wasser verrührt, die Kraft, die Bewurzelung zu fördern, die Bodenlebewesen zu mehren und wachstumsanregend auf Samen zu wirken. Bei Versuchen hat man festgestellt, daß nach Spritzungen mit Hornmist ein durchschnittliches Wurzelmehrgewicht von 20% zu verzeichnen war. Jeder kann sich vorstellen, daß eine gut entwickelte, tiefer reichende Wurzel viel besser Bodennährstoffe aufzuschließen vermag als eine schwach entwickelte. Und die Wirkung hält lange an. Man kann sie noch nach Jahren nachweisen, ohne je wieder dieses Präparat eingesetzt zu haben. Eine regelmäßige Anwendung erspart viele andere Maßnahmen und führt zu kräftigem, üppigem Pflanzenwuchs.

Für eine Gartenfläche von 1000 m^2 braucht man die geringe Menge von 30 g Hornmist auf 5 l handwarmes Wasser. Beides wird in einem Gefäß aus Holz, Steingut, Emaille oder Kunststoff 1 Stunde lang in wechselnder Richtung zusammengerührt. Dabei sollte beim Rühren in der Mitte der Flüssigkeit ein tiefer Trichter entstehen. Erst dann wechselt man die Drehrichtung. Das so zubereitete Präparat wird im zeitigen Frühjahr auf alle Grünflächen gesprüht, vor jeder Aussaat auf die Erde, die den Samen aufnehmen soll, und auf alle Anzuchtkästen, wenn man sie frisch mit Erde gefüllt hat. Nach 3 oder 4 Tagen wiederholt man die Spritzung. Im Obstgarten werden die Baumscheiben und auch die Obstbaumstämme bespritzt.

Die Wurzeln der Pflanzen strecken sich in die Tiefe, was man beim Pikieren von Jungpflanzen leicht beobachten kann. Aber auch, wenn man einmal eine Pflanze ausgräbt, läßt sich das leicht feststellen. Bemerkbar macht sich die Wurzelreichweite in tiefere Erdschichten in regenarmen heißen Sommern, wo so behandelte Pflanzen längst nicht den Wasserbedarf brauchen wie unbehandelte.

Im Herbst wird der Gartenboden nochmals mit dem Hornmistpräparat bespritzt, bevor er mit einer Mulchschicht bedeckt wird. Dann hat man wirklich alles getan, um im Frühjahr einen gut vorbereiteten Boden vorzufinden.

Aber auch den Sommer über spritzt man Hornmist, wenn ein Beet abgeerntet ist und eine Zwischen- oder Nachfrucht an die Reihe kommen soll.

Stauden und Sträucher, auch Rosen, erhalten ebenfalls im Frühling und im Herbst vor dem Mulchen eine Bodenspritzung mit dem Hornmistpräparat.

Die Spritzungen erfolgen am vorteilhaftesten am Nachmittag oder Abend. Zu diesen Tageszeiten sind Erde und Wurzeln besonders aufnahmefähig.

Weitere Vorteile bietet das Hornmistpräparat, wenn man es dem Lehmbrei beimengt, den man im Winter auf Baumstämme streicht oder in den man die Wurzeln von Setzlingen, Stauden, Sträuchern und Bäumen taucht, ehe man sie ein- oder verpflanzt.

Hornkieselpräparat

Voraussetzung für die günstige Wirkung des Hornkieselpräparates ist immer die vorherige Behandlung mit dem Hornmistpräparat. Das sollte man sich gut merken. Dieses Präparat wird im Gegensatz zum Hornmistpräparat, das ja auf Boden und Wurzeln wirkt, im Blattbereich der Pflanze gespritzt. Es verstärkt die Licht- und Wärmeprozesse, welche die Pflanze in den Blättern, Blüten und bei der Bildung und Reifung der Früchte benötigt. Alle oberirdischen Teile der Pflanzen werden durch das Präparat gestreckt; die Pflanzen verzweigen sich mehr, und die Assimilation wird verstärkt.

Das Hornkieselpräparat wird aus fein zerriebenem Quarz, am besten aus Bergkristall, aber auch aus Feldspat, hergestellt, der genauso in einem Kuhhorn präpariert wird wie der Kuhmist für das Hornmistpräparat. Man macht dazu aus Wasser und dem Quarzmehl einen Brei etwa von der Konsistenz eines dünnflüssigen Kuchenrührteiges. Im Gegensatz zum Hornmist vergräbt man das Kuhhorn mit Quarz den Sommer über. Im Herbst nimmt man das gefüllte Horn aus der Erde und bewahrt den Inhalt bis zum nächsten Frühjahr auf.

Man braucht noch geringere Mengen Hornkiesel für die Spritzung als von Hornmist, nämlich 0,5 g Hornkiesel auf 5 l handwarmes Wasser. Die weitere Zubereitung erfolgt wie beim Hornmist.

Auch beim Spritzvorgang mit Hornkiesel zeigt sich die Polarität zum Hornmistpräparat, denn das Hornkieselpräparat sprüht man als feinen Nebel am Vormittag auf die Blätter und sogar auf die Blüten von Tomaten und Erdbeeren, die keine Schäden zurückbehalten. Obstbäume erhalten die erste Hornkieselspritzung unmittelbar vor der Blüte, die nächste, wenn sich die Blätter voll entwickelt haben, die dritte, wenn das Obst angesetzt hat, die Früchte aber noch klein sind (Äpfel und Birnen etwa 2 cm im Durchmesser, Pflaumen etwa 1,5 cm, Kirschen ungefähr 1,2 cm lang). Die letzte Spritzung wird gegeben, bevor die Früchte ausgereift sind. Das Obst lohnt diese Mühe mit längerer Haltbarkeit, geringerer Neigung zu Fäulnis, herrlichem Aroma und etwa 20% Ertragssteigerung. Junge Pflanzen und junges Blattgemüse vertragen Hornkiesel noch nicht. Bei Kopfsalat, Weiß-, Wirsing- und Rotkohl wartet man ab, bis sich die Blätter zur Kopfbildung nach innen neigen. Kohl soll oft gesprüht werden. Alle 14 Tage eingenebelt, erhält besonders Weißkohl eine hohe Festigkeit.

Auch Tomaten dürfen, nachdem sie sich im Wurzelbereich gut ausgebildet haben, alle 14 Tage mit dem Hornkieselpräparat eingesprüht werden.

Bei Kartoffeln wartet man mit der Spritzung, bis sich Blütenansätze zeigen. Dann spritzt man anfangs vormittags, wenn die Knollen sich ausbilden, vorteilhafter nachmittags oder abends. Ähnlich ist es bei Wurzelgewächsen. Sellerie beispielsweise werden erst gespritzt, wenn die Sellerieknolle ungefähr kastaniengroß ist. Auch Leguminosen, die mehr dem Erdhaften zugehören, zeigen bei Nachmittags- und Abendspritzungen höhere Erträge. Will man Blüten-, Samen- beziehungsweise Fruchtprozesse anregen, wird Hornkiesel vormittags versprüht. Darum werden beispielsweise Blattgemüse auch nur das erste Mal am Vormittag gespritzt. Die weiteren Gaben von Hornkiesel erfolgen nachmittags und abends, damit Salat, Spinat oder Mangold nicht schießen.

Beim Hornkieselpräparat ist immer zu bedenken, welchen Teil der Pflanze wir besonders stärken möchten. Entsprechend richten wir unsere Spritzungen ein. Die Pflanzen entwickeln sich dann gesund und qualitativ hochwertig.

Allen Spritzmitteln für Blattspritzungen kann man Alginure Schutzspray vor dem Ausspritzen beifügen. Dadurch, daß das Alginure Schutzspray eine Membrane bildet, haften die Spritzmittel länger. Da die Membrane halb durchlässig ist, wird die Pflanzenatmung nicht behindert. Bentonit, dieses sehr quellfähige Tonmineral, ist durch seine starke Haftfähigkeit ebenfalls als Beimischung zu Spritzflüssigkeiten geeignet. Wasserglas (Natriumsilicium) wird als Haftmittel bei Obstbaumspritzungen verwendet. Als 36prozentige Lösung ist sie in Drogerien erhältlich. Hiervon fügt man vor der Spritzung 50–100 ml bei und verrührt gut. Nur die Präparate Hornmist und Hornkiesel sollten keinen Zusatz erhalten.

Bei allen Spritzungen zur Stärkung der Kulturpflanzen kann die Beachtung von natürlichen Rhythmen bei Erde und Pflanzen zu noch beachtlicheren Erfolgen führen. Ab drei Uhr morgens beginnt die Erde auszuatmen. Die Pflanzen verdunsten Wasser und strecken sich, Stärke wird gebildet. Nachmittags ab 15 Uhr beginnt die Erde einzuatmen. Dann nimmt auch der Wassergehalt der Pflanzen wieder zu. Die Stärke wird in die unteren Bereiche der Pflanzen befördert, in Wurzeln und Knollen. Die Pflanzenzellen vermehren sich.

Ob man morgens, vormittags, nachmittags oder abends spritzt oder gießt, richtet sich nach den beabsichtigten Wirkungen. Morgens und vormittags gehen die belebenden und wachstumsfördernden Kräfte der Mittel mehr in den Blatt- und Blütenbereich, nachmittags und abends mehr in die Wurzeln. Spritzungen in der Mittagszeit sind ungünstig, ebenfalls solche in der Blütezeit der Pflanzen. Blüten sind zarte Gebilde, die weder starke Feuchtigkeit noch die Wirkungen der Spritzmittel gebrauchen können.

Bei den Blüten kann man eigene Beobachtungen für die richtige Zeit zum Spritzen zugrunde legen. Am Morgen sind die Blüten noch geschlossen. Da vertragen sie feine indirekte Sprühnebel. Allerdings gehen Blüten zu verschiedenen Zeiten auf, worauf man beim Spritzen Rücksicht nehmen muß, wenn Schäden an Blüten wie frühzeitige Welke oder das Braunwerden der Blütenblätter vermieden werden sollen.

Versprühen eines pflanzenstärkenden Mittels mit einem tragbaren Gerät.

Organische Dünger

Außer den Algendüngemitteln gibt es noch einige andere, die im Garten eingesetzt werden können. Sie regen alle die Tätigkeit der Bodenorganismen an. Man findet unter ihnen:

pflanzliche Dünger,
tierische Dünger (Ausscheidungen und Substanzen von Tieren),
Mischungen aus pflanzlichen und tierischen Düngern.

Pflanzlicher Dünger

Zu den pflanzlichen Düngern gehört vor allem die bereits erläuterte Gründüngung. Im Garten hat man selten Gelegenheit, Trester von Äpfeln, Weintrauben oder anderen Früchten zu kompostieren, weil sie im eigenen Garten nicht in Mengen als Rückstände abfallen, wie es im Weinbau, in Keltereien oder Obst- und Gemüsekonservenfabriken täglich der Fall ist. Aber selbstverständlich werden bei einer großen Apfelernte auch die Abfälle beim Entsaften zusammen mit anderen Abfällen im Komposthaufen in Humus verwandelt.

Rizinusschrot

Der Wunderbaum von Sansibar *(Ricinus communis)*, bei uns als einjährige Zierstaude bekannt, ist eine alte Kulturpflanze und wird auf Sansibar wegen der ölhaltigen Samen angebaut. Er wächst in Afrika, Südamerika und Südostasien. Das Öl wird in Medizin und Technik verwendet. Die geschroteten Samenrückstände werden als preiswerter organischer Dünger im Land- und Gartenbau verwendet. Er enthält unter anderem etwa 6% Stickstoff, 2,5% Phosphor, 1,5% Kali und Spurenelemente. Für Obstbäume und Beerensträucher ist Rizinusschrot Dünger und Pflanzenschutz zugleich, da er spezielle Wirkstoffe gegen Kragenfäule enthält. Die Pflanze ist giftig und für Haustiere ungenießbar, aber der Regenwurm schätzt den Rizinusschrot sehr, da er das Bodenleben besonders stark anregt.

Buchenholzkohle

Im Handel erhält man hochwertige Buchenholzkohle. Deren hoher Gehalt an Kali, aber auch an Kalk und Spurenelementen macht sie besonders geeignet für Pflanzen, die anfällig für Pilzkrankheiten und Fäulnis sind. Die Asche streut man in Saatrillen und Pflanzlöcher.
Man kann Holzasche auch im eigenen Garten aus Ästen, die für den Häcksler zu dick sind, gewinnen, indem man sie verbrennt. Auch die Asche aus dem Kamin ist wertvoll und wie jede Holzasche eine gute Ergänzung zu den meist kaliarmen tierischen Düngern.

Tierische Dünger

Mitte des 19. Jahrhunderts entdeckte man an den Küsten Perus, später an den neufundländischen Küsten jahrhundertealten Vogelmist der Seevögel, der vermischt mit deren Kadaver in der Sonne zu hochwertiger Düngung verrottet. Ganze Schiffsladungen wurden nach Europa gebracht, wo der wertvolle unnachahmliche Dünger gern verwendet wurde. Heute ist *Peru-Guano* teuer, und man muß beim Kauf genau darauf achten, ob es sich um reinen Peru-Guano handelt.
Der Haus- oder Schrebergärtner hat selten die Möglichkeit, tierischen Dung zu bekommen. Sollte er eine günstige Quelle haben, muß er wissen, von wo dieser Dünger kommt, da eine

einwandfreie Fütterung und tierärztliche Betreuung die Gewähr dafür bieten muß, daß weder Hormone noch Antibiotika in seinen naturgemäßen Gartenbau geraten.
Im Handel gibt es als Ersatz für Peru-Guano Angebote für einwandfreien getrockneten *Geflügelmist*, der stark wirkt. Die Mengenangaben der Gebrauchsanleitungen sollten nicht überschritten werden. Als Kompostzugabe ist Geflügelmist immer zu begrüßen.
Im Fachhandel ist auch getrockneter *kalifornischer Rinderdung* aus einwandfreier Tierhaltung zu bekommen, der reich an Kali ist und aus sonnengetrockneten, zermahlenen Kuhfladen besteht. Rosen, Möhren, Sellerie und Tomaten gedeihen mit Rinderdung besonders gut.
Ein bereits kompostiertes Gemisch von Schaf-, Pferde- und Rindermist wird von der Firma Ernst-Otto Cohrs angeboten. Dieser Dünger vereinigt in sich den Kaligehalt des Rinder- und Pferdedunges mit dem reichlich vorhandenen Stickstoff von Schafmist und heißt *Stallatico.* Er bietet gegenüber frischem Stallmist eine Reihe von Vorteilen.
Man kann sich darauf verlassen, daß Stallatico weder Hormone noch Antibiotika enthält. Seine Düngekraft übersteigt die von Stallmist um das 15fache, ohne keimfähige Samen oder Krankheitserreger zu enthalten. Wichtig ist auch die lange Lagerfähigkeit. Sie beträgt mehr als 1 Jahr.
Stallatico enthält pro Gramm 5 Milliarden aktive Bodenbakterien und fördert daher das Leben und die Vermehrung der Bodenorganismen, schützt die Kulturen vor Früh- und Spätfrösten und macht die Pflanzen widerstandsfähig gegen Krankheiten und Schädlingsbefall. Es ist ganzjährig verwendbar, vor allem jedoch im Herbst und Frühjahr.
Bei Neupflanzungen soll Stallatico nicht unmittelbar mit den Wurzeln in Berührung kommen. Man arbeitet diesen Dünger nicht tiefer als 10–12 cm in den Oberboden ein. In der Regel braucht man 20–25 kg auf 100 m^2 Fläche. Bei Böden, die wenig Humus aufzuweisen haben, kann die Menge verdoppelt werden.
Eine Mischung von 25 kg Stallatico entweder mit 40 kg Luzian-Steinmehl oder 25 kg Edasil-Tonmehl oder auch mit 25 kg Algomin-Korallalgenkalk ist vor allem bei leichten und sauren Sandböden vorteilhaft. Zur Erzielung von Spitzenerträgen düngt man zusätzlich mit einem organischen Stickstoffdünger wie Hornmehl, Hornspänen oder Rizinusschrot.
Auch *Ziegen- und Kaninchenmist* enthält viel Stickstoff. Diese Dünger sind sehr sparsam zu gebrauchen, da die Pflanzen bei übermäßigen Gaben dieses Mists schießen.
Schweinemist ist reich an Kali und hat etwas Stickstoff, aber gar keinen Kalk.
Alle tierischen Exkremente sind am besten kompostiert zu verwenden. Man kann sie zusammen mit Haus- und Gartenabfällen, aber auch allein kompostieren. Dann sind sie eine wertvolle Bereicherung für den Boden und werden von allen Pflanzen vertragen. Tierischer Mist darf auf keinen Fall mit Kalk kompostiert werden, sonst entweicht der wertvolle Stickstoff als Ammoniak. Dagegen sind Basaltmehl und Komposstarter zu empfehlen; sie verbessern auch den Geruch.

Organische Dünger vom Tier

Dazu gehören Substanzen, die vom ganzen Tier stammen, und solche, die aus einzelnen Organen hergestellt werden.
Wenig gebräuchlich im Gartenbau, aber durchaus gut zu verwenden, ist das meist als Futtermittel hergestellte *Tiermehl.* Den kostbaren Peru-Guano kann man durch französischen *Fisch-* oder *Biskaya-Guano* ersetzen, der aus Seefischen und Fischabfällen bereitet wird.
Sowohl Tiermehl als auch Fischguano wird während der Herstellung entfettet, Fischguano mit Magnesiumkalk gemischt und unter Luftzufuhr einer Fermentation unterzogen.
Hochkonzentriert aus Tierblut gewonnen, stellt *Blutmehl* einen wertvollen Stickstoffdünger

dar, der anderen Düngern beigemischt, aber auch allein in den Oberboden eingearbeitet werden kann und auch das Bodenleben im Komposthaufen begünstigt.
Auch *Hornmehl* wird schnell erschlossen und kann wie Blutmehl direkt auf die Erde ausgestreut werden oder im Komposthaufen die Rotte beschleunigen. Hornmehl ist der Stickstoffdünger.
Horngrieß oder -späne dagegen werden von den Bodenorganismen nicht so schnell aufgeschlossen. Sie sind gute Vorratsdünger.
Knochenmehl verwendet man, um kräftige Blüten hervorzubringen für Obst, Beeren und reichen Blumenflor, weil besonders viel Phosphorsäure enthalten ist.
Knochenschrot ist durch schwächeren Entzug von Fetten und Leim auch etwas stickstoffhaltig, wodurch Phosphat schneller aufgeschlossen wird. Da diese Knochenprodukte auch gute Futterzusätze sind, stehen sie nicht in genügenden Mengen für Garten- und Landbau zur Verfügung.
Ledermehl enthält meist durch das Gerben Metallsalze, die Schäden an den Wurzeln verursachen können.

Stadtmüllkompost und Klärschlamm

Die Kompostierung der Abfälle aus der Stadt ergibt an sich einen wertvollen Humus, um den sich Dr. Fritz Caspari sehr verdient gemacht hat. Allerdings sind inzwischen die Beimischungen von Giftstoffen im Stadtmüll und den Industrieabwässern so umfangreich, daß man sich für die genaue Analyse solcher Komposterde interessieren muß, ehe man sie verwendet. Will man sicher sein, keine Giftstoffe in seinen Gartenpflanzen zu haben, ist ein Zusatz von Alginurepräparaten angebracht, die Stoffe im Boden puffern. Auch die Emissionen aus der Luft, vor denen kein Garten mehr sicher ist, können sowohl durch Alginurepräparate, die für den Boden bestimmt sind, als auch durch Alginure Kompostpräparate und Alginure Schutzspray adsorbiert werden.

Organische Mischdünger

Im Handel werden verschiedene organische Mischdünger angeboten, deren Zusammenstellung auf jahrelangen praktischen Erfahrungen im Garten- und Landbau beruhen. Neben den wichtigen Hauptnährstoffen Stickstoff, Phosphor, Kali und Kalk sind diese Dünger oft auch mit Spurenelementen gemischt. Durch unterschiedliche Vermahlungen werden schnellwirkende Dünger oder solche zubereitet, die den Pflanzen über eine ganze Wachstumsperiode genügend Nährstoffe bieten.

Natürliche Mineralmehle

Solange es Gebirge, Wind, Regen und Flüsse auf dieser Erde gibt und die Sonne dazu, entstehen aus verwitternden Gesteinen kleine Steine bis zu feinen Vermahlungen. Aus diesen werden Salze herausgelöst. So entstehen die Grundbestandteile unserer Böden, aus denen sich auch die Tonminerale bilden wie Aluminiumsilikate, Illit, Kaolinit und Montmorillonit mit eingelagerten Elementen wie Bor, Eisen, Kupfer, Magnesium und anderen.
Die *Tonminerale* haben die hervorragende Eigenschaft, Wasser und gelöste austauschbare

Salze zu binden. Die innere Oberfläche bei Montmorillonit, das zuerst in Frankreich gefunden wurde, beträgt 600–800 m^2 pro Gramm. Montmorillonit hat von den Tonmineralen die größte Wasserbindefähigkeit.
In der Bundesrepublik wird in Niederbayern Bentonit abgebaut, das nach seinem ersten Fundort, Benton in den USA, benannt ist. Es hat ein Wasserhaltevermögen von 230% und besteht zu 50% aus Montmorillonit, zu 20% aus Illit und zu 10% aus Kaolinit.
Tonminerale können jederzeit gestreut werden. Im Kompost spielen sie eine wesentliche Rolle. In beiden Fällen vereinen Bodenorganismen, vor allem anderen der Regenwurm, die aus organischen Substanzen unter Luftzufuhr und neutraler Bodenreaktion entstehenden Huminstoffe mit den Tonmineralen zum Ton-Humus-Komplex.
In den Komposthaufen gibt man 3 kg auf 1 Kubikmeter Kompostmaterial. Streut man Tonminerale auf den Gartenboden, so sind kleine Mengen günstiger als große. Zu große Mengen können sowohl den Kompost als auch den Gartenboden verdichten und die Rotte hemmen.
Gesteinsmehle gibt es in verschiedenen Zusammensetzungen, die man bei der jeweiligen Vertriebsfirma erfragen kann. Hauptsächlich bestehen sie aus Basaltmehl und haben den Vorzug, auch vom ungeübten Anfänger leicht gehandhabt werden zu können. Man kann sie in jeder Menge in den Boden geben. Dort werden sie langsam, aber kontinuierlich aufgeschlossen. Größere Gaben reichen mehrere Jahre aus.
Basaltmehl enthält Kieselsäure, das Tonmineral Aluminiumoxid, Magnesium, Kalk, Kali und zahlreiche Spurenelemente. Seine Wirkung läßt sich jedoch nicht allein durch die chemische Analyse erklären. Da Basalt im Erdinnern über lange Zeiten in flüssigem Zustand Wärmeprozessen unterworfen war, ehe er erkaltete, kann man annehmen, daß diese gewissermaßen erstarrte Wärme durch das Aufschließen im Boden freigesetzt wird und ihre Wirkung auf Boden und Pflanzenwelt ausübt.
Heute erreicht uns flüssiger Basalt in Form von Lava nur noch bei Vulkanausbrüchen. Die Fruchtbarkeit solcher Lavaböden ist bekannt. In der Bundesrepublik gibt es Gebirgsstöcke (Odenwald, Kaiserstuhl, Schwarzwald), wo die Basaltsäulen abgebaut werden. Sowohl auf schweren Keuper- (aus Mergel, Gips, Letten und Sandstein aufgebaute Böden) als auch auf tonarmen Sandböden bewähren sich Gaben von Basaltmehl.

Kalk

Ob es sich bei dem im Garten verwendeten Kalk um Algenkalk oder um solchen aus Kalkgestein, wie Mergel, Dolomit, Kreide oder Marmor, handelt, bei dessen Abbau Kalkstaub als Abfallprodukt entsteht, immer handelt es sich um Ablagerungen der Gerüste von Pflanzen (Algenkalk) oder der Skelette von Tieren. Dieses im Gestein geronnene Leben wird im Garten und Landbau zu neuem Leben erweckt.
Durch Kalk wird der pH-Wert des Bodens rasch angehoben, die Erde wird locker und krümelig, das Bodenleben angeregt. Es tritt eine Steigerung der Ernte ein.
Trotzdem sollte Kalk vorsichtig gehandhabt werden. Ein Übermaß an Kalk führt zu alkalischer Bodenreaktion, durch die Phosphorsäure und Spurenelemente im Boden zurückgehalten werden. Es können bei den Pflanzen Mangelkrankheiten auftreten.
Meist wird heute der Algenkalk Algomin im Garten- und Landbau verwendet.
Der Rotalgenkalk wird an der französischen Atlantikküste abgebaut, wo seit Jahrtausenden in 20–100 m Tiefe mächtige Riffe und Barrieren aus dem Kalkgerüst der Rotalgen aufgetürmt werden. Neben dem Chlorophyll enthalten sie einen roten Farbstoff, der ihnen die rote Farbe verleiht, weswegen sie auch Korallalgen genannt werden. Sobald die Rotalgen an die Luft kommen, verschwindet ihre schöne korallrote Färbung. Sie werden weißlich grau.
Seit Anfang der siebziger Jahre werden die Rotalgenriffe und -bänke mit Hilfe von kleinen Schiffen in ständig wachsendem Ausmaß abgebaut.

An Land werden die grobkörnigen Rotalgen getrocknet, gereinigt und staubfein vermahlen. Das so entstehende Algenprodukt, Algomin, besteht hauptsächlich aus kohlensaurem Kalk und in günstigem Verhältnis dazu aus Magnesium und vielen Spurenelementen.
Bei Umstellung oder in neu angelegten Gärten kann großzügiger von Algomin Gebrauch gemacht werden. Bei einem Garten, der jahrelang nach biologischen Methoden bearbeitet worden ist, geht der Kalkbedarf sehr zurück. Ehe man Kalk streut, macht man sicherheitshalber den Kalktest, um sicher zu sein, daß der Boden auch wirklich Kalk braucht.

Phosphate

In der Natur kommt Phosphor nur in gebundenem Zustand in Form von Phosphaten vor. Im Boden besteht ein Vorrat solcher Phosphate, die in gelöster Form von den Pflanzen aufgenommen werden können. In Sandböden können allerdings zu geringe Mengen an Phosphaten vorkommen oder auch in stark alkalischen Böden durch Kalk, in sauren Böden durch Aluminium zu sehr gebunden sein. Steht kein Knochenmehl oder Hühnermist zur Verfügung, kann man mit dem Algen-Phosphat-Dünger, der zu etwa 55% aus Gasfa-Phosphat und zu etwa 45% aus Algomin besteht, entweder den Boden selbst einstäuben oder besser noch den Kompost damit versorgen. Durch die Bodenorganismen gegangen, steht er den Pflanzen dann in bester Zubereitung zur Verfügung.

Pflanzen dürfen nicht verwöhnt werden

Der Vollständigkeit halber sind auf den vorangegangenen Seiten die verschiedensten Dünger und ihre Anwendung dargestellt worden, aber das bedeutet nicht, daß diese Zusätze unbedingt nötig sind.
Jeder kennt Pflanzen, die auf altem Gemäuer oder aus einer Felsspalte herauswachsen. Da gibt es nicht nur Gräser und Kräuter mit farbenprächtigen Blüten, sondern auch Sträucher, ja selbst Bäume, die auf ein paar Erdkrumen gedeihen.
Da stand mehrere Jahre eine einzelne Staude herrlicher Monatserdbeeren auf einer Terrasse, die mit Kunststeinplatten belegt ist. Unter der Terrasse befindet sich eine Garage, deren Betondecke mit Dachpappe und Teer isoliert ist. Darauf liegen die Steinplatten. Zwischen den Kunststeinplatten hatte sich ein wenig Erde gesammelt. Die Ritze, aus der die Erdbeere wuchs, war 1–2 Millimeter breit und nicht tiefer als die Steinplatten. Aber die Erdbeere gedieh prächtig. Sie stand in der Sonne zwischen den oft heißen Platten und trug jeden Sommer reichlich Früchte, die süß und von köstlichstem Aroma waren. Das wohlgestaltete Musterexemplar einer Monatserdbeere wurde nie gegossen oder gedüngt, weil man es vergaß, sobald man von der Terrasse in den Garten gelangt war. Von den Erdbeeren bekam selten einer der Bewohner des Hauses, zu dem die Terrasse gehörte, etwas ab, weil ein Igel, der unter einer Eibe im Garten seine Behausung hatte, die rechte Reife der Erdbeeren immer schon des Nachts erschnupperte, wenn die Gartenbesitzer schliefen.
Leider kamen eines Tages Bauarbeiter. Sie hatten den Auftrag, die Wände und die Decke der Garage neu zu isolieren. Damit war es um das kleine Wunder auf der Terrasse geschehen.
Dieses Beispiel zeigt, daß Pflanzen auch fast ohne Erde auskommen und trotzdem keinen Mangel leiden. Manche Pflanze, beispielsweise die Tillandsia, die mit Vorliebe auf Überlandleitungen wächst, hat gar keine Berührung mit dem Boden.
Am Ende des vergangenen Jahrhunderts stellte A. von Herzeele in zahlreichen Versuchen fest, daß Keimlinge, die auf Porzellantellern unter einer Glasglocke auf Luftfilter gewachsen

waren und lediglich mit destilliertem Wasser versorgt wurden, größere Mengen Minerale aufweisen können als die Samen.
Die Versuche sind von Rudolf Hauschka geprüft und erweitert worden. Danach können die Substanzen in keimenden Pflanzen zunehmen und abnehmen. In der Vollmondphase ist eine Zunahme von Stoffen nachgewiesen worden, in der Neumondphase eine Abnahme.
Herzeeles Versuche ergaben auch eine Änderung der aufgenommenen Stoffe durch die Pflanzen. So nahmen Pflanzen Phosphorsäure auf, wurden dadurch aber nicht reicher an Phosphor, dafür jedoch an Schwefel. Kalzium nahm zu, obwohl die Pflanzen in einer Nährlösung mit Magnesiumsalzen wuchsen.
Wer beispielsweise schwarze Johannisbeeren im Garten hat, kann eigene Beobachtungen machen. Wird die Erde unter den Sträuchern und in deren weiterer Umgebung im Herbst mit einer Mulchdecke aus Herbstblättern versehen, so findet man im zeitigen Frühjahr unter den Sträuchern keine Blätter mehr vor, dafür aber duftende, krümelige dunkle Erde. Der Boden außerhalb des Bereiches der Sträucher weist dagegen noch halbverrottete Blätter auf. Die Sträucher der schwarzen Johannisbeere sorgen selbst für eine rege Tätigkeit der Bodenorganismen.
Die Symbiose zwischen Knöllchenbakterien, die den Pflanzen Luftstickstoff verfügbar machen, und Pflanzenwurzeln ist allgemein bekannt.
Diese wenigen Versuche und Beispiele zeigen, wie wichtig es ist, den Pflanzen die Zubereitung des Bodens und ihrer Inhaltsstoffe weitgehend selbst zu überlassen. Bei Bäumen, Sträuchern und mehrjährigen Stauden haben die Pflanzen Zeit, sich ihrer Umgebung anzupassen und umgekehrt. Es genügt, wenn wir ihnen kleine Unterstützungen geben. Eine Mulchschicht und ergänzende Pflanzen in der Umgebung reichen oft aus. Dazu können Spritzungen mit Präparaten oder Pflanzenjauchen kommen. Gründüngung und Mulch- oder Reifkompost bilden mit den vorher genannten Maßnahmen bereits eine üppige Versorgung.
Alle diese Hilfen, mit denen wir die Pflanzen unterstützen, dienen vor allem auch den Milliarden von Bodenorganismen, die den Boden mit wirksamen Stoffen für die Pflanze anreichern, indem sie verdauen. So hinterläßt der Regenwurm in seinen Kothäufchen 7mal soviel Stickstoff, 6mal soviel Magnesium, 3mal soviel Kali und doppelt soviel Kalk wie die Gartenerde enthält, in der der Regenwurm lebt. In 1 Gramm Erde leben durchschnittlich 3 Milliarden Bodenorganismen. Sie sind zusammen mit Regenwürmern und anderen größeren Bodenbewohnern für die Fruchtbarkeit des Bodens entscheidend.
Bei Neuanlage eines Gartens auf einem Baugelände und bei einjährigen Gemüsekulturen, vor allem wenn Starkzehrer eine gute Ernte bringen sollen, aber auch bei Blumenkübeln und -kästen muß mehr in den Boden gebracht werden. Doch sollte man mit Zusatzdünger behutsam umgehen.

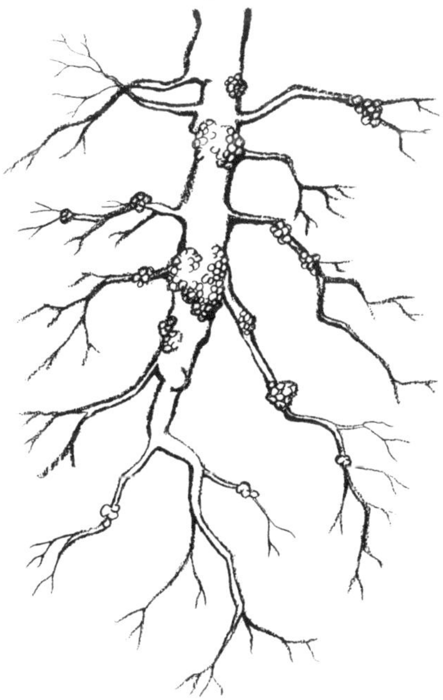

Knöllchenbakterien an Wurzeln.

Torf

In den meisten Gärten wird heute mehr Torf verbraucht als den Mooren und auch den Pflanzen im Garten guttut. Rosen werden im Herbst mit Torf angehäufelt, damit sie Kahlfröste besser überstehen. Dafür bekommen die so behandelten Rosen im nächsten Sommer meist Blattläuse.

Alle Beete werden mit Torf bestreut, damit es im Garten „ordentlich" aussieht. Dadurch wird der Boden zu sauer, und wenn der Torf einmal austrocknet, leiden die Wurzeln Mangel, denn selbst beim nächsten Regen nimmt der ausgetrocknete Torf kein Wasser an. In lehmigem Boden verkohlt Torf, im Sandboden sackt er ab. Dafür werden die Moore immer weniger, obwohl wir sie als Feuchtgebiete dringend brauchen, nicht nur zur Erhaltung bestimmter Pflanzen und Tiere.

Niedermoortorf ist nach der letzten Eiszeit in flachen verlandenden Seen entstanden. Seggen, Riedgräser, Schilf, Sauergräser und andere Ufergewächse sind immer mehr in solche Seen hineingewachsen. Durch das Wasser von der Luft abgeschlossen, konnten die Pflanzen nicht normal verrotten. Schritt für Schritt drangen sie der Mitte solcher flachen Grundwassersenken zu und vertorften. Der nach und nach entstandene Niedermoortorf ist verhältnismäßig nährstoffreich, weil er von Grundwasser gesättigt wird.

Diese Niedermoore, die aus Schwarztorf bestehen, bilden meist die Grundlage der Hochmoore, in denen sich Torfmoos, Sphagnum genannt, entwickelt. Diese bescheidenen Pflänzchen überwuchern alles und besitzen die besondere Eigenschaft, in den abgestorbenen Hyazilinzellen das 30fache ihres Eigengewichts an Wasser zu speichern. Nur wenige Pflanzen können sich gegen Sphagnum behaupten. Es wächst übereinander, nur an der Oberfläche grün, und bildet jedes Jahr eine neue dünne Schicht von fast genau 1 Millimeter. Ein 10 Meter hohes Hochmoor, wie es heute noch zu finden ist, hat sich unmittelbar nach der letzten Eiszeit entwickelt. Funde in solchen Mooren, unter denen die Moorleichen die spektakulärsten sind, erlauben Archäologen genaue Rückschlüsse auf die Kultur frühgeschichtlicher Zeiten.

Das *Sphagnum* bildet den heute im Gartenbau verwendeten nährstoffarmen *Weißtorf.* Frisch abgestochener Sphagnumtorf ist nicht stärker zersetzt als Herbstlaub.

Außerdem ist Sphagnumtorf für den biologischen Gartenbau nicht ohne Gefahr. Untersuchungen haben ergeben, daß alle bundesdeutschen Hochmoore in den oberen Schichten, den Schichten der letzten Jahre also, bis zum 700fachen der erlaubten Toleranzwerte an Blei und vor allem die Hochmoore im und um den Harz übermäßig viel Cadmium enthalten.

Wer Torf verwendet, sollte diesen kompostieren und dabei Alginure zusetzen. Alginurepräparate puffern bekanntlich Schadstoffe und sorgen für rasche Umwandlung von Weißtorf in Dauerhumus. Wer Torf verwendet, sollte aber auch bedenken, daß der Vorrat an Weißtorf in der Bundesrepublik nur noch 30–40 Jahre reicht, der von Schwarztorf noch etwa 150 Jahre.

Der Abbau von Torf zerstört nicht nur die Lebensgrundlage von vielen bereits aussterbenden Pflanzen, wie beispielsweise von Sonnentau, und vielen Tierarten, wie Birkhuhn, Kranich, Goldregenläufer, Krickente, Bruchwasserläufer und Sumpfohreule, sondern auch das für uns Menschen so wichtige Grundwasser sinkt um mehrere Meter.

Es wird aus den genannten Gründen immer wichtiger, im eigenen Garten die dort und im Haushalt sich täglich anbietenden Abfälle wieder in Humus zu verwandeln. Nur so handeln wir umweltfreundlich, und unser Garten stellt keine Umweltbelastung dar.

Verschiedene Wege zu einem umweltfreundlichen Garten

Nachdem die Grundlagen dargestellt worden sind, die biologischen Vorgänge im Garten zu fördern und zu erhalten, werden die verschiedenen inzwischen erarbeiteten Wege, dieses zu erreichen, besser verständlich sein.
Schon im 19. Jahrhundert, als man sich von der Agrikulturchemie große Erfolge versprach, erkannten einige Europäer die Gefahren, die in der einseitigen Düngung mit den sogenannten Kunstdüngern liegt. Diese bestehen aus industriell hergestellten Salzen, die der Pflanze in wäßriger Lösung zur raschen Aufnahme aus dem gedüngten Boden angeboten werden. Sogar Justus von Liebig, der als Chemiker die künstliche Düngung einführte, wie heute noch in jedem Lexikon zu lesen ist, erkannte im letzten Drittel seines Lebens den verhängnisvollen Irrtum seiner Zeit über die Düngung. Liebig machte Analysen des Mineralstoffgehalts von Pflanzen und sah, daß die Pflanzen die Substanzen nicht in den Mengen enthielten, in denen sie ihnen angeboten wurden. Entweder enthielten sie mehr oder auch weniger der angebotenen Stoffe. Auch das Verschwinden von Kunstdünger im Boden war ihm bereits bekannt. Heute weiß man, daß sie in Flüssen, Seen und sogar im Grundwasser wieder erscheinen und zur Veränderung der Pflanzen- und Tierwelt im Wasser und dessen Einflußgebiet führen. Liebig befaßte sich mit der seit Tausenden von Jahren erfolgreichen Landwirtschaft Chinas, das solange, wie man es zurückverfolgen kann, ein volkreiches Land war. Liebig stellte fest, daß die Chinesen alle organischen Abfälle verwerteten. Sie arbeiten von jeher mit Kompost, Gründüngung und Jauche und ernähren auf wenig Boden große Familien. Ihre Tierhaltung ist gering. Enten werden hauptsächlich zur Schädlingsbekämpfung gehalten. Unter anderen Schädlingen fressen sie Schnecken. Um die spärlichen Abfälle zu verwerten, züchtet man Schweine in geringer Zahl. So war es jedenfalls bis zum 2. Weltkrieg.

Liebig beschäftigte sich auch mit dem Landbau im antiken Griechenland, im alten Rom und in Japan. So mußte er feststellen, daß die hohe Kultur Griechenlands mit dem Verfall der Landwirtschaft verging und Rom trotz der Leistungen großer Männer auf dem Gebiet der Rechtswissenschaft und der Tapferkeit und Zähigkeit von Legionären und Feldherren letztlich am Raubbau in der Landwirtschaft zugrunde ging. Japan dagegen hat ähnlich wie China ohne Viehhaltung eine sorgfältige Bodenpflege mit Kompost und Veraschung der Abfälle betrieben.
Dabei gab es in Japan keine landwirtschaftlichen Schulen, in denen diese Kunst weitergegeben wurde. Der Vater vererbte in den durchweg kleinbäuerlichen Betrieben seine Arbeitsweise auf den Sohn.
Liebig gewann neue Erkenntnisse und berichtigte seine früheren Ansichten. Er sah ein, daß die Düngung des Bodens mit organischen Substanzen auf den richtigen Weg führt, und kümmerte sich auch um Ernährungsfragen, wobei ihm bewußt wurde, daß Vollkornnahrung nahrhafter, von besserem Geschmack und gesundheitsfördernd ist. Aber Liebig konnte das Rad nicht mehr zurückdrehen. Man hörte nicht auf ihn und schwieg sein eigentliches Anliegen tot. Die mittelalterliche Dreifelderwirtschaft mit Wintersaat, Sommersaat und Brache wurde endgültig verdrängt durch intensiven Anbau mit Kunstdünger. Je größer der Verbrauch an Kunstdünger wurde, desto schneller entwickelte sich auch die Schädlingsbekämpfungsindustrie.
Dabei gab es auch in der westlichen Welt immer wieder Menschen, die einen anderen Weg aufzeigten. Bald nach Liebig entdeckte Hermann Hellriegel als Leiter der landwirtschaftlichen Versuchsstation Bernburg die Bindung des Luftstickstoffs durch Knöllchenbakterien an den Wurzeln der Leguminosen. Der Gutsbesitzer Schultz-Lupitz baute auf Hellriegels Erkenntnis-

sen das System der Gründüngung mit Leguminosen als Vor-, Nach- und Zwischenfrucht, beziehungsweise Untersaat auf.
Im Jahre 1924 hielt der Begründer der Anthroposophie, Rudolf Steiner, auf dem Gut Koberwitz bei Breslau seinen landwirtschaftlichen Kurs. Es ging ihm darum, die Degenerierung der Nahrungsmittel aufzuhalten, damit die Menschen sich nicht nur sättigen, sondern mit den Lebensmitteln Kräfte aufnehmen.
Steiner lehrte die Belebung des Bodens aus irdischen und kosmischen Kräften heraus. Dabei wird mit Kräuterpräparaten Kompost bereitet; Spritzpräparate aus geringen Mengen von Kräutern, Kuhmist und Kiesel werden hergestellt; die Wirkung der Mondrhythmen, der Planeten und des Tierkreises auf das Pflanzenwachstum werden berücksichtigt. Durch diese Maßnahmen wird das Bodenleben gefördert. Auch die Pflanzengemeinschaften mit der gegenseitigen Förderung der Pflanzen und die Unkrautbekämpfung wurde von Steiner behandelt.
Anschließend an seinen landwirtschaftlichen Kurs in Koberwitz sprach Rudolf Steiner etwas aus, was wir erst heute anfangen zu begreifen. Es ging ihm nicht etwa darum, die Landwirtschaft ein bißchen zu verbessern, sondern darum, „daß überhaupt das Leben der Menschen . . . weitergehen könne auf Erden".
Von Koberwitz ging ein Impuls aus, der von anthroposophischen Landwirten zur biologisch-dynamischen Landwirtschaft entwickelt wurde. Dabei ist auch eine von Steiner beabsichtigte Wirtschaftlichkeit von Bedeutung: Mit möglichst wenig Aufwand an Geld und Arbeitskraft wird eine hohe Qualität der Nahrungspflanzen bei guten Ernten erreicht.
Die Präparate erhält man vom Institut für biologisch-dynamische Forschung, Brandschneise 5, D-6100 Darmstadt.
Fast gleichzeitig, nämlich zwischen 1924 und 1931, entwickelte Sir Albert Howard in der landwirtschaftlichen Versuchsstation Indore in Indien eine Kompostmethode, bei der wechselweise pflanzliche und tierische Abfälle vermischt mit Erde aufgeschichtet werden. Über seine Erfahrungen mit dem nach der Versuchsstation benannten Indore-Verfahren veröffentlichte Howard das Buch „Mein landwirtschaftliches Testament".
Durch die Bodenforschungen von F. Sekera über die Lebendverbauung der Bodenkrümel, über das Edaphon, das heißt die Gesamtheit der im Boden lebenden Organismen, durch Raoul Francé und über die lebende Substanz durch Rusch und Santo ist man heute von den Vorgängen im Boden gut unterrichtet.
Die biologisch-dynamische Methode ist in England von Miss May E. Bruce im 2. Weltkrieg vereinfacht worden. Damals fielen die Schiffsladungen mit Guano, Chilesalpeter und anderen Düngern meist aus. Auch die Herstellung von künstlichem Dünger war in dem hart bedrängten Inselreich nicht in den Mengen möglich, die gebraucht wurden.
So machte Miss Bruce aus den Kräutern Baldrian, Brennessel, Kamille, Löwenzahn, Schafgarbe und aus Eichenrinde zu gleichen Teilen ein Kräuterpulver, das bei uns von der Abtei Fulda, Nonnengasse 16, D-6400 Fulda unter dem Namen Humofix vertrieben wird.
In England ist die Quick-Return-Methode von Miss Bruce besonders in Hausgärten geschätzt, und seit dem Erscheinen der Übersetzung des Buches von May E. Bruce unter dem Titel „Gartenglück durch Schnellkompost" zu Beginn der 50er Jahre wird Humofix auch bei uns gerade in Gärten gern und mit Erfolg angewandt.
Eine weitere biologische Methode ist die vorwiegend von Rudolf Kraft im 1. Weltkrieg entwickelte makrobiotische, bei der der Boden mit Humus versorgt wird, der aus kompostierten tierischen und menschlichen Exkrementen hergestellt wird. Dem Boden werden über 80 Spurenelemente zugeführt. Auch kosmische Kräfte werden berücksichtigt. Mit dieser Methode läßt sich ebenfalls eine Gesundung schwergeschädigter Böden und eine gute Nahrungsqualität erreichen. Bodenregenerierende Dünger, Kompostpräparate, Spritzmittel und Gartengeräte, die bei der Bearbeitung des Bodens Spurenelemente abgeben, bekommt man von Biokraft, Bio-Elemente Vertriebs-GmbH u. Co. KG, Kirchstr. 7, D-7101 Erlenbach.
Aus der Schweiz stammt die organisch-biologische Methode, die von Hans Müller begründet

wurde, wobei ihm Hans Peter Rusch als Arzt und Biologe mit seinen Forschungen über Bakterien zur Seite stand. Er entwickelte das Bakterienpräparat Symbioflor, das für die Vermehrung der Mikroorganismen im Boden sorgt.
Die Biofarmer vertreten einen Seitenzweig der organisch-biologischen Anbauweise; sie erfanden das Abflammen des Unkrautes und erarbeiteten schonende Methoden der Bodenbearbeitung.
Aus diesen biologischen Methoden kann sich der Haus- und Schrebergärtner das aussuchen, was für ihn am geeignetsten ist. Dabei geht es um Wirtschaftlichkeit, möglichst geringen Arbeitsaufwand und einen ausreichenden Ertrag von guter Nahrungsqualität für die Familie.
Grundlage jeder biologischen Anbauweise sollte der Kompost sein. Mit einem Häcksler lassen sich beim Kompostieren alle organischen Abfälle in Haus und Garten in die Natur zurückführen.
Die Pflege des Bodenlebens durch Bodenbedeckung und fördernde Präparate ist die zweite und unerläßliche Maßnahme im Garten.
Die Gründüngung beeinflußt gleichfalls die Bodenorganismen günstig. Außerdem lockert sie den Boden und düngt ihn.
Wenn man diese 3 Maßnahmen jedes Jahr regelmäßig durchführt, vermehrt sich der Humus wie von selbst. Er ist die Grundlage für gesundes Pflanzenwachstum.

Welche Gartengeräte braucht man?

Nun besteht ein Garten ja nicht nur aus Hecke, gemütlicher Terrasse, Laube oder Sitzecke und einem günstigen Kompostplatz. Man wünscht sich farbenprächtige Blumen, schmackhaftes Gemüse, frische Beeren und saftiges Obst.
Um zu solchen Augen- und Gaumenfreuden zu kommen, muß man Beete anlegen, Gruben für Sträucher und Bäume ausheben, hacken und harken.
Der Platz für das Gerätehaus war schon ausgesucht worden. An der Nordseite des Kompostplatzes bietet er den angelegten Komposthaufen sogar noch Schutz vor allzu rauhen Nordwinden. Gerätehäuschen gibt es in verschiedenen Ausführungen aus Holz. Man kann viele selbst in Stecktechnik ohne handwerkliche Vorkenntnisse aufbauen. Vor dem Kauf eines solchen Gerätehauses sollte man sich erkundigen, ob eine Baugenehmigung erforderlich ist.
Die Handgeräte wie *Spaten, Schaufel, Harke, Hacke* oder *Sauzahn* nehmen wenig Platz in Anspruch, weil sie an den Wänden aufgehängt werden. Auf dem Fußboden müssen außer der Schubkarre und dem Rasenmäher auch Säcke mit Algenkalk, Basaltmehl, Tonmineral und vielleicht noch mehr Düngern Platz haben. Für Präparate zum Spritzen und Gießen kann ein schmales Regal aufgestellt werden. Im Winter sollten auch noch Gefäße zum Ansetzen von Jauchen in das Gerätehaus passen.
Gartengeräte sollen stabil, zweckmäßig und handgerecht sein. Für die Bearbeitung des Bodens können wir uns auf wenige Geräte beschränken.
Da ist vor allem der *Sauzahn* oder *SZ-Wühler*, der in keinem Garten fehlen sollte. Er arbeitet ähnlich wie ein Kultivator, ist diesem in seiner Wirkung und Vielseitigkeit weit überlegen. Durch die sauzahnähnliche Biegung mit dem scharfen Blatt läßt er sich ohne Anstrengung durch den Boden ziehen. Dabei hält er von selbst die gewünschte Tiefe ein. Auch Frauen können diese Arbeit mühelos ausführen.

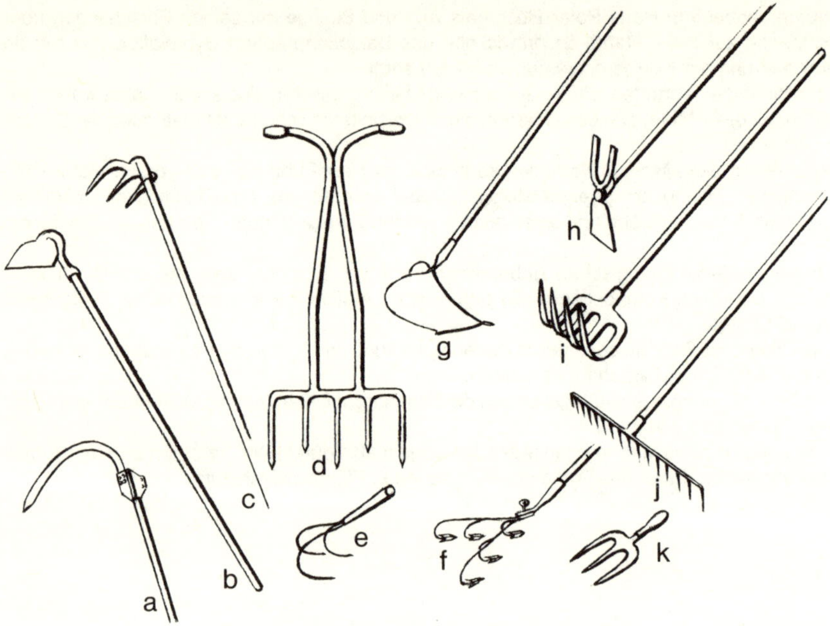

Gartengeräte
a) Sauzahn
b) Hacke
c) Kreil (dreizinkig)
d) Doppelgrabegabel
e) Grubber
f) Verstellkultivator
g) Häufler
h) Doppelhacke
i) Kreil
j) Rechen
k) Pflanzgabel

Selbst fester oder festgetretener Boden läßt sich gut lockern. Gegenüber der Grabegabel hat der Sauzahn eine bedeutend größere Flächenwirkung bei geringerem Kraftaufwand. Da man heute nicht mehr umgräbt, um die Bodenschichten nicht zu verändern, ist der Sauzahn das ideale Gerät.

Der Sauzahn wird auch eingesetzt, wenn man dem Oberboden organische Substanzen wie Kompost oder Horn-, Blut- und Knochenmehl beimischen will.

Dabei zieht man den Sauzahn in 10–15 cm Abstand schräg zum Beetrand, wie auf untenstehender Abbildung zu sehen ist, von A nach B. Dann streut man die gewünschte Menge Dünger auf das vorbereitete Beet und zieht den Sauzahn diagonal zu den ersten Ziehlinien von B nach A. Damit hat man mehrere Arbeitsgänge verbunden: Lockern des Bodens, Düngen und Anregen des Bodenlebens. Da die Erde etwas mitwandert, ebnet man zuletzt mit einer Harke die Fläche.

Will man säen, zieht man sich eine Saatrille mit dem Sauzahn. Dabei kann man auch gleich reifen Kompost einarbeiten. Beim Pflanzen verfährt man ebenso.

Außerdem wird das Unkrautjäten zwischen engstehenden Kulturen erleichtert. Man zieht den Sauzahn dazu einmal zwischen den Pflanzreihen durch. Dann läßt sich das Unkraut leicht aufsammeln, wenn man es nicht als Mulchdecke liegen läßt.

Genauso eine Erleichterung erfährt man beim Ernten. Auf beiden Seiten der zu erntenden Pflanzen zieht man im Wurzelbereich einmal den Sauzahn durch. Oft genügt es auch, wenn

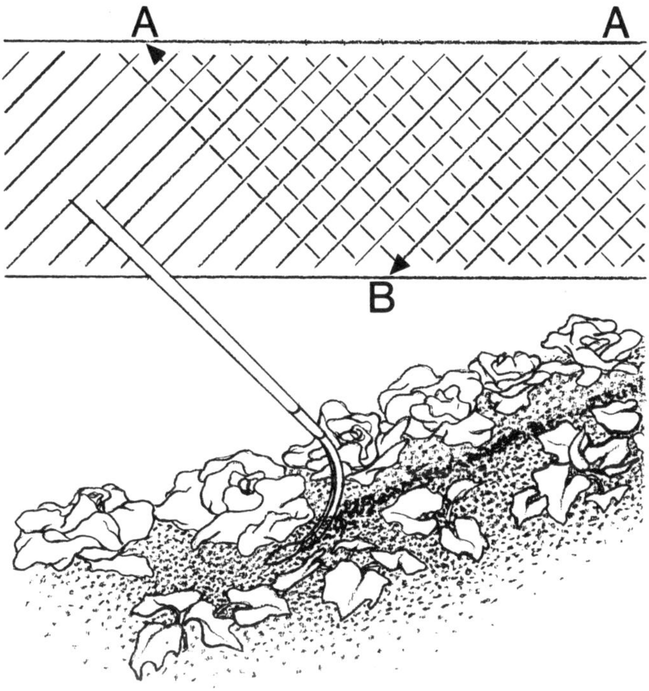

Sauzahngebrauch (SZ-Wühler).

nur auf einer Seite durchgezogen wird. Anschließend lassen sich die Gemüsepflanzen leicht abernten.

Statt des Umgrabens mit dem Spaten, das viel Zeit in Anspruch nimmt, zieht man zur Lockerung des Bodens auch im Herbst den Sauzahn durch den Gartenboden. So lockert sich der Boden über 20 cm tief in einem Bruchteil der Zeit, die man sonst mit dem Umgraben verbrachte.

Die *Grabegabel* braucht man heute nicht mehr zum Lockern des Gartenbodens, wenn man einen Sauzahn hat, mit dem die Arbeit rationeller zu gestalten ist. Mit der Grabegabel führt man die gleichen Handgriffe durch wie mit dem Spaten. Man sticht die vier Zinken in den Boden, wobei man mit einem Fuß nachhilft. Dann lockert man den Boden, indem man den Holzstiel nach vorn und hinten bewegt. Um festen Boden aufzubrechen, kann man die Grabegabel auch verkanten.

Die Firma Cohrs bietet neuerdings eine Doppelgrabegabel an, eine Neuentwicklung für den biologischen Garten- und Landbau. Bei dieser Doppelgrabegabel sind 3 Zinken 28 cm und 2 nur 23 cm lang. Die 50 cm breite Gabel sticht man in den Boden und drückt sie dann schräg nach hinten. Dadurch wird der Boden, vor allem schwere Lehm- und Tonböden, ohne große Mühe in einem Rechteck von 50 mal 30 cm gelockert, ohne die Bodenschichtung zu verändern.

Hauptsächlich braucht man die Grabegabel heute zum Kompostaufschichten. Die groben Pflanzenteile und andere Abfälle lassen sich leichter mit der Grabegabel aufnehmen als mit der Schaufel, die man für die kleineren, von der Grabegabel zurückbleibenden Abfälle und die Erde zum Zwischenstreuen gebraucht.

Der *Kreil*, wie die *Feld- oder Gartenhacke* in Süddeutschland genannt wird, eignet sich zum Verteilen und oberflächlichen Einarbeiten von Kompost, Gründüngung und gleichzeitigem Zerstoßen von Schollen. Er ebnet auch Flächen ein und wird deshalb auch wie ein Rechen (Harke) verwendet.

Wenn man bereits gekrümelten Boden einebnen will, ist ein *Rechen* aber doch nützlich, weil er breiter ist als ein Kreil und man deshalb in der gleichen Zeit größere Flächen bearbeiten kann. Für große zukünftige Rasenflächen nimmt man zum Glätten einen Holzrechen.

Die *Schaufel*, die man besser als Spitzschaufel statt als Plattschaufel kauft, braucht man, wenn der Komposthaufen fertig ist und in die Schubkarre soll. Auch zum Ausstreuen des Kompostes, des Torfs oder zum Umschichten von Komposthaufen ist eine Schaufel nützlich.

Der *Spaten* ist auch ohne das Umgraben im Garten nötig. Will man Pflanzgruben ausheben, geht es nicht ohne Spaten. Beim Heben der Scholle muß der Spatenstiel ziemlich weit unten gefaßt werden. Die Scholle darf nicht zu groß sein. Auch zum Abstechen von Rasenkanten kann man einen Spaten verwenden, falls man keinen Halbmondbodenstecher zur Verfügung hat.

Der *Kultivator*, auch Ziehhacke genannt, hat schon vor Jahrzehnten die Schlaghacke abgelöst, denn mit seinen 3–5 Zinken schafft der Verstellkultivator das 5-, ja sogar das 7fache der Schlaghacke. Die Ziehhacke ist zum flachen Krümeln und Lockern des Oberbodens da. Ähnlich, nur kleiner ist der *Grubber* und von noch geringeren Ausmaßen der *Kleinjäter*. Beide können zum Jäten von eng stehenden Kulturen verwendet werden.

Der *Rollkultivator* eignet sich ebenfalls zum Lockern des Oberbodens. Er besteht aus mehreren sternförmig angeordneten verzinkten Messerklingen, die sich beim Bewegen über den Boden drehen. Verkrusteter Boden wird dadurch gekrümelt. Für einen gut gepflegten Boden, der entweder mit organischen Abfällen abgedeckt ist oder durch eine dichte Pflanzendecke vor direkter Sonneneinstrahlung geschützt ist, braucht man dieses Gerät nicht.

Die *Doppelhacke*, die auf der einen Seite mit einer Hacke, auf der anderen mit 3 Zinken ausgestattet ist, kann zum Jäten von flach wurzelndem Unkraut benutzt werden.

Der *Häufler* wird je nach gewünschter Bodenverdrängung mehr oder weniger tief mit der Spitze in den Boden gebracht und häufelt, wie sein Name schon sagt, Gemüsepflanzen und Kartoffeln an. Es gibt ihn in verschiedenen Breiten. Man kann schnell mit diesem Gerät arbeiten.

Zum Einpflanzen kleinerer Gewächse braucht man eine Reihe kleiner, handlicher Geräte: Eine *Pflanzschaufel*, mit der man für kleinere Stauden Pflanzlöcher ausheben kann, einen *Pflanzspaten*, mit dem man nicht gräbt, sondern die Erde einfach zur Seite schiebt, eine *Pflanzgabel* und zum Setzen von Blumenzwiebeln einen *Zwiebelpflanzer*, mit dem die Erde herausgestochen wird. Für kleine Blumenzwiebeln, aus denen beispielsweise Winterlinge, Schneeglöckchen oder Krokusse heraussprießen, benutzt man einen Pflanzer, der die Erde nach allen Seiten verdrängt.

Die kleinen Geräte sind auch für Kinder geeignet, die sich – die Erwachsenen nachahmend – auch gern im Garten betätigen möchten.

Die Gartengeräte sind meist aus Stahl mit lackierter Oberfläche. Die Firma BEV, Bio-Elemente-Vertrieb, liefert alle wichtigen Gartengeräte und den so unentbehrlichen Sauzahn aus Kupfer. Auch Firma Cohrs liefert den Sauzahn neuerdings aus diesem Metall, da es die Eigenschaft besitzt, Wasser und Pflanzen frisch zu halten.

Als man in Bulgarien bei der Umstellung vom Holzpflug auf den schnell gehenden Dampfpflug aus Stahl eine Austrocknung des Bodens feststellte, kam man darauf, daß das am Stahlabrieb lag. Genaue Untersuchungen ergaben, daß der Stahlstaub sich mit Sauerstoff verbindet und einen Rostschleier im Boden ausbreitet. Durch diese feine Verteilung von Rost verliert die Bodenfeuchtigkeit Spannung und Energie. Das Wasser im Boden verdunstet schneller und sinkt außerdem in größere Tiefen ab. Versuche mit Pflugscharen, die mit Kupferblech beschlagen waren, führten in Österreich zu Ertragssteigerungen von 40–60%.

Der Kosmos beeinflußt das Pflanzenwachstum

Schon immer war man sich einig darüber, daß die Sonne mit Licht und Wärme das Wachstum der Pflanzen beeinflußt. Auch daß der Mond dabei eine Rolle spielt, ist seit alten Zeiten bekannt. Aber alle in diese Richtung gehenden angewandten Regeln im Pflanzenanbau beruhten auf Überlieferung. Heute wollen wir die Vorgänge jedoch durchschauen und unsere Handlungen auf Erkenntnisse zurückführen können.
Erst in diesem Jahrhundert machte Rudolf Steiner in seinem landwirtschaftlichen Kurs 1924 in Koberwitz darauf aufmerksam, daß die Wirkungen des Kosmos auf das Pflanzenwachstum nicht nur die Sonne betreffen, sondern auch die Mondenrhythmen, die Planeten und die Sternbilder des Tierkreises. Alle diese Einflüsse wirken zusammen. Dabei ist zu berücksichtigen, daß nicht die astrologischen Sternkonstellationen maßgebend sind, die auf die griechisch-römische Zeit zurückgehen, die bis zum Beginn des 15. Jahrhunderts maßgebend war.
Die Pflanzen werden von den Konstellationen beeinflußt, wie sie heute am Himmel zu sehen sind. Die Sonne geht in unserem Zeitalter zu folgenden Zeiten des Jahres durch den Tierkreis:

Sonne im Schützen	20. 12.–18. 01., 30 Tage
Sonne im Steinbock	19. 01.–14. 02., 27 Tage
Sonne im Wassermann	15. 02.–11. 03., 25 Tage
Sonne in den Fischen	12. 03.–18. 04., 38 Tage
Sonne im Widder	19. 04.–13. 05., 25 Tage
Sonne im Stier	14. 05.–20. 06., 38 Tage
Sonne in den Zwillingen	21. 06.–19. 07., 29 Tage
Sonne im Krebs	20. 07.–10. 08., 22 Tage
Sonne im Löwen	11. 08.–15. 09., 36 Tage
Sonne in der Jungfrau	16. 09.–01. 11., 47 Tage
Sonne in der Waage	02. 11.–19. 11., 18 Tage
Sonne im Skorpion	20. 11.–19. 12., 30 Tage

Durchläuft die Sonne die Regionen des Schützen bis zum Stier, so wird die Pflanze gestärkt. Die Kräfte sind aufsteigend. Zieht die Sonne dagegen durch die Regionen Zwillinge bis zum Skorpion, dann werden die Pflanzen zum Absterben und die Früchte zum Reifen gebracht. Die Sonnenwirkungen werden im Zusammenhang mit den jeweiligen Fixsternen mehr den Wurzeln vermittelt und dem Boden. Beide erfahren Stärkung.
Der Mond ist uns von allen Himmelskörpern der nächste. Auch seine Wirkung auf die Pflanzen ist in vieler Hinsicht die stärkste. In seinem monatlichen Umlauf ist der Erdtrabant ein Abbild des Jahreslaufes der Sonne. Ist er aufsteigend, sind die oberirdischen Teile der Pflanze saft- und krafterfüllt. Bei der Ernte oberirdischer Pflanzenteile, wie beispielsweise der Früchte, ist das zu berücksichtigen.
Der absteigende Mond dagegen fördert die Bewurzelung beim Umpflanzen. Zu der Zeit ist der Saftanstieg in den Pflanzen schwach, deshalb schneidet man bei absteigendem Mond Hecken und Bäume, wobei das Bluten der gestutzten Äste verhindert wird. Wurzelfrüchte werden bei absteigendem Mond geerntet, weil die Pflanzen ihre Kräfte dann in den Wurzeln versammeln. Auch das Ausbringen von Jauchen und Kompost ist zu der Zeit am günstigsten.
Die Perioden des absteigenden und aufsteigenden Mondes haben nichts mit den Lichtphasen, also dem zunehmenden und abnehmenden Mond zu tun. Wenn der Mond bei seinem

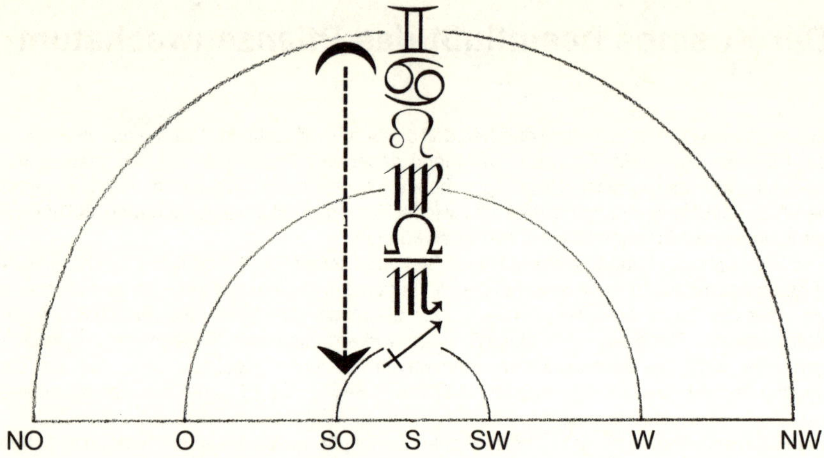

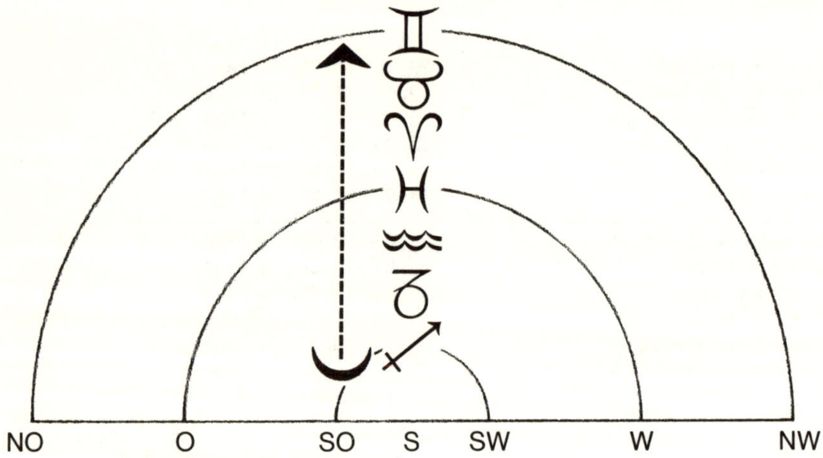

Erklärung der Tierkreissymbole:

♓	Fische	♍	Jungfrau
♈	Widder	♎	Waage
♉	Stier	♏	Skorpion
♊	Zwillinge	♐	Schütze
♋	Krebs	♑	Steinbock
♌	Löwe	♒	Wassermann

monatlichen Umlauf um die Erde seinen Höhepunkt erreicht hat, befindet er sich im Sternbild der Zwillinge und wird absteigend. Dann steht er täglich niedriger am höchsten Punkt seiner Bahn, geht bei seinem Abstieg durch die Regionen des Krebses, des Löwen, der Jungfrau, der Waage, des Skorpion und erreicht seinen tiefsten Stand in der Region des Schützen. Dabei verschiebt sich der Aufgangsort des Mondes immer weiter von Nordosten nach Südosten und der Ort seines täglichen Unterganges von Nordwesten nach Südwesten.
Die Wirkungen des Mondes werden beim Durchlaufen der Tierkreisregionen verändert. So wirken die Sterne von Stier, Jungfrau und Steinbock in Verbindung mit dem Mond günstig auf Wurzelfrüchte und Knollen, wie Radieschen, Möhren, Sellerie, Schwarzwurzeln, Kartoffeln, Zwiebeln und andere.
Steht der Mond vor den Regionen der Zwillinge, der Waage oder des Wassermanns, erhalten Blütenpflanzen einen verstärkten Blühimpuls.
Krebs, Skorpion und Fische begünstigen Blattpflanzen, unter den Gemüsen beispielsweise alle Salatsorten, Spinat, Mangold, Lauch und alle Kohlarten.
Wandert der Mond vor die Region von Löwe, Schütze und Widder, wird die Fruchtbildung gefördert. Das wirkt sich zum Beispiel auf die Qualität von Tomaten, Gurken, Bohnen und Obst günstig aus.
Wenn man bei der Aussaat von Gemüse und Blumen diese Tage berücksichtigt, wird sich das durch größere Blütenpracht und bessere Qualität der Nahrungspflanzen bemerkbar machen. Allerdings machen sich die kosmischen Einflüsse vor allem bei biologischem und biologisch-dynamischem Anbau bemerkbar.
Die günstigsten Bedingungen für die Aussaat sind auch die besten für die Ernte. So sät und erntet man am vorteilhaftesten an Tagen, die für Wurzelfrüchte gut geeignet sind, wenn es sich um solche handelt. Nur Blattage machen eine Ausnahme. Ernte an Blattagen bringt raschen Zerfall.
Nun braucht sich nicht jeder Gärtner oder Landwirt selbst mit den kosmischen Rhythmen zu beschäftigen und durch Versuche mit Pflanzen auszuprobieren, wann er säen, ernten und den Boden bearbeiten soll. Fußend auf Angaben von Rudolf Steiner haben sich verschiedene Forscher mit den Wirkungen des Kosmos auf Pflanzen befaßt, bis Maria Thun im Nachvollziehen der Angaben selbst Versuche zu machen begann. Seit mehr als 30 Jahren beschäftigt sie sich auf immer ausgedehnteren Versuchsfeldern mit Pflanzenversuchen und gibt seit vielen Jahren jährlich einen Aussaatkalender heraus, der Gärtnern, Landwirten und Imkern eine große Hilfe sein kann.
Der Aussaatkalender enthält für jeden Tag die Angaben über die günstigste Zeit für Aussaaten der verschiedenen Pflanzen, Wettervoraussagen, wann Unkraut gejätet werden soll, Hecken und Bäume geschnitten werden sollten, wann der Boden vorteilhaft bearbeitet wird, wie Konjunktionen und Oppositionen der Gestirne wirken und vieles andere mehr.
Durch mehrere Dissertationen ist die Arbeit von Maria Thun inzwischen bestätigt worden von Abele 1973, Graf 1977 und Spieß 1978.

Kräuter oder Unkraut?

Das ist im biologisch gepflegten Garten keine Frage. Da stehen Kräuter, die eigens für die Küche gesät oder gepflanzt wurden, aber auch für Spritzbrühen und Kompostpräparate. Brennesseln betrachtet man mit Wohlgefallen im eigenen Garten und sät sie, wenn keine wachsen, sogar ein, weil sie, mit Wasser aufbereitet, eine Jauche ergeben, die Wunder im Garten vollbringt. Auch gedünstet als Püree ist die Brennessel zu schätzen. Kinder essen lieber gedünstete Brennessel als gedünsteten Spinat, weil dieser Oxalsäure enthält und nicht so mild schmeckt wie Brennessel. Auch fein gehackt in Quark mit Pflanzenöl ist die

Brennessel ein Genuß und von großem gesundheitlichem Wert, enthält sie doch viel Eisen, ist blutbildend und basenreich. Rheumatische Beschwerden beeinflußt die Brennessel günstig. Eine Blutreinigungskur mit Brennesseltee entschlackt gründlich.
Gänseblümchen, Huflattich, Schafgarbe, Melde, Ehrenpreis, Labkraut, die Rote und die Weiße Taubnessel, Löwenzahn, Ringelblumen, Spitz- und Breitwegerich lassen sich alle in Kräutersoßen, Salaten, Quarksoßen und als Tees verwenden.
Lästig sind dagegen Quecken, Winden und der Große Ampfer mit seinen schier unausrottbaren Pfahlwurzeln. Im biologisch betreuten Garten kommen diese Pflanzen allerdings nur am Anfang vor. Je lockerer der Boden wird und je harmonischer seine Zusammensetzung, desto mehr verschwinden diese Kräuter. Von Anfang an sollte aber darauf geachtet werden, daß lästige Kräuter nie zum Blühen kommen, damit sie sich nicht vermehren können.
Im biologisch gepflegten Garten gibt es kaum unbedeckten Boden. Entweder wachsen Pflanzen, die den Boden gleichzeitig bedecken, eine Mulchschicht schützt den Boden, oder es wächst als Gründüngung gerade Gelbsenf, Rotenburger Gemenge oder andere dafür geeignete Pflanzen.
Diese 3 Maßnahmen verhindern starken Bewuchs mit Unkraut. Lediglich im Frühjahr, vor allem wenn diese Jahreszeit sehr feucht ausfällt, läßt man den Boden gern einige Zeit unbedeckt liegen, damit er abtrocknet.
Kräuter sind nicht nur für den Menschen Heilkräuter. Auch im Garten üben sie mit ihren unterschiedlichen wertvollen Inhaltstoffen heilende Wirkungen aus. Komposterde aus einem Gemisch von Kräutern ist für den Gartenboden heilsam, was gleichbedeutend mit harmonisierend ist. Kräuter enthalten neben vielen anderen Stoffen viele Minerale und Spurenelemente, ätherische Öle, Harz, Kieselsäure und Vitamine.
Auch als Mulchdecke zwischen Kulturpflanzen gelegt sind die vor der Samenbildung aus dem Boden entfernten Kräuter sehr wertvoll. Sie regen das Bodenleben an, und die verschiedenen Bodenorganismen schließen die Inhaltstoffe nach und nach für den Boden und die Gartenpflanzen auf.
Eine weitere wertvolle Hilfe sind Kräuter, wenn wir ihr vermehrtes Auftreten verstehen. Sie zeigen nämlich an, wie der Boden beschaffen ist, auf dem sie wachsen, und welche Stoffe er enthält. Jeder Boden beherbergt Millionen von Samen, aber nur wenn die Bodenverhältnisse so sind, wie die jeweilige Pflanze sie braucht, gehen die Samen auf. Erfahrungen von Bauern und Gärtnern, oft über viele Generationen, haben zu Erkenntnissen geführt, die jeder nutzen kann, wenn er beispielsweise ein Grundstück kauft oder einen Garten mietet. Begrüßen ihn Brennessel, Vogelmiere und Persischer oder Efeublättriger Ehrenpreis, dann wird er wenig Mühe auf den Boden verwenden müssen, denn dieser ist reich an Humus, während Löwenzahn, Kriechender Hahnenfuß und Ackerschachtelhalm verdichteten, schweren Lehmboden ankündigen.
Man darf allerdings nie eine Pflanze allein zur Bestimmung des Bodens heranziehen. Ist zum Beispiel eine Wiese mit Löwenzahn übersät, dann bezeugt er, daß die Wiese zu viel tierische Jauche bekommen hat. Mit dem Kleinen Wiesenknopf, der Wegwarte und Ackerglockenblume zusammen zeigt Löwenzahn dagegen an, daß genügend Kalk im Boden enthalten ist. Wegen der Eigenschaft vieler Kräuter, den Zustand des Bodens anzuzeigen, nennt man sie auch *Zeigerpflanzen*. In nachfolgender Tabelle sind solche Zeigerpflanzen und die Bodenbeschaffenheit, die sie angeben, aufgeführt.

Zeigerpflanzen

Feuchter Boden
Ackerminze *(Mentha arvensis)*, Ampferknöterich *(Polygonum Lapathifolium)*, Beinwell *(Symphytum officinale)*, Binse *(Scirpus)*, Blutweiderich *(Lythrum salicaria)*, Gänsefingerkraut *(Potentilla anserina)*, Kriechender Hahnenfuß *(Ranunculus repens)*, Sumpfschachtelhalm

(Equisetum palustre), Sumpfziest *(Stachys palustris)*, Waldschachtelhalm *(Equisetum sylvaticum)*, Waldsumpfkresse *(Rorippa sylvestris)*, Weiches Honiggras *(Holcus mollis)*.

Garekranker Boden (enthält keine Bodenorganismen)
Mutterkraut *(Matricaria inodora)*, Knöterich *(Polygonum)*, Quecke *(Agropyron)*.

Humus, gute Bodengare
Ackerhellerkraut *(Thlaspi arvense)*, Ackerröte *(Sherardia arvensis)*, Echte Kamille *(Matricaria chamomilla)*, Efeublättriger Ehrenpreis *(Veronica hederaefolia)*, Erdrauch *(Fumaria officinalis)*, Große Brennessel *(Urtica dioica)*, Kleinblättriges Franzosenkraut *(Galinsoga parviflora)*, Kleine Brennessel *(Urtica urens)*, Klettenlabkraut *(Galium aparine)*, Persischer Ehrenpreis *(Veronica persica)*, Rote Taubnessel *(Lamium purpureum)*, Schwarzer Nachtschatten *(Solanum nigrum)*, Vogelsternmiere *(Stellaria media)*.

Kalireicher Boden
Bärenklau *(Heracleum laciniatum)*, Roter Fingerhut *(Digitalis purpurea)*.

Kalkarmer Boden
Ackerhundskamille *(Anthemis arvensis)*, Ackersenf *(Sinapsis arvensis)*, Adlerfarn *(Pteridium aquilinum)*, Aufrechter Sauerklee *(Oxalis fontana)*, Einjähriges Knäuel *(Scleranthus annuus)*, Feldbeifuß *(Artemisia campestris)*, Feldspark *(Spergula arvensis)*, Fingerehrenpreis *(Veronica triphyllos)*, Gewöhnliches Stiefmütterchen *(Viola tricolor)*, Hühnerhirse *(Panicum crus-galli)*, Kleiner (Sauer-)Ampfer *(Rumex acetosella)*, Pechnelke *(Viscaria vulgaris)*, Silbergras *(Corynephorus canescens)*, Weiches Silbergras *(Holcus mollis)*.

Kalkreicher Boden
Ackerglockenblume *(Campanula rapunculoides)*, Ackerröte *(Sherardia arvensis)*, Echter Gamander *(Teucrium chamaedrys)*, Futteresparsette *(Onobrychis viciifolia)*, Gemeine Wegwarte *(Cichorium intybus)*, Huflattich *(Tussilago farfara)*, Kleiner Wiesenknopf *(Sanguisorba minor)*, Kleine Wolfsmilch *(Euphorbia exigua)*, Leinkraut *(Linaria vulgaris)*, Löwenzahn *(Taraxacum officinale)*, Ringelblume *(Calendula officinalis)*, Rittersporn *(Delphinium consolida)*, Roter Gauchheil *(Anagallis arvensis)*, Sommerteufelsauge *(Adonis aestivalis)*, Wegwarte *(Cichorium intybus)*, Wiesensalbei *(Salvia pratensis)*.

Lehm
Ackerhahnenfuß *(Ranunculus arvensis)*, Ackerkratzdistel *(Cirsium arvense)*, Ackerröte *(Sherardia arvensis)*, Echte Kamille *(Matricaria chamomilla)*, Einjähriges Bingelkraut *(Mercurialis annua)*, Futteresparsette *(Onobrychis viciifolia)*, Große Flockenblume *(Centaurea scabiosa)*, Herbstzeitlose *(Colchicum autumnale)*, Huflattich *(Tussilago farfara)*, Kleiner Wiesenknopf *(Sanguisorba minor)*, Klettenlabkraut *(Galium aparine)*, Löwenzahn *(Taraxacum officinale)*, Persischer Ehrenpreis *(Veronica persica)*, Schwarzer Nachtschatten *(Solanum nigrum)*, Wegwarte *(Cichorium intybus)*, Wiesenfuchsschwanzgras *(Alpoecurus pratensis)*, Wiesensalbei *(Salvia pratensis)*, Wilde Möhre *(Daucus carota)*.

Magnesiumreicher Boden
Gamander *(Teucrium chamaedrys)*, Roter Fingerhut *(Digitalis purpurea)*, Stinkender Nieswurz *(Helleborus foetidus)*.

Nährstoffreicher Boden (vor allem Stickstoff)
Ackerhellerkraut *(Thlaspi arvense)*, Einjähriges Bingelkraut *(Mercurialis annua)*, Erdrauch *(Fumaria officinalis)*, Große Brennessel *(Urtica dioica)*, Hirtentäschelkraut *(Capsella bursa-pastoris)*, Kleinblättriges Franzosenkraut *(Galinsoga parviflora)*, Kleine Brennessel *(Urtica

urens), Klettenlabkraut *(Galium aparine)*, Melde *(Atriplex patula)*, Schwarzer Nachtschatten *(Solanum nigrum)*, Weißer Gänsefuß *(Chenopodium album)*, Weiße Taubnessel *(Lamium album)*.

Salziger Boden
Löffelkraut *(Cochlearia officinalis)*, Salzbinse *(Juncus gerardii)*, Stranddistel *(Eryngium maritimum)*, Stranddreizack *(Triglochin maritima)*.

Sand
Einjähriges Knäuel *(Scleranthus annuus)*, Feldbeifuß *(Artemisia campestris)*, Hasenklee *(Trifolium arvense)*, Kleinblütige Königskerze *(Verbascum thapsus)*, Kleiner Vogelfuß *(Ornithopus perpusillus)*, Pechnelke *(Viscaria vulgaris)*, Saatwucherblume *(Chrysanthemum segetum)*. Sandmohn *(Papaver argemone)*, Silbergras *(Corynephorus canescens)*, Vogelsternmiere *(Stellaria media)*.

Saurer Boden
Ackerziest *(Stachys arvensis)*, Gelber Hohlzahn *(Galeopsis segetum)*, Gewöhnliches Stiefmütterchen *(Viola tricolor)*, Hederich *(Raphanus raphanistrum)*, Stechpalme *(Ilex aquifolium)*, Waldehrenpreis *(Veronica officinalis)*.

Stickstoffarmer Boden
Aufrechter Ziest *(Stachys recta)*, Besenginster *(Sarothamnus scoparius)*, Frühlingshungerblümchen *(Erophila verna)*, Hornkraut *(Cerastium)*, Mauerpfeffer *(Sedum acre)*.

Ton (schwerer Boden)
Ackerminze *(Mentha arvensis)*, Ackerschachtelhalm (Katzenschwanz, Zinnkraut) *(Equisetum arvense)*, Feldrittersporn *(Consolida regalis)*, Gänsefingerkraut *(Potentilla anserina)*, Kriechender Hahnenfuß *(Ranunculus repens)*, Löwenzahn *(Taraxacum officinale)*, Sommerteufelsauge *(Adonis aestivalis)*.

Trockener Boden
Ackerziest *(Stachys arvensis)*, Färberhundskamille *(Anthemis tinctoria)*, Feldbeifuß *(Artemisia campestris)*, Graukresse *(Berteroa incana)*, Große Fetthenne *(Sedum telephium)*, Schmalblättriger Hohlzahn *(Galeopsis angustifolia)*, Sichelmöhre *(Falcaria vulgaris)*, Silbergras *(Corynephorus canescens)*, Wegwarte *(Cichorium intybus)*, Wiesensalbei *(Salvia pratensis)*.

Verdichteter Boden
Ackerkratzdistel *(Cirsium arvense)*, Ackerfuchsschwanzgras *(Alopecurus myosuroides)*, Großer Ampfer *(Rumex acetosa)*, Großer Wegerich *(Plantago major)*, Spitzwegerich *(Plantago lanceolata)*, Strahllose Kamille *(Matricaria matricarioides)*.

Der biologisch arbeitende Gärtner wird die Kräuter in seinem Garten schätzen, sie sorgfältig beobachten und sowohl aus ihrem Standort als auch aus der Pflanzengemeinschaft, in der sie wachsen, seine Schlüsse ziehen, um die entsprechenden Maßnahmen zu ergreifen.
Ein humus- und damit auch nährstoffreicher Boden braucht keine zusätzliche Fremddüngung. Bodenbedeckung und eine dünne Kompostgabe reichen aus. Einseitige Mangelerscheinungen, beispielsweise an Kalk oder Stickstoff, lassen sich leicht ausgleichen.
Sauren Boden nutzt man für Moorbeetpflanzen, wenn es sich um einen Ziergarten handelt. Soll dieser Boden für andere Pflanzen geeignet gemacht werden, muß er entsprechend

Farbtafel 5: Kompostpräparat Kamille.

gedüngt werden und zusätzlich Kalk erhalten. Eine Gabe Alginure Granulat schafft den erforderlichen Ausgleich und macht den Boden sofort für Pflanzen verfügbar, die nicht auf saurer Gartenerde gedeihen.
Feuchte, verdichtete Stellen im Boden können unterschiedlich behandelt werden. Besteht der Unterboden aus einer dicken Schicht Lettenboden, einem sehr tonhaltigen Boden, der in feuchtem Zustand wasserundurchlässig ist, so läuft das Wasser bei geneigten Flächen oberhalb der Lettenschicht ab. Wenn der Oberboden und die oberste Schicht des Unterbodens bei der Anlage des Gartens mit Alginure behandelt worden sind, reicht das aus, um im oberen Teil der Gartenerde genügend Wasser zu halten, gibt es aber Bodensenken oder besteht der Garten aus einer ebenen Fläche, dann helfen meist nur Dränagerohre.
Bei einem oberflächlich verdichteten Boden kann man sich auch mit gründlicher, tiefer Bodenlockerung und der Aussaat von Tiefwurzlern wie Bokharaklee, Lupinen oder Ölrettich helfen. Erst wenn Huflattich, Großer Ampfer und andere Pflanzen, die einen feuchten Standort bevorzugen, verschwinden, kann der Gärtner sicher sein, daß seine Gartenerde stauende Nässe und Luftundurchlässigkeit überwunden hat.
Alle anderen Böden lassen sich mit Kompostgaben, Gründüngung, Mulchen und der dem jeweiligen Boden angepaßten Fremddüngung günstig beeinflussen, wobei sich der Gesundungsprozeß mit Alginure oder Wirkstoff C 779 beschleunigen läßt.
Die Kräuter, die im Garten unerwünscht sind, gedeihen im biologisch gepflegten Garten kaum. Eine sinnvolle Fruchtfolge harmonisiert den Boden. Je ausgeglichener die Zusammensetzung der Gartenerde wird, desto seltener werden Kräuter, die man nicht haben will.
Als Bodenbedeckung eignen sich nur Pflanzenabfälle, die noch keine Samen gebildet haben. Samentragende Pflanzen gehören in den Komposthaufen, dessen Rottevorgänge gut geführt werden müssen, wie es in dem Kapitel über die Kompostbereitung beschrieben ist. Die Mulchdecke unterdrückt die Keimung von Samen.
Aufgehenden Unkrautsamen hackt man alle paar Tage um. Dadurch entsteht mit der Zeit eine Mulchdecke, die von selbst weiteres Keimen verhindert.
Größere Kräuter, die nicht im Garten wachsen sollen, werden mit der Hand und einem Unkrautstecher möglichst mit der ganzen Wurzel aus dem Boden entfernt.
Das *Abflammen* von Unkraut ist für den Haus- oder Kleingarten weniger geeignet als für größeres Gelände. Für Sitzecken, Spielplätze und Gartenwege, auf denen Platten liegen, ist ein Abflammgerät allerdings geeignet. Diese Technik ist erst wieder in den letzten Jahren aufgekommen. Sie ist für Mensch und Tier ungefährlich und hinterläßt auch für die Pflanzen keine giftigen Rückstände.
Für die Abflammtechnik stehen 3 verschiedene Geräte zur Verfügung, eines, das auf dem Rücken getragen wird, ein Handkarrengerät und ein Schleppergerät. Die Flamme wird mittels Propangas erzeugt und über den Boden geführt, wobei das Bodenleben unterhalb von etwa 3 mm Bodentiefe nicht beeinträchtigt wird.
Beim Abflammen wird durch die Hitzeeinwirkung das Eiweiß in den Pflanzen verändert, wodurch Keimfähigkeit und Wachstum unterbunden werden.
Dämpfen von Erde wird für Haus- und Schrebergärten mit Elektro- und Ölheizungsdämpfern vorgenommen. Es gibt handliche Geräte, die 1 Kubikmeter Erde bei einem Arbeitsvorgang dämpfen. Dabei werden die Samen, sämtliche Schädlinge wie Pilze und Nematoden (Fadenwürmer), aber auch alle nützlichen Bodenorganismen durch feuchte Hitze abgetötet. Durch diese feuchte Wärme finden sich bei entsprechender Bodenbehandlung sehr schnell wieder boden- und pflanzenfördernde Bakterien, Algen, Pilze und Würmer ein. Nach dem Dämpfen wird die Besiedlung durch Kompostpräparate, in denen Bodenorganismen enthalten sind, sehr beschleunigt.

Farbtafel 6: Kompostpräparat Brennessel.

Nützlinge

Unsere kleinen Helfer mit großer Wirkung für den Garten

Zum biologisch gepflegten Garten gehören nicht nur Pflanzen, die möglichst in standortgerechten Gemeinschaften wachsen, sondern auch Tiere, die den Boden bearbeiten und verbessern, Pflanzen vor Schädlingen schützen, deren Zahl in vertretbaren Grenzen halten und die im Garten Unterschlupf und Wohnungen haben.
Unter ihnen gibt es unsichtbare Heinzelmännchen, deren Gewimmel wir nur sehen, wenn wir eine Erdkrume unter ein Mikroskop legen, und auch solche wie die *Vögel*, die mit ihrem Gesang zur heiteren Stimmung im Garten beitragen, *krabbelnde Insekten, Spitzmäuse, Kröten, Igel, Maulwürfe, Wiesel, Ringelnattern* und, wenn unser Garten in Ordnung ist, bei jedem Spatenstich einen Regenwurm.
Auf das eine oder andere Tier kann man vielleicht verzichten, ohne daß die Lebensgemeinschaft zwischen Tieren und Pflanzen zerstört wird, obwohl der größere Artenreichtum dafür sorgt, daß solch eine Gemeinschaft sich auch bei kleineren Störungen noch ergänzen kann. Auf einen Teilnehmer an der Tier- und Pflanzengesellschaft kann man aber bestimmt nicht verzichten.

Der Regenwurm

Da gibt es Dinge, die ans Wunderbare grenzen und die, obwohl sie Teil unseres täglichen Lebens sind, vom Menschen kaum wahrgenommen werden. Zu diesen Dingen gehört das Wirken des Regenwurms. Wer macht sich denn schon klar, daß dieses kleine rostbraune Ringelwesen zu den ganz großen Umgestaltern unserer Umwelt gehört – und das in wahrhaft erdgeschichtlichen Größenordnungen? Die Humusschichten auf unserem Planeten, jene Fruchtbarkeit erst ermöglichenden Ablagerungen über den verschiedenen geologischen Formationen der oberen Erdkruste, sind weitgehend sein Werk.
Einer der bedeutendsten Forscher der neueren Zeit, Charles Darwin, war es, der die Titanenarbeit der unscheinbaren Tiere ins rechte Licht gerückt hat. In einem seiner letzten Werke hat er ihnen eine besondere Würdigung zuteil werden lassen. Der Titel seines Buches lautet „Die Bildung der Ackererde durch die Tätigkeit der Würmer".
Mit großer wissenschaftlicher Genauigkeit ist Darwin den folgenreichen Aktivitäten der kleinen Bodenbewohner nachgegangen. Die Kernpunkte seiner Beobachtungen besagen, daß die Würmer hauptsächlich in der oberen Humusschicht leben, die von etwa 10–25 cm reicht, und daß es dieser Humus ist, der immer wieder durch ihre Körper hindurchgeht und von ihnen an die Oberfläche gebracht wird. Darwin stellte fest, daß die Regenwürmer bis zu einer noch viel größeren Tiefe bohren und von dort Erde mit heraufbringen – ein Prozeß, der für Jahrtausende und Jahrtausende fortgegangen ist. Es würde deshalb, wie Darwin schon damals schrieb, der Ausdruck „tierische Ackererde" in manchen Beziehungen zutreffender sein als der gewöhnlich gebrauchte „vegetabilische Ackererde".
Solange sie leben – und sie können bis zu 10 Jahre alt werden – pflügen die Regenwürmer unentwegt das Erdreich um und stopfen sich dabei mit Erde, mineralischen und organischen Stoffen voll, vermischen sie mit den Sekreten ihres Darms und scheiden den Darminhalt als wahren Superhumus wieder aus. Wie sehr diese Ausscheidungen, die von den Würmern in den Gängen oder an der Bodenoberfläche abgelagert werden, es „in sich" haben, zeigt ihre Zusammensetzung: Sie weist 7mal soviel Stickstoff, 6mal soviel Magnesium, 3mal soviel Kali und 2mal soviel Kalk wie die umgebende Gartenerde auf; ganz zu schweigen von den übrigen Zutaten: Grün- und Kieselalgen, Rädertierchen, Bodenpilzen und Sporen. Nichts kann

Gartenerde so verbessern wie diese ideale Nährkombination für unsere Pflanzen. Doch erst die große Zahl der Regenwürmer in den Feuchtgebieten unserer Erde macht die enorme Wirkung ihrer Tätigkeit als „Kleinstackerbauern" aus. Zwar sind sie im Vergleich zu den unübersehbaren Heerscharen einzelliger Lebewesen im Erdreich noch verhältnismäßig selten: Während es in 1 Liter Wald- oder Wiesenboden fast eine Milliarde Mikroben gibt, finden sich hier nur 2 Regenwürmer. Doch sobald man größere Einheiten zugrunde legt, kommt man doch auf imponierende Zahlen. So ist in 1 Hektar Weideboden bis zu einer Viertelmillion von ihnen unterirdisch am Werke. Man hat denn auch gern solche Mengen in plastischen Gewichtsvergleichen ausgedrückt und kommt dann auf Zentnerzahlen, die einer Kuh alle Ehre machen würden. Man spricht deshalb von den Regenwürmern zuweilen auch als von „unterirdischen Kühen".

Ihr Nutzwert ist ja ebenfalls recht bedeutend, wenn man davon ausgeht, daß ein Regenwurm mit seinen Kothäufchen pro Jahr etwa 500 Gramm der kostbaren Ton-Humus-Komplexe erzeugt. Auf 1 Hektar mit 250000 Würmern umgerechnet ergibt das die stattliche Menge von 24 Tonnen Humus. Das macht die geringelten Bodentiere zu den besten – und dazu noch kostenlosen – Helfern in unseren Gärten, in denen sie bei normaler Bodenbeschaffenheit doppelt so zahlreich vorkommen wie etwa in Getreidefeldern.

Die Heinzelmännchen der Bodenverbesserung haben bei ihrem nützlichen Tun so etwas wie eine Arbeitsteilung vorgenommen, und zwar entsprechend den beiden Hauptarten, die wir von ihnen in unseren Breiten kennen: Da ist zunächst der rostbraune, manchmal auch graubraune Ackerregenwurm, dem die Wissenschaftler den lateinischen Namen *Lumbricus terrestris* gegeben haben, und dann der hellrot gefärbte Kompost- oder Mistwurm, in der Fachsprache lateinisch *Eisenia foetida* genannt.

Die *Ackerregenwürmer* sind die ungleich größere und entsprechend dickere Gattung: Sie können bis zu 30 Zentimeter groß werden. Das macht ihre Grabetätigkeit um so wirksamer, bei der sie bis zu 2 Metern in das Erdreich eindringen. Mit ihren Gängen, die meist senkrecht oder halbschräg in den Boden führen, lockern und durchlüften sie die Erde, sorgen für bessere Wasserzufuhr und schaffen so in Verbindung mit den an den Röhrenwänden abgelagerten Exkrementen ideale Voraussetzungen für das Wachstum der Pflanzen, die mit ihren Wurzeln gern diesen fruchtbaren Röhren folgen.

Für all das, was sie unentgeltlich für den Gärtner leisten, für Lüftung, Lockerung und ständige Humusanreicherung des Bodens, verlangen sie nur eines: daß sie genügend Nahrung vorfinden, und die wiederum besteht neben Substanzen des Erdreichs aus dem, was die Gärtner ebenfalls im Überfluß zu bieten haben: aus absterbenden Blättern, verwelkenden Gräsern und abgestoßenen Wurzelstückchen. Da die Regenwürmer zugleich große Liebhaber von Feuchtigkeit und Wärme sind, erweist sich immer wieder das Mulchen als eine wesentliche Umweltverbesserung für unsere kleinen Gartenhelfer. Die Mulche bietet ihnen ebenso eine lebensfreundliche Umgebung wie ausreichend Futter. Es ist erstaunlich, wie verhältnismäßig rasch Blätter und andere Pflanzenreste von ihnen in ihre Gänge hineingezogen werden. Der Gärtner kann beinahe zusehen, wie die Regenwürmer zeitlupengleich Blatt um Blatt verschwinden lassen, wobei die Pflanzenteile nicht nur zur Nahrung, sondern auch zum Auspolstern der Gangröhren dienen. Wer ein übriges tun will, kann die Gartenerde (besonders im Herbst) mit Baldrianblütenextrakt überstäuben.

Der große Nutzen der kleinen Helfer ist längst überall erkannt worden, und so kann es nicht wundernehmen, daß man zum Beispiel in Amerika regelrechte Regenwurmfarmen eingerichtet hat, daß man aber auch bei uns mehr und mehr dazu übergeht, Regenwürmer etwa in Holzkisten oder Bottichen zu züchten. Dazu geben wir eine Anzahl Regenwürmer in eine Mischung aus Kompost und anderen organischen Abfällen, etwas versetzt mit Kaffeesatz und Zwiebelresten, den beiden Lieblingsingredienzien der Würmer, kräftig übersprüht mit warmem Wasser (möglichst Regenwasser) und mit einer Folie abgedeckt. Wenn man das Ganze in mittleren Temperaturen hält, bekommt man in knapper Halbjahresfrist eine reiche Regenwurmernte. Besonders zu empfehlen ist, möglichst viele von den millimetergroßen

gelblichbraunen Wurmeiern im Gartengelände zu verteilen, wo die Natur dann für ihre weitere Entwicklung sorgt.
Wer als Gärtner den wichtigsten Grundsatz der biologischen Gartenpflege beherzigt, indem er nicht die Pflanze unmittelbar düngt, sondern ihr durch Bodenbehandlung die besten Lebensvoraussetzungen schafft, der weiß um den Wert des Komposts. In ihm nun findet der kleinere Bruder des Ackerregenwurms, der lange hellrote *Kompost- oder Mistwurm*, ideale Bedingungen für sein Dasein und sein Wirken. Zusammen mit zahllosen Kleinstlebewesen arbeitet er an der Rotte, die sich dank dem Einsatz der kleinen Kompostspezialisten innerhalb von 3–6 Monaten in lockere, duftende Gartenerde verwandelt, sofern ihnen der Kompost dank sachgemäßer Zusammensetzung und Schichtung genügend Luft, Wärme und Feuchtigkeit bietet. Sobald der Rotteprozeß abgeschlossen ist, ziehen sich die Regenwürmer aus dem reifen Kompost zurück, um für neue Aufgaben im Dienst der Fruchtbarkeit bereitzustehen.
Der Gärtner, der sich als Mittler in dem wunderbaren Geschehen der Natur versteht, sollte auch einen Blick auf das äußere und innere Wesen seiner wichtigsten Helfer werfen. Der Regenwurm ist in der denkbar besten Weise für sein Wirken ausgestattet. Sein Körper, der sich, wie wir das oft gesehen haben, durch Zusammenziehen und Strecken seiner Ringglieder vorwärtsbewegt, besteht weitgehend aus einem einzigen langen Magen-Darm-Kanal, dessen Verdauungsfläche durch eine Längsfalte noch beträchtlich vergrößert wird. Die große Muskelkraft dieses Magen-Darm-Kanals wirkt zusammen mit den aufgenommenen kleinen Steinchen beim Zerkleinern der Nahrungssubstanzen, die gleichzeitig mit Verdauungssekreten durchsättigt werden.
An Sinnesorganen ist der Regenwurm nicht gerade reich, aber die Natur hat ihm doch das mitgegeben, was er vor allem braucht: hohe Empfindlichkeit gegen Berührung und jede Art von Bodenerschütterung, des weiteren lichtempfindliche Zellen in den vorderen und hinteren Körperpartien, besonders wichtig für den am Tage sonnengefährdeten und von Vögeln verfolgten Bodenbewohner, der am liebsten nachts an die Oberfläche kommt.
Feine Hakenborstenpaare am Körper erlauben es dem Regenwurm, sich bei schleuniger Flucht vom umgebenden Boden abzustoßen und in der Tiefe zu verschwinden, aber sehr oft sind die Vögel eben doch schneller. Die Natur hat gegenüber dieser ständigen Bedrohung einen gewissen Ausgleich geschaffen, indem sie den Regenwurm, der als Zwitter zugleich Männchen und Weibchen ist, mit der Chance gegenseitiger Befruchtung ausgestattet hat. Wenn sich jeweils 2 von ihnen in nächtlicher Umarmung zusammenfinden, liegen sie beim Austausch ihrer Geschlechtsfunktion gewissermaßen seitenverkehrt beieinander.
So rundet sich das Bild dieser kleinen hilfreichen Gartengenossen, deren Bedeutung wir gar nicht hoch genug einschätzen können. Geben wir dazu Charles Darwin noch einmal das Wort: „Es ist wohl wunderbar“, schreibt er am Schluß seines Buches, „wenn wir überlegen, daß die ganze Masse des oberflächlichen Humus durch die Körper der Regenwürmer hindurchgegangen ist und alle paar Jahre wiederum durch sie hindurchgehen wird. Der Pflug ist eine der allerältesten und wertvollsten Erfindungen des Menschen; aber schon lange ehe er existierte, wurde das Land durch Regenwürmer regelmäßig gepflügt und wird fortdauernd noch immer gepflügt. Man kann wohl bezweifeln, ob es noch viele andere Tiere gibt, welche eine so bedeutende Rolle in der Geschichte der Erde gespielt haben, wie diese niedrig organisierten Geschöpfe.“

Die natürlichen Widersacher der Schädlinge

Zu unseren wichtigsten Naturerfahrungen gehört, daß Organismen jeglicher Art nur dann dauerhaft angemessene Lebenschancen erhalten, wenn sie sich im Gleichgewicht mit ihrer Umgebung befinden. In der Lebensgemeinschaft mit Pflanze und Tier, in die der Mensch hineingestellt ist, wird dieses Gleichgewicht vor allem von ihm selbst gefährdet. Die hemmungslose Ausbreitung der Technik in ihren vielfältigen Erscheinungsformen bis hin zur übermäßigen Anwendung der Chemie läßt die Waage der Natur nur zu oft nach einer Seite ausschlagen. Das führt dann zu Gleichgewichtsstörungen, ja nicht selten zu regelrechten Gleichgewichtskatastrophen, in denen sich Schädlinge explosionsartig vermehren.
In einer intakten, vom Menschen nicht gestörten Umwelt hingegen, können die Schädlinge niemals die Oberhand gewinnen: Denn hier stellen ihre natürlichen Widersacher das Gleichgewicht wieder her. Immer da, wo es vom Menschen verletzt wird, muß der Mensch ihm auch wieder Geltung verschaffen. Und das kann er nachhaltig nur mit natürlichen – oder zumindest die Natur nicht zusätzlich gefährdenden – Mitteln. Seine wichtigsten Helfer dabei sind diejenigen Nützlinge, die vom Vertilgen der Schädlinge leben oder auf andere Weise unsere Umwelt gesund und fruchtbar erhalten.
Unter den Nützlingen sind unsere gefiederten Freunde diejenigen, die unserer besonderen Sympathie sicher sein dürfen. Wir lieben die Vögel schon wegen des fröhlichen Konzerts, das sie während der wärmeren Jahreszeit in unseren Gärten, Feldern und Wäldern ertönen lassen. Nicht von ungefähr gibt es für uns kaum etwas Traurigeres als eine Landschaft, in der kein Vogellaut zu hören ist.
Aber nicht minder hoch als ihren Gesang sollten wir ihre Hilfe als stets gegenwärtige Gartenpolizei veranschlagen. So vertilgt in der Vegetationszeit ein einziges Meisenpärchen zusammen mit seinen Jungen zwischen 1 und 2 Zentner Insekten, von denen die weitaus meisten Schädlinge sind. Ob es sich um die besonders im Obstbau großen Schaden anrichtenden Pflanzenwespen handelt, oder um die Möhrenfliegen, die Zwiebelfliegen, den Apfelblütenstecher, den Haselnußbohrer (Haselrüsselkäfer), Obstmaden (Apfelwickler), Drahtwürmer (die Larven der Schnellkäfer) oder Kohlweißlinge und ihre Raupen: Die Vögel sind immer zur Stelle, wenn es gilt, diese Schädlinge in Grenzen zu halten.
Die Hilfe, die uns die *Vögel* gewähren, ist groß, aber dafür sollten wir ihnen auch einen angemessenen Lebensraum schaffen. Wir können uns ja täglich davon überzeugen, wie dieser Lebensraum an vielen Stellen verstümmelt wird: Hecken werden eingeebnet, Bachläufe begradigt, Auwälder vernichtet, und in den auf Holzproduktion getrimmten Forsten fehlt es mehr und mehr an alten knorrigen Bäumen mit ihren natürlichen Nisthöhlen.
Hier können wir für Ausgleich sorgen, indem wir Hecken pflanzen und Nistkästen anbringen, wobei wir darauf achten müssen, daß die Vögel sie nur annehmen, wenn sie – bei entsprechender Bodenhöhe von mindestens 3 m – in den Zweigen ein wenig versteckt hängen und das Einflugloch sich nach Südosten öffnet. Nicht vergessen werden sollte auch, mehrere kleine Abzugslöcher für Regenwasser in den Kastenboden zu bohren. Als günstig haben sich industriell gefertigte, milbensichere Nistkästen aus Holzbeton erwiesen. Sie haben ein auswechselbares Vorderteil, das ein müheloses Reinigen und Kontrollieren des Kastens ermöglicht.
Zum Heimischmachen unserer gefiederten Helfer gehört natürlich auch die verläßliche Winterfütterung, die allerdings sofort eingestellt werden sollte, wenn sich die Vögel im Frühling wieder selbst versorgen können. Denn diese „Selbstversorgung" ist ja der eigentliche Ansatz zur Schädlingsvertilgung.
Nicht selten wird darüber geklagt, daß einige unserer fliegenden Gartenpolizisten, so vor allem Amseln und Stare, sich an saftreichem Obst und Gemüse (wie Kirschen, Erdbeeren und Tomaten) gütlich tun. Das hat nicht so sehr mit Feinschmeckerallüren für bestimmte Obstsorten zu tun als ganz schlicht mit dem Durst der Vögel. Hier können wir durch eine

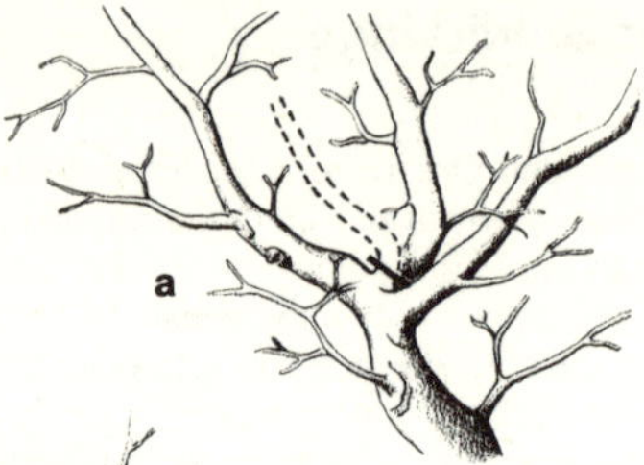

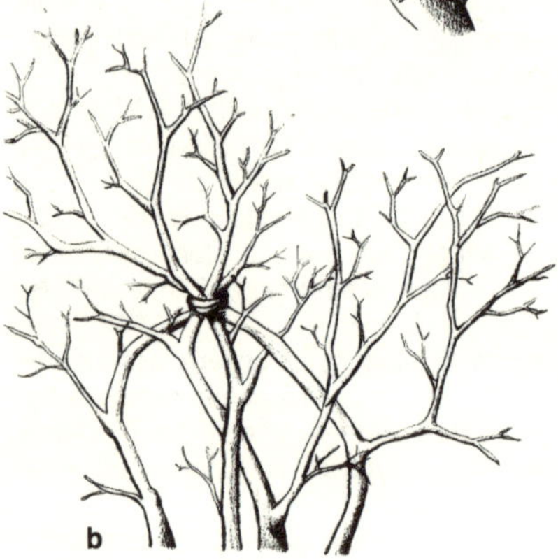

Nistquirle:
a) natürliche Astgabelung; der störende Ast ist herausgeschnitten;
b) zusammengebundene Äste.

Nistkasten aus Holzbeton.

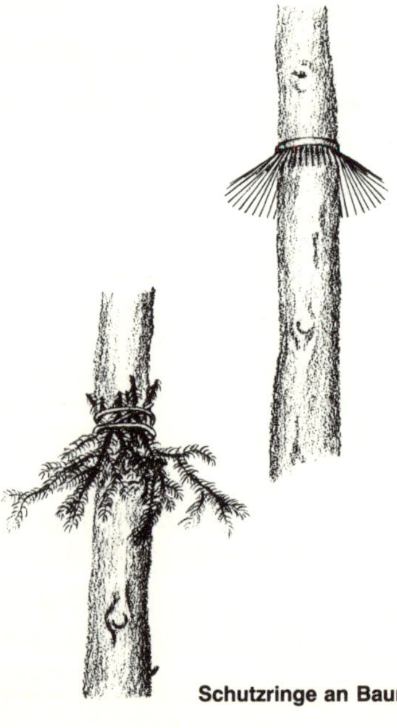

Schutzringe an Baumstämmen gegen Katzen und Marder.

Vogeltränke mit Niveauunterschieden für kleine und größere Vögel.

Vogeltränke oder ein Vogelbad rasch Abhilfe schaffen, die zudem eine schöne Gelegenheit bietet, die Tiere bei ihrem Treiben zu beobachten.
Wenn es um die Vertilgung von Schadinsekten geht, spielen nicht nur die Vögel eine wichtige Rolle: Das Heer der treuen und zum „Nulltarif" arbeitenden Gartenhelfer wird noch beträchtlich verstärkt durch Insekten, die ihrerseits schädlichen Vertretern ihrer Gattung zu Leibe rücken, aber auch durch Bakterien, Pilze und Viren, die Schädlinge mit Krankheitsbefall überziehen und so unter ihnen aufräumen.
So unterscheiden wir bei diesen natürlichen Bundesgenossen des Menschen Insekten, die als „Räuber" klassifiziert werden, weil sie im unmittelbaren Angriff ihre Beute angehen. Hier steht ganz obenan der *Marienkäfer*, der aus gutem Grund als Glückssymbol gelten darf, denn er und seine Larve vertilgen mit schier unstillbarer Freßlust die bösesten Feinde unserer Kulturpflanzen, die Blattläuse. Allein die Larve des Marienkäfers kann täglich bis zu 90 Blattläuse vertilgen.
In die Schar der Helfer reihen sich auch andere Käfer ein, so besonders der *Sandlaufkäfer*, erkennbar an seinem bronzefarbenen Kleid, der besonders hübsche *Goldlaufkäfer* und der in den Farben Grün, Rot und Gold leuchtende *Puppenräuber*. Sie alle helfen uns mit ihrer großen Freßlust, die Zahl der Schädlinge zu mindern.

Zu den Raubinsekten zählt auch die *Spinne*, die sich als ein unermüdlicher Insektenvertilger erweist. Sie kann zwar nicht unser ästhetisches Entzücken hervorrufen, aber ihr Nutzen ist gewaltig. Die langbeinigen Weberknechte, manchmal auch „Schneider" genannt, sind ständig auf der Jagd. Die großen Radnetzspinnen fangen mit ihren feingesponnenen „Flugfallen" zahllose Fliegen und Mücken ein, und so bilden die Spinnen insgesamt ein eigenes riesiges Schutzsystem. Man rechnet im Schnitt mit bis zu 100 Spinnen pro Quadratmeter Waldboden, und sie alle leben von Insekten. Da kann man sich leicht ausrechnen, welche Beutemengen da zusammenkommen. Es gibt Wissenschaftler, die allen Ernstes behaupten, der Bestand unserer heutigen Welt, die Menschheit eingeschlossen, sei nicht zuletzt den Spinnen zu verdanken.
Daß auch die *Raubmilbe*, die ebenfalls zur großen Spinnenfamilie zählt, zu den erfolgreichen „Räubern" gehört, sagt schon ihr Name. Sie lebt ausschließlich von der ihr nahe verwandten Spinnmilbe, die ihrerseits zu den ärgsten Schädlingen unseres Obstbaues gerechnet wird.
Ohrwürmer (Dermaptera) haben ihren Namen sehr zu Unrecht, denn diese harmlosen, fleißigen und nützlichen Tiere haben mit dem menschlichen Ohr nichts im Sinn; wohl aber fressen sie Tausende von Schädlingen, wenn man sie nur vor ihren natürlichen Feinden, den Singvögeln, schützt: Man muß sie in einem Blumentopf (Ton) mit Holzwolle sammeln (etwa 300), in den eine Drahtspirale zum Schutz gegen die Vögel gesteckt wird, und den Topf umgekehrt in einen Baum hängen. Tagsüber sicher im Topf verborgen, schwärmen die Ohrwürmer nachts aus, fressen Schädlinge (z. B. Blattläuse) und sind vor Morgengrauen in ihr Versteck zurückgekehrt.
Eine nützliche Helferin des Gärtners ist die *Rote Waldameise*. Wenn man sie aus dem Wald holt und im Garten heimisch macht, holt sie z. B. Tausende von Maden von einem Kirschbaum herunter.

Umgekehrte, mit Holzwolle gefüllte Blumentöpfe als Behausung für die nützlichen Ohrwürmer.

Beide Erfahrungen wurden von Heinz Erven, Remagen, übermittelt, der auch berichtet, daß es ihm gelang, mit Hilfe von Ameisen bzw. der Ameisensäure einen schon „axtreifen" Pfirsichbaum zu regenerieren, so daß er wieder schöne Früchte trug.
Auch bestimmte Fliegenarten stehen als natürliche Helfer an unserer Seite, so die kleine *Schwebe- oder Schwirrfliege*, erkennbar an ihrem schwarz-gelb gezeichneten Hinterleib. Sie verfügt über die Fähigkeit, wie ein winziger Helikopter in der Luft zu „stehen". Ihre Eier legt sie mitten in Blattlauskolonien hinein. Die aus ihnen schlüpfenden Larven können bis zu ihrer Verpuppung fast an die 1000 Blattläuse vertilgen.
Das gleiche gilt für die Larven der grünen *Florfliege*. Dieses Insekt, das mit Sommerende manchmal in unsere Wohnungen gerät, fällt durch seine grünlichen, dachförmig über den Hinterleib gefalteten Flügel auf.
Die Natur hat sich im Zuge der Evolution als unerschöpflich erwiesen, wenn es darum ging, daß eine Art der anderen die Waage halten sollte. Als eine wichtige Spielart haben sich parasitäre Insekten entwickelt, die ihre Eier in die Larven anderer Insekten ablegen. Diese Larven bezahlen ihre unfreiwillige Wirtsrolle mit dem Tode und dienen zugleich ihren heranwachsenden „Gästen", den Larven der parasitären Insekten, als Schutzhülle und Nahrung.
Das herausragende Beispiel für diese Art ist die *Schlupfwespe*, die es ebenfalls besonders auf Blattläuse abgesehen hat. Sie ist nur 0,6 mm groß und damit so winzig, daß sie kaum gesehen wird, wenn sie (auf der Blattunterseite) ihren meist schwarzen oder schwarzgelben Hinterleib unter dem Kopf durchbiegt und mit ihrem Legestachel in den Blattlauskörper eindringt, um ihre Eier dort einzustechen. Die sich innerhalb von Stunden entwickelnde Schlupfwespenlarve frißt die Blattlaus von innen aus und verpuppt sich mit ihr. Die größeren Arten der Schlupfwespe gehen in gleicher Weise gegen die Raupen der Kohlweißlinge und Gespinstmotten vor.
Es liegt natürlich nahe, einige der mannigfachen Helfer zu züchten und dann in großer Zahl einzusetzen. Dieses Verfahren stößt an gewisse Grenzen. Die Besonderheiten, insbesondere die Temperaturempfindlichkeit der wichtigsten parasitären Insekten, läßt vielfach nur ihren Einsatz im Anbau unter Glas zu. Hier aber vermögen sie hervorragende Wirkung zu tun. Dafür gibt es mittlerweile einige gute Beispiele in Deutschland selbst, so in Westfalen-Lippe, wo 1976 zum ersten Mal Schlupfwespen im Tomatenanbau und später Schlupfwespen und Raubmilben im Tomaten- und Gurkenanbau eingesetzt wurden. Aber bisher sind es insgesamt nur 3 ha Anbaufläche, die in der Bundesrepublik entsprechend behandelt werden, während es in den Niederlanden bereits viele Hunderte von ha und in England sowie in Belgien und Schweden immerhin schon Dutzende von ha sind. In diesen Ländern existieren auch schon in großer Zahl Vermehrungsbetriebe, bei denen man diese Nützlinge bestellen kann und sie von ihnen in einem speziellen Versand geliefert erhält. Die Bundesrepublik verfügt noch nicht über derartige Betriebe (obwohl wir seit 1974 in Darmstadt ein eigenes Institut für biologische Schädlingsbekämpfung haben). Im Augenblick ist man leider noch auf den Bezug vor allem aus holländischen Vermehrungsbetrieben angewiesen, die in Grenznähe Auslieferungsstellen unterhalten.
Man könnte noch viele nützliche Helfer aufzählen, die im Naturhaushalt eine Rolle spielen, obwohl sie wegen ihres selteneren Vorkommens für den Gärtner keine ganz so große Bedeutung haben. Vor allem ist hier der *Igel* zu nennen, der, einmal im Garten durch einen wohnlichen Unterschlupf heimisch gemacht, dort so etwas wie die Rolle eines wachsamen Gendarmen spielt, der in der Dämmerung auf Schädlingsjagd geht.
Er hält sich tagsüber unter dichten Sträuchern auf. Wenn er dort eine kleine Höhle unter einer Steinplatte findet oder eine eigens für ihn gebaute Holzhütte und irgendwo ein Schälchen mit sauberem Wasser, gehört er bald zu den ständigen Gartengenossen und bringt seine Kinder in seiner neubezogenen Wohnung unter.
Auch die *Spitzmaus*, erkennbar an der rüsselförmigen Schnauze und dem langen, behaarten Schwanz, gehört zu den Widersachern von allerlei Schädlingen. Nicht zu vergessen sind

schließlich einige Lurche und Reptilien, wie *Erdkröten, Blindschleichen* und *Ringelnattern*, die sich ebenfalls in die Abwehrfront einreihen.
Eine Doppelrolle als Nützling und Schädling spielt der *Maulwurf*. Er gehört zwar zu den Großvertilgern der Engerlinge (Larven des Maikäfers), aber mit seinem Gangsystem und seinen Erdhügeln beeinträchtigt er auch die Schönheit unserer Wiesen.

Das Millionenheer, das fruchtbaren Boden schafft

Die lange Liste unserer kleinen Helfer wäre aber höchst unvollständig, wenn wir nicht auch ihre kleinsten mit in die große Naturrechnung einbezögen. Sie tun im allgemeinen unsichtbar oder kaum sichtbar im Boden ihre Arbeit, dies aber in unvorstellbar großen Zahlen. Wer eine Handvoll Garten- oder Ackererde in die Hand nimmt, umgreift damit einen ganzen Mikrokosmos mit Millionen von winzigen und winzigsten Lebewesen. Man hat berechnet, daß in einem 1 m^2 großen und 20 cm dicken Stück eines leicht mit Humus vermischten Sandbodens 4 Millionen Bakterien und Pilze, 500000 Geißeltierchen, 1 Million Fadenwürmer, 200000 Milben, 100000 Springschwänze, 80000 Ringelwürmer und 80 Regenwürmer leben.
Dank der millionenfachen Aktivität dieser Kleinstlebewesen vollzieht sich im Boden das Wunder der Humusbildung, das alle Fruchtbarkeit auf unserer Erde bewirkt. Dabei sind die Rollen genau verteilt. In jeder Erdschicht sind Spezialisten am Werk, die bei dem ständigen Wandlungsprozeß eine nur von ihnen zu bewältigende Aufgabe erfüllen. In der oberen Schicht, der sogenannten Rotteschicht, sind zum Beispiel die Akteure zu Hause, die das grobe Material zerkleinern, in der nächsten Schicht, die dem Humus angehört, sind andere Mikroorganismen in der Rolle von Verwandlungskünstlern zu finden. Sie verarbeiten die von ihren „Kollegen" in der Rotteschicht aufgeschlossenen Substanzen unter Bildung von Kohlensäure und Stickstoff, aber auch Kali und Phosphorsäure in der Weise, daß sie als Nahrung für die Pflanzen dienen können.
Nehmen wir all das zusammen, was uns die Natur selber durch ihre Geschöpfe an Hilfe anbietet, um gestörtes Gleichgewicht in unserer Umwelt auszubalancieren, dann sehen wir, daß wir über reiche Reserven verfügen. Wir müssen uns ihrer nur wieder bewußt werden und lernen, sie uns in der rechten Weise dienstbar zu machen. Nur wenn das gelingt, werden wir eine vom Gleichgewicht bestimmte Lebensgemeinschaft von Boden, Pflanze, Tier und Mensch aufbauen und erhalten können.

Bienen

Wir sollten heute ganz besonders daran denken, daß ohne den Bienenflug Obstbäume und verschiedene Feldpflanzen nicht bestäubt würden und tragen könnten. Welche Tragik: Übermäßiger chemischer Pflanzenschutz tötet die Bienen, die uns zu den schönsten Erträgen des Pflanzenreiches, Obst und Feldfrüchten, verhelfen. Durch Pflanzenschutzmittel sind nicht nur Bienenvölker ausgerottet worden, sondern viele Bienenweideplätze von unseren Äckern verschwunden, wie Luzerne, Perserklee, Weißklee, Wicken (die ja auch für die Gründüngung wichtig sind), ebenso viele Wildkräuter. Der Tisch für die Bienen ist nicht mehr so reich gedeckt.
Bedenklich stimmt der Rückgang von 2 Millionen Bienenvölkern im Jahre 1950 auf 1 Million heute.
So sollte man alles versuchen, dem abzuhelfen: Sollte in einem Garten der Mangel an Bienen ein bedenkliches Ausmaß erreichen, dann kann man für die Blütezeit ein Bienenvolk (oder mehrere) von einem Imker „ausleihen"; zum Glück sind Bienenvölker ja transportabel.
Da dies aber nur Übergangsmaßnahmen sein können, sollte der Gärtner bewußt solche

Sträucher und Bäume in seinem Garten anpflanzen, die die Bienen lieben, wie die Weide, die frühblühende Hasel, den Faulbaum, die Schneebeere und die Traubenkirsche; außerdem pollen- und nektarspendende Blumen, wie die Frühblüher Krokus und Winterheide, auch Erika, Sonnenblume, Ringelblume, Bienenfreund *(Phacelia)*, Goldrute und andere. Wer ein großes Stück Land oder einen Hof bearbeitet, kann auch alle oben genannten Kleearten als Zwischenfrucht anbauen. Das alles kann die Bienen in unseren Gärten wieder mehr heimisch machen.

Und gewiß sollte mancher, der Freude an Bienen hat und die nötige Gelassenheit und Geduld, um mit ihnen umzugehen, sich zur Imkerei entschließen. Wer Angst vor Bienenstichen hat, sollte sich nach Bienenvölkern umsehen, die nicht so wild sind und selten stechen. Auf keinen Fall sollte die Zahl der Bienen weiter zurückgehen.

Die Frage nach Art und Größe des Bienenstockes, nach dem Standort, der Ausflugsrichtung und anderem, was man als Imker über Bienen wissen muß, läßt sich in Gesprächen mit einem Imker, durch Fachliteratur und Beratung durch einen Imkerverein klären.

Schädlingsbekämpfung und integrierter Pflanzenschutz

In einem Baum, der mit chemischen Mitteln behandelt wurde, sind 66% der Insekten Schädlinge, 25% sind neutral, 10% sind Nützlinge. Bei Verzicht auf Chemikalien sieht es folgendermaßen aus: Mindestens 30% der Insekten sind Nützlinge, und die Zahl der Schadinsekten bleibt geringer als die der Nützlinge.

Solche günstigen Verhältnisse – auch im Gemüseanbau – lassen sich in einem Garten herstellen, der konsequent mit umweltfreundlichen Methoden bearbeitet wird; das bedeutet Verzicht auf Chemikalien, die immer auch die Nützlinge und Bodenbakterien zerstören (und bekanntlich oft resistentere Arten von Schädlingen zur Folge haben), und es bedeutet energische Pflege des Bodens und der Pflanzen.

Erfahrungsberichte von biologisch-dynamisch und biologisch arbeitenden Betrieben bestätigen, daß viele der bekannten Schädlinge dort zahlenmäßig weit geringer oder überhaupt nicht vorhanden sind.

Schädlingsbefall ist immer ein Warnzeichen, Anzeichen eines gestörten Gleichgewichts.

Ein eindrückliches Beispiel geben die *Nematoden* (Wurzelälchen), die durch bestimmte Bodenpilze in Schranken gehalten werden und erst dann die Wurzeln von Gemüsepflanzen befallen, wenn die Pilze durch Chemikalien vernichtet worden sind. Bekannt ist auch, daß durch eine einseitige Stickstoffdüngung Pflanzen anfällig für Pilzerkrankungen werden, weil durch ein forciertes, ungesundes Wachstum das Gewebe weich und aufgeschwemmt ist.

Die Befürworter des integrierten Pflanzenschutzes sind bestrebt, chemische Schädlingsbekämpfung in Anbetracht solcher Angriffe auf die Natur zurückzudrängen, andererseits sind sie aber der Meinung, daß man ohne chemische Mittel nicht auskommen kann.

Man sollte bedenken, daß die genannten Krankheiten und Schädlinge durch biologische Schädlingsbekämpfung erfolgreich abgewehrt werden können. Sobald nämlich das chemische Schädlingsbekämpfungsmittel wirkt, zerstört es. Alle vorangegangenen Versuche, den Boden lebendig zu machen, die Widerstandsfähigkeit der Pflanzen zu stärken, ein Gleichgewicht zwischen allen Organismen (Nützlingen – Schädlingen) herzustellen, sind erst einmal hinfällig geworden.
Wenn eine massive Schädlingsabwehr unumgänglich ist, sollte mit der Schädlingsbekämpfung durch Schädlinge selber (S. 110–115), mit dem *Bacillus thuringiensis* und – nur im Notfall – mit einem Pyrethrummittel gearbeitet werden, einem pflanzlichen Berührungsgift, das Insekten und Kaltblüter tötet, das die Bodenbakterien zwar angreift, aber Pflanzen nicht vergiftet und für Menschen, Haustiere, Vögel und Bienen unschädlich ist.
Die Übersicht von Schädlingen und Pflanzenkrankheiten (Seite 110 und 120) möchte nicht primär Rezepte zur isolierten Bekämpfung von Schadorganismen geben, sondern mitteilen, durch welche Maßnahmen verhindert werden kann, daß der Schadorganismus aus dem Gesamtzusammenhang herausfällt, wie das Boden- und Pflanzenleben gestärkt und gegebenenfalls der Schadorganismus abgewehrt werden kann.

Schädlinge als erfolgreiche Schädlingsabwehr

Aufgrund der Tatsache, daß bei Erkrankungen von Insekten bestimmte Viren jeweils bestimmte Schadinsekten befallen, sammelte ein Insektenforscher in den USA tote bzw. erkrankte Insekten (es handelte sich um einen Kohlschädling), verarbeitete und filterte sie zu einer Flüssigkeit (Mixer), die er verdünnte und als stark schädlingsabweisende Spritzmittel auf die befallenen Kulturen versprühte. Mit Erfolg! Die Schadinsekten verschwanden.
Nach dem Erscheinen seines Artikels im Dezember 1972 in „Organic Gardening and Farming" versuchten Leser diese Schädlingsbekämpfung auch mit anderen Schadinsekten, auch mit gesunden Tieren, ebenfalls mit Erfolg.
250 Schädlinge genügen für 30 ha, 5 ml Flüssigkeit nach der Verarbeitung genügen für die Verdünnung in 110 l Wasser, 113 g Konzentrat für 6600 l Wasser.
Dieses Verfahren, das sich zu erforschen lohnt und auf das Ernst-Otto Cohrs schon in seinen „Beiträgen für einen naturgemäßen Pflanzenbau und den biologischen Pflanzenschutz" Nr. 32, 1978, hinweist, ist als Anregung für umweltbewußte Gärtner und Landwirte gedacht. Allerdings sollte es nur bei stärkerem Befall angewendet werden; sonst würde man ja Vögeln und anderen natürlichen Feinden der betreffenden Schadinsekten einen Teil ihrer Nahrung entziehen.

Bacillus thuringiensis gegen schädliche Raupen

Wenn ein Garten oder Hof auf die biologisch-dynamische oder biologische Arbeitsweise umgestellt wird, kann es noch zu starkem Raupenbefall kommen; noch ist ja der Garten nicht in vollem Maß ein Organismus geworden, in dem Schadinsekten nicht mehr stark hervortreten.
Der Griff zur Chemikalie würde alles Gewonnene wieder zerstören, was also tun? Das Spritzpulver Dipel schafft hier Abhilfe.
Es enthält den *Bacillus thuringiensis* in Form von Dauersporen. Wenn die Raupe das mit Dipel besprühte Blatt frißt, dringen die Sporen über die Darmwand weiter in den Körper des Tieres, das innerhalb einiger Tage an einer Bakteriose zugrunde geht. Man nimmt 10 g Spritzpulver auf 10 l lauwarmes Wasser, verrührt das Pulver zunächst mit wenig Wasser, dann mit der gesamten Wassermenge im Spritzbehälter. Blattober- und -unterseite müssen

gründlich eingesprüht werden. Für einen großen oder 2–5 kleinere Obstbäume nimmt man 10 l Spritzbrühe.
Erfahrungswerte: 1-2 kg Dipel reichen für einen Hektar im Obstanbau, 600 g für einen Hektar im Gemüseanbau. Je größer die Raupen sind, desto unempfindlicher werden sie gegen Dipel. Regen und Tau vermindern stark die Wirkung des Präparates. Dipel kann bis zur Ernte eingesetzt werden. Es ist unschädlich für Menschen, Haustiere, Bienen und andere Nutzinsekten.

Pflanzenjauchen, -brühen, -tees und Kaltwasserauszüge als Maßnahmen gegen Schädlinge und Pflanzenkrankheiten

Sie werden vorbeugend und bei Befall gespritzt (siehe folgende Übersicht von Schadorganismen).

Jauchen, Brühen und Kaltwasserauszüge:
1 kg Frischkraut auf 10 l Wasser,
200 g getrocknete Pflanzen (Schnitt, Pulver) auf 10 l Wasser
von Brennessel, Beinwell (Komfrey), Farnkraut, Hirtentäschel und Schachtelhalm;
500 g Frischkraut auf 10 l Wasser,
100 g getrocknete Pflanzen auf 10 l Wasser
von Kamille, Knoblauch, Majoran, Pfefferminze, Rainfarn, Schnittlauch, Thymian, Wermut, Ysop und Zwiebeln.
Jauchen und Brühen werden etwa 5fach verdünnt.

Tees:
400 g getrocknete Pflanzen auf 10 l Wasser
von Brennessel, Beinwell, Farnkraut, Hirtentäschel und Schachtelhalm,
200 g getrocknete Pflanzen auf 10 l Wasser
von Kamille, Knoblauch, Majoran, Pfefferminze, Rainfarn, Schnittlauch, Thymian, Wermut, Ysop und Zwiebeln.
Diese Angaben gelten als Faustregel. Alle Spritzlösungen eher mehr verdünnen als zu konzentriert ausspritzen. Durch längeres Rühren kann die Wirkung erhöht werden. Es gibt auf diesem Feld viele Möglichkeiten, die man selbst ausprobieren sollte, zum Beispiel um ein Wievielfaches man im Einzelfall Kräuterlösungen verdünnen sollte, welche man kombiniert verwenden kann und welche Pflanzen außer den hier genannten sich zu Kräuterlösungen eignen.
Weitere Angaben sind in dem Kapitel „Kräuterspritzlösungen“ zu finden.

Schädling und Schaden	Maßnahmen
Ameisen *(Formicidae)* können außerordentlich hilfreich im Organismus eines Gartens wirken, andererseits benagen sie aber Wurzeln, Rinden, Stengel, fressen an Blüten und ,,halten sich'' Blattläuse.	Kapuzinerkresse unter Rosen, Lavendel neben Rosen, Feldsalat als Zwischenfrucht pflanzen. Brennesseljauche (stark riechend) oder stark duftende Kräutertees (Thymian-Majoran-Pfefferminz-Tee) über Laufstraßen gießen. Algomin über Kulturen stäuben, bei Befall Nester mit kochendem Wasser durchtränken, Eco-Ameisenstreumittel verwenden (rein pflanzlich).
Apfelblattsauger und Birnenblattsauger (Blattflöhe oder Springläuse – *Psyllina*) gelbgrüne bis gelbbraune Larven auf Apfel- und Birnenblättern, die sich von den jungen Trieben, Knospen und Blättchen ernähren; sie sondern eine klebrige Flüssigkeit ab. Blätter und Blüten können vertrocknen.	Natürliche Feinde (wie Meisen, Schlupfwespen, Raubwanzen) schonen, wenn möglich einsetzen. Stark befallene Triebe wegschneiden.
Apfelblütenstecher (Rüsselkäfer – *Curculionidae*) legt Eier in Knospeninneres, in dem die Larve ausschlüpft; der Käfer (3–5 mm) frißt die grünen Blättchen; nur selten gefährlich.	Vor der Blüte Fangringe aus Wellpappe um die Stämme binden, frühmorgens und nach Beginn einer feuchten Witterungsperiode abnehmen. Bei warmem Wetter Käfer tagsüber abschütteln. Natürliche Feinde: Singvögel und Schlupfwespen.
Apfelwickler (Obstmaden) (Wickler – *Tortricidae*) Maden von Kleinschmetterlingen mit breiten, befransten Flügeln (Spannweite 2 cm), die ihre Eier an unreifen Früchten ablegen. Maden (2 cm) entwickeln sich bis zur Verpuppung in der Frucht, fressen Gänge; außen sind Kothäufchen sichtbar; häufiger Befall: auch bei Pflaumen, wo das gleiche Schadbild durch den *Pflaumenwickler* verursacht wird.	Natürliche Feinde (wie Singvögel [Meisen], Schlupfwespen) schonen. Der Flug des Apfelwicklers, damit die genaue Zeit der Eiablage (Mai–Juni und Juli–August) kann durch Verwendung von Sexualduftstofffallen (Pheromonfallen) ermittelt werden. Nach der Blüte alle 2–3 Wochen (insgesamt dreimal) Brennnessel-, Schachtelhalm-, Rainfarn- oder Wermutjauche im Wechsel spritzen. 2 Wochen vor der Ernte bei Pflaumen, 4 Wochen vorher bei Äpfeln Baumscheibe mit Holzasche stäuben, weil sich die verpuppungsfertigen Maden auf den Boden fallen lassen. Verpuppungsfertige Maden im Frühherbst in Fangringen aus Wellpappe (um Stamm, dicke Äste) fangen. Rindenpflege mit Preicobakt. Bei Befall Fallobst vernichten, vorbeugend Fallobst prüfen.
Blattläuse *(Aphidina)* Die Eier der verschiedenen Arten überwintern (z. B. in der Baumrinde); Blattläuse scheiden eine zuckerhaltige Lösung aus, den „Honigtau", der zu Pilzbefall und zum Rußtau auf den Blättern führt, andererseits die Ameisen anlockt, besonders bei der *Schwarzen Kirschenlaus*, die von den Ameisen wegen des Honigtaus geradezu gehalten wird. Die hellgrüne *Apfelgraslaus* richtet wegen ihrer natürlichen Feinde keinen großen Schaden an.	Kaum ein Schädling hat so viele natürliche Feinde: den Marienkäfer und seine Larve, die Larve der Florfliege „Goldauge", den sogenannten „Blattlauslöwen", die Larve der Schwebfliege, die Schlupfwespe, den Ohrwurm, die Raubwanze. Bei der Schwarzen Kirschenlaus müssen unter Umständen die Ameisen vertrieben werden mit Spritzungen von Wermut-, Pfefferminz-, Thymiantee (500 g Frischkraut auf 10 l Wasser). Vorbeugungsmaßnahme: Überdüngung, damit aufgeschwemmtes Pflanzengewebe, vermeiden. Außerdem: die natürlichen Feinde schonen. Bei Befall die

Schädling und Schaden	Maßnahmen
Bei der *Grünen Apfelblattlaus* (mit schwärzlichen Fühlern, Beinen, Rückenröhrchen), die in Kolonien an den Jungtrieben sitzen kann, wird eher verstärkte Blattrollung und Wachstumshemmung der befallenen Teile beobachtet. Die *Mehlige Apfelblattlaus* (rötlich bis blauschwärzlich), später durch Wachsausschwitzungen weißgrau) kann starke Blattrollung, Triebstauchungen und Verkrümmungen verursachen.	eine trockene Wärme liebenden Blattläuse entgegen allem Gärtnerbrauch mittags mit intensiver Kaltwasserbehandlung der Pflanzen (Spritzen) vertreiben. Bei der Mehligen Apfelblattlaus genaue Kontrolle der Blättchen und Triebspitzen (Lupe) notwendig. Mit Algifert und Zusatz von Alginure Schutzspray spritzen; mit Korallalgenkalk oder Luzian-Steinmehl überstäuben. Mischkultur: Bohnenkraut neben Bohnen, Kapuzinerkresse unter Obstbäume und Beerensträucher, Lavendel zu Rosen und Margeriten pflanzen. Gegen alle Blattläuse vorbeugend und direkt Brennnessel-Kaltwasserauszug spritzen.
Blattrandkäfer (Rüsselkäfer – *Curculionidae)* an Erbsen, Bohnen	Mit Schachtelhalmjauche besprühen.
Blutläuse (Blasenläuse – *Eriosomatidae*) braune Läuse, unter weißen wolligen Wachsausscheidungen verborgen, verursachen Rindenschäden und Wucherungen bei Apfelbäumen, Birnbäumen, Weißdorn, Rosen.	Natürliche Feinde (Schlupf- und Blutlauszehrwespe [Blutlausparasit]) schonen. Kapuzinerkresse unter Bäume und Sträucher, Lavendel neben Rosen pflanzen. Rindenpflege; kranke Zweige ausschneiden und Ledax-Stammanstrich gebrauchen.
Drahtwürmer (Schnellkäfer – *Elateridae*) Larve des Schnellkäfers (der 14 mm lang und schwarz ist), weißgelblich glänzend, 23 mm lang, bohrt sich in Wurzeln von Salat, in Rüben und Kartoffeln ein.	Natürliche Feinde (Maulwurf, Kröte, Spitzmaus, Laufkäfer, Vögel) schonen. Boden locker halten, Kalk nach reichlich Gründüngung zugeben. Salatpflanzen als Fangpflanzen setzen, wenn sie bei Befall welken, Würmer fangen, halbierte Kartoffeln und Möhren als „Fallen" auf den Boden aufdrücken. Drahtwürmer ablesen.
Erbsenwickler (Wickler – *Tortricidae*) Larven von Kleinschmetterlingen fressen Gänge in Erbsenschoten, befallen auch andere Schmetterlingsblütler.	Mischkulturanbau: Erbsen, Möhren, Senf und Calendula. Aussaat früher oder später als Flugzeit und damit Eiablage des Erbsenwicklers (Frühsommer). Brennnessel-, Wermut- und Rainfarnjauche (je $^{1}/_{3}$) spritzen. Algenkalk Algomin stäuben oder streuen.
Erdbeerblütenstecher (Rüsselkäfer – *Curculionidae*) legt Eier in Knospeninneres bei Erdbeeren, Himbeeren, Brombeeren, Rosen; die Knospen fallen ab.	Im Frühling mit Farnkraut mulchen; nach der Ernte Rainfarntee auf den Boden und die Pflanzen sprühen.
Erdflöhe, Flohkäfer (Blattkäfer – *Chrysomelidae*) sind 2–4 mm groß, können springen; Käfer und Larven fressen Löcher in alle Kohlarten, Rettich, Radies, Kohlrabi.	Den Boden gleichmäßig feucht halten; mulchen, reifen Kompost auf Saatbeete geben. Mischkultur: Kopfsalat / Rettich, Radies / Kohlrabi, Tomaten / Kohl, Wermut / Kohl, Möhren.
Erdraupen (Eulen – *Noctuidae*) schmutzig grau-rot-grünlich gefärbte Raupen des Wintersaateulenfalters (der Kohl- und Salateule), sind tagsüber zusammengerollt, fressen nachts an Setz-	Vorbeugend: ständige Bodenbedeckung und Mischkultur; bei konsequentem biologischen Anbau können, bedingt durch die Arbeit der Bodenbakterien, die Eier der Falter sich nicht entwickeln.

Schädling und Schaden	Maßnahmen
lingen von Kohl und Salat, an Erdbeeren, Radieschen, Spinat, Kartoffeln, Sellerie.	Bei Befall Schmetterlinge in Fruchtsaftfallen fangen, Köder für Raupen: 200 g Spruzit, 400 ml Wasser, 200 g Weizenkleie, 20 g Zucker.
Kleiner Frostspanner (Spanner – *Geometridae*) grünlich-bräunliche Räupchen, deren „Katzenbuckel"-Fortbewegung man beobachten kann, von gelblich-bräunlichen kleinen Schmetterlingen; fressen die Blättchen bei allen Obstarten ab.	Leimringe um den Stamm fangen die flügellosen Weibchen, die in die Baumkrone hinaufwandern. Der Bacillus thuringiensis (in Dipel) tötet die Raupen.
Gespinstmotte *(Yponomeutidae)* Die Raupen fressen Laub, Knospen und Blätter bei Apfel-, Pflaumen-, Quitten-, Birnbäumen. Die Gespinste finden sich über den Raupennestern als Schutz.	Natürliche Feinde (Vögel und Schlupfwespen) schonen; Weißdorn im Garten als Fangpflanze pflanzen; bei Befall Ästchen mit den besponnenen Nestern vernichten; 3–5mal alle 10 Tage mit Rainfarn- und Brennesseljauche spritzen; entgegen dem üblichen Gebrauch tags mit kaltem Wasser sprühen; Algomin- oder Gesteinsmehlgaben im Wechsel mit Spritzungen von Schachtelhalmjauche. Preicobakt-Stammanstrich; Bacillus thuringiensis nur bei starkem Befall.
Haselnußbohrer (Haselrüsselkäfer) (Rüsselkäfer – *Curculionidae*) 4–6 mm große hellbraune Käfer, die ihre Eier in die noch unreifen Nüsse ablegen.	Natürliche Feinde (Vögel, Schlupfwespen) schonen.
Kartoffelkäfer (Blattkäfer – *Chrysomelidae*) 1 cm große, oval gewölbte, rotgelbglänzende Käfer mit schwarzen Längsstreifen; Larven, rot mit schwarzen Beinen und Kopf, 5–15 mm lang, Puppen 10 mm, orangerot. Die orangegelben Eier befinden sich an der Blattunterseite. Ab Juni fressen die Larven die oberen Kartoffelblätter bis zum Stengel ab, seltener auch Tomatenpflanzen.	Natürliche Feinde: Raubwanzen. Nur widerstandsfähige Saatkartoffeln verwenden, die noch nicht mit chemischen Mitteln behandelt wurden. Mischkultur: Meerrettich und Taubnessel an den Rand der Kartoffelfläche pflanzen. Humuspflege. Bei Befall vorgekeimte Frühkartoffeln als Fangpflanzen verwenden, Käfer absammeln, zum Jaucheansatz verwenden. Larven am Vormittag mit Algomin (Algenkalk) überstäuben, Brennesseljauche spritzen. Im Notfall Pyrethrumpräparate.
Kirschfruchtfliege (Bohr- und Fruchtfliegen – *Trypetidae*) mit dreieckigem, gelbem „Schildchen", 4 schwarzen Flügelquerverbindungen, sie legt Eier an grüne und reifende Süßkirschen, die Kirschmade (5 mm) frißt das Fruchtfleich in Kernnähe, das weich wird und widerlich schmeckt, dann verläßt sie die Kirsche und verpuppt sich am Boden. Die Kirschfruchtfliege ist sehr wetterabhängig, deshalb kann sich, auch abhängig vom örtlichen Klima, die Eiablage oft über mehrere Wochen erstrecken.	Natürliche Feinde aktivieren: Vögel, da die Puppen in der obersten Bodenschicht sind. Die Rote Waldameise holt die Maden vom Kirschbaum herunter, man könnte ein Nest in den Garten bringen (Erven). Die grünen Kirschen mit Holzasche stäuben und dann nach einer Woche mit Schachtelhalm- oder Brennesseljauche spritzen; die Baumscheibe mulchen; Wermuttee spritzen, da Eiablage dadurch erschwert wird (mehrfach 3 Wochen nach der Blüte). Gelbe leimbestrichene Tafeln (DIN A 4) als Fallen aufhängen. Als direkte Maßnahme Schachtelhalmjauche spritzen. Pyrethrummittel nur im äußersten Notfall.

Farbtafel 7: Krokus in natürlicher Umgebung, den Überresten der Mulchschicht.

Schädling und Schaden	Maßnahmen
Kohlfliege (Blumenfliegen – *Anthomyidae*) Maden fressen an den Wurzeln und am Stengel von Kohlgewächsen und Rettichen, die Blätter fallen ab.	Mischkultur mit Tomaten. Während der Flugzeit der Kohlfliege (Ende April – Anfang Mai) nicht pflanzen; die bepflanzte Fläche mit Algomin, Steinmehl, Holzasche bestreuen; Kräuterauszüge geben (Schachtelhalm oder Brennessel 1:10). Kranke Pflanzen vernichten.
Kohldrehherzgallmücke (Gallmücken – *Cecidomyiidae*) Bei allen Kohlsorten verformen sich die Blätter und faulen. Es entstehen die typischen Gallen.	Mischkultur mit Tomaten, aber beim Pflanzen die Flugzeit der Mücke (Ende Mai – Anfang Juni) beachten; die Fläche mit Algomin (Algenkalk) behandeln.
Kohlweißling (Weißlinge – *Pieridae*) Große (Spannweite 6 cm) und kleinere (Spannweite 4 cm) Schmetterlinge in weißlicher Färbung mit schwarzer Vorderflügelspitze. Die Raupen des Großen (graugrün, gelb, gelbe Längsstreifen) und Kleinen Kohlweißlings (mattgrün mit helleren Längsstreifen) fressen alle Kreuzblütler.	Natürliche Feinde (Schlupfwespen) schonen. Dill, Hanf, Tomaten zwischen den Kohl und die anderen Kreuzblütler anbauen, ebenso Sellerie, Porree, Salbei, Rosmarin, Thymian, Pfefferminze, Beifuß; Bodenbedeckung mit Ligusterschnitt. Eier und Raupen absuchen und töten. Spritzen auch vorbeugend mit 3%igem Wermuttee tötet die Raupen ab.
Lauchmotte (Porreefliege) (Kleinschmetterlinge – *Acrolepidae*) Die Larve frißt die Blätter und das Innere der Pflanze.	Mischkultur mit Möhren und Petersilie, Sellerie; Schachtelhalmtee, Rainfarntee spritzen. Algomin und Luzian-Steinmehl stäuben, Hornkieselpräparat stärkt die Widerstandskraft; Larven vernichten.
Maulwurfsgrille, Erdkrebs, Werre (Maulwurfsgrillen – *Gryllotalpidae*) heuschreckenartig, bis 5 cm groß, bräunlich, mit Grabschaufeln ausgestattet; lebt in einem Labyrinth kreuz und quer verlaufender Gänge fast direkt (5–10 cm) unter der Erdoberfläche, bildet Höhlen, dort Eiablage (200–300); überwintert als Larve in ca. 30 cm Tiefe. Die Maulwurfsgrille frißt zwar auch andere Schädlinge, Insektenlarven, Drahtwürmer, Schmetterlingspuppen, jedoch auch die Wurzeln von Früh- und Saatbeetpflanzen; Zeichen: Pflanzen welken. Oft finden sich faustgroße, klumpige Nester.	Natürliche Feinde: Spitzmaus, Star, Amsel, Katze, Ringelnatter, Maulwurf, sogar der Hund. Mitte bis Ende Juni kann man Maulwurfsgrillen fangen durch bodeneben eingelassene Fallen (z. B. Blumentöpfe); im Herbst in kleinen „Komposthaufen" aus Erde und Pferdemist; außerdem das ganze Jahr über in den Gängen, aus denen man die Nester herausholen sollte.
Möhrenfliege (Nacktfliegen – *Psilidae*) der Stubenfliege ähnlich, sie legt 40–100 Eier in Pflanzenblätter oder in den Boden; 2–3 Generationen gibt es pro Jahr, von denen eine im Winter im Boden verpuppt ist. Die Maden fressen Möhren, Karotten, Pastinaken, Petersilie, Sellerie; die Blätter verfärben sich dann rötlichgelb, die Sellerieknolle bläulich. Schwärzliche Fraßgänge, übler Geruch.	Zwiebeln und Lauch vertreiben die Möhrenfliege: deshalb Zwiebeln, Lauch, Knoblauch mit Möhren, Pastinaken, Sellerie, Petersilie in Mischkultur anbauen, Dill und Thymian beisäen. Keinen frischen, unverrotteten Dünger geben, nur gut ausgereiften Kompost; auf offene windige Lage achten, Luzian-Steinmehl und Algomin in die Aussaatreihen streuen. Neben einer frühen Möhrenaussaat im Frühjahr noch ein zweites Mal im Herbst aussäen (September – Ende November). Bei Befall mit Wermuttee, Knoblauch-Zwiebel-Brühe überbrausen. Etermut alle 2–3 Wochen streuen.

Farbtafel 8: Blick in eine Jauchetonne mit Brennesseljauche.

Schädling und Schaden	Maßnahmen
Nematoden (Wurzelälchen) (Fadenwürmer – *Nematodes*) Sie sind außerordentlich wichtig, weil sie die rottende organische Substanz im Boden bearbeiten und so wesentlich zur Humusbildung beitragen. Ihre Gegner, die Fangpilze (40–50 Arten), die sie in Grenzen halten, sterben bei Salzdüngung und Bodenbehandlung mit Chemikalien, worauf sich die Nematoden ausbreiten und geschwächte Pflanzen befallen.	Auf jeden Fall Bodenbakterien (Pilze) schützen und aktivieren durch ungiftigen, organischen, aber auf keinen Fall frischen, unverrotteten Dünger, konstante Bodenbedeckung. Eco-Vital, Luzian-Steinmehl (40 kg auf 100 m²), Algomin (15 kg auf 100 m²), Meerwunder im Herbst und Frühjahr ausbringen. Darauf Rückgang der Nematoden bis zu 80%. Kamille, Tagetes, Calendula und Senf einsäen.
Rote Spinne s. Spinnmilben	
Sägewespe, Obstwespe (Pflanzenwespen – *Symphyta*) Das Weibchen hat einen sägeartigen Legebohrer, legt Eier in die abgehenden Blüten; die schmutzigweißen Larven zerfressen Früchte von innen und Blätter bei Pflaumen und Äpfeln.	Natürliche Feinde: Schwalben, Meisen, Schlupfwespen, Raubwanzen. Bei Befall Rainfarnbrühe und ein Quassiapräparat mehrfach nach dem Abfallen der Blütenblätter im Abstand von einer Woche, dann 3 Wochen, spritzen.
Schildläuse *(Coccina)* Speichel bewirkt Stoffwechselveränderungen in der Pflanze bis zum Welken, Absterben; Schmierläuse übertragen Viren; sichtbarer Schaden bei Apfel-, Birn-, Pfirsichbäumen, Rosen, kurz bei Roseaceae, Krusten aus den Schildern.	Natürliche Feinde: Marienkäfer, Schlupfwespen. Rinde bürsten, Preicobakt-Stammanstrich. Bei Rosen Läuse vernichten.
Schnecken Nacktschnecken vermehren sich sehr stark; sie fressen zarte Pflanzen aus Saat- und Salatbeeten, auch Zierpflanzen (Dahlien, Tagetes) ab. Gehäuseschnecken fressen verrottete Substanzen, Asseln, Eier der Nacktschnecken.	Für luftigen Stand sorgen und natürliche Feinde (wie Kröten, Eidechsen, Stare, Amseln, Spitzmäuse, Igel) schonen. Petersilie anpflanzen. Kapuzinerkresse und Senf zu Dahlien pflanzen, Knoblauch, Salbei, Senf, Thymian, Zwiebel anpflanzen. Geschnittene Farnkräuter auslegen, mit Farnkrautlösung spritzen. Schnecken auf der Unterseite von angefeuchteten Brettern, Kohlblättern, Kartoffelscheiben usw. aufsammeln. Meerrettichstauden als Fangpflanzen setzen. Holzwolleballen auslegen für die Eiablage der Schnecken und absammeln. Algenkalk, Steinmehl, Sägemehl hemmt die Bewegung der Schnecke. Schnecken kann man auf Jahre vertreiben, wenn man einige Tiere mit heißem Wasser überbrüht (60 pro 8 l), einige Tage stehenläßt, durchrührt und die Flüssigkeit auf die Beete sprüht. Eingesammelte Tiere könnte man in Naturumgebung zurücktun; nie mit Salz töten (Tierquälerei). Im Handel ist ein leicht elektrisch geladener Schneckenzaun als Frühbeetumrandung erhältlich. Daß Schnecken Bier mögen – und darin ertrinken – hat zur im Handel erhältlichen Schneckenfalle mit Dach (damit der Regen das Bier nicht verdünnt) geführt.

Schädling und Schaden	Maßnahmen
Spinnmilbe *(Tetranychus urticae)* Nur 0,5 mm, gelb, grünlich, bräunlich, in der Winterruhe intensiv orangerot, daher der Name Rote Spinne; Entwicklungsdauer einer Generation 24 Tage, überwintert in Fugen, Ritzen des Gewächshauses. Schäden an den Blättern (Unterseite) bei Gurken, Stangenbohnen, Tomaten, Paprika im Gewächshaus (Rote Spinne oder Gemeine Spinnmilbe), bei Apfel- und Pflaumenbäumen (Obstbaum-Spinnmilbe). Das Laub wird fahl, gelbbräunlich, mit feinen Gespinsten weißlicher Häutungsreste, die Gesundheit der Pflanze ist gefährdet; auch der Fruchtansatz.	Natürliche Feinde: Raubwanzen; Raubmilben, die von Spezialbetrieben, z. B. in Holland, auf Buschbohnen gezüchtet und versandt werden, zum Einsatz im Gewächshaus für Gurken-, Tomaten-, Paprika-, Bohnenanbau. Diese schwefelempfindlichen natürlichen Feinde kann man durch biologische Pflanzen- und Bodenpflege schonen. Im Obstanbau Bekämpfung der empfindlichen Spinnmilben durch Spritzen mit kaltem Wasser bei Sonnenlicht. Bei Befall alle 5 Tage Zwiebelschalenbrühe sprühen; mit Schachtelhalm-Rainfarn-Wermut-Brühe arbeiten (auch bei Erdbeerspinnmilben); bei stärkerem Befall auch Preicobakt (100 g auf 5 l Wasser) und Brennnesseljauche spritzen. Rindenpflege mit Preicobakt-Stammanstrich.
Weiße Fliege (Mottenläuse – *Aleyrodidae*) weiß, winzig, 2–4 mm; gelbgrüne Larven meist in zu trockenem Gewächshaus, im Freiland bei warmen Temperaturen; das Tier produziert „Honigtau", aus dem durch Pilzbefall der Rußtau entsteht.	Im Gewächshaus für gleichmäßige Lüftung, Boden- und Luftfeuchtigkeit sorgen; Zehrwespe Encarzie; Schlupfwespe als natürlicher Feind parasitiert die Weiße Fliege, wird aus Holland per Versand geschickt.
Wühlmäuse (Erdmäuse, Erdratten, Schermäuse *(Microtinae)* Die scheuen, 10-20 cm großen bräunlichen Tiere leben in einem Bau, der bis in 2 m Tiefe reicht, dessen ca. 65 m lange Gänge aber ziemlich flach unter der Erdoberfläche liegen. Das Gangsystem besteht im Gegensatz zu den gewundenen und flacheren Maulwurfsgängen aus hochovalen, schnurgeraden Röhren (ca. 7 cm hoch, 5 cm breit, 12 m lang) mit glatten Wänden, denn jedes Würzelchen wird verspeist. Wühlmäuse haben einen großen Nahrungsbedarf; sie fressen die Wurzeln von Kartoffeln, Möhren, Zwiebeln, kurz Gemüsepflanzen, Obststräuchern und -bäumchen und nagen die Baumrinde an.	Natürliche Feinde: Katzen, Wiesel, Igel, Greifvögel, Hunde mit Jagdinstinkt. Kaiserkrone und Knoblauch als Randpflanzung, Steinklee auf Baumscheiben gepflanzt, Springwolfsmilch an verschiedenen Stellen des Gartens vertreiben Wühlmäuse, ebenso stark riechende Pflanzen in den Gängen des Baues, z. B. Knoblauch, Thuja; in größeren Gärten Fangplatz mit Topinambur anlegen. Den pflanzlichen giftigen Köder Quiritox, den man in die Gänge legen muß, der die Blutgerinnung verhindert und die Tiere schmerzlos sterben läßt, vor Kindern sorgfältig verschlossen halten und nicht mit Nahrungs- und Futtermitteln zusammen aufbewahren. Will man Fallen stellen, muß man sich vergewissern, daß die Gänge von Wühlmäusen stammen und noch bewohnt sind (wenn freigelegter Gang in Kürze wieder zugewühlt wird). Gänge wieder gut verschließen und vermeiden, daß die Tiere Witterung von Menschen bekommen (Hände mit Erde anreiben, mit Handschuhen arbeiten). Da Wühlmäuse größeres Gebiet einnehmen, mit Nachbarn zusammenarbeiten.
Zwiebelfliege (Blumenfliegen – *Anthomyidae*) Ablage von 40–100 Eiern in Pflanzenblättern oder Boden, 2–3 Generationen pro Jahr, Puppen überleben im Boden, Maden fressen Zwiebeln an, Lauch, Knoblauch; Pflanze welkt.	Beim Stecken Flugzeit der Fliege (Mitte April–Mai) umgehen; frischen organischen Dünger meiden. Mischkultur mit Möhren s. Möhrenfliege; Luzian-Steinmehl über Steckzwiebeln stäuben, Rainfarn-, Wermuttee 2mal wöchentlich sprühen (vorbeugend), bei Befall: kranke Pflanzen verbrennen.

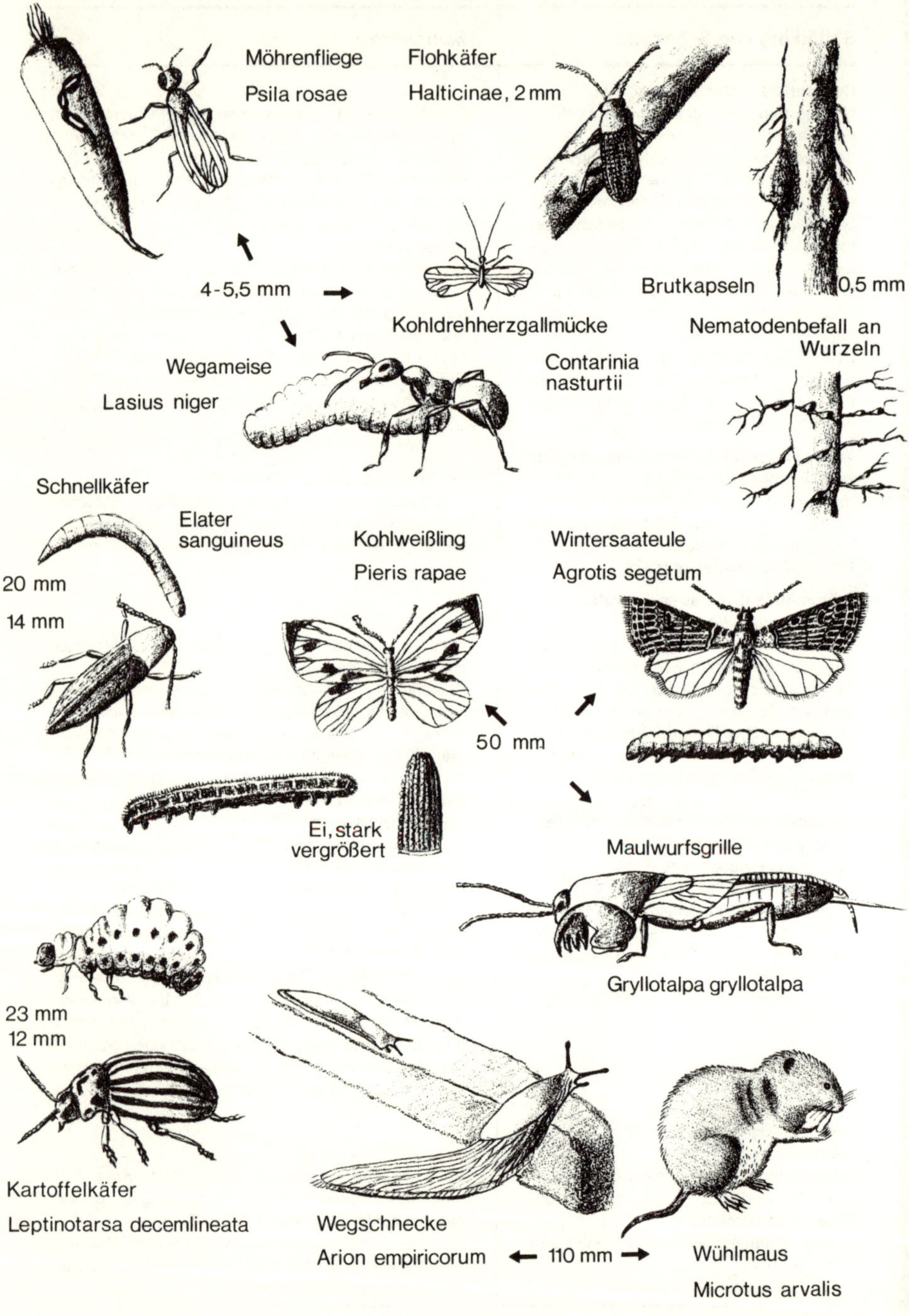
Möhrenfliege
Psila rosae
Flohkäfer
Halticinae, 2 mm
4-5,5 mm
Brutkapseln
0,5 mm
Kohldrehherzgallmücke
Nematodenbefall an Wurzeln
Wegameise
Lasius niger
Contarinia nasturtii
Schnellkäfer
Elater sanguineus
20 mm
14 mm
Kohlweißling
Pieris rapae
Wintersaateule
Agrotis segetum
50 mm
Ei, stark vergrößert
Maulwurfsgrille
Gryllotalpa gryllotalpa
23 mm
12 mm
Kartoffelkäfer
Leptinotarsa decemlineata
Wegschnecke
Arion empiricorum
110 mm
Wühlmaus
Microtus arvalis

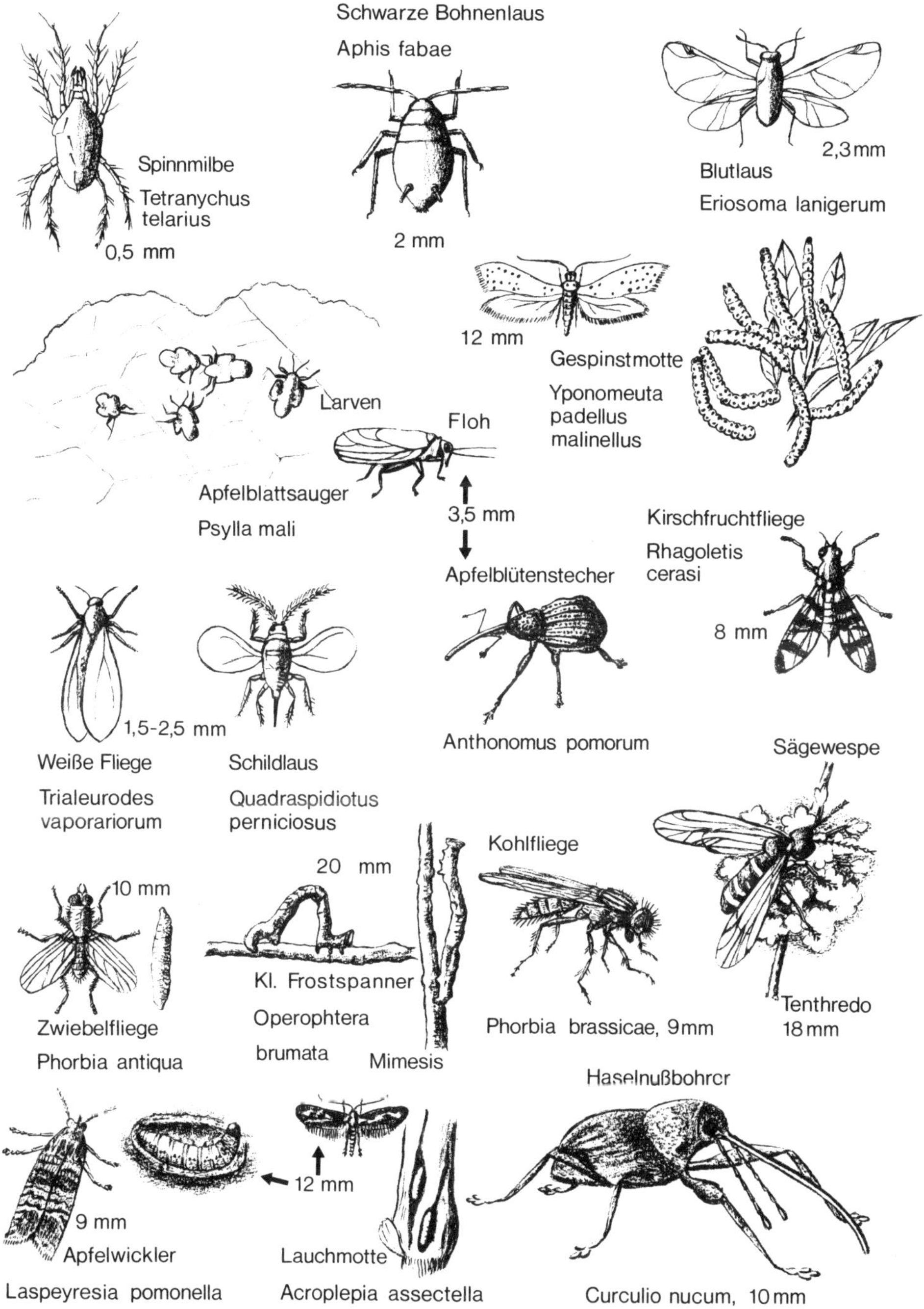
Schwarze Bohnenlaus
Aphis fabae
2 mm
Spinnmilbe
Tetranychus telarius
0,5 mm
2,3 mm
Blutlaus
Eriosoma lanigerum
12 mm
Gespinstmotte
Yponomeuta padellus malinellus
Larven
Floh
Apfelblattsauger
Psylla mali
3,5 mm
Apfelblütenstecher
Kirschfruchtfliege
Rhagoletis cerasi
8 mm
1,5-2,5 mm
Weiße Fliege
Trialeurodes vaporariorum
Schildlaus
Quadraspidiotus perniciosus
Anthonomus pomorum
Sägewespe
Kohlfliege
20 mm
10 mm
Kl. Frostspanner
Operophtera brumata
Mimesis
Phorbia brassicae, 9mm
Tenthredo 18mm
Zwiebelfliege
Phorbia antiqua
Haselnußbohrer
12 mm
9 mm
Apfelwickler
Laspeyresia pomonella
Lauchmotte
Acroplepia assectella
Curculio nucum, 10mm

Abwehr von Pflanzenkrankheiten

Pflanzenkrankheit und Schaden	Maßnahmen
Alle genannten Pflanzenkrankheiten, außer Feuerbrand, Gummifluß und der Mosaikkrankheit, sind auf Pilze zurückzuführen.	
Apfelmehltau weißlichgrauer Belag auf den Blättern.	Befallene Äste beim Winterschnitt abschneiden, befallene Triebe vor und nach der Blüte. Auf der Basis von Equisetum arvense (Ackerschachtelhalm) wurde von Cohrs nach Angaben Rudolf Steiners ein Heil- und Wildkräuterkonzentrat entwickelt: *Equisan,* das sofort gegen Pilzkrankheiten einsetzbar ist. In 50facher Verdünnung (200 ml Equisan auf 10 l Wasser) direkt spritzen mit Alginure-Schutzspray. Knoblauch, Zwiebeln, Schnittlauch unter die Bäume pflanzen.
Apfelschorf braune, teils rötliche Flecken auf Blättern und Früchten; mit Knöllchen und eingefressenen Löchern; bei feuchtem Wetter alle Sorten anfällig.	Vor der Blüte, am Ende der Blüte, je 60 g Bio-S auf 10 l Wasser für eine Spritzlösung. Mit Equisan, das auch wegen seines Kieselsäuregehaltes so pflanzenpflegend und -stärkend wirkt. Pilzvorbeugung im Frühjahr; aber auch gleich Direktbehandlung. Zeiten: vor der Blüte, am Ende der Blüte, 200 ml Equisan auf 10 l Wasser für eine Spritzlösung. Equisan kann auch bei vollem Sonnenlicht angewendet werden. Es ist für Bienen nicht schädlich.
Birnenschorf kann auch die Zweige befallen (Zweiggrind).	wie bei Apfelschorf.
Blattfleckenkrankheit befällt Sellerie und Tomaten, hellbraune Flecken auf den Blättern, trocknen ein; Teile der Pflanze sterben ab.	Baldrianblütenextrakt als genereller Pflanzenschutz; Schachtelhalmjauche bzw. Equisan sprühen, möglichst rhythmisch immer zur gleichen Tageszeit mehrfach nacheinander. Das gilt für alle Spritzungen. Befallene Pflanzenteile verbrennen.
Feuerbrand verursacht durch Bakterien; befällt neuerdings Apfel-, Birnbäume, Rot- und Weißdorn, Feuerdorn, Quitten, Ebereschen. Blätter verfärben sich, Äste gekrümmt, wie verbrannt, Blüten sind wie erstarrt. Keines der erkrankten Pflanzenteile fällt ab. Erkennbar erst im Frühjahr, wenn Bäume und Sträucher neue Blätter bekommen und blühen. Schleimtropfen an erkrankten Pflanzenteilen, später orangerot bis gelbbraun.	Kranke Pflanzen verbrennen.
Gitterrost (vgl. auch Rost) orangefarbene Flecken auf den Blättern von Birn- und Pflaumenbäumen, im Herbst	Wacholder beobachten, längliche Verdickungen herausschneiden.

Pflanzenkrankheit und Schaden	Maßnahmen
faserige „Gitter“ auf Höckern. Zwischenwirt des verursachenden Pilzes ist der Wacholder.	10 g Algifert auf 10 l Wasser, wie alle Spritzlösungen mit Alginure-Schutzspray angereichert, Schachtelhalmjauche, vor allem Equisan (200 ml auf 10 l) vorbeugend und direkt spritzen, auch auf den Wacholder, bei praller Sonne.
Grauschimmel ausgedehnter Schimmelbelag auf Blättern und Früchten bei Gurken, Salat, Erdbeeren, Himbeeren, Trauben, Beeren fallen ab.	Boden gut durchlüften (Sauzahn), auf luftigen Pflanzenabstand achten, einseitige Stickstoffdüngung meiden. Bei Erdbeeren am Morgen gießen, da späteres Gießen die Pilzbildung fördert. Knoblauch beipflanzen. Schachtelhalmjauche bzw. Equisan auch schon vorbeugend spritzen. Mengenangabe siehe oben, vorbeugend Steinmehl streuen. Mit Eco-Erdbeerspritzmittel (100 ml auf 10 l Wasser) spritzen, beeinträchtigt nicht die Qualität; evtl. mit Bio-S, Mengenangabe siehe oben.
Gummifluß hervorgerufen durch Parasiten, Bakterien, Viren, Pilze; dicke gelbe oder braune Flüssigkeit wird bald gummiartig verhärtet; evtl. auch Gummibildung im Gewebe bei Kirsch-, Aprikosen-, Pfirsich- und Pflaumenbäumen durch Beschädigung, Frost.	Gummisaft entfernen, bis auf das gesunde Holz ausschneiden, mit Lehmbrei (mit Wasser und Essig 50:50) verschmieren, nach 20 Tagen Wunde mit Kamillentee auswaschen, mit Baumwachs verschließen. Stickstoffüberdüngung vermeiden.
Johannisbeer- oder Säulchenrost (vgl. auch Rost) an der Blattunterseite bei Schwarzen Johannisbeeren und Stachelbeeren, auf Kiefern (Zwischenwirt) orangefarbene Blasen; Blätter fallen ab.	Schwarze Johannisbeeren und Stachelbeeren nicht in der Nähe von Kiefern anpflanzen; Wermut beipflanzen. Wermutbrühe, Schachtelhalmjauche oder Equisan (200 ml auf 10 l Wasser) sprühen; auch Algifert (10 g auf 10 l Wasser) spritzen.
Kartoffelschorf braune, rissige Stellen an den Knollen.	Kräftige Sorten wählen, allgemeine Bodenpflege, Schachtelhalmjauche und Equisanlösung spritzen.
Kraut- und Knollenfäule bei Kartoffeln, Tomaten, Paprika; braune Flecken auf Blättern, Stengeln, Knollen; grünlich bis schwärzlich bei Tomaten; Früchte faueln, Kraut welkt.	3- bis 4mal vor der Blüte morgens Algomin (Algenkalk) überstäuben; Brennesseljauche, Knoblauch-Zwiebelschalen-Tee spritzen; vor allem Schachtelhalmjauche oder Equisan (200 ml auf 10 l Wasser); auch Algifert 10 g auf 10 l) oder Bio-S (80 g auf 10 l).
Kohlhernie schneller Zerfall der Wurzeln bei allen Kohlsorten, Radieschen, Rettich, auch Goldlack und Levkojen, sichtbar durch ein starkes Welken der Pflanze.	Niemals Senf als Vorkultur, da Senf wie die links aufgeführten Pflanzen zur Familie der Kreuzblütler gehört; vorbeugend und direkt Schachtelhalmjauche und Equisan sprühen. Beete, auf denen Kohlhernie war, entgegen allen Gepflogenheiten umgraben, dann pro 100 m^2 25 kg Algomin, 40 kg Steinmehl im Herbst, im Frühjahr 40 kg Steinmehl und 15 kg Algomin ausbringen und in den Boden einarbeiten.

Pflanzenkrankheit und Schaden	Maßnahmen
Kräuselkrankheit verschiedene Kräuselungen der Blätter, die rötlichgelb verfärbt sind, mit weißlichem Belag, bei Pfirsichen und Gemüsepflanzen. Da der Pilz in den Holzkörper abwandert, gibt es nach dem Befall wieder gesundes Laub.	Bei Pfirsichen Kapuzinerkresse und Knoblauch auf die Baumscheibe pflanzen, Kartoffeln mit Wermut, Rüben, Möhren mit Zwiebeln und Tomaten anbauen; schon im Herbst Schachtelhalmtee und Brennesseljauche vorbeugend spritzen, ebenfalls Algifert (10 g auf 10 l) oder wiederum Equisa-Lösung (200 ml auf 10 l Wasser).
Mehltau, Echter auf den Blättern mehliger Belag auch bei trockenem Wetter. Bei Gurken, Aprikosen, Pfirsichen, Erdbeeren, Stachelbeeren, Reben, Rosen, Astern, Rittersporn, Phlox.	Engpflanzung vermeiden, lüften, kräftige Sorten wählen. Knoblauch, Zwiebeln, Schnittlauch unter Obstbäume, zwischen Sträucher und Stauden pflanzen. Mit Algomin überstäuben, Algifert (10 g auf 10 l) mit Alginure-Schutzspray spritzen, Schachtelhalmtee oder Equisan-Lösung (200 ml auf 10 l Wasser) spritzen.
Mehltau, Falscher in nassen Jahren weißlichgrauer Belag auf der Blattoberseite, weiß-grauviolett auf der Unterseite, bei Kohl, Spinat, Zwiebeln, Salat, Reben; die Blattspitzen sterben ab.	Engpflanzung vermeiden, gut durchlüften, Feuchtlagen vermeiden, Boden lockern, kräftige Sorten wählen. Algomin stäuben, Algifert mit Alginure-Schutzspray, Brennesseljauche, Schachtelhalmtee oder Equisan-Lösung (200 ml auf 10 l) vorbeugend und bei Befall.
Monilia Zweige sowie Früchte mit gelblichbräunlichen Ringen trocknen ein (mumifiziert), bei fast allen Obstsorten.	Obstbäume mit Meerrettich unterpflanzen; für reichen Humusgehalt des Bodens sorgen (Regenwurmtätigkeit). Artanax mit Alginure-Schutzspray sprühen, ebenfalls Schachtelhalmjauchegaben vorbeugend, Equisan-Spritzlösung (200 ml auf 10 l) vorbeugend und bei Befall. Nach dem Blattfall, vor dem Spritzen im Herbst, Bäume von dürren Ästen, Wasserschossen und Fruchtmumien befreien.
Mosaikkrankheit durch Viren hervorgerufene fleckige, mosaikartige Verfärbung der Blätter, verbunden mit Formveränderungen, Kräuselungen, bei Blumenkohl, Bohnen, Gurken, Kartoffeln, Kürbis, Melonen, Zucchini.	Blattläuse abwehren, da sie die Viren übertragen; mit Brennessel-, Rainfarn-, Wermut- und Kamillebrühe spritzen (14tägig im Wechsel), kranke Pflanzen verbrennen.
Rost Rotfärbung entsteht durch rötliche Sporenhäufchen bei Erbsen, Bohnen, Sellerie, Spargel.	Ab Mitte Juni regelmäßig Schachtelhalm-Wermut-Jauche (10:1) spritzen; 14tägig bis 3wöchig Algifert (10 g auf 10 l) spritzen, ebenso Equisan (200 ml auf 10 l); kranke Blätter vernichten.
Rußtau schwärzlicher Belag entsteht durch Pilzbildung auf dem „Honigtau" der Blattläuse, auf den zuckerhaltigen Ausscheidungen der Weißen Fliege.	Natürliche Feinde von Läusen und Weißer Fliege schonen, vorbeugende Kaltwasser- (bei Blattläusen) und Kräuterjauchespritzung, bei Sternrußtau Senf bis 25 cm Höhe unter die Rosen säen.
Rutenkrankheit (Himbeerrutenkrankheit) rötlichviolette Flecken an den Zweigen; Zweigspitzen bei Himbeeren trocknen ein.	Für reichlich Feuchtigkeit sorgen. Stickstoffüberdüngung und Kalkgaben meiden; mit Komposterde düngen. Schachtelhalm-, Kamillen-, Brennesselbrühe (im Wechsel), Equisanlösung (200 ml auf 10 l) spritzen. Kranke Zweige verbrennen.

Der Nutzgarten

Bei der Anlage eines Gartens sind auch für den Nutzgarten einige Gesichtspunkte gleich am Anfang zu bedenken. Vor allem muß man sich klarmachen, was der Anbau von Gemüse und Kräutern bringen soll.

Meist stellen sich die Besitzer eines Hausgartens am Stadtrand vor, den Gemüse- und Kräuterbedarf für die Familie zumindest den Sommer über aus dem Nutzgarten zu decken. Da für eine Person in gemäßigtem Klima eine Fläche von etwa 20 m^2 zu diesem Zweck nötig ist, müssen für einen 4–5-Personen-Haushalt etwa 100 m^2 Gartenfläche als Nutzgarten eingeplant werden, wenn Flachbeete angelegt werden sollen.

Die Ausnutzung erhöht sich bei Anlage von Hügel- und Hochbeeten, von denen gegenüber einem Flachbeet mehrfache Erträge erwartet werden können. Dabei ist zu bedenken, daß Hügel- und Hochbeete bei der Anlage Zeit erfordern und außerdem eine Menge Material, das vor allem bei der Neuanlage eines Nutzgartens nicht immer ohne größeren Aufwand zur Verfügung steht.

In rauheren Lagen ist durch späte Bodenerwärmung im Frühling und frühe Nachtfröste im Herbst der Einsatz von Frühbeeten, Folientunneln und Glashäusern nötig, will man nicht nur in wenigen Sommermonaten zu selbstgezogenem Gemüse kommen.

Wer sich das ganze Jahr über aus dem eigenen Garten versorgen will, ist auch in gemäßigtem Klima und in günstigen Lagen auf Frühbeete, Folientunnel und ein Glashaus angewiesen.

Das *Kräuterbeet* sollte möglichst nah am Haus und leicht erreichbar von der Küche angelegt werden. So können bei jeder Witterung Kräuter für den täglichen Speisezettel aus dem Garten geholt werden.

Ein Lageplan ist auf jeden Fall für den Nutzgarten dienlich. Dabei sollten die Beete nicht breiter als 1,20 m sein, damit sie auch in der Mitte bequem bearbeitet werden können. Zwischen den Beeten sind Wege von wenigstens 30 cm Breite nötig. Die Wege sind aus vielerlei Gründen mit Ziegeln, Kunststeinplatten oder Naturstein zu belegen, die in einem Sandbett verlegt werden.

Man kann dann auch bei regnerischem Wetter an die Beete heran, ohne sich die Schuhe zu sehr zu beschmutzen, und außerdem gibt es auf solchen Wegen kein Unkraut. Auch der Samenflug von einem Beet zum anderen wird weitgehend unterbunden, wodurch weniger Unkraut von einem Beet zum anderen gelangt. Wurzelausläufer, von Quecken und Gundermann beispielsweise, werden durch Wege, die belegt sind, am Weiterwachsen gehindert.

Am preiswertesten sind mit den Füßen festgestampfte Wege, ob sie allerdings auf die Dauer nicht doch teurer sind, wenn ständig Unkraut beseitigt werden muß, ist zu überlegen.

Eternitplatten (Asbestzement) sind nach den neuesten Erkenntnissen gerade für Wege zwischen Gemüsebeeten nicht vorteilhaft, da sich herausgestellt hat, daß Asbest nicht nur bei der Herstellung, sondern auch während des Gebrauchs durch Abrieb ständig winzige Fasern abgibt, die sich immer weiter teilen können und mit der Atemluft in die Lunge eindringen.

Die Eternitplatten sind von der Form her sehr praktisch, da sie in U-Form zu haben sind und so die Wege zwischen den Beeten vor Erde schützen. Man kann sich jedoch auch ohne Eternitplatten helfen, indem man an den Beetkanten die gleichen Platten, die man auf die Wege legt, senkrecht stellt und teilweise in die Erde versenkt. Auch Bordsteine lassen sich so verwenden. Genausogut lassen sich Mauerwinkel gebrauchen. Dann bleiben die Plattenwege auch sauber. Der Arbeitsaufwand ist allerdings größer als bei u-förmigen Platten.

Die Länge der Beete richtet sich nach den Raumverhältnissen und den Wünschen der Gartenbesitzer. Wer von einer Sorte Gemüse viel ernten will, braucht lange Beete, wer von dem Gemüse etwas auf kleinem Raum haben will, wählt wegen der Übersicht eher kurze

Beete. Auch die Länge von Folientunneln oder Frühbeetkästen kann bestimmend für die Länge von Beeten sein.
Hat der Nutzgarten Hanglage, so legt man die Beete mit der Länge quer zum Hang an. Dabei bildet jedes Beet eine Terrassenstufe. Die obere Beetkante schließt sich flach an den Weg an, die untere ist hoch und braucht eine Abstützung durch senkrecht gestellte Platten oder Bretter. Ordnet man die Beete mit der Länge den Hang hinunter, dann sammeln sich die Nährstoffe unten, während der obere Teil der Beete immer nährstoffärmer wird.
Für *Hügelbeete* ist die Länge der Beete in Nord-Süd-Richtung einzuplanen. Ist Fruchtwechsel vorgesehen, teilt man die Beete durch schubkarrenbreite sich kreuzende Hauptwege möglichst in 4 Abteilungen, so daß die Stark-, Mittel- und Schwachzehrer jedes Jahr das Quartier wechseln. Das übrigbleibende Beetviertel bleibt den standorttreuen Pflanzen wie Erdbeeren, Tomaten und Rhabarber vorbehalten. Bei der Fruchtfolge wird am Anfang für Starkzehrer ein Quartier vorbereitet, auf dem im nächsten Jahr die Mittelzehrer und im dritten Jahr die Schwachzehrer stehen. Erst danach wird frisch gedüngt.
Der Nutzgarten ist wie der übrige Garten von einer schützenden Hecke umgeben. Auch gegen den Ziergarten kann der Nutzgarten nochmals mit Sträuchern abgegrenzt sein. Allerdings dürfen die Sträucher die Gemüsebeete nicht beschatten. Es darf keine kühle, feuchte, stickige Ecke entstehen. Die Hecken sollen für ein windgeschütztes, warmes Kleinklima voller Sonnenschein sorgen.

Bodenvorbereitung

Für die Bearbeitung des Bodens der Gemüsebeete wird am vorteilhaftesten der Sauzahn oder der aus dem Sauzahn entwickelte Grubbi verwendet. Beide Geräte lockern den Boden verhältnismäßig tief, indem man sie durch die Erde zieht, ohne die Bodenorganismen in ihrer Arbeit zu stören. Die Grabegabel wirkt nicht ganz so tief.
Um den Boden noch tiefer zu lockern, sät man tiefwurzelnde Gründüngungspflanzen wie Lupinen oder Ölrettich. Man kann sie nach der Anlage der Beete vom Frühjahr bis Anfang September einsäen. Die Lupinen bevorzugen Sandboden oder lehmigen Sand und einen schwach sauren Boden, gedeihen aber auch noch bei einem neutralen pH-Wert von 6 oder 7, wenn der Boden genügend Sand enthält. Ölrettich sollte nicht als Vorfrucht von Kohlsorten gesät werden, weil Ölrettich wie Kohl zu den Kreuzblütlern gehört und die gleichen Nährstoffe braucht. Er liebt mittelschwere Böden mit neutralen oder schwach alkalischen pH-Werten.
Wenn es möglich ist, sollten Gemüsebeete im Herbst vorbereitet werden.
Alle Beete erhalten eine etwa 2–3 cm dicke Schicht Mulchkompost. Die Beete, auf denen im nächsten Jahr Starkzehrer gezogen werden sollen, erhalten je nach Bodenzustand und Bedarf der Pflanzen organischen Dünger. Dafür eignen sich getrockneter Rinderdung, Stallatico, echter Guano, gut verrotteter Mist oder ein Gemisch aus Blut-, Horn- und Knochenmehl. Diese Dünger sind spätestens 3–4 Wochen vor der Aussaat oder der Bepflanzung zu geben.
Die Beete für Mittelzehrer erhalten im Herbst eine Gabe grobe Hornspäne oder Blut-, Horn- und Knochenmehl. Schwachzehrer kommen gut mit der Kompostgabe, Gründüngung oder der Mulchschicht aus. Kräuter dürfen nur reifen Kompost haben.

Nährstoffbedürfnis der wichtigsten Gemüse

Anzahl der Reihen auf einem Normalbeet von 1,20 m Breite und Abstand in der Reihe

Gemüse	Anzahl der Reihen	Abstand in der Reihe in cm
Starkzehrer		
Blumenkohl (früh)	3	60
Blumenkohl (spät)	2	70
Brokkoli	2	40
Gurken	1 auf Hügel	30
Kohlrabi (früh)	5	20
Rotkohl	3	50
Sellerie	3	50
Weißkohl	3	50
Wirsing	3	60
Mittelmäßig zehrende Pflanzen		
Endiviensalat	4	40
Kohlrabi (spät)	4	30
Kopfsalat	4	25
Knoblauch	6	10
Lauch (Porree)	5	15
Mangold (Blatt-)	4	vereinzeln
Mangold (Stiel-)	3	30
Möhren	4	vereinzeln
Radieschen	5	vereinzeln
Rettich	5	vereinzeln
Rosenkohl	3	70
rote Bete (Rübe, Randen)	4	10
Spinat	6	dicht
Tomaten	2	80
Zuckermais	2	50
Zwiebeln	5	10
Schwachzehrer		
Feldsalat (Rapunzel)	6	10
Grünkohl	3	60
Mairüben	4	vereinzeln
Kräuter (z. B. Petersilie, Schnittlauch)	6	dicht
Pastinake	4	vereinzeln
Bodenschonende, anspruchslose Pflanzen		
Buschbohnen	2	5
Erbsen	3	3
Gartenkresse	dicht über das ganze Beetstück aussäen oder als Zwischensaat in Reihen	
Puffbohnen	3	10
Stangenbohnen	2	60 (8–10 Bohnen um jede Stange)

Botanische Familien der Nutzpflanzen

Wie alle Kulturpflanzen sind auch die Gemüsearten von Menschen durch Züchtung vor langer Zeit aus Wildpflanzen geschaffen worden. Die verschiedenen Gemüsearten waren nicht gleich bei den ersten Züchtungen so wie heute. Durch lange Entwicklungszeiträume, in denen durch Kreuzung immer wieder erwünschte Eigenschaften bei den Kulturpflanzen verstärkt wurden, entstanden auch die heutigen Gemüse, deren züchterische Veränderungen auch in Zukunft weitergehen. Dadurch entfernen sich die Kulturpflanzen in ihrem Aussehen, ihren Eigenschaften und ihrer Qualität immer mehr von ihren Vorfahren. Wie die Wildpflanzen gehören die Gemüse bestimmten botanischen Familien an.

Botanische Familie	**Gemüsepflanzen, Obst und Gartenkräuter**
Baldriangewächse, Valerianaceae	Baldrian, Feldsalat
Doldengewächse, Umbelliferae	Anis, Dill, Fenchel, Kerbel, Koriander, Kümmel, Liebstöckel, Möhre, Pastinak, Petersilie, Sellerie
Gänsefußgewächse, Chenopodiaceae	Mangold, rote Bete, Spinat, Zuckerrübe
Knöterichgewächse, Polygonaceae	Gemüseampfer, Rhabarber
Korbblütler, Compositae	Beifuß, Endivie, Kamille, Kopfsalat, Löwenzahn, Ringelblume, Schafgarbe, Schnittsalat, Schwarzwurzel, Sonnenblume, Topinambur
Kreuzblütler, Cruciferae	Blumenkohl, Brunnenkresse, Grünkohl, Kohlrabi, Löffelkraut, Meerrettich, Radieschen, Rettich, Rosenkohl, Rotkohl, Weißkohl, Wirsing
Kürbisgewächse, Cucurbitaceae	Gurke, Kürbis, Melone
Liliengewächse, Liliaceae	Knoblauch, Lauch, Schalotte, Schnittlauch, Spargel, Zwiebel
Lippenblütler, Labiatae	Basilikum, Bohnenkraut, Lavendel, Majoran, Melisse, Pfefferminze, Salbei, Thymian
Nachtschattengewächse, Solanaceae	Aubergine, Kartoffel, Paprika, Tomate
Rosengewächse, Rosaceae	Apfel, Aprikose, Birne, Brombeere, Erdbeere, Himbeere, Kirsche, Pfirsich, Pflaume, Quitte
Schmetterlingsblütler, Papilionaceae	Bohne, Erbse, Linse

Gurken auf einem Beet mit schwarzer Folie gezogen.

Gemüseanbau

Neben den Angaben im Aussaatkalender von Maria Thun über die günstigsten kosmischen Voraussetzungen für Säen, Pflanzen und Ernten, wobei die Termine sich von Jahr zu Jahr verschieben, sind noch andere Gegebenheiten zu berücksichtigen, die es ermöglichen, auf kleinstem Raum reiche Ernte zu halten.
So brauchen beispielsweise die verschiedenen Pflanzen unterschiedliche Mengen, aber auch verschiedene Nährstoffe. Das kann man sich zunutze machen. Andererseits scheiden Pflanzen auch bestimmte Stoffe aus, mit denen sie den Boden selbst düngen. So steigern wachsende Möhren und Kohlrabi zum Beispiel den Phosphorgehalt im Boden. Auch die Erfahrungen von Gärtnern und Landwirten aus der Praxis über Ausscheidungen aus Wurzeln, Stengeln, Blättern und Blüten von bestimmten Pflanzen, durch die andere Pflanzen gefördert werden, kann man in seinen Aufbauplan aufnehmen.
Diese Ausscheidungen nennt man Phytonzide. Sie wirken sowohl auf Nachbarpflanzen als auch auf eine Reihe von Schädlingen hemmend oder fördernd. Jeder hat schon die Erfahrung gemacht, daß verschiedene Schnittblumen sich in einer Vase nicht vertragen.
Bekannt ist die verheerende Wirkung der Tagetes auf Nematoden und parasitäre Pilze. Auch sie beruht auf der Ausscheidung von Phytonziden aus den Wurzeln der Tagetes.
Die alten Erfahrungen, die unter Bauern und Gärtnern schon seit Jahrzehnten, oft sogar Jahrhunderten, bekannt sind, wurden erst in diesem Jahrhundert von der Naturwissenschaft bestätigt. Besonders russische Forscher haben in dieser Richtung hervorragende Arbeit geleistet. Es lohnt sich immer noch, die eigene Beobachtungsgabe zu schulen, denn es werden sich sicher noch viele neue Erkenntnisse auf diesem Gebiet ergeben.

Pflanzen verhindern Krankheiten und Schädlingsbefall

Krankheit	Heilende Pflanze	Gesundende Pflanzengemeinschaft
Johannisbeerrost	Wermut	Johannisbeersträucher und vereinzelt Wermut.
Mehltau	Koblauch, Zwiebeln, Schnittlauch, Schalotten	einige dieser Liliengewächse zwischen Erdbeeren, Rosen, Stachelbeeren und unter Obstbäume.
Kohlhernie	Senf	Kohl (alle Sorten) in Boden setzen, in den vorher Senf eingesät war, dessen Wurzeln noch im Boden sind. Oberirdische Teile des Senfs als Mulchdecke liegenlassen. Senf fördert auch alle anderen Gemüse.
Sternrußtau	Senf	Senf unter Rosen, nicht höher als 25 cm werden lassen, dann ausreißen oder abschneiden und als Mulchdecke liegenlassen, eventuell nachsäen.
Monilia	Meerrettich	Kirschbäume mit Meerrettich unterpflanzen.

Schädling	Befall verhindernde Pflanze	Sich fördernde Pflanzengemeinschaften
Ameisen	Feldsalat, Gartenkresse, Holunder, Kapuzinerkresse, Lavendel, Rainfarn	Kapuzinerkresse unter Rosen, Lavendel neben Rosen.
Blattläuse Blutläuse	Bohnenkraut, Gartenkresse, Kapuzinerkresse, Lavendel	Bohnenkraut neben Bohnen, Gartenkresse neben Brokkoli. Kapuzinerkresse unter Obstbäumen und Beerensträuchern. Lavendel neben Rosen und Margeriten.
Erdflöhe	Pfefferminze, Wermut, Tomaten	Tomaten zwischen Schnittsalat und Gurken.
Fliegen	Basilikum, Rainfarn, Walnußbaum	Walnußbaum in der Nähe von Sitzecken und Terrassen.
Kartoffelkäfer	Meerrettich, Taubnessel	Meerrettich und Taubnessel am Rand von Kartoffeln.
Kohlweißling	Dill, Hanf, Tomaten, Salbei, Rosmarin, Thymian, Pfefferminze, Beifuß, Sellerie, Porree	Dill, Hanf oder Tomaten zwischen Kohl. Sellerie und Porree mit Blumenkohl.
Lauchmotte	Petersilie	Petersilie zwischen Porree.
Mäuse Wühlmäuse	Hundszunge, Kaiserkrone, Knoblauch, Springwolfsmilch, Steinklee, Zwiebeln	Kaiserkrone als Randpflanzung. Knoblauch am Rand von Hügelbeeten. Springwolfsmilch an einige Stellen im Garten. Steinklee auf Baumscheiben.
Möhrenfliege	Dill, Salbei, Zwiebeln	Dill als Beisaat zu Möhrensaat. Möhren und Zwiebel als Mischkultur.
Nematoden (Wurzelälchen)	Calendula, Senf, Tagetes	Rand- oder Unterpflanzung von Rosen, Tomaten, Kartoffeln und anderen Stauden.
Schnecken	Kapuzinerkresse, Knoblauch, Salbei, Senf, Thymian, Zwiebeln	Kapuzinerkresse und Senf zu Dahlien, die verschiedenen aufgeführten Kräuter zu Gemüsepflanzungen.
Zwiebelfliege	Möhren	Möhren zusammen mit Zwiebeln.

Mischkultur

Wer schon ein wenig Erfahrung im Anbau von Gemüse hat, kann mit Mischkulturen auf kleinem Raum größere Ernten erreichen, die noch eine Steigerung erfahren, wenn er die Pflanzen so zusammenstellt, daß sie sich gegenseitig fördern. Dabei muß auch beachtet werden, daß sich die äußeren Formen der Gemüsepflanzen ergänzen und eine Pflanzenart bereits geerntet werden kann, wenn die andere anfängt, sich zu ihrer vollen Größe zu entwickeln.

Beliebt sind in jedem Garten Erdbeeren. Hat man sie allein auf einem Beet, hat man auf das ganze Jahr verteilt nicht sehr viel zu ernten. In einer Gemeinschaft mit anderen Pflanzen erntet man fast das ganze Jahr über von diesem einen Beet und fördert den Wuchs der Erdbeeren dazu.

Als Vorfrucht für Erdbeeren eignen sich frühe Buschbohnen, die eine gute Bodengare hinterlassen, Mitte Mai ausgesät werden können und im August das Beet für die Erdbeeren freimachen, gerade dann, wenn die günstigste Zeit zum Pflanzen von Erdbeeren ist.

Schon 3 Wochen vor der Bepflanzung sollte reichlich reifer Kompost bereitgestellt werden können, dem man schon zu dieser Zeit getrockneten Rinderdung oder einen Spezialdünger für Erdbeeren oder auch Blut-, Horn- und Knochenmehl beimischt. Man kann diesen mit Dünger aufgesetzten Kompost irgendwo ruhen lassen.

Wenn die Bohnen abgeerntet sind, kommt reichlich Kompost auf das Beet, dem noch etwas Basaltmehl untergemischt werden kann. Auf einem 1,20 m breiten Beet pflanzt man 2 Reihen

Krachsalat und Kohlrabi als Gemüsemischkultur.

Erdbeeren in einem Reihenabstand von 50 cm. Die Erdbeerstauden sollen in der Reihe einen Abstand von 25–30 cm haben. Die Pflanzen werden entweder 15–20 Minuten mit SPS behandelt oder die Wurzeln kurz in Alginure-Wurzel-Dip getaucht. Diese vorbeugende Maßnahme schützt die Erdbeeren nicht nur weitgehend gegen die Erdbeer-Fruchtfäule (Botrytis-Pilz), sondern läßt sie auch schnell anwachsen.
Sind die Erdbeeren im Pflanzloch, füllt man dieses gut mit reifem Kompost auf. Die Reihen werden noch mit einer Mulchdecke, wie sie die Erdbeeren auch an ihrem natürlichen Standort im Wald haben, versehen. Dafür eignen sich Nadelspreu, Laub und zerkleinerte Holz- und Rindenstückchen, wie man sie von Ästen erhält, die von einem Häcksler zerkleinert worden sind.
Ende August, Anfang September können noch 4 Reihen Winterspinat, 2 Reihen Radieschen und 2 Reihen Schnittsalat auf demselben Beet ausgesät werden. Dem Schnittsalat fügt man einige Samenkörner Radieschen bei, etwa alle 10 cm ein Korn. Der Schnittsalat müßte allerdings noch im August gesät werden; kommt man nicht dazu, so sät man besser statt des Schnittsalates noch 2 weitere Reihen Radieschen ein.
Die Radieschen und der Salat werden noch im Herbst geerntet. Der Spinat bleibt bis zum Frühjahr stehen. Im Frühling sät man da, wo im Herbst Salat und Radieschen standen, Gartenkresse aus. Im April wird der Spinat geerntet. Ihm können Zwiebeln folgen oder Schnittlauch. Da, wo vorher Schnittsalat wuchs, kann jetzt Spinat gesät werden, auf die vorjährigen Spinatreihen kommen Radieschen.

Pflanzen, die sich gegenseitig fördern

Bohnen (alle Arten) – Bohnenkraut, Gurken, Kartoffeln, Kohl (alle Arten), Kopfsalat, Mais, Möhren (Karotten), Porree, rote Bete, Schnittsalat, Sellerie, Tomaten

Brokkoli – Gartenkresse, Sellerie

Chicorée – Fenchel, Kopfsalat, Möhren, Tomaten

dicke Bohnen (Sau-, Pferdebohnen) – Kartoffeln, Schwarzwurzeln

Endivien – Fenchel, Kohl (alle Arten) Porree, Stangenbohnen

Erbsen – Dill, Fenchel, Gurken, Kohl (alle Arten), Kopfsalat, Mais, Möhren, Zucchini

Erdbeeren – Buschbohnen, Borretsch, Gartenkresse, Knoblauch, Kopfsalat, Porree, Radieschen, Rettich, Schnittlauch, Spinat, Zwiebeln

Fenchel – Chicorée, Endivien, Erbsen, Feldsalat, Gurken, Kopfsalat, Radicchio

Gurken – Bohnen (alle Arten), Dill, Erbsen, Fenchel, Kohl (alle Arten), Kopfsalat, Koriander, Kümmel, Mais (am Beetrand oder auf dem Nachbarbeet), rote Bete, Schnittsalat, Sellerie, Zwiebeln

Kartoffeln – dicke Bohnen, Kapuzinerkresse, Knoblauch, Kohl (alle Arten), Kümmel, Mais, Meerrettich, Melde (Garten- und Wilde Melde), Pfefferminze, Spinat, Tagetes

Knoblauch – Erdbeeren, Gurken, Himbeeren, Lilien, Möhren, Obstbäume, Rosen, rote Bete, Tomaten, Tulpen

 Farbtafel 9: Tomaten (links), Krachsalat und Kohlrabi als Gemüsemischkultur (rechts).

Kohl (alle Arten) – Beifuß, Bohnen (alle Arten), Dill, Endivien, Kamille, Kartoffeln, Koriander, Kopfsalat, Kümmel, Pfefferminze, Porree, rote Bete, Schnittsalat, Sellerie, Spinat, Tomaten

Kopfsalat – Dill, Erbsen, Erdbeeren, Fenchel, Gartenkresse, Gurken, Kerbel, Kohl (alle Arten) Mais, Möhren, Pfefferminze, Porree, Radieschen, rote Bete, Spargel, Tomaten, Zwiebeln

Mais – Bohnen (alle Arten), Gurken, Kartoffeln, Kopfsalat, Kürbis, Melonen, Tomaten, Zucchini

Mangold – Kohl (alle Arten), Möhren, Radieschen, Rettich

Meerrettich – Kartoffeln, Obstbäume

Möhren (Karotten) – Dill, Erbsen, Knoblauch, Majoran, Mangold, Porree, Radicchio, Radieschen, Rettich, Rosmarin, Salbei, Schnittlauch, Schnittsalat, Schwarzwurzeln, Tomaten, Zwiebeln

Porree – Erdbeeren, Endivien, Kamille, Kohl (alle Arten), Kopfsalat, Möhren, Petersilie, Sellerie, Schwarzwurzeln, Tomaten

Radicchio – Fenchel, Kopfsalat, Möhren, Stangenbohnen, Tomaten

Radieschen, Rettich – Bohnen (alle Arten), Erbsen, Erdbeeren, Gartenkresse, Kapuzinerkresse, Kohl (alle Arten), Kopfsalat, Mangold, Möhren, Petersilie, Schnittsalat, Spinat, Tomaten, Zwiebeln

rote Bete, rote Rübe, Randen – Dill, Gartenkresse, Gurken, Knoblauch, Kohl (alle Arten), Kopfsalat, Koriander, Kümmel, Schnittsalat, Zwiebeln

Schwarzwurzeln – dicke Bohnen, Kohlrabi, Kopfsalat, Porree, Schnittsalat

Sellerie – Bohnen (vor allem Buschbohnen), Gurken, Kamille, Kohl (vor allem Blumenkohl), Porree, Tomaten

Sonnenblumen – Gurken

Spargel – Gurken, Kopfsalat, Petersilie, Schnittsalat, Tomaten

Spinat – Erdbeeren, Kartoffeln, Kohl (alle Arten), Radieschen, Rettich, Schnittsalat, Stangenbohnen, Tomaten (eignet sich für fast alle Gemüsearten zur Mischkultur und als Vorfrucht)

Tomaten – Chicorée, Kapuzinerkresse, Knoblauch, Kohl (alle Arten), Kopfsalat, Mais, Petersilie, Porree, Radieschen, Rettich, rote Bete, Schnittsalat, Sellerie, Spinat

Zucchini – Kapuzinerkresse, Mais, Stangenbohnen, Zwiebeln

Zwiebeln – Dill, Bohnenkraut, Erdbeeren, Gurken, Kamille, Kopfsalat, Möhren, rote Bete, Radieschen

Farbtafel 10: Blumenbeet mit Lupinen und Gartenminze.

Pflanzen, die sich schlecht nebeneinander vertragen

Bohnen (alle Arten) – Erbsen, Fenchel, Knoblauch, Porree, Walnußbaum, Zwiebeln

Erbsen – Bohnen (alle Arten), Kartoffeln, Knoblauch, Porree, Zwiebeln

Erdbeeren – Kohl (alle Arten)

Fenchel – Bohnen (alle Arten), Tomaten

Gurken – Kartoffeln, Radieschen, Tomaten

Kartoffeln – Gurken, Kürbis, Sellerie, Sonnenblumen, Tomaten

Knoblauch – Erbsen, Kohl (alle Arten), Stangenbohnen

Kohl (alle Arten) – Erdbeeren, Knoblauch, Senf, Zwiebeln

Kopfsalat – Petersilie, Sellerie

Mais – rote Bete, Sellerie

Mangold – Spinat

Porree – Bohnen (alle Arten), Erbsen, rote Bete

Radieschen, Rettich – Gurken, Kerbel (schmecken scharf)

rote Bete – Kartoffeln, Mais, Mangold, Porree, Spinat

Sellerie – Kartoffeln, Kopfsalat, Mais

Sonnenblumen – Kartoffeln

Spargel – Knoblauch, Zwiebeln

Spinat – Mangold

Tomaten – Erbsen, Fenchel, Gurken, Kartoffeln, Walnußbaum

Zwiebeln – Bohnen (alle Arten), Erbsen, Kohl (alle Arten)

Die folgende Tabelle gibt eine Reihe günstiger Mischkulturen an, die alle für ein Beet von 1,20 m Breite gedacht sind. Die nebeneinander wachsenden Pflanzen fördern sich bei dieser Methode gegenseitig. Auf das nachfolgende Gemüse wirkt sich die abgeerntete Vorfrucht günstig aus.

Beispiele für Mischkulturen

Gemüse	Saat-reihen	I	II	III	IV	V	VI	VII	VIII	IX	X	XI	XII	I	II	III	IV	V	VI
Blumenkohl, früher	1			GGGG	GGGG PPP	GG PPP		EEEE											
Buschbohnen	2					AA	AAAA	E	EEEE										
Feldsalat (nach Blumenkohl	2							A	AAAA			EE	EEEE						
Spinat (nach Buschbohnen)	3								AA	AA	EEEE	EE							
Senf (nach Spinat)											AA	A (nur in günstigen Lagen; friert im Winter ab)							
Erbsen	2			A	AAAA		EE	EEEE											
Schwarzwurzeln (nach Erbsen)	2							AA	AA				EEEE	EEEE	EEEE	EEEE	EEEE	EEEE	EEEE bis Juli
rote Bete (nach Erbsen)	2						AA	AA	EE	EEEE	EEEE								
Winterkopfsalat (nach roter Bete)	2								AA	AA E	EE								
Frühlingszwiebeln	1										PPP	PPP						EEEE	EE

A = Aussaat, G = Aussaat unter Glas, P = Pflanzung, E = Ernte

Gemüse	Saatreihen	I	II	III	IV	V	VI	VII	VIII	IX	X	XI	XII	I	II	III	IV	V	VI
Brokkoli	1				GGGG	GGPP	PP	EE	EEEE	EEEE	EEEE								
Sellerie	2					AA	AA		EE	EEEE	EEEE	EE							
Gartenkresse (nach Brokkoli)	2								AAAA	AAAA	AAAA	EEEE	EE						
Frühlingszwiebeln (nach Sellerie)	2								AA	AAAA	AAAA							EEEE	EE
Buschbohnen	4					AA	AA		EEEE	EE									
Erdbeeren (nach Bohnen)	2								PPPP	PP									EEEE
Winterspinat (nach Bohnen)	4								A	AAAA	AAA						EEEE	EEEE	EE
Radieschen (nach Bohnen)	2								A	AAAA	AA	EEEE							
Schnittsalat (nach Bohnen)	2								A	AAAA	AA	EEEE							
Zwiebeln (zwischen Erdbeeren)	2															AAAA			EEEE

A = Aussaat, G = Aussaat unter Glas, P = Pflanzung, E = Ernte

Gemüse	Saat- reiher	I	II	III	IV	V	VI	VII	VIII	IX	X	XI	XII	I	II	III	IV	V	VI
Senf (auf 2 Nachbar- beeten)	breit- würfig				A A	A A E E	E E												
Stangenbohnen (auf einem Beet)	2					A A	A A	E E	E E E E	E E E E	E E								
Gurken (auf einem Beet)	1				G G	G G G G P P	P P	E E	E E E E	E E E E									
Winterkopfsalat (nach Gurken)	4								A A	A A E E	E E								
Radieschen (nach Stangenbohn.)	5								A A A A	E E E E	E E								
Gartenkresse	4			A A A A	A A E E	E E E E													
neue Erdbeersorten (nach Kresse) (More- lia, Pocatello)	2				P	P P P P	E E	E E E E	E E E E	E E E E	E E E E	E E E E							
Schalotten	2			A A	A A A A				E E	E E E E									
Möhren	1			A A A A	A A A A	A A A A		E E E E	E E E E	E E E E									
Radieschen	2			A A A A	A A A A E E	A A A A E E E E	A E E E E	E E E E	E E										
Spinat (nach Möhren)	1								A A	A A	E E E E	E E							
Schnittsalat (nach Radieschen)	2						A A	A A A A	A A	E E	E E								

A = Aussaat, G = Aussaat unter Glas, P = Pflanzung, E = Ernte

Gemüse	Saatreihen	I	II	III	IV	V	VI	VII	VIII	IX	X	XI	XII	I	II	III	IV	V	VI
Gartenkresse	6		AAAA	A EE	EEEE	E													
Erdbeerstrauch Samar (nach Kresse)	2	(auf Lücke)			P	PPPP	EE	EEEE	EEEE	EEEE	EEEE	EEEE							
Schnittlauch	2	(auf Lücke)				PP	P E	EEEE	EEEE	EEEE	EEEE	EEEE							
Gurken	1				GG	GGPP	PP	EE	EEEE	EE									
Schnittsalat	2			AA	AA	EE	EEEE	EE											
Tomaten (auf Nachbarbeet)	2				GGGG	PP	PP	EE	EEEE	EEEE	EE								
Mangold (nach Gurken)	2									AAAA	AA					EEEE	EEEE		
Frühlingszwiebeln (nach Tomaten)	5								AA	AAAA	AA								EEEE
Erbsen	2			A	AAAA		EE	EEEE											
Erdbeeren (nach Erbsen)	2							PPPP	PP										EEEE
Lauch (nach Erbsen)	1						AA	AA									EEEE	EE	
Schnittsalat (nach Erbsen)	2						AA	AAAA		E	EEEE	E							
Zwiebeln (zwischen Erbsen)	3	(im nächsten Jahr)		AAAA	AAAA				EE	EEEE	E (dann Einwurzeln der Erdbeerausläufer)								

A = Aussaat, G = Aussaat unter Glas, P = Pflanzung, E = Ernte

Gemüse	Saat-reihen	I	II	III	IV	V	VI	VII	VIII	IX	X	XI	XII	I	II	III	IV	V	VI
Radieschen	7			AAAA	AAEE	EEE													
Kohlrabi (nach Radieschen)	3				GGGG	GG													
						PPPP	EE	EEEE	EEEE	EEEE	EEEE								
Kopfsalat	2			GG	GGGG	GGG													
						PPPP	EEEE	EEEE											
rote Bete (nach Salat)	1						AAAA		EE	EEEE	EEEE								
Rettich (nach Salat)	1								AAAA	EE	EEEE								
Rettich	3			AAAA		EE	EEEE												
Buschbohnen	2					AA	AAAA	EE	EEEE	EE									
Grünkohl (nach Rettich)	3					GGGG	GG PP	PPPP	PP		EE	EEEE	EEEE						
Dill (nach Buschbohnen)	2							AAAA	AA	EEEE	EEEE								
Gartenkresse	3		AAAA	EE	EEE														
Radieschen	6			AAAA	E	EEEE													
Kopfsalat	4			GG	GG PP	PPPP	EEEE	EEEE											
Weißkraut (nach Salat)	3								AAAA		PP							EEEE	EEE
Kohlrabi	4	(nächstes Jahr)				AA	AAPP	PP	EEEE	EEEE	EEEE								

A = Aussaat, G = Aussaat unter Glas, P = Pflanzung, E = Ernte

Gemüse	Saatreihen	I	II	III	IV	V	VI	VII	VIII	IX	X	XI	XII	I	II	III	IV	V	VI
Möhren	3			AAAA	AAAA	AA	EE	EEEE	EE										
Zwiebeln	1			AAAA	AAAA	AAEE	EEEE	EEEE	EEEE	EEEE									
Majoran	1				AAAA	AAA		EEEE	EEEE	EEEE									
Schnittsalat	2			AA	AAAA	AA	EE	EEEE	EEEE	EEEE	EE								
Spinat (nach Möhren)	3								AA	AA	EEEE	EE							
Radieschen	4							AA	AA	EEEE	EE								
Zwiebeln	5		AA	AAAA	AA				EE	EEEE									
Radieschen (im Wechsel m. Zwiebeln)	–		AA	AAAA	AAEE	EEEE	EEE												
Petersilie	–		AA	AAAA	AA		E	EEEE	EEEE	EEEE	EEEE	EE							
Tomaten	1	(in Beetmitte 1 m Abstand)			GGGG	PP	PP	EE	EEEE	EEEE	EE								
Kerbel	2				AA	AA	EEEE	EEEE	EEEE	EEEE									
Spinat	4			AAAA		EE	EEEE	EE											
Schnittsalat	2			AAA	AAAA	EE	EEEE	EEEE	EEEE										
Sellerie	2			GGGG	G		PPPP		EE	EEEE	EEEE	EEEE							
Rosenkohl	1				GGGG		PPPP					EEEE	EEEE						

A = Aussaat, G = Aussaat unter Glas, P = Pflanzung, E = Ernte

Alle Gemüse auf einen Blick

Deutscher Name Lateinischer Name	Lichtbedürfnis	Abstand der Reihen / in der Reihe cm	Saattiefe cm	Saatzeiten	Bodenansprüche	Nachdüngung	Bemerkungen
Artischocke *Cynara scolymus*	☼	50/50	2	Anfang Februar – Ende März	mittelschwer bis leicht, Kompost, organischer Mischdünger	Ende Juni organischer Mischdünger oder Basaltmehl und Brennesseljauche	Aussaat unter Glas, Pflanzung ab Mitte Mai, kräftige Pflanzen entwickeln schon im 1. Jahr Blütenknospen; die Knospen werden geerntet, bevor sich die äußeren Hüllblätter purpurn färben, gegessen werden die noch grünen Blütenblätter und vor allem der Blütenboden, Pflanzen für den Winter gut abdecken, ist mehrjährig, auch hübsche Zierpflanze
Bleichsellerie Stangensellerie *Apium graveolens*	☼	35/30	2	ab Ende April	wie Knollensellerie	wie Knollensellerie	vorziehen wie Knollensellerie oder ab Ende April ins Freiland, Anfang September anhäufeln, damit die Stengel bleichen, man kann sie auch in Wellpappe oder schwarze Folie wickeln
Bohnen Buschbohnen *Phaseolus vulgaris ssp. nanus*	☼ ◒	40/50 4–6 Körner um 1 Stange oder 5	2	Mitte April – Mitte Juli	Kompost	organischer Mischdünger, aber im allgemeinen nicht nötig	grüne und gelbe (Wachsbohnen) unter Glas vorziehen, Mitte Mai ins Freiland, anhäufeln, keine Stickstoffdüngung, Reifezeit etwa 60 Tage; nach dem Abernten Wurzeln im Boden lassen. Vorsicht: das Phasin in den rohen Bohnen ist giftig, Phasin verschwindet beim Kochen, niemals Bohnen als Rohkost essen, junge Bohnen laufend ernten
Feuerbohnen Prunkbohnen Wollbohnen *Ph. coccineus*	☼ ◒	70/60 6–8 Körner um 1 Stange	3	Anfang – Mitte Mai	keine	–	Reifezeit 90–110 Tage, klettert an Stangen, Draht oder Maschendraht 2 m hoch, roh giftig (siehe Buschbohnen), auch als Zierpflanze an Pergolen und Trennwänden beliebt, anhäufeln

Deutscher Name Lateinischer Name	Lichtbedürfnis	Abstand der Reihen / in der Reihe cm	Saattiefe cm	Saatzeiten	Bodenansprüche	Nachdüngung	Bemerkungen
Puffbohnen Saubohnen Pferdebohnen, dicke Bohnen, Ackerbohnen *Vicia faba*	☼ ◒	40/25 2 Körner	5	Mitte Februar – Anfang März	Kompost	–	frühe Saat bewahrt diese Bohne vor schwarzen Läusen, Reifezeit 80–120 Tage, junge Kerne roh essen, nicht giftig, anhäufeln
Stangenbohne *Ph. vulgaris ssp. vulgaris*	☼ ◒	70/60 6–8 Körner um 1 Stange	3	Mitte Mai – Ende Juni	Kompost, Holzasche oder Knochenmehl	sprühen mit Baldrianblütenextrakt	klettern an Holzstangen oder Welldraht 2 m hoch, Reifezeit 75–120 Tage, junge Bohnen laufend ernten, anhäufeln, roh giftig (siehe Buschbohnen)
Eierfrüchte Auberginen *Solanum melongena*	☼	40/40	2	März und April	Kompost, organischer Mischdünger, Alginure	Pflanzenjauche	Nachtschattengewächs, Anzucht unter Glas, Pflanzung im Freiland nur in geschützten warmen Lagen, sonst im Gewächshaus, Ranken bis auf 4 Triebe abschneiden oder Fruchtansätze durch Abkneifen auf 5 Stück reduzieren, Ernte: August bis September, wenn die dunkelvioletten Früchte glänzen
Erbsen *Pisum sativum*							nach Aussaat mit Maschendraht gegen Vogelfraß abdecken, alle 3 Sorten bei 20 cm Höhe anhäufeln, hohe Sorten klettern an Reisern oder Maschendraht, keine Stickstoffdüngung, Reifezeit je nach Sorte 60–85 Tage
Markerbsen	☼	40/2–3	5	ab Mitte April – Mitte Juli	Kompost Steinmehl	–	Keimung ab 8° C Bodentemperatur, Pflanzen überstehen Temperaturen von –3° C, jung zart und süß, alt hart, Erbsen werden beim Kochen nicht weich
Schalerbsen Palerbsen	☼	40/2–3	5	ab Anfang März – Ende Juni	Kompost Steinmehl	–	Keimung ab 5° C Bodentemperatur, Pflanzen überstehen Temperaturen von –5° C

Deutscher Name Lateinischer Name	Licht- bedürf- nis	Abstand der Reihen / in der Reihe cm	Saat- tiefe cm	Saat- zeiten	Boden- ansprüche	Nachdüngung	Bemerkungen
Zuckererbsen	☼	40 / 2–3	5	ab Mitte März–Ende Juni	Kompost Steinmehl	–	werden mit der grünen fleischigen Hülse und unausgereiften Erbsen gegessen
Erdbeeren *Fragaria* Walderdbeeren Monatserdbeeren (einjährige und mehrjährige)	☼	80 / 25–30	–	–	Kompost, Oscorna für Erdbeeren, Erdbeer-Azet, Horn-, Blut-, Knochenmehl, Wirkstoff C 779	Spritzungen mit Eco-Erdbeerspritzmittel, Hornmist u. Hornkiesel, Bio-S, SPS, Algifert od. Polymaris, nach 3 Monaten Wirkstoff C 779; nach der Ernte: Kompost, Meerwunder, Basaltmehl	Pflanzzeiten nach Sorten verschieden, ganz frühe ab Ende April bringen noch im gleichen Jahr gute Ernte; Monatserdbeeren Anfang Juni – Ende September, es gibt Sorten ohne Ranken; für 2mal und einmal im Jahr tragende Erdbeeren beste Pflanzzeit August und September; günstig als Vorkultur: Kartoffeln oder Bohnen; Vermehrung durch Ableger, mulchen mit Stroh, Holzwolle, Hobel- und Sägespänen, bei Spätfrost und während der Blütezeit Baldrianblütenextrakt spritzen
Fenchel (Knollen-) *Foeniculum vulgare var. azoricum*	☼	40 / 25	2	Anfang Juni – Mitte Juli	Kompost, Urgesteinsmehl, Boden feucht halten	Brennesseljauche gießen	Nachkultur in 2. Tracht (schießt, wenn man früher sät), Vorfrucht: Kartoffeln, Erbsen, Kopfsalat, Kohlrabi; anhäufeln; Ernte bis Ende November, verträgt bis –4° C
Gurken *Cucumis sativus*	☼ windgeschützt	1 Reihe je Beet von 1,20 m / 10 (auf 30–40 vereinzeln)	2–3	Anfang Mai – Ende Mai	reichlich Kompost, organische Dünger im Herbst davor, feucht halten	angießen mit SPS, 1–2mal organische Mischdünger, Hornmist und Hornkiesel sprühen; gegen Pilzbefall vorbeugend mit Schachtelhalmjauche sprühen	windgeschützter Standort, Anzucht im Frühbeet oder in Blumentöpfen auf der Fensterbank, ab Anfang Mai ins Freiland, Anzucht hinter Glas und Freilandkultur mischen, ergibt frühe und lange Erntezeit; nach Erscheinen des 5. Blattes Triebspitze herauskneifen (ergibt gut tragende Seitentriebe); Schlangengurken an Gitter hochranken lassen auf kleinen Hügeln, Einlege- und Schälgurken besser in flachen Graben, zu beiden Seiten Hügel, Gewächshausgurken gegen Welke mit Alginure-Flüssigschutzspray spritzen

Deutscher Name Lateinischer Name	Lichtbedürfnis	Abstand der Reihen / in der Reihe cm	Saattiefe cm	Saatzeiten	Bodenansprüche	Nachdüngung	Bemerkungen
Kohl *Brassica oleracea*	☼			frühe Sorten ab Anfang März oder Mitte März ins Frühbeet, späte Sorten ab Mai ins Freiland	Kompost, Mistkompost, getrockneter Rinderdung, tief gelockert, feucht halten, mulchen	Steinmehl, Brennesseljauche, Algifert, Polymaris, Hornmistpräparat vor und nach Pflanzung, Hornkiesel morgens	als Vorfrucht Hülsenfrüchte, alle Kohlarten bis auf Kohlrabi Starkzehrer, öfter hacken, nur alle 2–3 Jahre auf dasselbe Beet, tief pflanzen, später anhäufeln, gegen Kohlhernie vorbeugend Korallalgenkalk ins Pflanzloch streuen; Sellerie und Tomaten zwischen Kohl gepflanzt, verhindern Anflug des Kohlweißlings
Blumenkohl	☼	50/50	1/2	ab März	siehe Kohl	siehe Kohl	im Sommer Blätter über den Blumen zusammenbinden, dann bleiben sie weiß, Ernte Anfang August – Ende Oktober
Brokkoli	☼	50/50	1/2	ab April	siehe Kohl	siehe Kohl	Blumenstiele schmecken wie Spargel, aus Blattachsen wachsen neue Sprossen nach, Ernte Mitte Juli – Ende Oktober
Chinakohl	☼	30/25	1	ab Mitte Juni – Anfang August	siehe Kohl	siehe Kohl	bei zu früher Aussaat schießt er gern, im Spätherbst unter Folientunnel oder Folie (beispielsweise Agryl P 17), verträgt bis –5° C
Grünkohl	☼ ◒	40/50	1	Anfang Mai – Mitte Juni	nicht ganz so groß	siehe Kohl	winterhart, muß Frost bekommen, damit er besser schmeckt, zuerst untere Blätter ernten, zuletzt Herz, bekommt im Frühjahr oft noch neue Sprossen
Kohlrabi	☼	frühe Sorten 25/30 späte Sorten 30/40	1/2 1/2	Mitte März – Mitte Juni Mitte April – Anfang Mai	nicht so groß, immer feucht halten, da Kohlrabi sonst holzig werden und platzen	Brennesseljauche 1:10 verdünnt	frühe Sorten unter Folie, Ernte bis Ende Oktober

Deutscher Name Lateinischer Name	Licht- bedürf- nis	Abstand der Reihen / in der Reihe cm	Saat- tiefe cm	Saat- zeiten	Boden- ansprüche	Nachdüngung	Bemerkungen
Rosenkohl	☼	60/60	1/2	Mitte April – Anfang Mai	siehe Kohl, aber nicht überdüngen, Holzasche besonders günstig	siehe Kohl	Mitte Juni auspflanzen, im September Spitzen herausbrechen; braucht Frost, damit er besser schmeckt
Rotkohl	☼	60/60	1/2	Anfang Februar – Mitte Mai	siehe Kohl	siehe Kohl	Pflanzzeit Mitte Mai – Ende Juni, Ernte Anfang Juli – Mitte November
Weißkohl	☼	60/60	1	Anfang Februar – Mitte April	siehe Kohl	siehe Kohl	Pflanzzeit Anfang April – Ende Mai, Ernte Mitte Juni – Mitte Dezember
Wirsing	☼	50/50	1	Anfang Februar – Ende Juni	siehe Kohl	siehe Kohl	Pflanzzeit Anfang April – Mitte Juli, Ernte Mitte Juni – Ende März
Kürbis *Cucurbita pepo*	☼	100/200	2–3	Mitte Mai – Ende Mai	reichlich Kompost, reichlich organische Dünger im Herbst davor, immer feucht halten	siehe Gurken	eine Pflanze braucht 3–4 m^2 Platz, Anzucht wie Gurken, reife Früchte klingen beim Klopfen auf die Schale hohl, können bis zu 50 kg wiegen, gute Bodendecker und zum Überwachsen von sonnig gelegenen Komposthaufen, aber nur an den unteren Rand pflanzen und Komposthaufen beranken lassen, Ernte Mitte September – Mitte Oktober, in feuchten Sommern Holzrost unterlegen gegen Fäulnis
Löwenzahn *Taraxacum officinale*	☼	dicht	2	Juni	Kompost	–	junge Blättchen schneiden und als Salat verwenden, wächst nach, beugt Leber- und Gallenleiden vor, fördert den gesamten Stoffwechsel, die ganze Pflanze kann verwandt werden, auch als Tee

Deutscher Name Lateinischer Name	Lichtbedürfnis	Abstand der Reihen / in der Reihe cm	Saattiefe cm	Saatzeiten	Bodenansprüche	Nachdüngung	Bemerkungen
Mairübe *Brassica rapa ssp. rapa* Weiße Rübe Stoppelrübe Teltower Rübe	☼	35/10	2	Anfang März – Ende April oder Anfang – Mitte August	Kompost, organischer Dünger, feucht halten	–	Samen sehr klein, dünn auslichten, Saat durch Maschendraht oder Netz vor Vogelfraß schützen; im Rheinland und in Westfalen werden die Mairüben so dicht gesät, daß sie keine verdickten Wurzeln, aber dafür kräftige Blätter bilden, die als Stielmus zubereitet werden
Mangold *Beta vulgaris ssp. vulgaris*	☼			Mitte März – Mitte Juli	tief lockern, Kompost, etwas organischer Dünger, mulchen, feucht halten	–	Aussaat Mai – Mitte Juli, überwintert mit Abdeckung oder im Folientunnel, kann unter Schonung der Herzblätter bis in den späten Herbst geerntet werden
Blattmangold		30/10–20	2				Blätter werden wie Spinat verwendet
Rippenmangold		40/30–40	2				Stiele werden wie Spargel verwendet
Melone *Cucumis melo*	☼ windgeschützt	80/50	2	Mitte Mai – Ende Juni	reichlich Kompost, organische Dünger im Herbst Herbst davor, warm und feucht, am besten im Mistbeet	angießen mit SPS, organischer Dünger im Hochsommer	in Freiland nicht vor dem 20. 5. pflanzen, Pflanzen mit lauwarmem Wasser angießen und dabei Blätter und Stengel nicht nässen, nach dem 6. Blatt Trieb abschneiden, Reifezeit 100–120 Tage, Windschutz durch Zuckermais
Möhren *Daucus carota ssp. sativus* frühe	☼	20/1	1–2	Mitte Januar – Ende März	sandiger, kalkiger Lehm, mit etwas Kompost mischen, tief lockern, nie frische	Etermut gegen Möhrenfliegen, alle 14 Tage ab Mitte Mai wiederholen, ab und zu	Saatgut mit Sand mischen, damit die Möhren nicht zu dicht auflaufen, oder Saatbänder, Radieschensamen mit einsäen, weil Möhrensaat langsam keimt; Samen überrollen oder anklopfen, bei 8 cm Höhe des Krautes leicht anhäufeln, frühe Sorten unter Glas ziehen, Ernte ab Mitte

Deutscher Name Lateinischer Name	Licht- bedürf- nis	Abstand der Reihen / in der Reihe cm	Saat- tiefe cm	Saat- zeiten	Boden- ansprüche	Nachdüngung	Bemerkungen
mittelfrühe späte	☼ ☼	25/1,5 30/2		Anfang März – Mitte Juni Anfang April – Ende Juli	Düngung, außer etwas Basaltmehl in die Saatrillen	mit Brennesseljauche gießen	Mai, früh verziehen, späte Sorten vor Frostbeginn ernten. Karotten: kurze, stumpfe Möhren, Geschmack feiner; Möhren, Mohrrüben: länger
Neuseeländer Spinat *Tetragonia tetragonioides*	☼	30/50	1	Mitte Februar – Ende April	Kompost		Pflanzzeit nach dem 20. Mai, bildet Ranken, Ernte Mitte Juni – Ende September
Paprika Gewürzpaprika Gemüsepaprika *Capsicum*	☼	30/40	1–2	Anfang – Ende April	gut gelockert, Kompost mit Guano oder Hornmehl, warm		Anzucht in Töpfen hinter Glas oder im Frühbeet, Ernte für Gewürzzwecke in ausgereiftem Zustand, als Gemüse grün ernten, bei kühlem Wetter im Folientunnel, gute Mischkultur mit Möhren
Pastinak *Pastinaca sativa*	☼	30	1	Mitte März – Ende Mai	tief gelockert, sandiger, kalkiger Lehm und Kompost	Mulchdecke aus Mistkompost	Zwischensaat von Radieschen verziehen auf 10–15 cm, mehrmals hacken, Ernte im Spätherbst oder Winter nach Bedarf, da frosthart, späteste Ernte, wenn die Blütenstengel sich zu entwickeln beginnen
Porree (Lauch) *Allium porrum* als Nachfrucht	☼	30/15–20	1	Anfang März – Ende April Mitte Mai – Mitte Juni	gut gelockert, im Herbst vor der Pflanzung organischen Dünger, feucht halten	in Hauptwachstumszeit Kopfdüngung mit Brennesseljauche, Basaltmehl	Aussaat unter Glas bis Ende April, ab Mitte April auch Freilandsaat, Pflanzen in tiefe Furchen (bis 20 cm), gut angießen, immer wieder anhäufeln, damit eine möglichst lange Stange entsteht, Ernte Spätherbst bis Frühjahr; wenn man im Frühling einige Pflanzen stehenläßt und die Blütenansätze abschneidet, entwickeln sich am Fuß die kleinen weißen Perlzwiebeln
Radieschen *Raphanus sativus ssp. sativus*	☼	15–20/5	1	Anfang Februar – Mitte September	humos, keinen frischen Mist, feucht halten,	–	Freilandsaat ab Mitte März, Reifezeit etwa 4 Wochen, gut für Mischkultur mit Schnitt- und Kopfsalat, Gartenkresse, Spinat, Bohnen, Tomaten, Möhren, Kohl

Deutscher Name Lateinischer Name	Licht-bedürf-nis	Abstand der Reihen / in der Reihe cm	Saat-tiefe cm	Saat-zeiten	Boden-ansprüche	Nachdüngung	Bemerkungen
unter Glas im Freiland		10/5 15/5			sonst platzen R. und werden holzig		
Rettich *Raphanus sativus ssp. niger* Sommerrettich Herbstrettich	☼	20–25/8–12	1	Mitte Januar – Ende August Mitte April – Ende Juli Anfang Juli – Mitte August	tief locker, humos, keinen frischen Mist, feucht halten	etwas organischen Mischdünger	Aussaat im Freiland ab Mitte März, Reifezeit 6–8 Wochen, Herbstrettich nicht zu spät ernten und im Keller in Sand einschlagen, gut geeignet für Mischkultur
Rhabarber *Rheum rhabarbarum*	◒	120/120	–	Wurzelstock so setzen, daß 1 Auge auf der Höhe des Erdbodens sitzt	schwach sauer, Kompost, verrotteter Rindermist oder Horn-, Blut- und Knochenmehl, tief gelockert, feucht halten	verrotteten Rindermist, Hornkieselspritzungen	Vermehrung durch Wurzelstockteilung vorzugsweise im Herbst, Schnittflächen in Preicobakt tauchen, in eine Mulde setzen, Ernte erst im 2. Jahr nach der Herbstpflanzung, einige Blätter bei der Ernte stehenlassen, Stiele herausbrechen, Blütenstengel vor dem Blühen herausbrechen, die Kultur erschöpft sich sonst schnell, Ernte Mitte April – Ende Juni, frühere Ernte ab Ende März, wenn mit Stroh oder einem Eimer abgedeckt wird
rote Bete Randen, rote Rüben *Beta vulgaris ssp. conditiva*	☼ ◒	30/10	3	Ende März – Mitte Juli	Kompost, feucht halten	Kopfdüngung mit Beinwellbrühe	Aussaat in Kästen ab Ende März, in Frühbeet ab Anfang April, ins Freiland Mitte April, häufig hacken, für den Wintervorrat Blätter vorsichtig abdrehen, damit die rote Bete nicht verletzt wird, weil sie dann blutet
Salat Endivie *Cichorium endivia*	☼	30/30	1–2		mittelschwer, Kompost, Steinmehl	Brennesseljauche	glatte und krause Sorten, grün mehr Inhaltsstoffe, Bleichen durch enges Setzen oder Zusammenbinden, aber

Farbtafel 11: Einjährige Blumen (Löwenmäulchen, Stiefmütterchen und Calendula).

Deutscher Name Lateinischer Name	Lichtbedürfnis	Abstand der Reihen / in der Reihe cm	Saattiefe cm	Saatzeiten	Bodenansprüche	Nachdüngung	Bemerkungen
Sommerendivie Winterendivie				Mitte März – Ende April Juni			nur bei trockenem Wetter, kurz vor Verbrauch, manche Sorte ist selbstbleichend Ausplanzung Juni Ausplanzung Anfang August im Winter mit Agryl-Folie P 17 bedecken, Endiviensalat verträgt etwas Frost
Chicorée *Cichorium intybus ssp. foliosum*	☼	25–30 / 15–20	1,5	Mai	Kompost tief gelockert, organischer Mischdünger, feucht halten	Pflanzenjauche	nach dem ersten Hacken mulchen, Anfang November Wurzeln mit Grabegabel aus dem Boden heben und Blätter 3 cm über dem Kopf abschneiden, das Herz dabei nicht verletzen, dann Wurzeln an kühlem Ort einschlagen, nach und nach zum Antreiben Wurzeln in Eimern mit Sand aufrecht einsetzen und im Dunkeln bei 10° – höchstens 1° C aufstellen und mit 20 cm Sand oder Torf bedecken, nach 3–4 Wochen, wenn die gelben Spitzen aus dem Sand hervorkommen, beginnt die Ernte
Feldsalat, Ackersalat Rapunzel *Valerianella locusta*	☼	10–15 /	1/4	Anfang August – Ende September	locker, Kompost, feucht	–	breitwürfig oder besser in Reihen säen und leicht anklopfen, gut feucht halten, Ernte ab Mitte November – Ende März, im Winter mit Folie oder Reisig abdecken, kann im September auch unter Glas gesät werden
Gartenkresse *Lepidium sativum*	☼	10 /	1/4	Januar – Dezember	Kompost, feucht halten, nur 1 mal auf demselben Boden ziehen	–	2–3 Wochen nach der Aussaat kann geschnitten werden, nicht auswachsen lassen
Bindsalat, Römersalat Lattich, Kochsalat	☼	30 / 30	1/4	Mitte März – Mitte Juli	Kompost, feucht halten	Pflanzenjauche	kräftiger Geschmack, man kann Blätter und Strunk auch kochen oder dämpfen

Farbtafel 12: Tagetes und Eisenkraut (rotblühend).

Deutscher Name Lateinischer Name	Lichtbedürfnis	Abstand der Reihen / in der Reihe cm	Saattiefe cm	Saatzeiten	Bodenansprüche	Nachdüngung	Bemerkungen
Kopfsalat Grüner Salat *Lactuca sativa* *ssp. capitata*	☼	30 / 30	1/4	Mitte März – Mitte August	Kompost, locker und feucht, mulchen	Pflanzenjauche	im Frühjahr und August Langtagssorten säen, die im Sommer zu schnell schießen, für den Sommer gibt es die tagneutralen Sorten, die verhältnismäßig lang einen festen Kopf haben; im März in kalten Kasten säen, im April ins Freiland pflanzen, Ernte nach 5–7 Wochen, geeignet für Nebenkultur
Winterkopfsalat (überwintert im Freiland, Ernte Mitte April – Mitte Mai)	☼	30 / 30	1/4	Mitte August – Mitte September			
Krachsalat Eissalat	☼	35 / 35	1/4	Anfang April – Ende Juni	Kompost, locker und feucht, mulchen	Brennesseljauche	ist nicht winterfest, Name Eissalat bezieht sich auf lange Haltbarkeit im Kühlschrank
Radicchio	☼	25 / 10–20	1/4	Mitte Mai – Mitte August	Kompost, feucht halten	Pflanzenjauche	winterhart, in Winter aber mit Reisig abdecken, im Herbst grünbraune Blätter auf 5 cm abschneiden, dann rote Rosetten
frühe Sorten				Mitte Mai – Ende Juni			Ernte: Mitte Oktober – Ende Dezember
späte Sorten				Mitte Juli – Mitte August			Ernte: Anfang Dezember – Ende März
Schnittsalat Pflücksalat Lattich	☼ ◐	15–20	1/4	Mitte März – Mitte August	Kompost, feucht halten	Pflanzenjauche	Aussaat in Reihen an Ort und Stelle, bildet keine Köpfe, wird geschnitten oder gepflückt und wächst nach, mehrmals nachsäen, dann kann man laufend ernten, Nebenkultur
Zuckerhut *Cichorium intybus* *ssp. foliosum*	☼	35 / 40	1/4	Anfang Juni – Mitte Juli	reichlich Kompost, organischer Mischdünger	Pflanzenjauche	Aussaat ins Freiland, später auslichten, Ernte ab Mitte Oktober, verträgt bis –8° C, bei größerer Kälte im Frühbeet oder Keller in Sand mit Wurzel einschlagen
Schwarzwurzel *Scorzonera hispanica*	☼	25–30 / 7–10	1–2	Mitte März – Mitte Mai	tiefgründig, Kompost, keine fri-	Pflanzenjauche	Aussaat möglichst im März, damit sich die Wurzeln vor Kälteeinbruch gut entwickeln können, winterhart, gegen

Deutscher Name Lateinischer Name	Licht-bedürf-nis	Abstand der Reihen / in der Reihe cm	Saat-tiefe cm	Saat-zeiten	Boden-ansprüche	Nachdüngung	Bemerkungen
					sche Düngung, Horn-, Blut- und Knochenmehl bereits im Herbst geben, feucht halten		Gefrieren des Bodens mit Reisig, Laub oder Stroh abdecken, Wurzeln brechen leicht bei der Ernte, Ernte Oktober – März; Aussaat Mai – Anfang Juli, dann Ernte im nächsten Jahr im Herbst
Sellerie *Apium graveolens*	☼	$\frac{40}{40}$	1	Anfang März – Ende April	im Herbst mit Kompost, Basaltmehl, Meerwunder, Algenkalk, verrottetem Schweinemist oder Holzasche und Horn-, Blut- und Knochenmehl vorbereiten, feucht halten	Brennesseljauche 2mal während Hauptwachstum	Aussaat im Warmen, sehr kälteempfindlich, Auspflanzen nach den Eisheiligen, Bodenbedeckung mit Beinwell, enthält das für Sellerie wichtige Kali, Ernte Oktober und November, Knollen von Wurzeln und Blättern befreien und im Keller in Sand lagern
Spargel *Asparagus officinalis*	☼	$\frac{150}{40}$ in der Mitte des Beetes Graben von 40 cm Breite und 30 cm Tiefe	–	–	humusreicher, lehmiger Sand, tief lockern, etwas organischen Dünger, als Vorfrucht Leguminosen, auf Grabensohle verrotteten Rindermist streuen, fertig bepflanzten Graben mit Hornmistpräparat bespritzen,	die grünen, oberirdischen Pflanzenteile erhalten im Sommer und Herbst mehrmals Hornkieselpräparat, im Herbst verrotteten Rindermist	für Aussaat Spezialkenntnisse erforderlich, deshalb Pflanzen kaufen, Mitte März Pflanzen so setzen, daß bis zur Bodenoberfläche 15–18 cm frei bleiben, Setzlinge mit mindestens 5–6 Knospen und 10 kräftigen Wurzeln wählen, Ende März des 3. Jahres mit Aushub und Kompost über dem Graben 35 cm hohe Dämme errichten, zwischen den Hügeln lassen sich im Sommer Buschbohnen, Gurken oder rote Bete anpflanzen, 1. Ernte im 3. Jahr im April, wenn die ersten Spargelköpfe aus den Hügeln schauen, Ende der Ernte am 24. Juni, Stangen werden mit Spezialmesser gestochen, Löcher gut verschließen und glätten, Beete an sonnigen Tagen mehrmals, an kühlen Tagen einmal durchsehen, nach der

Deutscher Name Lateinischer Name	Licht- bedürf- nis	Abstand der Reihen / in der Reihe cm	Saat- tiefe cm	Saat- zeiten	Boden- ansprüche	Nachdüngung	Bemerkungen
					Ende Mai Hornkiesel		Ernte Hügel sofort einebnen, im Spätherbst vergilbtes Kraut tief unter der Erdoberfläche abschneiden, Schnittfläche sorgfältig bedecken und düngen, von 1 Kultur kann 15–20 Jahre geerntet werden.
Grünspargel	☼	Anbau und Düngung wie Bleichspargel, aber ohne Hügel					gehaltvoller, wächst auf flachen Beeten, Ernte früher durch Folientunnel, grüne Stangen werden bei 20 cm Höhe dicht über dem Boden abgeschnitten
Spinat *Spinacea oleracea*	☼	20–25	3	Anfang März – Mitte April Mitte August – Mitte September	Kompost, feucht halten, eventuell Horn-, Blut- und Knochenmehl, Stickstoffüberdüngung vermeiden, mulchen	–	Aussaat nicht zu dicht, unter Folie auch noch vor Anfang März, nach der Ernte Wurzeln im Boden lassen, oberirdische Reste als Mulchdecke liegenlassen
Tomaten *Solanum lycopersicum*	☼	100 / 50–80	1/2	Mitte Februar – Ende April	im Herbst mit reichlich Kompost, Horn-Blut- und Knochenmehl, Guano, Oskorna düngen, jedes Jahr auf dieselbe Stelle pflanzen und Kraut im Herbst als Mulchdecke liegenlassen	mit Brennesseljauche angießen, während Hauptwachstum mit Pflanzenjauche	Aussaat unter Glas in 2/3 mit Komposterde gefüllten 8-cm-Tontöpfchen, je 2 Samen in einem Topf, später die schwächere Pflanze entfernen, wenn die Pflanzen 8 cm hoch sind, Töpfe mit Kompost auffüllen, erst nach den Eisheiligen ins Freiland pflanzen; tief bis zum Blattansatz setzen, Holz- oder gewellten Metallstab stecken, später 2–3 Triebe stehenlassen, alle anderen Triebe aus den Blattachseln herausbrechen, die wachsenden Triebe anbinden, in naßkalten Sommern Foliendach empfehlenswert, mit abgestandenem warmem Wasser gießen, im Herbst grüne Tomaten an der Pflanze lassen, ganze Pflanze mit Wurzel aus dem Boden nehmen und an lufti-

(Fortsetzung Seite 150)

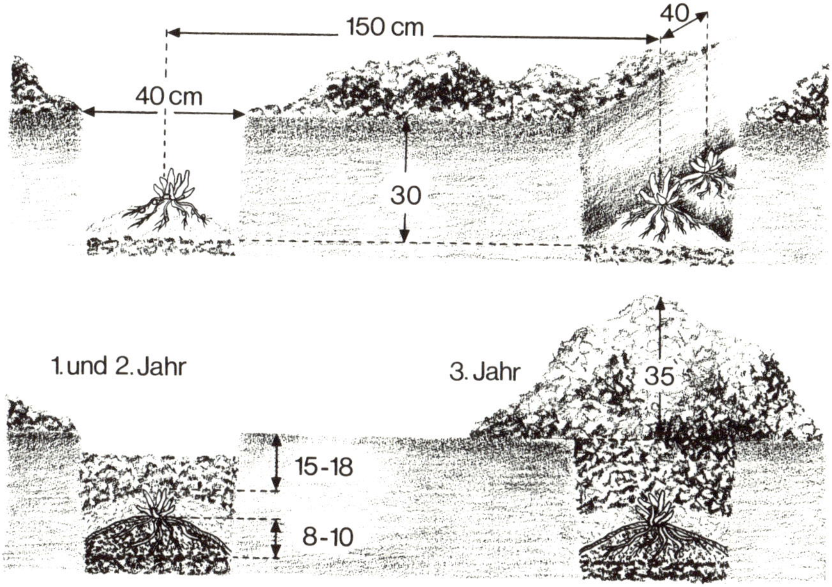

Spargelkultur.

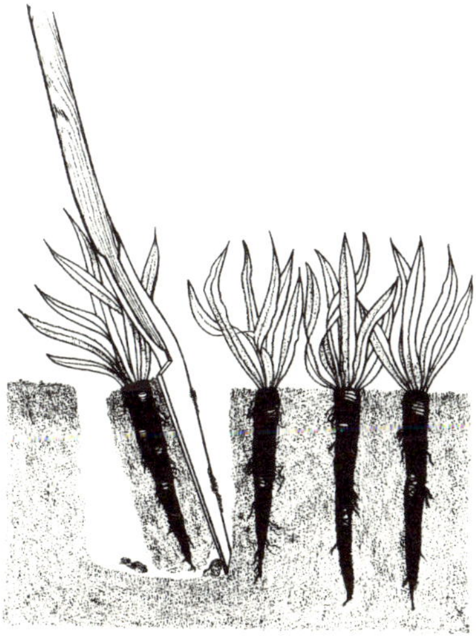

Schwarzwurzelernte: Zuerst macht man einen Graben, in den die Scholle mit der Schwarzwurzel gedrückt wird, damit die Wurzel nicht abbricht.

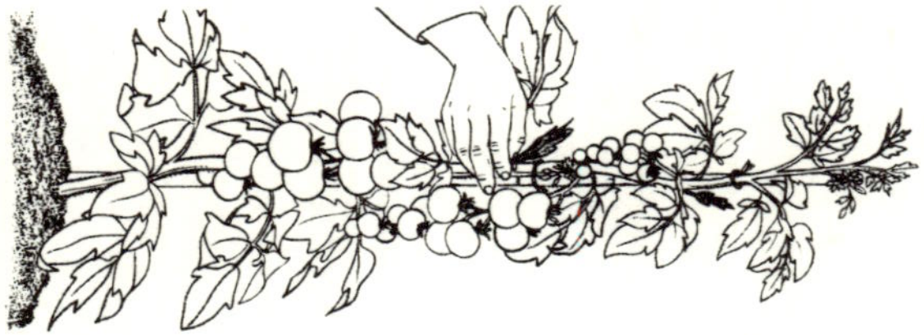

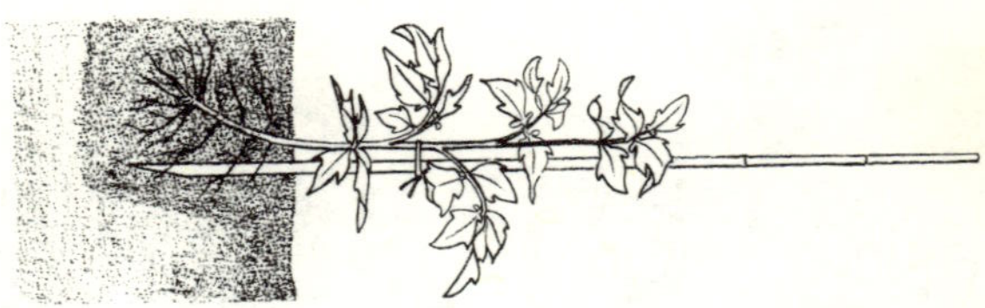

Entfernen eines Triebes aus einer Blattachsel bei Tomatenpflanzen.

(Fortsetzung von Seite 148)

Deutscher Name Lateinischer Name	Licht-bedürf-nis	Abstand der Reihen / in der Reihe cm	Saat-tiefe cm	Saat-zeiten	Boden-ansprüche	Nachdüngung	Bemerkungen
Tomaten (Fortsetzung)							gem, trockenem und schattigem Platz aufhängen, Tomaten reifen nach und werden wohlschmeckend
Topinambur Erdschocke Süßkartoffel *Helianthus tuberosus*	☼	100 / 100	20	zeitiges Frühjahr, sobald der Boden abgetrocknet ist	Kompost	–	gute Sichtschutzhecke, Wurzelknollen werden roh (nußartig) oder gekocht gegessen, für Zuckerkranke sehr geeignet; vom Herbst bis zum Frühling können die Knollen geerntet werden, wuchern leicht, Kraut dient als Viehfutter
Winterpostelein Winterportulak *Portulaca deracea ssp. sativa*	☼	20 / 10–20	1/4	ab Juli – Ende September	locker, Kompost, feucht	–	Saat dünn mit Erde bedecken, kleine Pflanzen für Gebrauch ausziehen, damit sich die starken ausbreiten können, Ernte über Winter, aber mit Folie oder Reisig bei Kälte abdecken, abgeschnittene Pflanzen wachsen nach, weiße Blüten können mitgegessen werden
Zucchini *Curcubita pepo ssp. giromontiina*	☼	100 / 100	2	Ende April – Ende Mai	wie Gurken	wie Gurken	Anzucht in Töpfen hinter Glas oder ab Mai ins Freiland, 2–3 Kerne in ein Saatloch, bilden keine Ranken, Ernte Anfang Juli – Mitte Oktober, die Früchte sind grün oder gelb, daneben gibt es Spaghetti-Kürbisse, meterlange Herkuleskeulen, Squashkürbisse, die auch Ufos genannt werden, weil sie wie fliegende Untertassen aussehen

Deutscher Name Lateinischer Name	Licht- bedürf- nis	Abstand der Reihen / in der Reihe cm	Saat- tiefe cm	Saat- zeiten	Boden- ansprüche	Nachdüngung	Bemerkungen
Zuckermais *Zea Mays*	☼	60 / 40–50	3	ab Anfang Mai	im Herbst tief lockern und reichlich Kompost	–	Saat unter Folientunnel bereits Mitte April, 2–3 Körner an 1 Stelle, vor der Aussaat Körner 12 Stunden lang in warmes Wasser einweichen, dem man Keimtropfen von Bio-Kraft, SPS, Humofix oder ein anderes flüssiges oder verflüssigtes Kompostpräparat zusetzen kann, dann sofort aussäen, nur die stärkste Pflanze läßt man jeweils stehen, Körner vor Vögeln schützen, Keimung: 2–3 Wochen, Ernte ab August, sobald die gelbgrünen Fäden, die aus den Kolbenspitzen heraushängen, abtrocknen
Zwiebeln *Allium cepa*	☼	5–10 /	–	ab Mitte März	locker, humos, warm, Holzasche, wenn nötig; keine Stickstoffüberdüngung	–	Aussaat ab Mitte März, Keimung 3–4 Wochen, auf 5 bis 10 cm vereinzeln und junge Zwiebeln auf endgültigen Abstand zum Verbrauch verziehen; Saatzwiebeln Anfang August – Ende September ernten, Ernte an warmen Tagen, wenn Laub vergilbt ist, Erde aus Wurzeln entfernen, Laub bündeln oder als Zopf flechten und an luftigem, trockenem und schattigem Ort aufhängen.
Steckzwiebeln		20–25 / 10					hoch stecken, häufeln günstig
Schalotten		20–25 / 15					

Kräuter helfen Garten und Gärtner

Wie wichtig Kräuter im biologisch gepflegten Garten sind, wie hilfreich gegen Schädlinge und Pflanzenkrankheiten, als Nachbarn in der Mischkultur, pflanzenstärkend und fördernd für Nutzinsekten, weiß man heute. Aber auch für den Gärtner und seine Familie sollten sie täglich verwendet werden. Gemüsesalaten, Quarkspeisen, Saucen und gekochten Gerichten geben Kräuter nicht nur die richtige Würze. Sie wirken auch anregend auf Drüsen und Kreislauf, beruhigen die Nerven, fördern Blutbildung, Atmung und Verdauung und verbessern die Gesundheit, ohne daß ständig über die Wirkungen nachgegrübelt werden muß.
Auch Tees aus Gartenkräutern sind von unschätzbarem Wert. Man kann im Sommer frische Kräuter sowohl für Speisen als auch für kalte und heiße Getränke verwenden. Für den Winter trocknet man sich einen Vorrat. Viele Kräuter gedeihen auch ausgezeichnet in der Keimbox, im Blumentopf oder Blumenkasten und in Saatschalen am Fenster.
Vorsicht ist bei der Düngung von Kräutern geboten. Viele haben ihre Heimat am sonnigen Mittelmeer, wo sie in kargen Böden wachsen. Gartenboden und jeden Herbst eine Gabe reifen Kompost, mehr brauchen Kräuter nicht, sonst leidet ihr Aroma.
Kräuter müssen nicht unbedingt auf einem Kräuterbeet wachsen. Im sonnigen Steingarten sind beispielsweise Rosmarin, Thymian, Salbei, Pfefferminze und Lavendel auch mit ihren Blüten eine Zierde. Aber auch eine Terrasse ist ein guter Platz für sonnenhungrige Mittelmeerkräuter. Dort verströmen sie ihren würzigen, erfrischenden Duft, wenn die besonnten Steinplatten ihre Wärme ausstrahlen.

Basilikum.

Gewürz- und Teekräuter

Deutscher Name Lateinischer Name Familie	Aussaat	Pflanzzeit	Ernte	Pflanzabstand Reihenabstand cm	Standort	Gute Nachbarn	Bemerkungen	Heilwirkungen
Anis *Pimpinella anisum* Doldenblütler	Anfang April – Ende Mai	–	Wenn die Früchte braun werden	30 x 30	☼ trocken	–	einjährig, zum Würzen von Brot und Plätzchen, in warmen Lagen	krampflösend, verdauungsfördernd, hustenlindernd
Basilikum *Ocimum basilicum* Lippenblütler	Mitte April – Mitte Juni	Ende Mai – Mitte Juli	Mitte Juli – Mitte Oktober	25 x 25	☼ geschützt, bei Trockenheit gießen	Tomaten Gurken	einjährig, kleinblättrig aromatischer, großblättrig widerstandsfähiger	gegen Magenkrämpfe, Nieren- und Blasenleiden, Nervenschwäche
Beifuß *Artemisia vulgaris* Korbblütler	Mitte März – Ende April	Mai	Juli – August zur Blütezeit Triebspitzen	–	☼	verhindert neben schwarze Johannisbeeren gesetzt Säulenrost	mehrjährig	fördert die Bildung des Magensaftes, fettverdauend, appetitanregend
Beinwell *Symphytum x uplandicum* Rauhblattgewächse	–	Wurzelstecklinge März – Mai oder Oktober + November	März – Mai oder Oktober + November, Ausgraben der Wurzelstöcke; Blätter Mai	35	☼ ◐ ● feucht und nährstoffreich	wirkt heilend auf alle Pflanzen	mehrjährig, Blätter ergeben kalireiche Pflanzenjauche; kleingeschnittene Blätter in Salat	wundheilend, gegen Zerrungen, Verrenkungen, Verstauchungen
Bergbohnenkraut *Satureja montana* Lippenblütler	Mitte April – Ende Mai	–	Anfang Juli – Ende Oktober	25	☼ trocken	–	mehrjährig, als Zierstaude geeignet	krampflindernd, für Magen und Darm, magenstärkend, macht schwer verdauliche Speisen bekömmlicher

Deutscher Name Lateinischer Name Familie	Aussaat	Pflanzzeit	Ernte	Pflanz- abstand Reihen- abstand cm	Standort	Gute Nachbarn	Bemerkungen	Heilwirkungen
Bohnenkraut, einjähriges *Satureja hortensis* Lippenblütler	Mitte April – Ende Mai	–	Mitte Juni – Anfang Oktober	20 x 25	trocken	hält Läuse von Buschbohnen ab	einjährig, Lichtkeimer: Samen nur dünn mit reifem Kompost bestreuen	magenstärkend, macht schwer verdauliche Speisen bekömmlicher
Borretsch, Gurkenkraut *Borago officinalis* Rauhblattgewächse	Ende April – Mitte Juli	–	Anfang Juli – Mitte Oktober	30 x 50	feucnt, nährstoffreich, locker	Konlarten Zucchini	einjährig, darf nicht zu eng stehen, junge Blätter abpflücken, alte raun; Blüten eßbar	herzstärkend, gegen Schleimhautentzündungen
Brennessel *Urtica dioica und urens* Nesselgewächse	–	–	Triebspitzen im Frühjahr als Salat; für Tee Mai – August	–	überall in humosem Boden	–	mehrjährig, hervorragend als Jauche, Spritzmittel und Mulchdecke	gegen Gicht, Rheuma, Gallen- und Leberleiden
Dill *Anethum graveolens* Doldenblütler	Mitte April – Mitte August	–	Mitte Mai – Ende Oktober	25	feucnt	Gurken, Möhren, rote Bete, Salat, Kohl	einjährig	krampflösend, durchwärmend, beruhigend
Estragon, russischer *Artemisia dracunculus* Korbblütler	Mitte März – Ende Juni	Mitte Mai – Mitte Juni	Anfang Juni – Ende Oktober	50	feucht und humos	Liebstöckel	mehrjährig	appetitanregend, wassertreibend
Estragon, franz. o. deutscher *Artemisia dracunculus* Korbblütler	Vermehrung nur durch Wurzelteilung oder Ausläufer	–	–	–	–	–	in raunen Lagen Winterschutz, sehr aromatisch	–

Deutscher Name Lateinischer Name Familie	Aussaat	Pflanzzeit	Ernte	Pflanzabstand Reihenabstand cm	Standort	Gute Nachbarn	Bemerkungen	Heilwirkungen
Fenchel *Foeniculum vulgare*	Mitte Mai – Mitte Juni	Mitte Juni – Ende Juli	Samen reifen nicht einheitlich	30 x 30	☼ trocken	Salat Erbsen	mehrjährig, Brotgewürz, als Varietät Gemüsefenchel	auswurfförderndes Hustenmittel, gegen Blähungen, beruhigend
Kamille *Matricaria chamomilla* Korbblütler	Mitte April – Mitte Juni	–	–	25–30	☼ fester Boden	heilsam für alle Pflanzen, aber nicht für Pfefferminze	mehrjährig, Blütenköpfe 3.–5. Tag nach Erblühen ernten; versät sich lieber selbst, als daß sie bei Aussaat keimt	wundheilend, krampflösend, entzündungshemmend, entgiftend
Kapuzinerkresse *Tropaeolum majus* Kapuzinerkressengewächse	Ende März – Ende Mai	ab Mitte Mai	Mitte Juni – Ende Oktober	20	☼ ◐ rankend: durchlässiger Boden buschig: magerer Boden	auf Baumscheiben wachsend hält sie die Blutlaus ab	einjährig, frostempfindlich, deshalb im Warmen vorziehen, wenn sie früh blühen soll	frische Blätter auf infizierten Wunden = heilend, gegen Infektionskrankheiten, blutreinigend, Aktivierung der Abwehrkräfte
Kerbel *Anthriscus cerefolium* Doldenblütler	Ende März – Ende August	–	Ende Mai – Ende September	15–20	◐ mäßig feucht	schützt Salat vor Ameisen, Läusen und Schnecken	einjährig, glatt- und krausblättrige Sorten; nur junge Blätter ernten	stoffwechselanregend
Knoblauch *Allium sativum* Liliengewächse	März + April	–	August + September, wenn die Blätter gelb werden	15	☼ humoser Boden, im Herbst vorher Kalidünger und Kompost	unter Obstbäumen, um Hügelbeete und Hochbeete, neben Möhren, rote Bete, Tomaten, Erdbeeren und Himbeeren	mehrjährig, die Zehen werden 4–5 cm tief gesteckt gegen Mäuse, Wühlmäuse, Pilzkrankheiten und Schnecken	bei Magen- und Darmstörungen, Arteriosklerose, Schlafstörungen, Bluthochdruck

Deutscher Name Lateinischer Name Familie	Aussaat	Pflanzzeit	Ernte	Pflanzabstand Reihenabstand cm	Standort	Gute Nachbarn	Bemerkungen	Heilwirkungen
Koriander *Coriandrum sativum* Doldenblütler	vorzugsw. im Gewächshaus, da Samen in unserem Klima zu spät im Freien ausreifen	–		30	☼		einjährig, Samenkörner ausgereift ernten, Brot- und Lebkuchengewürz, Bestandteil des Curry	blähungsvertreibend, blutreinigend, gegen Magen- und Darmkrämpfe, appetitanregend
Kresse *Lepidium sativum* Kreuzblütler	Anfang Februar – Mitte September	–	Mitte Februar – Ende Oktober	10	◒ ●	Radieschen	einjährig, nur junge Blätter ernten; öfter nachsäen; im Winter gedeiht sie auch auf der Fensterbank auf einem Teller mit Watte	gegen Frühjahrsmüdigkeit und Blutarmut
Kümmel *Carum carvi* Doldenblütler	April oder Mitte August – Mitte September	–	wenn Früchte braun werden	30–35	☼ feucht, tiefgründig	Kartoffeln, Gurken, rote Bete, Kohl	einjährig, Lichtkeimer: Samen nur dünn mit Erde bedecken 1. Jahr: Rosette 2. Jahr: Stengel, Blüte und Früchte	macht schwere Speisen bekömmlicher, magenstärkend, blähungsverteibend
Lavendel *Lavandula angustifolia* Lippenblütler	Mitte März – Ende Mai	Ende Mai – Ende Juli	Anfang August – Mitte September	30 x 30	☼ etwas kalkhaltig	Rosen	mehrjährig, junge Blattspitzen als Küchengewürz; vertreibt Läuse und Ameisen, Lavendelblüten in Büscheln trocknen, vertreiben Motten und Fliegen	nervenberuhigend krampflösend, nervenstärkend
Liebstöckel (in Maggi) *Levisticum officinale*	Mitte März – Ende Mai oder August	Mitte Mai – Ende Juni	Mitte April – Ende Oktober	40	☼ ◒ ● feucht, tiefgründig, orga-	wirkt hemmend auf Wachstum von Nachbar-	mehrjährig, die Blätter können den ganzen Sommer über verwendet wer-	blähungsvertreibend, magenstärkend

Deutscher Name Lateinischer Name Familie	Aussaat	Pflanzzeit	Ernte	Pflanz-abstand Reihen-abstand cm	Standort	Gute Nachbarn	Bemerkungen	Heilwirkungen
Doldenblütler	August				nischer Dünger	pflanzen	den, Wurzeln werden im 2. Jahr ausgegraben und getrocknet	
Löffelkraut *Cochlearia officinalis* Kreuzblütler	März + April oder August + September	–	ganzjährig	20	☼ ◒ ●	nicht bekannt	mehrjährig, Inhaltsstoffe vor der Blüte optimal	im Frühling vorbeugend gegen Erkältungskrankheiten, gegen Leber- und Gallenleiden, stoffwechselanregend
Majoran (franz.) *Majorana hortensis* Lippenblütler	Mitte März – Ende April	Mitte Mai	Anfang Juli – Ende September	25 x 15	☼ anfangs feucht, dann auch trocken		einjährig, vor Blüte abschneiden und gebündelt trocknen, Majoran-Salbe gegen Schnupfen und Blähungen: 1 TL pulverisierte Blätter mit 1 TL Weingeist übergießen, nach einigen Stunden mit salzloser Butter im Wasserbad erwärmen und durchseihen	fettverdauend, appetitanregend, krampflösend, nervenstärkend
Meerrettich *Armoracia lapathifolia* Kreuzblütler	Vermehrung durch Wurzelschnittlinge		September – Februar	solitär	☼ ◒ ●	am Rand von Kartoffeln gegen Kartoffelkäfer, gegen Monilia unter Kirschbäume	mehrjährig, geerntet werden die Wurzeln im Winter, frisch verwenden oder in frostfreiem Keller mit Erde bedeckt aufbewahren	bei Infektionen der Nieren und Harnwege und bei Bronchitis, geriebene Wurzeln als Wikkel gegen neuralgische Schmerzen, Ischias, Gelenk- und Muskelrheuma

Deutscher Name Lateinischer Name Familie	Aussaat	Pflanzzeit	Ernte	Pflanz-abstand Reihen-abstand cm	Standort	Gute Nachbarn	Bemerkungen	Heilwirkungen
Origano, Dost *Origanum vulgare* Lippenblütler	Anfang April – Ende Mai	Mai	Juni – August	25	☼ mager, durchlässig	nicht bekannt	mehrjährig, auch schöne Steingartenpflanze, im Frühling zurückschneiden, zur Zeit der Blüte abschneiden und trocknen; als Gewürz = Oregano	krampflösend im Magen und Unterleib, auch bei Husten
Petersilie *Petroselinum crispum* Doldenblütler, (glattblättrige, krausblättrige und Wurzelp.)	Anfang März – Ende August	–	ganzjährig	30	◒ feucht, organischen Dünger im Herbst vor Aussaat	Radieschen, Rettich, Tomaten, Zwiebel	mehrjährig, die glatte ist aromatischer als die krause, im Winter mit Nadelreisig abdecken	blähungsvertreibend, entwässernd, verdauungsfördernd
Pfefferminze *Mentha piperita* Lippenblütler	Mitte März – Mitte Mai Wurzelableger	Anfang Juni – Mitte Juli	Mitte Juli – Mitte Oktober	40 x 50	◒ feucht, organischer Dünger	Möhren, Salat, Tomaten	mehrjährig, Vermehrung nur durch Wurzelableger, als Bodendecker verwendbar, hoher Mentholgehalt des ätherischen Öls kann bei Säuglingen zu Erstickungserscheinungen führen	bei Magen- und Darmstörungen, gegen Gallen- und Leberleiden
Pimpinelle Gartenbibernelle *Sanguisorba minor* Rosengewächs	Mitte März – Ende Mai	–	Mitte April – Ende Oktober	25 x 30	☼ trocken	nicht bekannt	mehrjährig, Blüten herausschneiden, damit länger Blätter geerntet werden können	sehr vitaminreich
Ringelblume *Calendula officinalis* Korbblütler	April + Mai	–	Juni – Oktober	25 x 30	☼ ◒	wirkt auf Boden und Pflanzen heilsam	einjährig, samen sich leicht selbst aus. Für Salate und Quark kann man Blüten und Blätter verwenden, für Heilbehandlungen Blüten	krampflösend, gallenflußfördernd, bei schlecht heilenden Wunden, Nagelbettentzündungen, Verstauchungen, Verrenkungen

Deutscher Name Lateinischer Name Familie	Aussaat	Pflanzzeit	Ernte	Pflanz-abstand Reihen-abstand cm	Standort	Gute Nachbarn	Bemerkungen	Heilwirkungen
Rosmarin *Rosmarinus officinalis* Lippenblütler	Mitte März – Ende Mai in Frühbeet	Anfang Juni – Mitte Juli	vor der Blüte	30 x 30	☼ trocken, durchlässig	Salbei	mehrjährig, nicht abends mit Rosmarin-Badezusatz baden; ist nicht winterhart, daher besser in Töpfe pflanzen und im Sommer auspflanzen	bei niedrigem Blutdruck, chronischen Schwächezuständen, Kreislaufschwäche, Durchblutungsstörungen
Salbei *Salvia officinalis* Lippenblütler	Mitte März – Ende Mai in Frühbeet	Anfang Juni – Mitte Juli	Mitte Juni – Mitte Oktober, bestes Aroma kurz vor Blüte	30 x 30	☼ etwas Kalk, durchlässig	Fenchel, Erbsen, Bohnen, Kohl, Rosmarin	mehrjährig, auch gute Steingartenpflanze, Ableger durch Zweigbewurzelung, in rauhen Gegenden und harten Wintern bedecken	bei Entzündungen von Zahnfleisch, Mund und Rachen, desinfizierend und krampflösend
Schnittlauch *Allium schoenoprasum* Liliengewächs	Mitte Februar – Mitte Mai	–	Mitte April – Mitte November	25 x 25	◐ kalkreich, feucht	Erdbeeren, Möhren, Salat	mehrjährig, auch Pflanzung durch Teilung	desinfizierend, bei Magen- und Darmstörungen
Thymian *Thymus vulgaris* Lippenblütler	Mitte März – Ende Mai im Frühbeet	Anfang Juni – Mitte Juli	Anfang Mai – Mitte Oktober	20 x 20	☼ trocken, nicht düngen	–	mehrjährig, französischer oder Sommerthymian frostempfindlich, deutscher oder Winterthymian winterhart, wächst aber langsamer; auch schön als Steingartenpflanze; wehrt Läuse und Raupen des Kohlweißlings ab	bei Magenkrämpfen, Husten und Asthma

Deutscher Name Lateinischer Name Familie	Aussaat	Pflanzzeit	Ernte	Pflanz-abstand Reihen-abstand cm	Standort	Gute Nachbarn	Bemerkungen	Heilwirkungen
Wermut *Artemisia absinthium* Korbblütler	Mitte März – Ende Mai	Anfang Juni – Mitte Juli	frische Blätter Anfang Mai – Mitte Oktober zum Trocknen kurz vor der Blüte	30 x 40	☼ trocken, kalkhaltig, sandig	schützt Johannisbeeren vor Säulenrost	mehrjährig, zum Trocknen werden die Triebspitzen geerntet; nicht bei Schwangerschaft verwenden	bei Magen- und Gallebeschwerden
Ysop *Hyssopus officinalis* Lippenblütler	Mitte März – Ende Mai in Frühbeet	Mitte Mai	frische Blätter den ganzen Sommer, zum Trocknen kurz vor der Blüte Juli + August	25 x 30	kalkhaltig	vertreibt Läuse, Raupen und Schnecken	mehrjährig, frische Blätter in Gurkensalat, Tomaten- und grüne Salate, Quark und Streichkäse	bei Magen- und Darmstörungen, bei trockenem Husten
Zitronenmelisse *Melissa officinalis* Lippenblütler	Mitte März – Ende Mai	Ende Juni – Mitte Juli	Anfang Mai – Mitte Oktober zum Trocknen vor der Blütezeit Juni – August	30	geschützt, durchlässig, humusreich	–	mehrjährig, Vermehrung auch durch Wurzelstockteilung; verträgt sich nicht mit der Goldmelisse *(Monarda didyma L.)*	nervenberuhigend und -stärkend, bei nervösen Herzbeschwerden, bei nervösen Magen- und Darmstörungen

Das Saatgut

Es ist nicht gleich, wo man Saatgut kauft. Wenn es möglich ist, kauft man immer von derselben Firma, mit deren Saatgut man gute Erfahrungen gemacht hat. Um die Keimfähigkeit des Samens zu prüfen, verfährt man folgendermaßen: 10 Samenkörner werden entweder in einer Keimbox oder auf saugfähigem Papier, auf Tellern oder in Schalen ausgestreut, so abgedeckt, daß noch Luft an die Saat kommt und feucht gehalten, aber nicht zu naß.

Je nach Keimdauer fangen die Samen nach einigen Tagen an zu sprießen, gehen mehr als 5 auf, ist die Saat verwendbar.

Es hat sich vielfach bewährt, selbst Samen zu gewinnen, die besser keimen und kräftigere, gesündere Pflanzen hervorbringen. Dabei muß man darauf achten, daß man nicht von einer Hybridsorte ausgeht, weil diese sich in der nächsten Generation wieder in die Ausgangssippen aufspalten kann.

Die Samengewinnung macht nur geringe Mühen. Bei Blumen, Bohnen und Erbsen läßt man einen Teil der vorhandenen Pflanzen, die kräftigsten und gesündesten, auf dem Beet stehen, bis die Samen ganz ausgereift sind. Bevor die Samenkapseln oder -hülsen aufspringen, erntet man die Samen bei trockenem Wetter und läßt sie an einem luftigen, trockenen Ort nachreifen. Erst wenn der Winter fast vorbei ist, entnimmt man die Samen den Kapseln oder Hülsen.

Bei fleischigen Früchten, wie Tomaten oder Gurken, erntet man die ausgereiften Gemüse von besonders kräftigen Pflanzen und läßt sie an einem trockenen, warmen Ort liegen. Erst wenn die Früchte fast zu faulen anfangen, entnimmt man die Samen, wäscht sie gut und läßt sie auf saugfähigem Untergrund im Schatten trocknen.

Will man bei Kohlarten Samen gewinnen, so kann in einem Sommer nur eine Kohlart angepflanzt werden, da die Kohlarten gern Bastarde bilden. Die festesten Kohlköpfe läßt man im Frühbeet oder im Keller in Blumentöpfen überwintern und pflanzt sie im April wieder ins Freiland. Dabei setzt man sie tief ein und stützt die Samenstengel gut ab. Der Samen muß vor den Vögeln geschützt werden. Die ausgereiften Samenschoten läßt man im Schatten gut nachtrocknen, ehe man die Samen entweder herausdrischt oder aus den Schoten herausnimmt.

Bei Knollenfenchel, der mehrjährig ist, macht man im Herbst eine Bodenbedeckung aus Laub gegen Frost und erntet das Saatgut im nächsten Jahr.

Wenn kein biologisch gezogener Samen zur Verfügung steht, kann zur Erhöhung der Keimfähigkeit und zur Beschleunigung des Keimens ein Saatbad gemacht werden. Dazu braucht man Regenwasser oder Leitungswasser, dem etwas Biosmon (1 Messerspitze auf 5 l Wasser) zugesetzt wird.

Dem handwarmen Wasser setzt man etwas Humofix, SPS, Alginure Wurzel-Dip oder Gießmittel für das Keimlingsgerät von Bio-Kraft zu. Die Mengen sollen sehr gering sein. In einem Steingut-, Porzellan- oder Glasgefäß rührt man mit einem Holz 10 Minuten kreisend um. Sobald ein Trichter entstanden ist, wie schon beim Rühren der Hornmist- und Hornkieselpräparate beschrieben wurde, wechselt man die Richtung. Dann streut man den Samen in das Wasser und rührt wieder, damit der Samen nicht aneinanderklebt.

Die Samen bleiben zwischen 15 Minuten und 1½ Stunden in diesem Wasser: Samen von Kohl 15 Minuten, die verschiedenen Salatsamen 1 Stunde, Möhren-, Pastinaken- und ähnliche Samen 1½ Stunden. Dann legt man ein Baumwoll- oder Leinentuch über ein Sieb, das über ein Gefäß gehängt ist, und seiht durch. Das Läppchen mit dem Samen läßt man gut abtropfen und bindet es ab. Den kleinen Beutel legt man für 2–3 Stunden in leicht feuchte Erde. Dann läßt sich der Samen aussäen. Er geht sehr schnell auf.

Das Wasser verwendet man zum Blumengießen.

Gesät wird bei warmem Wetter. Der Zeitpunkt der Ernte wird eher hinausgeschoben, wenn bei naßkalter Witterung Samen in den Boden kommen. Außerdem bleiben die Pflanzen bei

Aussaat in warme Erde gesünder. Übersprühen der Erde vor dem Säen mit dem Hornmistpräparat Nr. 500 oder Brennesseljauche fördert die Gesundheit der Pflanzen zusätzlich. Vor der Aussaat zieht man an der Gärtnerschnur entlang mit einem Kultivator, der Ecke einer Ziehhacke oder einem Rechen eine flache Rille, denn der Samen darf nicht tief liegen. Er wird nur dünn mit reifem Kompost bedeckt, da die Erde über den Samen nur so hoch liegen soll, wie der Durchmesser der Samen ist. Mit der Hand oder der Rückseite eines Rechens wird die Erde über den Samen leicht angedrückt und mit abgestandenem Wasser so behutsam angegossen, daß die Samen nicht freigelegt werden. Die dünne Erdschicht kann schnell austrocknen. Da der Samen jedoch feucht gehalten werden muß, damit er keimen kann, ist es vorteilhaft, ihn mit alten feuchten Säcken oder einer luftdurchlässigen Folie abzudecken. Neuerdings gibt es die Folie Agryl P 17, ein Vlies aus thermisch gebundenen Polypropylen-Endlosfasern, die frei von chemischen Bindern und Zusatzstoffen sind. Das Vlies hat mit 85 % eine sehr gute Lichtdurchlässigkeit, die durch Tau nicht wesentlich vermindert wird, da das Wasser durch die Poren versickert, die das Material auch sehr luftdurchlässig machen. Bei Frost bildet die dünne Tauschicht einen schützenden Eispanzer, so daß kein Wärmeverlust eintritt. Dabei ist das Vlies mit seinen 17 Gramm pro Quadratmeter so leicht, daß es auf Kopfsalat beispielsweise keine Druckstellen hinterläßt. Das geringe Gewicht und die Luftdurchlässigkeit machen das Vlies als Dauerschutz sehr geeignet. Das preisgünstige Material ist bequem auslegbar und läßt sich an den Rändern zur Befestigung am Boden pro Meter mit einem Stein belegen.

Das Pflanzen

Verschiedene Gemüsepflanzen müssen, nachdem sie eine gewisse Größe erreicht haben, vereinzelt, und wenn man alle aufgegangenen Samen, die nun kräftige Pflanzen sind,

Vereinzeln von Jungpflanzen.

großziehen will, umgepflanzt werden. Das versetzt den zarten Jungpflanzen einen Schock, der aber nicht zu sein braucht.
Verpflanzt wird bei bedecktem Himmel und feuchter Erde. Die Wurzeln taucht man in Alginure Wurzel-Dip, das zubereitete Hornmistpräparat oder SPS. Jedem Präparat kann ein Lehmbrei untergemengt werden. Auch eine Gabe des Wirkstoffs C 779 in den vorbereiteten Boden ist vorteilhaft. Fein gesiebter reifer Kompost als Ausfütterung für das Pflanzloch und eine kleine Gabe Gesteinsmehl sorgen gleichfalls für ein gutes Anwachsen und schnelle Bewurzelung der Pflanzen.
Einige Gemüsepflanzen müssen tief gepflanzt werden, beispielsweise Kohl, Tomaten und Porree. Andere wieder werden so hoch gepflanzt, daß sie fast umzukippen scheinen. Zu diesen Pflanzen gehören Salat, Sellerie und Zwiebeln. Gepflanzt wird bei kleinen Pflanzen mit einem Pflanzholz, bei größeren auch mit einem Handspaten, mit dem man die Erde zur Seite schiebt. Die Wurzeln müssen gut Platz finden. Von allen Seiten wird zuletzt gut angedrückt und vorsichtig, aber nachhaltig angegossen. Dazu nimmt man abgestandenes Wasser, das die Umgebungstemperatur besitzt, sonst erleiden die Pflanzen doch noch zum Schluß des Umpflanzens einen Schock.
Um die Verdunstung herabzusetzen, die besonders neu gesetzten Pflanzen sehr zusetzt und die Pflanzen durch Welke schwächt, sprüht man Alginure Verdunstungsschutzspray. Wenn das alles richtig gemacht worden ist, stehen die Pflanzen an ihrem neuen Standort, als hätten sie nie einen anderen gehabt.

Pflanzenpflege

Während die Pflanzen heranwachsen, ist es nicht so wichtig, sie ständig zu gießen. Ab und zu eine Pflanzenjauche als Kopfdünger oder fein versprühte Blattdüngung kräftigen die Pflanzen. Eine Bodenbedeckung schützt den Boden vor Austrocknung. Und selbst bei anhaltender Trockenheit sollte der Boden lieber öfter gehackt werden, da das die Verdunstungskanäle unterbricht und den Boden durchlüftet.
Wenn wirklich in einer längeren Trockenperiode gegossen werden muß, dann teile man die Beete ein und gieße mit dem vorhandenen abgestandenen Wasser jeden Tag einen kleinen Teil des Gartens nachhaltig. Nur oberflächlich den Boden zu befeuchten ist sinnlos. Die Feuchtigkeit dringt auf diese Weise gar nicht bis an die Wurzeln, sondern verdunstet auf der warmen Bodenoberfläche umgehend. In der Mittagshitze sollte nicht gegossen werden. Am aufnahmefähigsten sind Wurzeln und Erde gegen Abend.
Abgestorbene Blätter, Erdbeerranken, deren sich neu bildende Pflanzen nicht für die Neupflanzung verwendet werden sollen, überzählige Triebe bei Tomaten müssen entfernt werden, wenn sie die Pflanzen nicht unnötig schwächen sollen. Wird die Fülle der Früchte für eine Pflanze zu schwer, bindet man die Zweige an. Erdbeerfrüchte unterlegt man mit Stroh oder schwarzer Mulchfolie, damit die Erdbeeren sauber ausreifen können, ohne am Boden zu faulen.

Das ganze Jahr Gemüse aus dem eigenen Garten

Frühbeet, Folientunnel und *Gewächshaus* gewähren frühere Ernten im eigenen Garten oder sogar ganzjährige, wenn man ein Warmhaus hat. Ist der Garten mit diesen schützenden Hilfsmitteln ausgestattet, kann man stets wohlschmeckendes, gesundheitsförderndes Gemüse aus dem eigenen Garten essen.
Auf ein *Früh- oder Mistbeet* sollte man auf keinen Fall verzichten, weil man die Gemüseernte auf diese Weise im Frühling vorverlegen kann und im Herbst hinausschieben. Aus 4 Brettern,

die man als Rahmen benutzt, und Folie, Plexiglas, durchsichtigen Kunststoffplatten oder Glas kann man sich ein preiswertes Frühbeet selbst machen. Die Rückwand muß 20–25 cm höher sein als die Frontseite und sollte durch Büsche geschützt sein, denn die Rückseite ist die Nordseite. Das schräg abwärts verlaufende Glas läßt die Sonne in den Kasten scheinen. Die Temperatur im Frühbeet regelt man durch ein Holz, das zwischen Scheibe und Rahmen gesteckt wird. Das Frühbeet darf deshalb nicht zu weit weg vom Haus sein. Man muß es beobachten können.

Vorbereitet wird das Früh- oder Mistbeet schon im Herbst. Dazu hebt man in der Größe des zukünftigen Beetes etwa 50 cm tief die Erde aus. Die fruchtbare Oberschicht häufelt man neben dem Loch auf. Das Loch selbst wird mit einer lockeren Mulchschicht ausgefüllt, der kostbare Aushub mit einer Mulchdecke geschützt. Im zeitigen Frühjahr, etwa im Februar, wird die Mulche aus dem Loch entfernt und dafür lagenweise Pferdemist eingefüllt und festgetreten, bis sich eine Gesamtschicht von 20–30 cm Höhe ergibt. Darüber breitet man die gute Gartenerde oder reifen Kompost. Danach wird das Fenster geschlossen. Der Pferdemist wirkt als Heizung und erwärmt die darüberliegende Erde und die Luft im geschlossenen Frühbeet.

Wer keinen Pferdemist bekommen kann, hilft sich mit Stroh, das schon im Herbst in den Frühbeetkasten gefüllt wird. Im Februar wird das Stroh mit einer Pflanzenjauche übergossen, festgetreten und mit der vorgeschriebenen Schicht Erde bedeckt.

Im Handel gibt es verschiedene Ausführungen, darunter auch eine, die zusammengesteckt werden kann und zusammengelegt nur wenig Platz einnimmt. Andere Frühbeetkästen sind mit einem elektrischen Heizsystem ausgestattet, das im Boden verlegt wird. Bei den heutigen Energieproblemen sind die schwarzen wassergefüllten Energiespeicherschläuche empfehlenswerter. Sie speichern auf dem Boden zwischen den Gemüsereihen liegend am Tag die Sonnenwärme und geben sie nachts an den Boden und die pflanzennahe Luft ab. Es sei denn, man benutzt einen automatischen Fensteröffner, der mit Sonnenenergie arbeitet und das Frühbeetfenster selbsttätig öffnet und schließt.

Solche Frühbeetkästen eignen sich besonders zur Anzucht, aber auch zur Weiterkultivierung von Pflanzen, die in unserem Klima erst spät ins Freiland gesät werden können, oder auch allgemein, um die Ernte vorzuverlegen.

Abdeckfolien sind bereits im Zusammenhang mit der Aussaat erwähnt worden. Sie sind im allgemeinen wasser-, luft- und lichtdurchlässig und wachsen mit. Unter der Folie bildet sich ein wachstumsförderndes Kleinklima, wodurch ebenfalls die Ernte früher möglich wird. Das spielt beispielsweise eine Rolle, wenn man ein längeres Beet an einem Tag bestellt, beispielsweise Kopfsalat gepflanzt hat, aber sicher sein möchte, daß nicht zu viele Salatköpfe auf einmal für die Familie zur Verfügung stehen. Das kann man verhindern, indem man anfangs das ganze Beet mit Folie bedeckt, um die jungen Pflanzen im Frühling vor Nachtfrösten zu schützen. Sind diese vorbei, nimmt man einen Teil der Folie ab, die man wiederverwenden kann. Nach etwa 14 Tagen (bei Salat) wird nochmals Folie entfernt, während der letzte Teil bis zur verfrühten Ernte auf den inzwischen gut ausgebildeten Salatköpfen liegen bleibt.

Die Zeiten für die teilweise Abnahme der Folie muß man je nach Wachstumsdauer der Gemüsepflanzen berechnen. Im Herbst schützt diese Folie vor den ersten Frösten. Die Ernte kann dadurch hinausgeschoben werden. Monatserdbeeren oder Beeren von Erdbeerstauden, die über mehrere Sommermonate tragen, können auf diese Weise noch im Dezember frisch vom Beet gepflückt werden.

Folientunnel bestehen aus halbrunden Drahtbügeln, die in die Erde gesteckt werden. Darüber wird eine lichtdurchlässige Folie gebreitet, die mit Brettern oder Steinen am Boden gehalten werden muß.

Auch die Tunnel sind in Querrichtung zu öffnen, so daß am Tag die Sonne ohne Lichtverlust auf die Pflanzen einwirken kann, die Pflanzen aber vor Nachtfrösten und bei kalter Witterung unter der Folie ein warmes Klima haben, wie es für schnellen Aufwuchs gebraucht wird. Auch

Gelochte Abdeckfolie zur Anzucht von Jungpflanzen.

warmer Regen kann die Erde gründlich durchfeuchten, während der Tunnel bei Hagel geschlossen bleibt.
Ideal ist ein Gewächshaus im eigenen Garten. Da gibt es die altbewährten mit Glas, preisgünstige Foliengewächshäuser und solche mit Kunststoffplatten.
Im *Foliengewächshaus* kann man schon im frühesten Frühling den ersten Salat, Kohlrabi und Radieschen ziehen, außerdem sehr frühzeitig im Jahr die Anzucht von Gemüsepflanzen und einjährigen Blumen betreiben. Im Sommer steht das Foliengewächshaus für wärmehungrige südliche Gemüse wie Melonen, Paprika, Schlangengurken oder auch für Tomaten zur Verfügung.
Im Winter dagegen finden dort Pflanzen ihren geschützten Platz, die man ohne ein Gewächshaus kaum unterbringen kann. Dazu gehören Geranien, Fuchsien, Hibiskus, Bougainvillea, Oleander und Bananenstauden. Beim Foliengewächshaus kann es nach einigen Jahren notwendig werden, die Folie zu erneuern, aber die Erfahrungen lehren, daß gute, UV-stabilisierte PE-Spezialfolie bei Hagelschlag fast unbeschädigt bleibt, während Glas und einige Kunststoffplatten zerstört werden. Da nützt die längere Haltbarkeit bei den beiden zuletzt genannten Materialien auch nicht, wenn ein einziger Hagelschlag alles vernichten kann. Glas ist darüber hinaus ohnehin das gefährdetste Material. Von den Kunststoffplatten haben sich glasfaserverstärkte Polyesterprofilplatten bisher am besten bewährt.
Wie bei Folientunneln und Frühbeeten lassen sich auch im Gewächshaus die Anbauzeiten durch Beta-Solar-Wärmespeicher verlängern, die Ernteerträge steigern und die Zeiten für

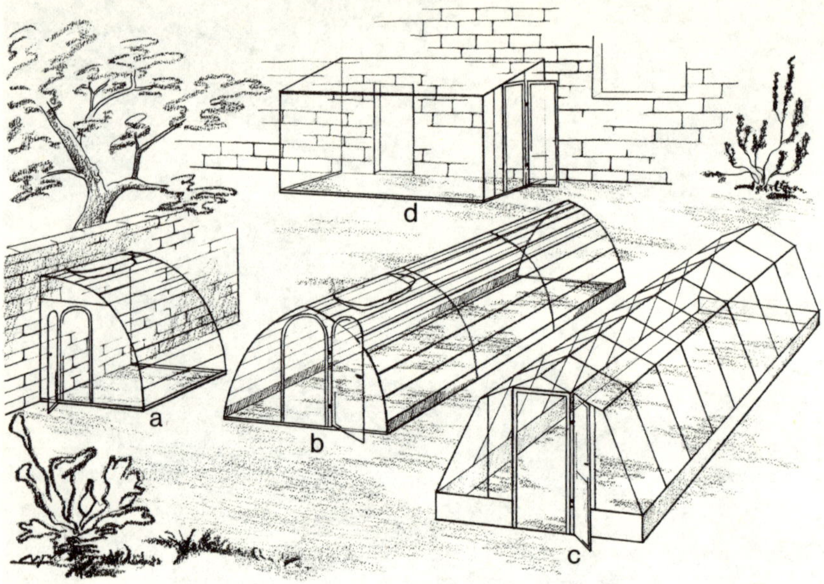

Gewächshäuser: a) Anlehnfolienhaus, b) Foliengewächshaus, c) Glashaus, d) Anlehnglashaus.

Wachstum und Reife verkürzen. Dadurch erhöht sich indirekt die Menge des Platzes, denn man kann viel eher neue Kulturen anlegen.
Durch eine Isolierung, Beta-Solar-Wärmespeicher und einen Heizlüfter mit Thermostat kann ein Kalthaus zu einem Warmhaus werden, das in günstigen Lagen auch im Winter für Gemüseernten sorgt. Es gibt immer mehr Gemüsesorten, die gegen Kälte ziemlich unempfindlich sind und auch niedrige Temperaturen vertragen.
Die Isolierung besteht aus Luftpolsterfolien, die innen angebracht werden, der Wärmedämmung einer Doppelverglasung entsprechen und 50 Prozent der Heizkosten einsparen. Für die Beheizung gibt es Dauerbrandöfen für verschiedene Brennstoffe, aber auch Elektroheizrohre, die verzinkt und daher rost- und wartungsfrei sind.
Wird ein Gewächshaus von der Hauszentralheizung mit Wärme versorgt, so muß für gute Isolierung des Heizungsrohres vom Haus zum Gewächshaus gesorgt werden.
Als Warmhaus empfiehlt sich ein Anlehngewächshaus, das an einer südöstlichen, südlichen oder südwestlichen Haus- oder Garagenwand angegliedert wird und im Idealfall vom Haus aus begehbar ist. Man kann Abwärme aus dem Heizkeller einleiten oder auch durch die Verbindungstür zum Wohnhaus nach Bedarf die Wärme des anschließenden Wohnraumes.
Hier bieten sich bei einem Hausneubau oder beim Umbau eines alten Hauses ganz neue Möglichkeiten, die von modernen Architekten im Rahmen der Energieeinsparung und der Verbesserung der Wohnqualität auch in Stadthäusern verwirklicht werden. Es werden

ganzen Häuserwänden Gewächshäuser vorgebaut und Dächer statt mit Dachziegeln oder -platten mit Gewächshäusern bestückt. Diese isolieren die dahinterliegenden Räume im Winter zusätzlich. Der reiche Pflanzenwuchs schützt im Sommer vor direkter Sonneneinstrahlung. Die Pflanzen sorgen für gesunde Luftfeuchtigkeit, die keine zusätzliche Energie kostet, auch für bessere Luft, weil sie stadtüblich gewordene Schadstoffe wie Kohlen- und Schwefeldioxid binden. Die Gewächshäuser und die Pflanzen dämmen den Straßenlärm. Gar nicht in Ziffern auszudrücken ist der Wert einer solchen Anlage für Erwachsene und Kinder, die aus nächster Nähe die Pflanzenwelt erleben, mit ihr leben und nicht nur an wohlschmeckendem Gemüse und Obst das ganze Jahr über ihr Vergnügen haben können. So mancher Liebhaber seltener Gewächse wird sich langgehegte Wünsche nach tropischen Orchideen, Kakteen und Farnen erfüllen können und einen ganzen Urwald wachsen lassen. Ein anderer Aspekt ist die Beeinträchtigung der Pflanzenwelt durch Niederschläge, die auf den Pflanzen Rückstände aus der Luftverschmutzung hinterlassen. Im Gewächshaus sind die Pflanzen dieser Gefährdung nicht ausgesetzt. So läßt sich seit einiger Zeit eine eindeutige Qualitätssteigerung der Gemüse und Früchte feststellen, die in Gewächshäusern gewachsen sind, gegenüber denen, die im Freien gezogen werden.
Für Gewächshäuser gibt es außer den erwähnten noch eine Reihe von Zusatzgeräten. Hängeborde und Tische für Anzuchtkästen, für Blumen in Töpfen und als Arbeitsplatz verwendbar, behindern die Gemüsepflanzen am Boden nicht. Automatische Fensteröffner sind wie beim Frühbeet ein Vorzug, weil die Wartung des Fensters entfällt. Auf einem Maxima-Minima-Thermometer braucht nur einmal täglich die Temperatur abgelesen zu werden. Es zeigt gleichzeitig die niedrigste, die höchste und die zum Zeitpunkt der Kontrolle vorhandene Temperatur an. Es gibt außerdem Hygrometer zur Messung der Luftfeuchtigkeit, Bodenthermometer, wie sie auch draußen benutzt werden, ein Frostschutzgerät mit Ther-

Maxima-Minima-Thermometer, im Hintergrund Luftpolsterfolie zum Abdichten gegen Kälte.

Bodenthermometer.

mostat, das eine kleine Abteilung im Gewächshaus frostfrei halten kann, Bodenheizkabel, Saatkastenheizung, Luftbefeuchter und Bewässerungssysteme.
Es ist bei der Anlage eines Gewächshauses abzuwägen, ob ein solches Haus von zusätzlicher Energie durch Strom oder Brennstoffe ganz unabhängig sein kann, wie weit die kostenlose Sonnenenergie ausnutzbar ist oder doch noch Fremdenergie benutzt werden muß. Sicher wird es auch bald Solarzellen auf kleinstem Raum für Gewächshäuser geben, mit denen kleine Geräte innerhalb eines Gewächshauses betrieben werden können.
Beim Gemüseanbau im Gewächshaus ist zu beachten, daß es für verschiedene Gemüsearten wie beispielsweise Blumenkohl, Gurken und Kohlrabi spezielle Samen in großer Auswahl gibt. Für Gurken ist ein Klettergerüst günstig, während Tomaten und Bohnen an Schnüren hochgezogen werden. Bohnen werden am Dach entlang weitergezogen und dienen auch als Schattenspender. Durch den Gemüseanbau ist der Preis für die Anschaffung eines Gewächshauses in wenigen Jahren wieder eingespart. Übrigens lassen sich in Gewächshäusern auch sehr gut Hügelbeete anlegen.

Hügelkultur

„Wenn nämlich für irgendeinen Ort der Erde ein Niveau, das Obere der Erde, vom Inneren der Erde sich abgrenzt, so wird alles dasjenige, was sich über diesem normalen Niveau einer bestimmten Gegend erhebt, eine besondere Neigung zeigen zum Lebendigen, eine besondere Neigung zeigen, sich mit Ätherisch-Lebendigem zu durchdringen. Sie werden es daher leichter haben, gewöhnliche Erde, unorganische, mineralische Erde, fruchtbar zu durchdringen mit humusartiger Substanz oder überhaupt mit einer in Zersetzung begriffenen Abfallsubstanz, wenn Sie Erdhügel aufrichten und diese damit durchdringen. Dann wird das Erdige selber die Tendenz bekommen, innerlich lebendig, pflanzenverwandt zu werden." Diese Worte sagte Rudolf Steiner im 4. Vortrag in Koberwitz innerhalb des landwirtschaftlichen Kurses im Jahre 1924.
Diese Angabe ist eine aus einer solchen Fülle, daß sie lange Zeit nicht weiter verfolgt worden ist, obwohl diese wenigen Sätze bereits alles über das Hügelbeet sagen: Erhöhung über das allgemeine Niveau, Abgrenzung vom Inneren der Erde, Durchdringen des Erdhügels mit in Zersetzung begriffenen Abfallsubstanzen.
Erst nach dem 2. Weltkrieg kam unabhängig von Rudolf Steiner durch Beobachtungen und Versuche Hermann Andrä auf die Methode des Hügelbeetes, wie er den mit Ästen und Gartenabfällen gefüllten Erdhügel nannte. Hans Beba fiel das von Hermann Andrä verbreitete Büchlein „Hügelkultur statt Flachkultur" später „durch einen glücklichen Zufall", wie er selbst meint, in die Hände. Er hat die Methode weiter ausgearbeitet und viele Erfahrungen gesammelt.
Ein Hügelbeet wird am besten in Nord-Süd-Richtung angelegt, damit der Hügel die Sonnenbestrahlung voll nutzt und mittags eine Pflanze der anderen weitgehend Schatten spendet. Je nach Armlänge desjenigen, der das Beet bearbeitet, kann es eine Breite von 140–160 cm haben. Die Länge kann jeder selbst wählen, wobei zu berücksichtigen ist, daß zersetzbares Material wie Äste, Laub und andere Gartenabfälle verfügbar sein müssen, dazu Grob- und Reifkompost.
Man steckt die Größe der Hügelbasis ab und hebt den Boden innerhalb der vorgesehenen Fläche zwischen 10 und 30 cm tief aus. Ist der Boden mit Gras bewachsen, schichtet man den Rasensoden in unmittelbarer Nähe zum anschließenden Gebrauch auf und ebenso den Mutterboden.
An der Mittellinie entlang werden zuerst etwa 60 cm breit und 40–60 cm hoch Aststücke, Stengelstücke von Sonnenblumen und andere grobe Pflanzenteile aufgeschichtet. An den beiden Enden bleiben ungefähr 60–70 cm frei von diesen verholzten Stücken. Über diesen

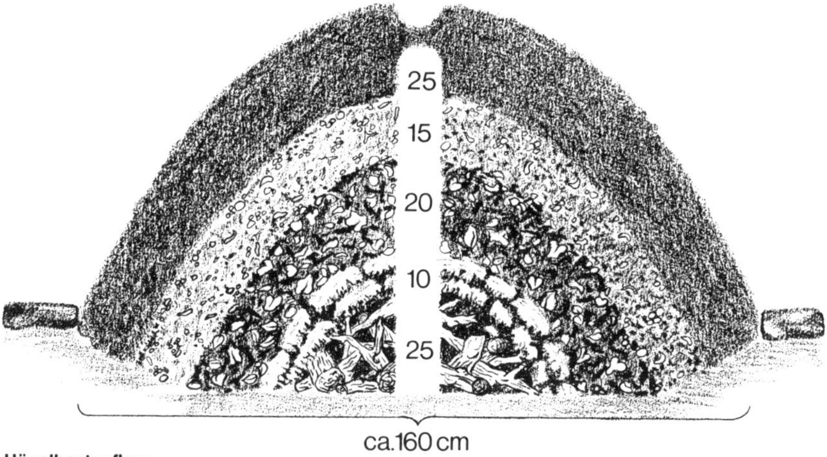

Hügelbeetaufbau.

ersten kleinen Hügel legt man mit dem Grün nach unten den Rasensoden und gleicht mit etwas Erde aus. Dann klopft man alles fest an. Darüber wird eine 25 cm dicke Schicht feuchtes Laub gestreut, der eine 15 cm starke Umhüllung aus Grob- oder Mulchkompost mit vielen Regenwürmern folgt, die wieder gut angedrückt wird. Die äußere Abdeckung besteht aus gesiebtem Reifkompost, den man mit Muttererde mischt und ebenfalls 15 cm dick aufträgt und festklopft.

Das Hügelbeet ist nun sofort fertig zum Bepflanzen. Legt man so ein Hügelbeet im Herbst an, hat man einige Vorteile: Es gibt genügend Äste, verholzte Stengel und Laub, man kann Gründüngung einsäen, die eine harmonisierende Vorfrucht für alle Gemüsepflanzen bedeutet, und der Hügel kann sich setzen.

Es ist vorteilhaft, in alle Schichten des Hügelbeetes zur Bildung von beständigen Ton-Humus-Komplexen Bentonit oder Alginure einzuarbeiten. Auch Algomin, Meeresalgen und ein Dünger wie Eco-Vital, kalifornischer Trockenrinderdung, Stallatico oder Luzian-Steinmehl können dünn dazwischengestreut werden, um die Bodenlebewesen anzulocken und zu füttern.

Vom Komposthaufen und vom Mistbeet wissen wir das bereits: Es ist gewissermaßen eine Langzeitbodenheizung in das Beet eingebaut worden. Das Innere des Hügelbeetes verrottet stufenweise, der Mulchkompost am schnellsten, auch die Sodenstücke zerfallen bald zu Humus, das Laub braucht 2–3 Jahre und am längsten die verholzten Pflanzenteile und Äste. Bei der Rotte entsteht genügend Wärme, um im zeitigen Frühjahr mit der Gemüseaussaat und -bepflanzung zu beginnen. Empfindliche Pflanzen können wie auf dem Flachbeet durch Abdeckfolie geschützt werden. Auch im Spätherbst werden die ersten Frosteinbrüche gut überstanden.

Für die Bepflanzung setzt man auch hier die Mischkultur ein, wobei die Fruchtfolge beschleunigt ist. Die Reihen und die Pflanzenabstände innerhalb der Reihen wählt man eher etwas weiter auseinander als üblich, weil die Pflanzen größer geraten. Die großen Pflanzen, beispielsweise Tomaten, setzt man oben auf das Hügelbeet. Für Erdbeeren wählt man ein eigenes Beet oder ein Teilstück, damit die Ausläufer gepflanzt werden können. Nach Beba hat es sich bewährt, für die Erdbeerkultur ein Hügelbeet zu nehmen, das schon 4 Jahre mit Gemüse bepflanzt war.

Hans Beba hat auch eine gute und einfache Bewässerungsmethode erprobt. Es wird oft bedauert, daß Hügelbeete so leicht austrocknen und sie deshalb ständiger Kontrolle und größerer Wassermengen bedürfen als Flachbeete. Selbstverständlich werden zum besseren Halten der Feuchtigkeit auch Hügelbeete gemulcht, bis der Pflanzenbestand so dicht ist, daß die natürliche Schattengare eintritt, bei der die Beschattung des Bodens durch die Pflanzen für längeres Feuchtbleiben des Bodens und rege Tätigkeit der verschiedenen Bodenorganismen sorgt.

Hans Beba füllt leere Dreiviertelliterflaschen und größere mit Wasser und stülpt diese mit einem Abstand von 60–80 cm mit der Flaschenhalsöffnung nach unten in den Boden, und zwar nur so tief, daß die Flaschen nicht umfallen. Tomatenstauden werden von einigen Flaschen umstellt. Die Pflanzen holen sich dann allein die Feuchtigkeit, die sie für ihr Wachstum brauchen. Bei Trockenheit sind die Flaschen alle 2 bis 3 Tage zu füllen. Diese Art der Bewässerung läßt sich nur auf Hügelbeeten einrichten. Wahrscheinlich ist der Boden bei Flachbeeten nicht locker genug.

Die Pflanzen gedeihen auf Hügelbeeten prächtig. Sie wachsen schneller, werden üppiger, sind früher eßreif als auf Flachbeeten und dabei gesund und von ausgezeichnetem Wohlgeschmack.

Hügelbeete bringen größere Ernten, weil die Erdoberfläche durch die Wölbung über der Basis etwa um ⅓ größer ist als die Basis und die einzelnen Pflanzen mehr Gewicht, die Früchte zahlreicher und größer sind. Neben der Verlebendigung des Bodens durch Niveauerhöhung, Wärme von unten, Abtrennung von der Erde und die zersetzbaren Pflanzenreste spielt sicher auch der Einfallswinkel der Sonnenstrahlen eine wichtige Rolle.

Bepflanztes Hügelbeet.

Hügelbeete werden 6 Jahre bepflanzt. Jeden Herbst wird eine 2–3 cm dicke Schicht Reifkompost aufgestreut, die ebensogut im Frühjahr aufgebracht werden kann. Im Herbst erfolgt als gute Vorbereitung für das nächste Jahr eine Gründüngung. Falls sie nicht mehr wachsen kann, mulcht man das ganze Beet. Im Frühjahr ist alles verrottet. Die Erde wird an der Oberfläche einmal durchgehackt. Dann kann es mit der neuen Aussaat oder Bepflanzung losgehen. Nach 6 Jahren ist eine dicke Schicht Humus entstanden, die beste Voraussetzung für ein neues Hügelbeet.
Ein Hügelbeet ist eine günstige Wohnung für Wühlmäuse, aber zu solchen Mietern muß es nicht kommen. Knoblauch am untersten Rand von Hügelbeeten, auch Zwiebeln oder hier und da eine Staude der giftigen Springwolfsmilch; solche Pflanzen meiden Wühlmäuse.
Die schon seit Jahrhunderten geübte Hügelkultur der Chinesen, deren Hügel viel flacher sind, und auch das Anhäufeln und Bepflanzen von kleinen Hügeln in unseren Breiten, beispielsweise bei Gurken, macht sich nur einige der Vorteile eines Hügelbeetes zunutze, nämlich die Niveauerhöhung ohne Abtrennung von der Erde, die Oberflächenvergrößerung und in geringem Maße die Sonnenenergie durch den etwas steileren Einfallswinkel. Außerdem läßt sich der Einfallswinkel der Sonnenstrahlen in unseren Breiten nicht mit denen von China vergleichen, denn die Chinesen haben vielfach Terrassenkultur in der Landwirtschaft, und ihr Land liegt etwa zwischen dem 20. und 55. Breitengrad. Der 55. Breitengrad ist also hoher Norden in China, während die Bundesrepublik sich ungefähr zwischen dem 47. und 55. Breitengrad erstreckt.
Hügelbeete kann man mit allen möglichen Gartenabfällen aufbauen. Wenn beispielsweise viel Rasenschnitt zur Verfügung steht und auf Neubaugelände noch kein Kompost, so nimmt man nach der Schicht mit Zweigen, denen auch Papier und Pappstücke beigemengt werden können, Rasenschnitt und streut Erde, vermischt mit Algomin, Gesteins- und Meeresalgenmehl, dazwischen. Oben deckt man mit einer Schicht Muttererde ab.

Das Hochbeet

Eine Abwandlung des Hügelbeetes ist das Hochbeet. Dieses Verfahren dachte sich Hertha Kalaus-Zimmermann aus. Sie hatte festgestellt, daß in ihrem Garten unter einer 30 cm dicken Schicht fruchtbarer Gartenerde nichts anderes als Schotter und harter Boden war. Warum soll man diesen Unboden umgraben? Einfacher ist es, lockeren Boden aufzuschichten.
In einem 120 cm breiten und beetlangen Rahmen aus Rundhölzern oder Mauerwerk wird zuerst der Mutterboden ausgehoben. Der Unterboden wird gelockert und mit einem Mischdünger wie Orgamin oder Eco-Vital vermischt. In die Grube kommen Reisig, Papier und Erde. Dann wird mit einer Schicht Laub aufgefüllt. Es folgen Mulchkompost, darauf Mutterboden, anschließend reifer Kompost und obenauf nochmals 10 cm Mutterboden. Überall kann ein Mischdünger eingearbeitet werden, zumindest aber etwas Algomin. Vorteilhaft ist auch, eine Gabe Alginure-Granulat in jede Schicht zu mischen. Der obenliegende Mutterboden bleibt ungedüngt, damit der darunterliegende reife Kompost die Wurzeln in die Tiefe zieht.
Das Hochbeet hat Ost-West-Lage, wobei die Nordwand mit 75 cm Höhe etwa 15 cm höher ist als die Südwand. Dadurch hat die Beetoberfläche eine nach Süden geneigte Schräglage. Auf den Oberboden legt man schwarze geschlitzte Folienstreifen, die das Beet auch von oben warm halten, Regen in den Boden lassen, aber die Verdunstung der Bodenfeuchtigkeit verhindern. Unkraut gibt es auf diese Weise auch nicht. Zwischen den Folienstreifen bleiben schmale Rillen frei. In diese Rillen wird ausgesät oder gepflanzt. Auch hier hat sich die Mischkultur bewährt. Die Ernten sind ebenfalls groß wie auf einem Hügelbeet.
Im Herbst wird die schwarze Folie abgenommen und eine Schicht Kompost auf dem

Hochbeet verteilt. Mit einer Grabegabel oder einem Sauzahn wird die Erde gelockert und dann gemulcht oder Gründüngung eingesät.
Solche Hochbeete sind nicht nur für ältere Menschen sehr bequem. Viel Freude können Behinderte mit Hochbeeten erleben. Mit dem Rollstuhl kann man an das Hochbeet dicht heranfahren und in bequemer Höhe säen, pflanzen und ernten, aber auch Pflanzen in ihrem Wachstum beobachten.
Hügel- und Hochbeete haben für die Fruchtbarkeit der Erde und die zunehmende Erdbevölkerung eine von vielen noch nicht erkannte Bedeutung, ist ihre Anlage doch mit wenig oder sogar überhaupt keinen Kosten verbunden. Es werden Abfälle verwertet, und was entsteht, ist fruchtbare Erde.
Mancher wird sich wundern, warum die zersetzbaren organischen Stoffe in Hügel- und Hochbeeten keinen Schaden an Wurzeln anrichten, keine Wurzelälchen anlocken und die auf solchen Beeten wachsenden Gemüse vor Gesundheit strotzen.
Dafür sind verschiedene Ursachen verantwortlich. Der für Hügel- und Hochbeete verwendete Boden enthält keinerlei Salzdünger und Chemikalien. Diese zerstören die verschiedenen Arten von Fangpilzen im Boden. Salzdünger- und chemikalienfreier Boden ist voller Fangpilze, welche die Nematoden in Schach halten. Die sich zersetzenden Pflanzenteile geben genügend Polyuronide frei, die den Boden nicht nur fruchtbar machen, sondern auch schädigende Stoffe puffern. Das im Grob- und Feinkompost vorhandene Algomin fördert das richtige Pilzleben, wodurch die Nematoden nochmals in ihrer Anzahl zurückgehen. Zudem läßt der lockere Boden das überschüssige Wasser abfließen, so daß keine stauende Nässe entstehen kann, durch die die Durchlüftung behindert wäre. Diese wird durch die Schicht mit Ästen und anderen Abfällen zusätzlich gefördert.

Obstbau

Wer möchte nicht gern im eigenen Garten Äpfel, Birnen, Kirschen, Pfirsiche, Pflaumen oder andere Früchte ernten, zumal im biologischen Garten! Da ist der Geschmack der Früchte unvergleichlich gut, weil die Früchte ausgereift geerntet werden können, der Boden gesund ist und die kosmischen Einflüsse kraftvoll wirken können. Bedenkenlos kann solches Obst vom Baum gepflückt und ungeschält sofort gegessen werden, denn es ist nicht mit giftigen Mitteln gespritzt worden. Auch die Haltbarkeit der Früchte aus biologischem Anbau ist hervorragend.
Wer reiche Ernte erhalten will, muß die Pflanzung von Obstbäumen sorgfältig planen und die Pflanzarbeit mit Umsicht vornehmen, denn ein Obstbaum wird nur einmal gepflanzt und steht über viele Jahre am selben Standort.
Da ist zunächst der Platz auszusuchen. Im Hausgarten ist nur selten genügend Raum für mehrere große Bäume, doch mit Überlegung lassen sich trotzdem mehrere Obstarten ernten. Hoch- und Halbstämme von Apfel-, Birnen- und Süßkirschenbäumen brauchen mit 8 mal 10 m den meisten Platz. In ihrem lichten Schatten lassen sich Sitzecken einrichten,

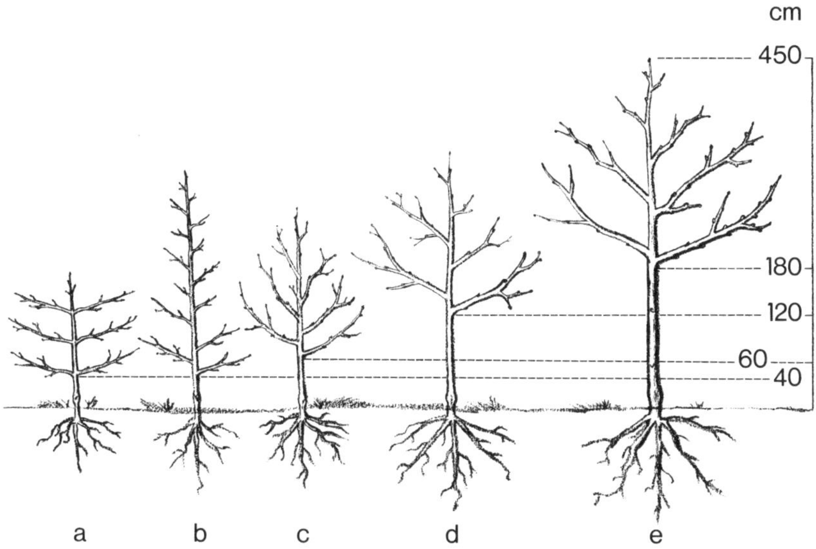

Obstbaumkulturformen: a) Spalier, b) Spindel, c) Busch, d) Halb- oder Mittelstamm und e) Hochstamm.

Erdbeeren, Rhabarber oder Blumen pflanzen. Man muß aber darauf achten, daß genügend Platz zum Ernten bleibt. Beim Herumgehen mit dem Obstpflücker kann man nicht darauf achten, was man unter seinen Füßen zertritt. Eine Leiter braucht Standfläche.

Hochstämme sind schwierig in der Pflege. Sie bringen erst nach etwa 8 Jahren große Erträge, allerdings werden diese unter gleichen Bedingungen von anderen Baumformen nicht erreicht. Bei guter Pflege können Hochstämme mehrere Besitzergenerationen überdauern. Die Stammhöhe liegt über 1,80 m.

Halbstämme mit 1,20–1,50 m Stammhöhe sind bequemer zu pflegen. Sie erreichen ihre normalen Erträge etwas früher als Hochstämme, und man kann unter ihnen noch gut arbeiten.

Für Buschbäume, deren Stämme nur 60–80 cm hoch sind, und für Hoch- und Halbstämme von Pflaumen, Zwetschen, Sauerkirschen, Mirabellen, Aprikosen und Pfirsichen rechnet man mit 5–6 mal 6 m Platz beim ausgewachsenen Baum.

Buschbäume werden bis zu 2,50 m hoch. Sie lassen sich deshalb ohne Akrobatik pflegen und abernten. Äpfel, Pflaumen, Zwetschen, Mirabellen, Pfirsiche und Aprikosen gibt es in dieser Baumform. Nach 3–5 Jahren kann geerntet werden.

Für den Kleingarten eignet sich besonders gut der *Spalier-* und der *Spindelbaum.* Bei einer Stammhöhe von 40–60 cm können beide Baumformen auf der gut erreichbaren Gesamthöhe von 2,50 m gehalten werden. Sie haben einen durchgehenden Mittelast und nach beiden Seiten fruchttragende Astpaare. In der Reihe brauchen sie 3 m Abstand. An der Südwand von Häusern oder Mauern gedeihen auch in rauheren Lagen besonders gut Birnen, Pfirsiche und Aprikosen, da sie früh im Jahr blühen und die Wärme der Mauern brauchen können, um Nachtfröste zu überstehen. Sauerkirschen eignen sich auch für Westwände. Vor allem Apfelbäume lassen sich als Spalierhecken an Drähten oder Holzgestellen ziehen. Pflanzt man eine zweite Reihe daneben, sind 3–4 m Abstand angebracht. So lassen sich auch Wege einfassen. Beide Baumformen tragen sehr früh und reichlich, haben aber nicht so eine lange Lebensdauer wie die anderen Formen.

Pflanzung

Da Obstbäume über Jahrzehnte auf demselben Platz stehen, ist die Vorbereitung der Pflanzgrube besonders wichtig und entscheidend für den Ertrag in der Zukunft.
Soll ein Stück Wiese mit Obstbäumen bepflanzt werden, wie es bei neuangelegten Gärten oft vorkommt, so liegen bereits gute Voraussetzungen für das Gedeihen der Bäume vor, da eine langjährige Grasnarbe der beste Humusbilder ist. Bei Bauland oder einem Acker sollte im Frühjahr eine tiefwurzelnde Gründüngungssaat ausgebracht werden, damit der Boden gelockert und gleichzeitig gedüngt wird.
Soll im Herbst gepflanzt werden, bereitet man die Pflanzgrube bereits im August vor. Dazu mäht man eine vorhandene Wiese und sticht den Grassoden in möglichst gleichmäßigen Rechtecken 8–10 cm tief ab. Dank Alginure kann dieser Soden wieder aufgetragen werden, wenn der Baum gepflanzt ist. Der Grassoden wächst schnell wieder an. Es hat sich nämlich gezeigt, daß Obstbäume besser gedeihen, wenn sie unter der Krone Graswuchs haben und nicht Baumscheiben.
Der Grassoden wird unter Sträuchern und Bäumen, unter denen der Boden sonst mit einer Mulchschicht bedeckt ist, ausgelegt. Dazu harkt man zuerst die Mulchdecke weg, streut 10–15 g Alginure Bodengranulat pro Quadratmeter aus, wässert gut und legt die Sodenstükke aus, um anschließend nochmals zu wässern. Die Stücke legt man nicht zu dicht. Dann ist es leichter, sie nach der Obstbaumpflanzung wieder vom vorläufigen Standort abzuheben, um sie unter den neugepflanzten Obstbäumen auf die gleiche Weise aufzulegen.
Für alle Obstbäume hebt man Gruben von 1,20 m Durchmesser aus. Die erste Spatentiefe vermischt man mit der gleichen Menge reifem Kompost. Die zweite Spatentiefe häufelt man auf einer anderen Stelle auf. Nun wird noch durch eine weitere Spatentiefe der Boden gelockert.
In den gelockerten Boden mischt man für Hoch- und Halbstämme 20 kg, für Busch-, Spalier- und Spindelbäume 12–15 kg Luzian-Steinmehl und die gleichen Mengen in den zweiten Aushub. Leichte Böden erhalten noch ein Tonmehl, beispielsweise Bentonit. Auch Alginure Granulat kann in den Aushub gemischt werden, um die Bodenfruchtbarkeit zu steigern. Zuletzt schüttet man die Grube wieder mit dem Aushub zu, und zwar locker und so, daß die zuletzt herausgenommene Erde zuerst hineinkommt, der bisherige Oberboden wieder oben liegt. Eine Mulchdecke schützt den vorbereiteten Boden und läßt die vielfältigen Bodenorganismen ihren Teil zur Fruchtbarkeit beitragen.
Beim Kauf von Obstbäumen wendet man sich an anerkannte Baumschulen und erkundigt sich nach den Bedürfnissen der einzelnen Sorten. Boden und Standort sind dabei zu berücksichtigen. So bringen Hanglagen nach Südosten, Süden oder Südwesten zum Beispiel 20% mehr Sonneneinstrahlung. Dafür besteht aber eher als in der Ebene die Gefahr der Austrocknung. Im biologischen Obstanbau vermeidet man Monokulturen wegen der Befruchtung, der Ernährungsergänzung und auch wegen der Schädlingsbekämpfung. Als Nachbar- oder Zwischenpflanzungen wählt man Sträucher und Bäume, die Obstbäume fördern. Die anspruchslosen Haselnußsträucher sind eine gute Ergänzung und schaffen als Randpflanzung gleichzeitig Windschutz und Nistplätze für schädlingsbekämpfende Vögel. Apfelbäume gedeihen nicht besonders neben Komposthaufen und auch nicht an steileren Hängen, da sie Flachwurzler sind. Birnen sind dagegen für Hanglagen geeignet, da sie tiefgehende Wurzeln haben und noch die Feuchtigkeit aus 3 m Tiefe aufnehmen.

Vor dem Kauf sollte man auch bedenken, ob der gewünschte Obstbaum sich selbst bestäubt oder dafür von anderen Obstbäumen abhängig ist. Süßkirschen beispielsweise brauchen für die Bestäubung sortenfremden Blütenstaub. Auch die Bodenbedürfnisse sollten beim Kauf berücksichtigt werden.

Obstbaum	Bestäubung	Boden	Bemerkungen
Apfel	fremd	sandiger Lehm oder lehmiger Sand, humusreich	Boden- und Luftfeuchtigkeit nötig
Aprikose	selbst	leicht, sandig, trocken, warm	als formloser Spalierbaum an Südwänden, liebt Wärme, frostempfindlich
Birne	fremd	nährstoffreich, warm, lehmiger Sand, nicht schwer	mittelfrüh blühende Sorten wie Conférence-Birne und Williams Christ eignen sich sehr gut als Pollenspender für Früh- und Spätblüher
Mirabelle	selbst	durchlässig, humusreich	bevorzugt warme geschützte Lagen
Nektarine	meist selbst	humusreich, warm	glattschalige Pfirsiche
Pflaume	fremd	mittelschwer, humusreich, durchlässig, feucht	können auch durch Schlehenpollen befruchtet werden
Pfirsich	meist selbst	humusreich, warm	liebt Wärme, gedeiht sehr gut an Südwänden als Spalierbaum
Quitte	selbst	nicht zu schwer	darf nicht zu viel Kalk im Wurzelbereich haben
Reneklode	fremd	nährstoffreich, feucht	frosthart
Sauerkirsche	überwiegend selbst	leicht bis schwer, aber nicht zu feucht	Schattenmorellen tragen nur am einjährigen Holz
Süßkirsche	fremd	sandig bis mittelschwer	auf lockeren Kronenaufbau achten, da sonst Frucht- und Bukettzweige absterben
Zwetsche	fremd	mittelschwer, humusreich, feucht	können auch durch Schlehenpollen befruchtet werden

Beim Kauf von Obstbäumen erfährt man etwas von Unterlagen, beispielsweise M 7 oder M 4, und Edelsorten. Was bedeuten diese Ausdrücke?
Ein Obstbaum besteht aus mehreren Partnern. Da ist die Wurzel mit dem Wurzelhals, die Unterlage. Sie stammt von verschiedenen Gehölzen und durchaus nicht immer von Obstgehölzen. So werden Birnen auf Quittenunterlagen oder auch auf Weißdorn veredelt. Die Schwach-, Mittel- oder Starkwüchsigkeit wird mit einer Buchstaben-Zahlen-Kombination bezeichnet. Dieses sind die aus der englischen Versuchsanstalt *East Malling* stammenden M-Typen:

M 4 = mittelstarkwüchsig	M 9 = schwachwüchsig
M 7 = mittelstarkwüchsig	M 11 = starkwüchsig

Diese Typen werden vegetativ als Wurzelabriß vermehrt. Allein die Sämlingsunterlage, die kräftigste von allen, wird aus Samen gezogen.
Allgemein wird im biologischen und biologisch-dynamischen Hausgarten M 4 und M 7 angepflanzt. Die Wurzeln beanspruchen einen mittelgroßen Raum, während M 9 mit einem kleinen Wurzelstock sehr durchlässigen, nährstoffreichen Boden braucht, um aus dem kleinen Wurzelraum genügend Nährstoffe aufnehmen zu können. M 11 ist die gegebene Unterlage für nährstoffarme Sandböden und extreme Tonböden.
Diese Unterlagen werden mit einer Edelsorte, dem Edelreis, durch *Pfropfen, Kopulieren, Kopulieren mit Gegenzunge* und andere Verfahren vereinigt, wobei die Veredelungsstelle 10 cm über dem Wurzelhals liegt.
Beim Kauf achte man auch darauf, daß der Baum ohne Beschädigungen ist. Er darf nur leichte Krümmungen aufweisen und muß vom Wurzelhals bis zum ersten Kronentrieb bereits die geforderte Stammhöhe haben.
Die beste Pflanzzeit für Obstbäume ist in rauhen Lagen mit frühen Frösten im Oktober, in mildem Klima im November. Vor dem Pflanzen wird die vorbereitete Pflanzgrube wieder ausgehoben, neben der Grube ein Erdhügel mit der oberen und einer mit der unteren Erdschicht. Sind die Bäume auf schwächeren Unterlagen veredelt, setzt man einige Zentimeter von der Mitte einen Pfahl. Ist der Standort nach Norden ungeschützt, kann man den Pfahl nördlich vom Mittelpunkt aufstellen, ein nach Norden geschützter, aber sehr sonniger Platz verlangt den Pfahl eher südlich, damit er als Sonnenschutz für den jungen Stamm dienen kann. Zwischen Pfahl und Baum sollte etwas Zwischenraum bleiben.
Nun schneidet man beschädigte Wurzeln von dem Obstbäumchen so ab, daß die Schnittstelle schräg nach unten zeigt. Die dickeren Wurzeln kürzt man etwas, während man die faserigen dünnen Wurzeln ohne Schnitt läßt.
Die Wurzeln taucht man kurz in Alginure-Wurzel-Dip, dann wachsen sie besonders rasch an. Auch Übersprühen ist möglich. Eine Mischung aus ⅔ Lehm und ⅓ Kuhfladen (von einem biologisch bewirtschafteten Hof) zu einem dicken Brei mit biosmonhaltigem Wasser oder stark verdünnter Brennesseljauche angerührt, wirkt ähnlich.
Ist der Pflanzbaum nicht am Tag der Pflanzung in einer nahen Baumschule frisch aus der Erde geholt worden, so ist es ratsam, seine Wurzeln 24 Stunden in einer SPS-Lösung zu wässern und anschließend kurz mit Alginure-Wurzel-Dip oder Lehm-Kuhfladen-Brei zu behandeln.
Beim Pflanzen ist es günstig, zu zweit zu sein. Einer hält das Bäumchen in die Mitte der Grube, darauf achtend, daß die verdickte Veredelungsstelle eine Handbreit über dem Erdboden sitzt. Die Wurzeln müssen bequem in der Grube Platz haben. Der andere schüttet die Erde in der Reihenfolge Unterboden, Oberboden locker zwischen und über die Wurzeln. Zuletzt klopft man mit dem Spaten etwas an. Die Erde steht anfangs über dem umliegenden Bodenniveau, weil sie lockerer in der Grube liegt als die übrige Erde, aber nach einiger Zeit setzt sie sich. Man decke noch eine Mulchschicht über die kahle Baumscheibe und gieße durchdringend mit abgestandenem Wasser an. Der Stamm wird mit einem in Form einer Acht gebundenen breiten Band, das es im Fachhandel gibt, am Pfahl befestigt.
Nun wird noch der Kronenbeschnitt vorgenommen. Er kann bei Herbstpflanzungen bis zum zeitigen Frühjahr verschoben werden. Bei Pflanzungen im Frühling, die im März abgeschlossen sein sollten, werden die Kronen nach dem Einpflanzen beschnitten.
Bei allen Kernobstarten, auch bei Kirschen, Pflaumen, Zwetschen, Mirabellen und Aprikosen, soweit die Bäume frei stehen, wird eine *Rundkrone* geschnitten.
Zuerst sucht man die Verlängerung des Stammes, den Mitteltrieb oder Leitast. Außer diesem Leitast findet man noch einige andere Äste vor, die Seitentriebe oder Seitenleittriebe. Die drei stärksten sucht man aus. Sie sollen gleichmäßig um den Stamm herumstehen und bilden später das tragfähige Astgerüst.
Von diesen 3 Leittrieben sucht man sich den schwächsten heraus. Er wird zuerst um etwa ⅓ gekürzt. Der Schnitt muß immer knapp über einem nach außen zeigenden Austriebsansatz,

 Farbtafel 13: Gemswurz, die durch Teilung der Wurzeln vermehrt wird.

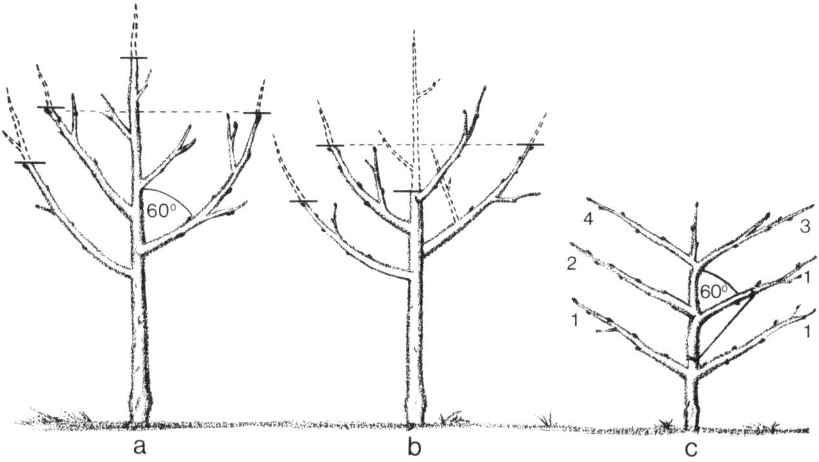

a) Pflanzschnitt einer Rundkrone
b) Pflanzschnitt einer Hohlkrone
c) Pflanzschnitt eines Spalierbaumes:
1. nach der Pflanzung;
Erziehungsschnitt:
2. im 2. Jahr,
3. im 3. Jahr,
4. im 4. Jahr.

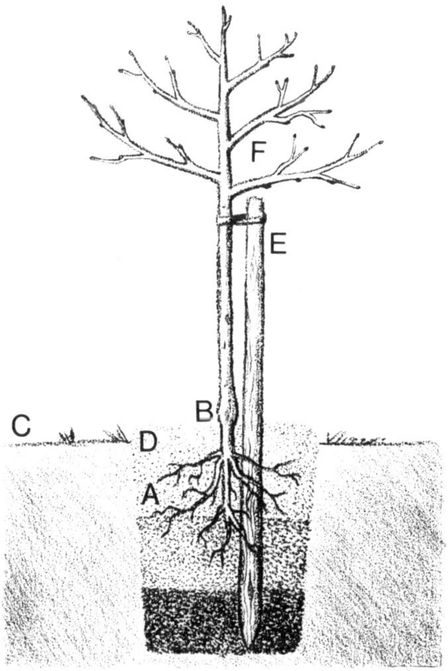

Obstbaumpflanzung: Pflanzloch (A) 120 Ø, Veredelungsstelle (B) eine Handbreite über dem Bodenniveau (C), Erde (D) über dem Pflanzloch etwas höher aufschütten als das Bodenniveau, Pfahl (E) nicht in den Kronenbereich (F) ragen lassen.

dem Auge, liegen. Dann werden die beiden anderen Seitenleittriebe etwa auf die gleiche Länge zurückgeschnitten.
Die Spitze des Leitastes darf höchstens 20 cm über der des obersten Seitentriebes liegen. Auch hier achte man darauf, daß unmittelbar unterhalb des Schnittes das Endauge liegt. Bei Süßkirschen achte man darauf, daß der Dachwinkel 120 Grad beträgt.
Zuletzt entfernt man noch die schwachen, kleinen Triebe am Leitast und an den Seitentrieben. Die übrigen Seitentriebe läßt man stehen, soweit sie sich nicht mit anderen Ästen kreuzen oder reiben. Stehen diese zu senkrecht nach oben, bindet man sie auf etwa 60 Grad vom Leitast weg. Diese Seitentriebe dürfen niemals waagerecht gezogen werden. Sie treiben sonst Schosse, die neue unerwünschte senkrechte Triebe bilden, den Kammwuchs. Diese senkrechten Triebe entwickeln nur wenige Fruchtansätze.
Beim Spalierobst werden zwei sich gegenüberstehende Seitenleitäste und der Mitteltrieb stehengelassen. Haben die Seitentriebe nicht den erwünschten Winkel von 60 Grad zum Mitteltrieb, werden sie in diese Lage gebunden. Auch den Mitteltrieb bindet man parallel zu einem Seitentrieb. Die Leitäste sollen einen Abstand von 40 cm haben. Alle übrigen Triebe, vor allem die nach anderen Seiten gehenden, schneidet man dicht am Leitast ab.
Wenn Pfirsichbäume nicht als Spalier gezogen werden, schneidet man diesen wärmeliebenden Bäumen eine Hohlkrone. Man behandelt die 3 oder 4 Seitentriebe wie bei der Rundkrone und schneidet zuletzt den Mitteltrieb bis auf den obersten Seitentrieb zurück. Auch Süß- und Sauerkirschen können eine Hohlkrone erhalten.

Pflege

Bei Obstbäumen erspart man sich viel Arbeit, wenn das bereits gründlich beschriebene Mulchen gleich nach der Pflanzung über dem Wurzelbereich eines jeden Baumes gepflegt wird. Unkrautjäten und Bodenlockerung fallen dadurch weg. Wegen der bei den meisten Obstbäumen teilweise im Oberboden vorkommenden Wurzeln ist Umgraben, das ohnehin im biologischen Garten vermieden werden sollte, unter Obstbäumen wenig sinnvoll. Selbst mit der Hacke ist vorsichtig umzugehen. Bei ständiger Bodenbedeckung lockern die Kleinstlebewesen den Boden ohne unser Zutun. Außerdem hält die Mulchschicht den Boden feucht und düngt ständig.
Erst im nächsten Herbst nach der Pflanzung wird eine zusätzliche Düngung mit reifem Kompost und Brennesseljauche notwendig. Sind andere Dünger nicht schon im Kompost verarbeitet, streut man Basaltmehl und Horn-, Knochen- und Blutmehl unter jeden Baum etwas über die Kronentraufe hinaus.
Nicht zu vergessen sind die Spritzungen mit den Präparaten Hornmist und Hornkiesel, die sich immer günstig auswirken.
Eine wichtige Maßnahme ist das Streichen der Stämme und das Spritzen der Baumkronen mit Preicobakt, einer Mischung aus verschiedenen Tonerden, pflanzlichen und tierischen Bestandteilen. Für die Spritzung setzt man 100 g, als Stammanstrich 600 g mit 10 l Wasser an. Es muß unbedingt einige Tage aufquellen, damit es gut haftet.
Nachdem das Laub im Herbst abgefallen ist, nimmt man bei trockenem Wetter die erste Spritzung vor. Der Stammanstrich kann jederzeit ausgeführt werden. Auch nach jedem Schnitt ist eine Kronenspritzung empfehlenswert. Wenn im Frühling sonnige, warme Tage und eiskalte Nächte wechseln, sind Preicobaktspritzungen besonders wichtig, damit die Äste und Stämme die Spannungen ohne Frostrisse und spätere Austrocknung der Rinde überstehen. Die Spritzung muß vor Eintritt der abendlichen Kälte getrocknet sein.
Preicobakt wirkt durch seine große Anzahl organisch gebundener Spurenelemente und seinen Gehalt an Kiesel über die Rinde und das Kambium gesundend auf den ganzen Baum. Eine gesunde, glatte Rinde, wie sie durch die Behandlung mit Preicobakt entsteht, beugt Schadinsekten, Pilz- und Viruserkrankungen sowie Moosen und Flechten vor.

Alte Obstbäume reibt man vor dem Stammanstrich gründlich mit einem Rindenschrapper oder einer Stahlbürste ab. Durch den doppelten Stammanstrich entsteht die weißliche Farbe auf den Stämmen, die vor Frostplatten und -rissen schützt und auch zur Wundbehandlung dient. Viele Pflanzenschutzmaßnahmen werden durch die Behandlung der Obstgehölze mit Preicobakt überflüssig. Die 2malige Anwendung in einem Jahr, jeweils im Frühjahr vor dem Knospenaustrieb und im Herbst nach dem Laubfall, haben erfahrungsgemäß eine ausgezeichnete Wirkung. Auch der Knospenfraß durch Vögel findet dank Preicobakt nicht mehr statt, Hasen haben keinen Appetit auf die behandelte Rinde, und die Obstbäume danken für diese Behandlung mit überreichem Ertrag.
Im ersten Jahr nach der Pflanzung müssen Obstbäume gründlich gewässert werden. Später gießt man bei Trockenheit vor allem während des Fruchtansatzes und im Herbst nach der Ernte, wobei man gleichzeitig Jauchen von Brennesseln, Beinwell und Holunder verwenden kann.
Auf Baumscheiben kann man Gründüngung säen, damit genügend Mulche zur Verfügung steht. Die Einsaat von Kapuzinerkresse mit den herrlich leuchtenden gelb-, orange- und rotgefärbten Blüten sorgt dafür, daß Blutläuse, Raupen, Ameisen, Mäuse und Raupen den Obstbaum meiden.

Schnitt

Obstbäume brauchen auch nach dem Pflanzschnitt jedes Jahr einen Erziehungs- und später einen Pflegeschnitt, wenn sie reiche Ernte bringen sollen.
Für die Obstbaumpflege benötigt man eine *Bügelsäge*, deren Sägeblatt man in jede beliebige Winkelstellung zum Handgriff bringen kann, wodurch man bequem in jeden Astwinkel kommt. Eine *Baumschere* dient zum Abschneiden von Ästen bis zu Daumenstärke. Zum Ausholzen von Beerensträuchern und Hecken im Bodenbereich, dort wo man mit der Säge nicht ansetzen kann, dient eine *Zweihandschere* mit langen Griffen. Um in schwer erreichbaren Baumkronen auslichten zu können, eignet sich eine *Raupenschere*, die an einer langen Stange sitzt und mit Seilzug betätigt wird. In diesem Zusammenhang ist die zweckmäßige *Baumgiraffe* zu erwähnen, die 3 Geräte miteinander vereint: auf einer 150 cm langen Teleskopstange, die auf 3 m ausgezogen werden kann, lassen sich eine Raupenschere, ein Fuchsschwanz und ein Obstpflücker aufschrauben.
Zum Glattschneiden entstandener Wundränder braucht man eine *Hippe*, wie das gebogene Baummesser meist genannt wird. Ein gerades Messer dient als Kopuliermesser beim Veredeln oder Umveredeln.
Mit dem *Schrapper* schabt man Rinde und Borke von älteren Bäumen ab, um das Kambium anzuregen und den Unterschlupf für Schädlinge zu beseitigen. Für jüngere Bäume eignet sich ebensogut eine *Drahtbürste*.
Jede Art von Rückschnitt verzögert bei jungen Bäumen die erste Ernte. Schneidet man nicht, setzen die Erträge zwar früher ein, aber dafür erschöpft sich der Baum auch sehr bald. Später, wenn der Obstbaum die Jugend hinter sich hat, bringt der regelmäßige fachmännische Schnitt jedes Jahr gleichmäßig eine reichliche Ernte.
Ertragsmenge, Fruchtgröße und Fruchtfarbe hängen eng mit dem Schnitt zusammen. Wer viel Obst wünscht, schneidet schwach zurück; starkes Beschneiden führt zu geringerer Stückzahl, aber größeren Früchten. Die Farbe der Früchte bildet sich durch die Sonneneinstrahlung. Deshalb muß die Baumkrone gut ausgelichtet werden. Ein sehr starker Rückschnitt fördert vor allem das Holzwachstum.
Die beste Zeit für den Schnitt haben wir im Februar und März. Eine Auslichtung kann nach der Ernte sehr zweckmäßig sein, bei Äpfeln und Birnen sogar während des Wachstums der Früchte, weil man genau sieht, wo die belaubten Äste kaum Licht einströmen lassen.

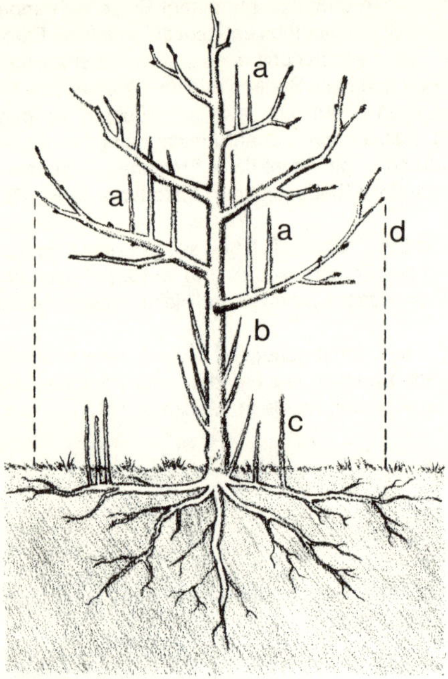

a) Wasserschosse;
b) Stammtriebe;
c) Wurzelausschläge;
d) Kronentraufe, über die das Wurzelsystem von Obstbäumen hinausreicht, deshalb mindestens bis zur Kronentraufe gießen und düngen.

Größere Schnittflächen werden geglättet und mit Baumwachs, Lacbalsam oder einem selbst angesetzten Lehmbrei bestrichen, damit sich keine Schädlinge in das Holz fressen können. Dickere abgeschnittene Äste sollten verbrannt werden, damit unter der Rinde sitzende Schädlinge sich nicht wieder ausbreiten können. Dünne glatte Äste werden gehäckselt und zu Kompost verarbeitet. Die verbrannten Äste liefern die wertvolle Holzasche.
Der Erziehungsschnitt wird bei der Rundkrone in der gleichen Reihenfolge vorgenommen wie beim Pflanzschnitt. Die Seitenleittriebe werden wieder um ⅓ gekürzt, der Mitteltrieb endet 20 cm höher, muß aber über dem letztjährigen Schnitt liegen. Manchmal bildet sich parallel zum Mitteltrieb ein Konkurrenztrieb. Er muß unbedingt herausgeschnitten werden, weil er schneller wächst als der Leitast. Im März oder April ist unbedingt zu prüfen, ob sich ein solcher Konkurrenztrieb gebildet hat.
Der Erziehungsschnitt der Hohlkrone bei Pfirsichen ist am besten 3mal im Jahr auszuführen. Im August werden alle ins Bauminnere wachsenden und zu dicht stehenden Zweige weggeschnitten. Das Fruchtholz schneidet man nach der Blüte im Frühjahr, wenn der

Fruchtansatz klar zu erkennen ist. Alle Fruchtzweige, also solche mit Fruchtknoten, werden oberhalb der letzten Blüte abgeschnitten.
Aprikosen bilden kurzes Fruchtholz. Deshalb werden nur die Leittriebe zurückgeschnitten und ausgelichtet.
Bei Spalierbäumen muß nur der Jahrestrieb jedes Frühjahr auf einen Winkel von 60 Grad vom Leitast nach unten gebogen und festgebunden werden. Außerdem ist auszulichten und in unerwünschten Richtungen sich entwickelnde Triebe gänzlich wegzuschneiden.
Wenn der volle Ernteertrag einsetzt, beginnt der Erhaltungsschnitt. Bei allen Baumformen werden die Leitäste nicht mehr so stark zurückgeschnitten wie beim Erziehungsschnitt. Dagegen wird von jetzt ab gut ausgelichtet. Alles nach innen wachsende Holz und überaltertes Fruchtholz wird weggeschnitten. Zu starke Triebentwicklung des oberen Teiles der Krone muß zugunsten des unteren gestutzt werden. Hoch- und Halbstämme dürfen nicht über 5 m hoch werden, Busch-, Spalier- und Spindelbäume nicht höher als 3 m.
Es gibt Bäume, die auch nach den ersten Wachstumsjahren nicht tragen wollen. Hat man ihnen während der Fruchtbildung ausreichend Wasser gegeben und es mit einer Erhöhung der Düngermengen im Herbst versucht und sie tragen dann im folgenden Jahr immer noch nicht, sollte man sich die Leitäste genau ansehen. Manchmal ist nur einer zuviel für die vorhandenen Kräfte des Baumes, oder es ist einer krank oder überaltert. Wenn man solch einen Seitenleitast ganz herausschneidet, erlebt man oft Wunder, und der Baum trägt von da ab überreichlich.
Werden Bäume stark zurückgeschnitten, um sie zu verjüngen oder eine Umveredelung vorzunehmen, bilden sich fast immer Wasserschosse. Man darf diese nicht gleich entfernen. In einer Übergangszeit braucht der Baum diese senkrechten Triebe nach dem Radikalschnitt für seine Ernährung und die Beschattung der Restkrone. Treibt der Baum neu durch, werden die Wasserschosse bis zum Astring weggeschnitten.
Wurzel- und Stammausschläge müssen sofort entfernt werden. Stammtriebe werden bis Astring abgeschnitten, Wurzelausschläge schneidet man möglichst an ihrer Ursprungsstelle mit scharfer Schere ab. Wenn man sie über der Erde abschneidet oder mit dem Spaten absticht, treiben sie neu.

Ernte

Auch die Ernte gehört zur Pflege der Obstbäume. Obst ist reif, wenn sich der Stiel leicht vom Ast abdrehen läßt. Soweit das Obst mit der Hand zu erreichen ist, sollte man es abdrehen. Höher hängendes Obst erreicht man mit einer Leiter, Äpfel und Birnen auch mit einem Obstpflücker.
Bei der Ernte darf Obst nie geworfen oder zu mehreren Schichten übereinander gelegt werden, da die Früchte sonst Druckstellen bekommen und an diesen Stellen sofort zu faulen anfangen. Frühe Obstsorten wie beispielsweise Klaräpfel, Pfirsiche, Aprikosen, Kirschen, Pflaumen, Zwetschen und Mirabellen eignen sich nur für den baldigen frischen Verzehr oder zum Haltbarmachen durch Einwecken, Kochen oder Trocknen, Sauerkirschen auch durch Einfrieren.
Äpfel und Quitten eignen sich am besten von allen Obstsorten zum Lagern. Je nach Sorte läßt man die Äpfel bis zur völligen Reife am Baum. Dadurch wird nicht nur der Geschmack verbessert, sondern auch die Lagerfähigkeit.
Birnen sind empfindlicher. Sie brauchen eine Lagertemperatur von 7–10° C in einem dunklen Raum.

Alle Kernobstsorten, wie die hier gezeigten Äpfel und Birnen, werden einzeln so in einem Holzregal oder in hölzernen Obstschütten gelagert, daß ihre Stiele nach oben zeigen.

Alle Obstsorten werden bei sonnigem trockenen Wetter geerntet. Wenn man die Angaben im Aussaatkalender von Maria Thun beachtet und bei aufsteigendem Mond erntet, Fruchttage für die Ernte bevorzugt und Blattage vermeidet, erreicht man ein besseres Aroma der Früchte und größere Haltbarkeit.

Alle Kernobstsorten stellt man einzeln, ohne daß sich die Früchte berühren, in Holzregale oder auf Obststeigen, und zwar so, daß die Stiele nach oben zeigen. Der Raum muß kühl sein und eine ausreichende Luftfeuchtigkeit haben.

Kartoffeln, Kohl und Sauerkraut sollten nicht im selben Raum mit Obst aufbewahrt werden. Fein verteiltes Versprühen von Schachtelhalmtee vermindert Fäulnis und Schimmel; in der Nähe aufgehängte Zwiebeln, ein versprühter Aufguß von Zwiebelschalen oder Aussprühen von Alginure Verdunstungsschutzspray sorgen für längere Haltbarkeit.

Der beste Ort der Lagerung von Äpfeln und Birnen ist im Freien. Das Obst bleibt bis weit in das nächste Jahr hinein glatt und wie frisch vom Baum gepflückt. Die Äpfel und Birnen werden in Holzsteigen aufgestellt, die Kisten an einem schattigen Platz am Haus gestapelt. Bei leichtem Frost deckt man den Kistenstapel mit einer alten Wolldecke ab. Ab –5 Grad Celsius nimmt man die Steigen in den Keller oder auf den Speicher. Wird es wieder wärmer, trägt man sie ins Freie.

Veredelung

Im Hausgarten kann aus verschiedenen Gründen eine Veredelung oder ein Umveredeln eines Obstbaumes nötig werden. Von Veredeln spricht man, wenn eine Unterlage, ein aus Samen entstandenes oder durch Stock- beziehungsweise Wurzelausschläge entstandenes Bäumchen, mit einer Edelsorte vereint wird. Umveredeln bedeutet, daß ein bereits veredelter Baum zusätzlich eine andere Sorte erhält.
Selten wird es im Garten vorkommen, eine unveredelte Unterlage zu pflanzen und sie erst am Standort zu veredeln. Wenn aber ein Obstbaum in Geschmack und Fruchtgröße den vorausgesetzten Erwartungen nicht entspricht, ein Baum sehr anfällig für Krankheiten ist, eine Sorte sich für das vorhandene Klima als ungünstig erweist, die Erntezeit so liegt, daß niemand zum Pflücken zur Verfügung steht, ein Pollenspender fehlt, um die Befruchtung sicherzustellen, wenn man neue Sorten ausprobieren möchte oder auf einen Baum mehrere Sorten züchten will, dann muß man umveredeln.
Hier sollen nur einige Verfahren beschrieben werden, die auch von einem geschickten Nichtfachmann mit Erfolg ausgeführt werden können. Es kommt das Pfropfen, das Kopulieren und das Kopulieren mit Gegenzunge in Betracht.
Zunächst prüfe man, ob der Baum, der veredelt oder umveredelt werden soll, dieser aufwendigen Bearbeitung auch würdig ist. Handelt es sich um junge Unterlagen, muß man die Wuchsstärke beurteilen können. Grundsätzlich erfordern schwachwachsende Unterlagen kräftige Edelreiser und umgekehrt. Die Unterlage muß 10 cm über dem Boden wenigstens Bleistiftstärke haben. Ältere Bäume müssen einen gesunden Stamm haben und wüchsig sein.
Edelreiser müssen frisch geschnitten, jedoch noch in der Winterruhe sein. Vorbedingung ist auch, daß sie frei von Krankheiten und Schädlingen, ausgereift und natürlich sortenecht sind.
Bei älteren Bäumen gehört das Abwerfen der Krone zur Vorbereitung. Zuerst wird bis auf den Mitteltrieb und 3–4 Seitenleitäste mit ihren Verzweigungen ausgelichtet. Anschließend werden die Seitenleitäste bis zu den Veredelungsstellen zurückgeschnitten, abgeworfen. Der Mitteltrieb muß nach dem Rückschnitt mit den Seitenleitästen einen Abwurfwinkel von 90 bis 110 Grad bilden. Bei einem spitzeren Winkel wächst der Mitteltrieb später zu stark. An jedem Pfropfast müssen einige Zweige, die Zugäste, stehenbleiben, damit im Frühling die an den Zugästen wachsenden Blätter die Ernährung des Baumes übernehmen. Ab Mitte April ist die günstigste Zeit des Jahres für eine Veredelung.
Bei der *Kopulation* müssen Unterlage und Edelreis fast die gleiche Stärke aufweisen. Beide werden mit dem scharfen Kopuliermesser schräg angeschnitten. Die Schnittfläche soll 5–6 cm lang sein und beim Edelreis auf der Rückseite der Schnittfläche ein Auge sitzen. Nun wird das Edelreis am oberen Ende auf 4 oder 5 Augen so gekürzt, daß das oberste Auge knapp unter der Schnittfläche liegt. Dann werden Unterlage und Edelreis so zusammengefügt, daß zumindest auf einer Längsseite das Kambium genau aufeinander liegt. Während man mit einer Hand die Schnittstellen aneinanderpreßt, wickelt man mit der anderen Hand einen Bastfaden so fest um die Veredelungsstelle, daß sich die beiden Teile nicht verschieben können. Wenn der Bast gut verknotet ist, wird die ganze Veredelungsstelle lückenlos mit Baumwachs überzogen, um ein Austrocknen zu verhindern. Auch das obere Ende des Edelreises wird mit Baumwachs zugeschmiert.
Beim *Kopulieren mit Gegenzunge* wird genauso verfahren, nur daß die beiden Schnittflächen sich ineinanderfügende Einschnitte erhalten. Dadurch wird die Oberfläche vergrößert und somit das Anwachsen erheblich gefördert.
Sind Unterlage und Edelreis von verschiedener Stärke, kommt das *Pfropfen* in Frage. Diese Methode hat sich vor allem beim Umveredeln älterer Bäume bewährt. Die Unterlage muß bereits im Saft sein, damit die Rinde sich leicht vom Stamm lösen läßt. Ab Mitte April ist es meist soweit.

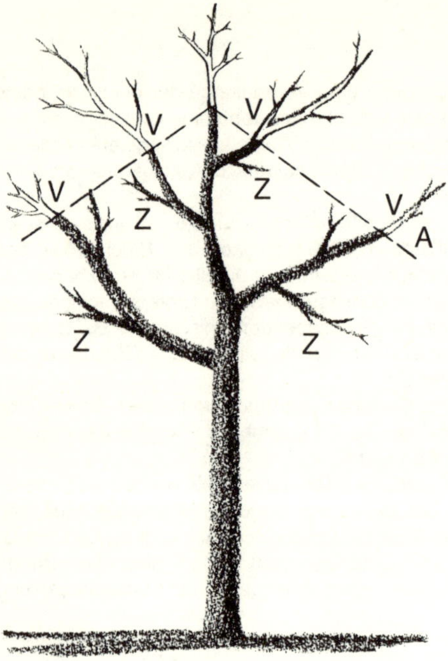

Abwerfen der Krone eines Baumes, der umveredelt werden soll: A = Abwurfwinkel zwischen 90 und 110 Grad; V = Veredelungsstellen; Z = Zugäste.

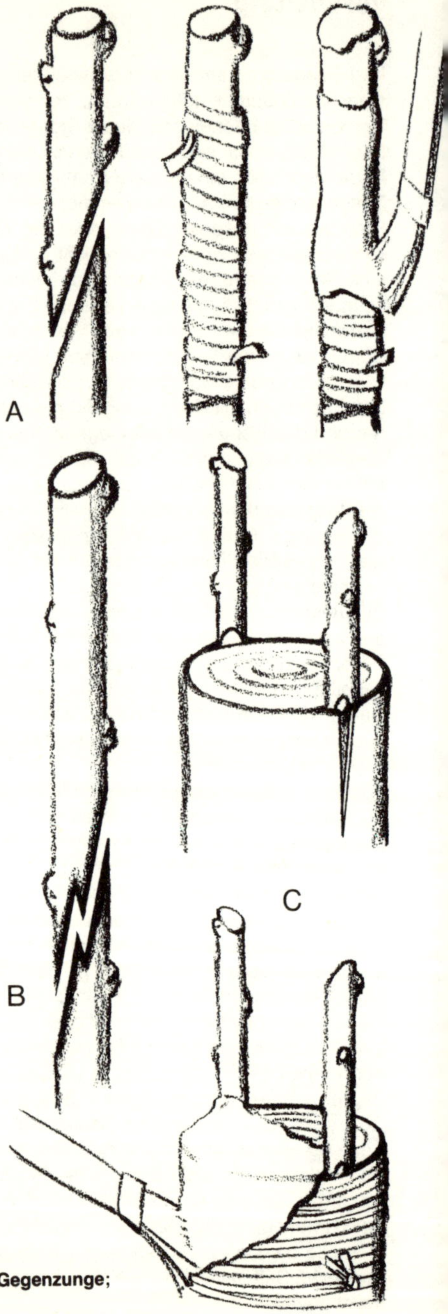

Veredeln
A: Kopulieren;
B: Kopulieren mit Gegenzunge;
C: Pfropfen.

Das Edelreis schneidet man genauso zu wie beim Kopulieren. Der Aststumpf des Baumes, der umveredelt werden soll, wird mit der Hippe glattgeschnitten. Dann schneidet man von der Kopfwunde abwärts mit dem Kopuliermesser in der Länge des Schnittes am Edelreis die Rinde bis auf das Holz ein. Dabei wird das Messer ein wenig nach beiden Seiten gebogen, so daß sich die Rinde vom Holz löst. Nun schiebt man das Pfropfreis so zwischen Holz und Rinde, daß seine Schnittfläche auf dem Mark des Holzes aufliegt. Die Schnittfläche des Edelreises muß etwa einen halben Zentimeter über der Schnittfläche des Pfropfastes überstehen. Dadurch werden das Anwachsen und die Verheilung der Wunde gefördert. Das Edelauge auf der anderen Seite der Schnittfläche des Edelreises liegt nun zwischen den aufklaffenden Rindenlappen.

Um den Wundverschluß zu beschleunigen, setzt man rund um den Pfropfast mehrere Edelreiser, umwickelt alles mit Bast, verknotet gut und bestreicht die ganze Wunde mit Baumwachs. Damit die Vögel sich nicht auf die Edelreiser setzen und sie lockern, befestigt man zuletzt über den Reisern am Pfropfast einen Drahtbügel als Sitzstange für Vögel.

Nach dem Austrocknen des Baumwachses überstreicht man zur stärkeren Anregung des Kambiums die Wunde und deren Umgebung mit einem Brei aus Preicobakt.

Um das Zusammenwachsen zu erleichtern, kann man das verbesserte Rindenpfropfen machen, das nur eine leichte Abwandlung des gerade beschriebenen Vorgehens ist. Statt beide Rindenlappen zu lösen, wird hierbei nur eine Seite vom Holz getrennt und die Schnittfläche des Edelreises durch einen Längsschnitt angeschnitten, so daß der feststehende Rindenlappen und die seitliche Schnittwunde des Edelreises beim Einschieben in den abgelösten Rindenlappen aufeinanderliegen. So wird das Anwachsen beschleunigt.

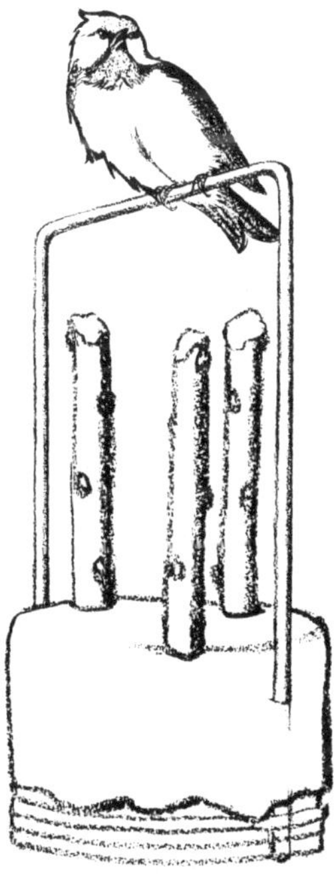

Damit sich die Vögel nicht auf die Pfropfreiser setzen und diese nicht lockern, bindet man einen Drahtbügel über die Veredelungsstelle.

Beerensträucher

Unsere Beerensträucher und -bäumchen sind alle Züchtungen der bei uns vorkommenden Wildformen, die – wie beispielsweise Himbeeren und Brombeeren – noch heute an Waldrändern, in lichten Auwäldern und Waldlichtungen vorkommen. Schafft man den Beerensträuchern ein Kleinklima mit Licht, Sonne, lichtem Halbschatten, Windschutz durch Bäume oder Hecken und gute Bodenbedeckung, wie diese Pflanzen es gewohnt sind, dann hat man schon viel für ihr Gedeihen getan. Die Pflanzen beanspruchen nicht viel Platz und bringen bald gute Ernten.

Die Pflanzvorbereitungen sind dieselben wie für Obstbäume, nur braucht die Pflanzgrube nicht so groß zu sein. Für Stachel- und Johannisbeersträucher oder -stämme müssen die Pflanzgruben einen Durchmesser von 70 cm und eine Tiefe von 50 cm haben.

Himbeeren und Brombeeren werden in 20 cm breite und 40 cm tiefe Rillen gesetzt. Während Obstbäume jedoch hoch gesetzt werden, sind alle Sorten Johannisbeeren, Stachelbeeren, Kulturheidelbeeren und Brombeeren 5–10 cm tiefer zu setzen, als sie in der Baumschule standen. Nur Himbeeren setzt man genauso flach.

Beerensträucher haben sehr unterschiedliche Erntezeiten. Beim Kauf muß man sich nach der Erntezeit der jeweiligen Sorte erkundigen, damit nicht alle Beerenfrüchte gleichzeitig eßreif sind. Manch einer strebt jedoch gerade an, alle Beeren in seinem Garten etwa zur selben Zeit ernten zu können, weil er die Beeren vor allem einmachen und nach der Ernte- und Einmachzeit seinen Urlaub einrichten will.

Johannisbeer- und Stachelbeerbäumchen.

Beerensträucher

Sträucher, Bäumchen oder Ranken	Standort	Pflanzzeit	Abstand in der Reihe / der Reihen cm	Vermehrung	Bemerkungen
Brombeeren		März und April	200 / 500	durch Absenken: jungen Zweig am Boden befestigen und 5 cm mit Erde überdecken, Zweig schlägt Wurzeln	am Drahtspalier sichern, nach d. Pflanzung Ruten auf 3 Augen zurückschneiden, jedes Jahr 6 Jungtriebe wachsen lassen, nach der Ernte alle abgetragenen Ruten am Wurzelansatz wegschneiden, schwache Zweige entfernen, Seitentriebe an Hauptruten im Sommer auf 3 Knospen zurückschneiden
Himbeeren	feucht und lehmhaltig	September und Oktober oder zeitiges Frühjahr	50 / 110–150	durch Absenken: siehe Brombeere	am Drahtspalier ziehen, Himbeerruten nach der Pflanzung auf 30 cm Länge zurückschneiden, abgeerntete Ruten gleich nach der Ernte nahe am Wurzelansatz abschneiden, auch schwache einjährige Ruten wegschneiden
Johannisbeeren (rote und weiße)		Herbst oder zeitiges Frühjahr	Sträucher 180 / 260 Bäumchen 210 / 230	durch Stecklinge: einjährigen Trieb unterhalb eines Auges abschneiden und schräg in den Boden stecken, bewurzelt sich, im nächsten Frühjahr verpflanzen	Flachwurzler, alle älteren Äste (am dunklen Holz leicht erkennbar) werden nach der Ernte oder im Herbst am Wurzelansatz weggeschnitten, auch schwache junge Triebe abschneiden, 8–12 Triebe bleiben, Neutriebe erst im Spätherbst entspitzen, wenn das junge Holz gut ausgereift ist, größere Schnittflächen mit Lacbalsam abdecken
Johannisbeeren (schwarze)		Herbst oder zeitiges Frühjahr	Sträucher 180 / 260 Bäumchen 210 / 230	durch Stecklinge: siehe rote und weiße Johannisbeeren	Flachwurzler, wie rote und weiße Johannisbeeren behandeln, jedoch alte Äste nur bis zum untersten Neutrieb wegschneiden
Kulturheidelbeeren	stickstoffreich	Spätherbst oder April und Mai	je nach Sorte 100 – 150 / 200 – 300	durch Stecklinge	10 cm tiefer pflanzen, Schnitt wie Johannisbeeren, auch bei diesen Beeren trägt nur das junge Holz
Stachelbeeren	etwas kalkhaltig und lehmig	Herbst oder zeitiges Frühjahr	Sträucher 180 / 260 Bäumchen 150 / 230	durch Absenken: siehe Brombeeren	Ausgewachsene Sträucher sollten 8–12 ein- und zweijährige Triebe haben, altes Holz bis zum Wurzelansatz nach der Ernte wegschneiden

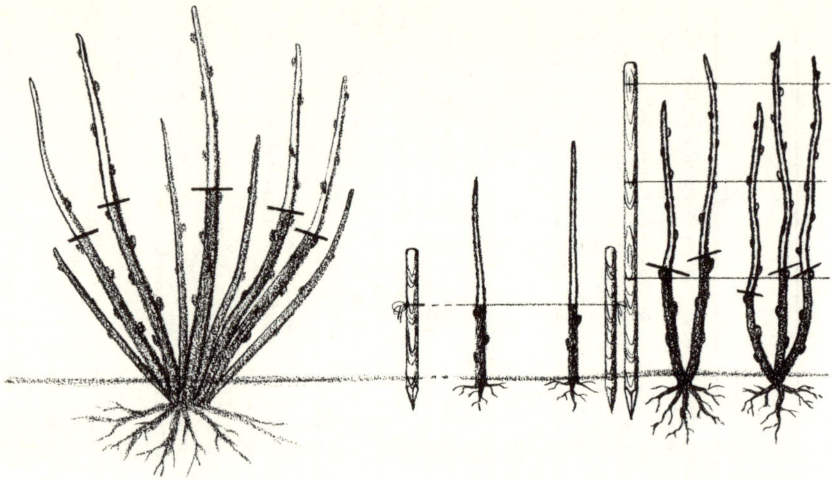

a) Pflanzschnitt von Johannisbeeren (roten, weißen und schwarzen: 5 starke Triebe werden um die Hälfte ihrer Länge zurückgeschnitten;
b) Pflanzschnitt von Himbeeren: Durch eine Schnur wird die Schnitthöhe auf 30 cm festgelegt und dann alle Pflanzenteile über der Schnur weggeschnitten;
c) Pflanzschnitt von Brombeeren: auf 3 Augen oberhalb des oberen Auges abschneiden.

Weinbau

Der Weinstock, dieses uralte Kulturgewächs, wird im Hausgarten an Südwänden, an Lauben oder auch an sonnigen Pergolen angepflanzt. Er braucht in unseren Breiten jeden Sonnenstrahl. Während eine Wand guten Schutz gegen Tau, Regen und Kälte bietet, soll die Wurzel immer feucht gehalten werden. Vor allem im Winter braucht sie Feuchtigkeit. Mit einer ständigen Bodenbedeckung ist schon viel in dieser Hinsicht erreicht. Die Wurzeln können 8 Meter und noch tiefer in die Erde wachsen. Ältere Weinstöcke holen sich in Trockenzeiten genügend Wasser aus der Tiefe.

Pflanzung

Die beste Pflanzzeit für Reben ist das Frühjahr, kurz vor dem Austrieb. Die Pflanzgrube sollte 100 cm Durchmesser haben und 80 cm Tiefe, der Aushub mit reifem Kompost, reichlich Basaltmehl und Knochenmehl gemischt werden. Kenner geben in das Pflanzloch ein Stück Kupfer. Es kann ein verbeultes Kupferkännchen oder etwas Ähnliches sein. Der Aushub wird bis auf die letzten 30 cm wieder in das Pflanzloch gefüllt.
Die jungen, bis 3jährigen Setzlinge gibt es mit Wurzelballen in Töpfen. Nachdem der Topf entfernt worden ist, wird der junge Weinstock mit dem Ballen etwa 60 cm von der Hauswand entfernt schräg in die Pflanzgrube gelegt. Dann füllt man den übrigen Aushub so auf, daß 2 Triebaugen mit Erde bedeckt sind und die Triebspitze noch etwa 2 cm über dem Boden bleibt. Zuletzt wird gründlich gegossen.

Pflege

Im ersten Jahr kann der gepflanzte Weinstock bereits 2 m hoch werden, aber auch eine Länge von 30 cm bedeutet noch ein gesundes Wachstum. Liegt dieses allerdings unter 30 cm, sollte man den Stock auf schadhafte Stellen, Krankheiten und Schädlinge untersuchen.
Da nicht sicher ist, wie lang die Triebe des Weinstockes im ersten Sommer werden, sollte bald nach dem Setzen ein Spalier, das aus einem Holzgitter oder gespannten Drähten bestehen kann, angebracht werden. Die Triebe werden daran festgebunden.
Als Krankheiten können die Blattfallkrankheit oder Falscher Mehltau und Echter Mehltau vorkommen. Die allgemein bekannte Reblaus verbreitet sich nicht mehr, seit man amerikanische Wildreben als Unterlagen verwendet. Läßt sich kein Grund für das schwächliche Wachstum des Weinstockes finden, sollte man versuchen, ihn über den ersten Sommer mit Blattspritzungen von Alginure-Verdunstungsschutzspray und Beimischungen von verdünnter Brennesseljauche, Algifert oder Polymaris zu stärken. Wenn diese Behandlung nichts nützt, pflanzt man im nächsten Frühling besser einen neuen Setzling.
Ende Februar des Jahres nach der Pflanzung, wenn kein Frost herrscht und der Mond absteigend ist, wird der Weinstock ohne Rücksicht auf die erreichte Länge auf 3 Augen zurückgeschnitten, damit der Stock einen starken Stamm bekommt. Sobald die Triebe 20 cm Länge erreicht haben, wird der kräftigste senkrecht hoch gebunden, die beiden anderen bis zum Stamm weggeschnitten. Der junge Haupttrieb wird den Sommer über nach 25 cm Wachstum immer wieder nach oben gebunden.
Im nächsten Februar wird der Haupttrieb auf 6–7 Augen gekürzt. Dabei läßt man etwa 2 cm Holz über dem oberen Auge stehen, um ein Austrocknen zu verhindern. Die untersten Seitentriebe werden auf 2 Augen gekürzt, die anderen weggeschnitten.
Diesen Winterschnitt wiederholt man jedes Jahr und läßt den Mitteltrieb jedesmal um 6 Augen länger stehen, bis die gewünschte Höhe erreicht ist. Die Seitentriebe werden jeweils auf 2 Augen gekürzt.
Außer diesem Winterschnitt erfolgt den Sommer über der gestaffelte Sommerschnitt oder Grünschnitt. Er beginnt, wenn die Weinbeeren einen Durchmesser von 2 mm erreicht haben. Dann werden die Tragruten auf 6 Blätter nach der vordersten Blütentraube abgeschnitten und alle Geize, die aus den Blattachseln wachsenden Triebe, auf ein Blatt pinziert (mit den Nägeln von Daumen und Zeigefinger abgezwickt). Da Geize nachtreiben, muß das Pinzieren wiederholt werden.
Bei starkwüchsigen Weinstöcken entwickelt man auf den auf 2 Augen gekürzten Seitentrieben, den Zapfen, längere Seitentriebe, an denen im Sommer Trauben wachsen. Aus den Zapfen kommen im Sommer 2 neue Triebe, von denen man den unteren wieder auf 2 Augen zurückschneidet, den oberen aber nur auf 6–8 Augen. Dann bindet man ihn schräg abwärts am Spalier fest. So werden allmählich ganze Hauswände von einem einzigen Weinstock überwachsen. Triebe, die keine Trauben entwickeln, werden ab Juli weggeschnitten.
Gedüngt wird jedes Jahr mit Kompost. Man kann zusätzlich Basaltmehl streuen. Nach dem Laubfall spritzt man mit Preicobakt, zum Schutz gegen Pilzerkrankungen auch nach dem Austrieb vorbeugend mehrmals den Sommer über mit Bio-S. Algifert und Polymaris stärken die Pflanzen sehr. Allen Spritzungen kann man Alginure Verdunstungsschutzspray beimengen. Oft genügt es, wenn man nur die Präparate Hornmist und Hornkiesel einsetzt.

Der Ziergarten im Umbruch

Im biologisch bearbeiteten Garten war der Ziergarten nie ausschließlich Zierpflanzen vorbehalten. Da gediehen schon immer sonnenhungrige Kräuter im Steingarten, Sonnenblumen als Sichtschutz neben dem Komposthaufen, Obstbäume zwischen Blumenrabatten, Wein rankte neben Kletterrosen an der Pergola hoch. Alles verbindet im biologischen Garten der Zustand und die Bearbeitung des Bodens. Im Ziergarten wird der Boden nicht anders behandelt als im Gemüse- und Obstgarten: Kompost, Bodenbedeckung und Kräuterjauchen sind auch hier die Voraussetzung für gesundes Wachstum.

Trotzdem denkt gerade der biologisch orientierte Gartenliebhaber seit einigen Jahren anders über seinen Ziergarten, denn in alten Zeiten trotzten die Menschen den Garten dem Urwald ab, dem natürlichen Pflanzenwuchs, der nie vorher einen menschlichen Eingriff durchgemacht hatte. Der Garten war ein Bereich, in dem sich der Mensch aufhalten, bequeme Wege gehen konnte und nicht von wilden Tieren angefallen wurde. Auch deshalb lagen Schloß- und Burggärten innerhalb der Befestigungsmauern; Klostergärten waren in die Bauten des Klosters einbezogen; die mittelalterlichen Gärten der Handwerker und Bürger befanden sich innerhalb der Stadtmauern.

Je mehr sich jedoch der Verlust an Natur bemerkbar macht, desto häufiger empfindet der Gartenbesitzer seinen Garten und damit auch seinen Ziergarten als schützenden Bereich für immer seltener in der Natur vorkommende Pflanzen und Kleintiere.

Der Ziergarten mit kurz geschnittenem Rasen, in dem kein Kräutlein wachsen darf, mit Rhododendron und Azaleen, ab und zu einem größeren Stein, an der Stelle vorsorglich geplant, und Blumenrabatten voller blühender Blumen, ist nicht mehr das einzige Ideal für Gartenfreunde.

Da gibt es Vielfalt wie noch nie. Teile des Ziergartens werden zum Naturgarten. Dort wird der Rasen zur Wiese. Wildkräuter bilden Gruppen in der Wiese. Holunderbüsche, wilde Rosen und Ebereschen stehen im Hintergrund eines Edelrosenbeetes.

Der bisher übliche Ziergarten wird mit dem Naturgarten gemischt, damit selten gewordene Kräuter und Tiere, für die kaum noch irgendwo Platz ist, im Naturgartenteil einen kleinen Raum zum Überleben finden. Wenn man etwas Geduld hat, braucht man die Kräuter nicht auszusäen, die Tiere nicht auszusetzen. Sie kommen von selbst, wenn man sie gewähren läßt.

Aber auch der Naturgarten braucht eine gewisse Pflege; er ist, genauer gesagt, nur ein naturnaher Garten. Will man bestimmte Pflanzen ansiedeln, bedarf es auch eines ganz auf diese Pflanzen abgestimmten Bodens. Sträucher und Bäume müssen auch im Naturgarten ab und zu ausgelichtet, das Gras 2mal im Jahr gemäht und der Weiher vor dem Verlanden bewahrt werden.

Die Übergänge zum Ziergarten kann man mit einheimischen Blütenpflanzen schaffen, die den Wildkräutern noch verwandt sind, oder man bepflanzt den Ziergarten überhaupt mit nahen Verwandten der Wildkräuter. Lupinen bilden farbenreiche Gruppen, Margeriten leuchten weiß, Rittersporn streckt seine langen Blütenrispen gen Himmel, Thymian deckt den Boden und erfüllt die Luft mit eigenartiger Würze, Glockenblumen und Fingerhut, Vergißmeinnicht und Maßliebchen (Gänseblümchen) bezeugen die sommerliche Fülle.

Im Ziergarten selbst hat man ebenfalls viele Möglichkeiten. Mehrjährige Stauden wechseln mit ein- und zweijährigen Blumen. Man kann darauf achten, daß während der Vegetationszeit ständig einige Arten blühen. Die Bodenverhältnisse sind zu berücksichtigen sowie die sich gegenseitig fördernden Pflanzen.

Gruppen von fremdländischen Bäumen, Sträuchern und Blumen bilden Inseln für sich.

Zwiebel- und Knollenpflanzen

In der Natur wachsen *Zwiebelgewächse* dort, wo sie nur im Frühling die geeigneten Bedingungen für ihr Wachstum vorfinden. So kommt das Schneeglöckchen unter Sträuchern und Laubbäumen vor. Nur im Frühling, wenn die Pflanzen über den zierlichen Frühlingsboten noch ohne Laub sind, kann das Schneeglöckchen sich in Licht und Sonne entfalten. Unter den größer werdenden Blättern der Laubbäume verblüht es und zieht ein. Die Zwiebel ruht im Boden aus, um im nächsten Frühling aufs neue zu treiben und zu blühen.
Unter den Zwiebelgewächsen sind aber nicht nur Frühlingsblumen. Sie blühen in der ganzen Vegetationsperiode, und wenn man noch die vorgetriebenen Tulpen, Hyazinthen und Narzissen dazunimmt, fast das ganze Jahr über.
Sind Zwiebelpflanzen verblüht, darf man ihre Blätter nicht abschneiden, da die Pflanzen nur so neue Kräfte aufnehmen können. Der Trieb und die Blüte haben nämlich die Kräfte der Zwiebel völlig verzehrt. Nur durch die grünen Blätter erhält die Zwiebel wieder Nährstoffe, welche sie befähigen, Tochterzwiebeln zu bilden. Erst wenn die Blätter gelb sind, darf man sie abschneiden. Man läßt die Zwiebeln einige Jahre im Boden. Die meisten bilden dann durch die Tochterzwiebeln blütenreiche Büsche.
Fast alle Zwiebelpflanzen werden im Herbst gesetzt, Narzissen bereits im August. Als Faustregel gilt, daß man Blumenzwiebeln doppelt so tief pflanzt, wie sie dick sind. Im Herbst oder frühen Frühjahr müssen Zwiebelgewächse gedüngt werden, damit sie wieder blühen. Im Sommer bepflanzt man die Stellen, an denen sie geblüht haben, mit einjährigen Sommerblumen.
Während Zwiebeln aus Schalen bestehen wie die Küchenzwiebel, sind *Knollen* eine zusammenhängende Masse. Die meisten werden im Gegensatz zu den Blumenzwiebeln im Frühjahr gesetzt und blühen im Sommer und Herbst. Einige, beispielsweise Dahlien, Freesien und Gladiolen, nimmt man im Herbst aus der Erde, um sie im Keller überwintern zu lassen, denn ihre Knollen vertragen keinen Frost. Kostbare Zwiebeln und Knollen schützt man vor Wühlmäusen, indem man sie mit einem Gittercontainer aus Plastik einpflanzt.
Krokusse, Narzissen und Osterglocken gedeihen prächtig in Blumenwiesen, während sie es im Rasen schwer haben, sich gegen die dichte Wurzelmasse durchzusetzen, und meist schon im zweiten Jahr nicht mehr blühen. Es läßt sich auch nicht gut durchführen, die grünen Blätter nach der Blüte stehenzulassen, bis sie vergilbt sind.

Osterglocken.

Zwiebelpflanzen

Deutscher Name Lateinischer Name	Licht- bedürfnis	Wuchshöhe cm	Pflanzzeit	Blütezeit Blütenfarbe	Boden	Bemerkungen
Blaustern *Scilla sibirica*	☼ ◒ ●	10–30	Herbst	März + April blau, weiß, rosa	leicht	winterhart
Hyazinthe *Hyacinthus orientalis*	☼	25–30	Herbst	April + Mai weiß, blau, rot, rosa, gelb	durchlässig, sandig	schwerer, süßer Duft, winterhart
Iris *Iris*	☼	30–60	Herbst	Mai + Juni weiß, blau, violett, gelb	durchlässig	winterhart
Kaiserkrone *Fritillaria imperialis*	☼ ◒	80–100	August + September	April + Mai orange, gelb, dunkelrot	durchlässig mit Sandbett	ihr Moschus-Knoblauch-Geruch vertreibt Wühlmäuse
Königslilie *Lilium regalis*	siehe unter „Bemerkungen"	80–150	Oktober + November März + April	Juni + Juli weiß und gelb	kalkhaltig humos, nährstoffreich	stark duftend, winterhart; Vermehrung aus Samen, Blüte dann oft erst im 2. Jahr. Wurzeln im Schatten, Blüten in der Sonne
Lauch *Allium*	☼	15–25	Herbst	Juli gelb, rosa, violett	leicht	
Märzbecher Frühlingsknotenblume *Leucojum vernum*	☼ ◒	20	Herbst	Februar + März weiß	feucht, humusreich	winterhart
Milchstern *Ornithogalum*	☼ ◒	30	Herbst	April + Mai weiß	leicht und locker	es gibt winterharte und nicht winterharte Sorten
Narzisse *Narcissus*	☼ ◒	30–60	Herbst	Februar – Mai weiß, gelb, rosa, orange	humusreich, durchlässig	winterhart

Deutscher Name Lateinischer Name	Licht- bedürfnis	Wuchshöhe cm	Pflanzzeit	Blütezeit Blütenfarbe	Boden	Bemerkungen
Prachtlilie *Lilium speciosum*	siehe unter „Bemerkungen"	40–140	Oktober + November, März + April	August weiß mit roten Flecken, rein weiß, rosa	humusreich, locker, nahrhaft, durchlässig	Wurzeln kühl, schattig, Blüten im Licht
Schachbrettblume *Fritillaria meleagris*	☼ ◒	30–50	August + September	April + Mai weiß und dunkelrot	humusreich, durchlässig	schachbrettartig gemusterte Glokkenblüten, ihr Moschus-Knoblauch-Geruch vertreibt Wühlmäuse
Schneeglöckchen *Galanthus nivalis*	◒	15–20	Herbst	Februar + März weiß mit grünen Punkten	locker	
Schneestolz Schneeglanz *Chionodoxa luciliae*	☼ ◒	15	Herbst	März blau, sternförmig weiß, rosa	durchlässig	winterhart, in dichten Gruppen pflanzen
Tigerlilie *Lilium lancifolium* *syn. L. tigrinum*	☼	120–180	Oktober + November, März + April	August orangerot, schwarzgetupft	nährstoffarm, nicht kalkhaltig	winterhart
Traubenhyazinthe *Muscari armeniacum*	☼ ◒	15–20	Herbst	April + Mai blau, weiß	nährstoffarm	
Türkenbundlilie *Lilium martagon*	◒	80–120	Oktober + November, März + April	Juni + Juli rosa-braun-purpur-farben	kalkhaltig	
Tulpe *Tulipa*	☼	20–80	Herbst	März + April alle Farben außer blau	humusreich, durchlässig	vollkommen winterhart

Knollenpflanzen

Deutscher Name Lateinischer Name	Licht- bedürfnis	Wuchshöhe cm	Pflanzzeiten	Blütezeit Blütenfarbe	Boden	Bemerkungen
Anemone *Anemone*	◒	20–25	Herbst	je nach Sorte März + April oder März – Juni blau, rosa, rot und violett	locker, humusreich	winterhart haltbare Schnittblumen
Blumenrohr *Canna*	☼	60–130	Mai	Juni–Oktober rot, rosa und orange	locker, humusreich	nicht winterhart, es gibt grünblättrige und rotblättrige Sorten
Dahlie *Dahlia*	☼	30–210	Mai	Sommer und Herbst alle Farben außer blau	humusreich, durchlässig	zum frühen Blühen hinter Glas treiben und nach den Eisheiligen ins Freiland pflanzen, die Knollen läßt man im dunklen Keller überwintern
Freesie *Freesia*	◒		Mitte April bis Mai	August–Oktober weiß, gelb, orange, rosa, violett	humos, feucht	nicht winterhart; Knollen trocken überwintern, blühen eventuell; intensiver Duft
Gladiole *Gladiolus*	☼	60–150	April + Mai	Juli–September alle Farben	humusreich, etwas sandig	nicht winterhart; anfällig für Pilz- und Viruskrankheiten, Knollen im Keller überwintern lassen
Herbstzeitlose *Colchicum*	☼	15–20	August	Herbst lila-rosa	durchlässig bis trocken	winterhart, die ganze Pflanze giftig
Knollenbegonie *Begonia X tuberhybrida*	◒	25–40	Mai	Mai–Oktober alle Farben außer blau	Erdmischung aus Kompost, Torf und Sand	nicht winterhart, anfällig für Mehltau

Deutscher Name Lateinischer Name	Licht- bedürfnis	Wuchshöhe cm	Pflanzzeiten	Blütezeit Blütenfarbe	Boden	Bemerkungen
Krokus *Crocus*	☼ ◒	10	Herbst	März + April weiß, gelb, violett und gestreift	durchlässig	
Maiglöckchen *Convallarie majalis*	●	20	März	Mai weiß	feucht, humusreich	
Montbretie *Crocosmia crocosmiiflora*	☼ ◒	60–100	April + Mai	Juli – September gelb, orange	locker	winterhart nur in milden Gegenden. Evtl. herausnehmen und wie Gladiolen trocken überwintern
Steppenkerze *Eremurus robustus*	☼	150–250	August + September	Mai weiß, rosa, gelb und orange	durchlässig	in strengen Wintern gefährdet
Tigerblume *Tigridia*	☼ ◒	50	April + Mai	Juli–September gelb, orange, rot und bräunlich	humusreich, feucht	Anziehungspunkte für Insekten, die einzelnen Blumen halten nur einen Tag, sind auffallend leuchtend
Waldlilie *Trillium grandiflorium*	◒	40		Mai + Juni zartrosa	nicht kalkhaltig	verträgt keine trockenen, warmen Plätze
Winterling *Eranthis*	☼ ◒	10	Herbst	Januar–März gelb	nährstoffarm	

Einjährige Blumen

Viele einjährige Sommerblumen kann man selbst im Frühling direkt auf die Beete säen, empfindlichere Sorten zieht man auf der Fensterbank oder im Gewächshaus vor und pflanzt sie nach den Eisheiligen ins Freie. Sie brauchen sonnige Standorte und einen im Herbst mit Kompost und einem Mischdünger vorbereiteten humosen Boden. Dann begnügen sie sich im Juni, wenn ihre größte Entfaltung beginnt, mit einer Zusatzdüngung (entweder einer Pflanzenjauche oder ECO-Blumendünger).

Gesäte Blumen muß man auslichten, falls sie zu dicht stehen. Beim Pflanzen einjähriger Blumen lasse man ihnen genügend Platz, damit sie sich entfalten können. Übersprühen mit Baldrianblütenextrakt fördert die Blütenbildung. Zuviel Düngung führt zu üppigem Blattwerk, aber wenig Blüten. Wenn man verwelkte Blüten stets sofort entfernt, bilden sich schneller neue.

Sonnenblumen

Einjährige Blumen

Deutscher Name Lateinischer Name	Licht- bedürf- nis	Wuchs- höhe cm	Saatzeit	Blütezeit Blüten- farbe	Boden	Bemerkungen
Bechermalve *Lavatera trimestris*	☼	80	Ende März – Anfang Mai	Juli–Oktober rosa, rot, weiß	nicht zu feucht	
Bienenfreund, Büschelschön *Phacelia campanularia*	☼	15–25	März–Juni	Juni–Oktober enzianblau	trocken, nährstoff-arm	Phacelia wächst dort, wo andere Pflanzen nicht gedeihen, sät sich auch selber aus, verträgt aber keine Feuchtigkeit; Gründüngungspflanze und ausgezeichnete Bienenweide
Bunte Margerite *Chrysanthemum carinatum*	☼	60	April	Juni – Sept. weiß, gelb, orange, alle Rottöne	nährstoff-reich	außer der bunten Margerite gibt es noch verschiedene andere Chrysanthemumsorten, meist in Gelbtönen
Buntnessel *Coleus blumei-Hybride*	☼ ◒	30	Januar–April		humos, sandig	Vermehrung durch Stecklinge, Pflanze wird vor allem wegen ihrer schönen, farbigen Blätter gepflanzt
Cosmea, Schmuckkörbchen *Cosmos bipinnatus*	☼ ◒	100–150	April + Mai Freiland	Juni–November weiß, rosa, weinrot, orange	nährstoff-reich	verpflanzen mit 30–40 cm Abstand; wegen ihres mächtigen Wuchses beansprucht sie viel Platz, zarte Blüten
Dahlie *Dahlia-Hybride*	☼ ◒	50–150 je nach Sorte	März + April	Juni–Oktober viele Gelb- und Rottöne	nährstoff-reich	Aussaat im März und April unter Glas
Eisenkraut *Verbena*	☼	20–50 je nach Sorte	Februar–April	Juli–Oktober hell bis dunkel-violett, karminrosa	durch-lässig	duftende Blüten

Deutscher Name Lateinischer Name	Licht- bedürf- nis	Wuchs- höhe cm	Saatzeit	Blütezeit Blüten- farbe	Boden	Bemerkungen
Elfenspiegel, Nemesia *Nemesia strumosa*	☼	25	Ende März + April	Juni–September gelb und viele andere Farbtöne	humos, sandig, nährstoff-reich, nicht zu feucht	Aussaat bis April ins Frühbeet; Auspflanzung ins Freie; Ende April + Mai nach dem Blühen zurückschneiden, damit sie ein 2. Mal blüht
Flammenblume, Phlox *Phlox drummondii*	☼	10–120 je nach Sorte	März + April	Juni–Oktober weiß, Rottöne, violett	nährstoff-reich	Aussaat März ins Frühbeet, im April mit einem Abstand von 15 cm ins Freiland auspflanzen
Fleißiges Lieschen, Zwergbalsamine *Impatiens walleriana*	◒ ●	10–15	März + April	Juni–Oktober weiß, rosa, rot	etwas feucht, nährstoff-arm	Aussaat März + April in warmem Raum; auspflanzen Ende Mai ins Freie
Flockenblume *Centaurea cyanus* (Kornblume)	☼	60–90	März	Juni–September blau, rosa, weiß, violett	jeder Garten-boden	mit 15–25 cm Abstand vereinzeln
Duftende Flockenblume *Amberboa moschata*	☼ ◒	80	April + Anfang Mai	Juli–September rosa, weiß		
Gauklerblume *Mimulus-Hybriden*	☼ ◒	30	März + April	Juni–Oktober gelb-rot gefleckt	feucht	Aussaat ab März im Frühbeet, ab April ins Freiland, auf 15 cm Abstand verpflanzen; Pflanzen nach der Blüte zurückschneiden
Geranie *Pelargonium zonale*	☼	35	Januar– März	Mai–Oktober rot, rosa	humos	die einzige einjährige unter den Geranien; Aussaat hinter Glas

Deutscher Name Lateinischer Name	Licht-bedürf-nis	Wuchs-höhe cm	Saatzeit	Blütezeit Blüten-farbe	Boden	Bemerkungen
Goldblume, Kapringelblume *Dimorphoteca sinuata*	☼	10–30	April + Mai Freiland	Juni–Oktober weiß, gelb, orange, violett	durchläs-sig, lehmig, sandig	Blüten öffnen sich nur bei Sonnenschein, intensiver Duft (Flaumhärchen der Stengel und Blätter)
Goldblume, Kapringelblume *Dimorphotheca sinuata*	☼	40	Ende März–Anfang Mai	Juni–Oktober weiß, orange, gelb, rosa, rot	trocken, durchläs-sig, nähr-stoffreich	Blüten öffnen sich nur bei Sonnenschein, verblühen schnell, wachsen ständig nach; nicht umpflanzen
Heliotrop, Sonnenwende *Heliotropium arborescens*	☼	30–60	–	Mai–Oktober violett	nährstoff-reich	vorgezogene Pflanzen im Mai ins Freiland (Abstand 30 cm); durch Stecklinge vermehren; süßer Duft nach Vanille
Immerblühende Begonie *Begonia semperflorens-Hybride*	☼	15–30 je nach Sorte	–	Mai–September rosa, weiß, rot	leicht, nährstoff-reich	Aussaat nur im Gewächshaus, Ende Mai auspflanzen. Es gibt verschiedene Sorten der Semperflorens-Hybride; abgeblühte Blüten entfernen
Jungfer im Grünen, Schwarzkümmel *Nigella damascena*	☼ ◐	30–60	März–Mai, September Freiland	Juni–Oktober weiß, blau, violett	nährstoff-arm	Farbe der Samen schwärzlich, Samenkapseln und zarte Hochblätter auch sehr schön; nach Aussaat auf 15 cm Abstand vereinzeln
Kapuzinerkresse *Tropaeolum majus*	☼	30	April+Mai	Juni–Oktober leuchtend gelb und rot	durch-lässig	
Kokardenblume *Gaillardia hybrida*	☼	70–80	April	Juni–September gelb, goldbraun, weiß, rot	humos	mit 30 cm Abstand verpflanzen, Blüten in schönen Farbtönen ringförmig gestreift, vorkultivierte Pflanzen im April ins Freilandbeet pflanzen, sind stabiler
Leberbalsam *Ageratum housonianum*	☼	15–25	–	Mai–Oktober blau, violett	leicht	warme Vorkultur, ab Mai ins Freiland; verträgt das Umpflanzen

Deutscher Name Lateinischer Name	Licht- bedürf- nis	Wuchs- höhe cm	Saatzeit	<u>Blütezeit</u> Blüten- farbe	Boden	Bemerkungen
Levkoje *Matthiola*	☼	40–80	Februar + März Frühbeet	<u>Juni–September</u> weiß, gelb, rosa bis violett	trocken	intensiver Duft, ab April kann man gekaufte Pflanzen mit 10 cm Abstand einpflanzen
Leimkraut *Silene pendula*	☼	25	August des Vorjahres	<u>Mai+Juni/Juli</u> weiß, rosa, leuchtendrot, purpur	trocken	an Trockenmauern und trockenen Hängen pflanzen; Pflanzzeit April
Lein *Linum grandiflorum*	☼	40	April Freiland	<u>Juni–August</u> rot	jeder Gartenboden	lichte, verzweigte Pflanzen
Mädchenauge, Schöngesicht *Coreopsis tinctoria*	☼ ◐	bis 80	April + Mai	<u>Juli–Oktober</u> gelb, braun	nährstoffreich	Standort sollte windgeschützt sein
Männertreu, Lobelie *Lobelia erinus*	☼ ◐	10–15	–	<u>Juni–Oktober</u> blau, dunkelblau, karminrot, weiß	durchlässig	warme Vorkultur, da frostempfindlich; ab Ende Mai ins Freiland umpflanzen, verträgt das Umpflanzen, Rückschnitte nach dem Blühen bringt 2. Blüte
Mandelröschen *Clarkia elegans*	☼	bis 60	April	<u>Juli–August</u> rot, rosa, weiß	humusreich, leicht	nach dem Keimen Pflänzchen auf 30 cm vereinzeln, reichlich gießen; Stutzen bei 10–15 cm verlängert die Blütezeit
Maßliebchen, Tausendschönchen, Gänseblümchen (Kulturform) *Bellis perennis*	☼	15	–	<u>April–Juni</u> weiß, karminrot	jeder Gartenboden	an sich ist es eine zweijährige Pflanze, die, wenn sie jedes Jahr neu gesetzt wird, ihre großen, gefüllten Blüten entwickelt, sät sich selbst aus
Mohn *Papaver somniferum* Gartenmohn, Schlafmohn	☼	80	März–Mai	<u>Juni-September</u> je nach Aussaat weiß, viele Farbschattierungen in Rot	locker, durchlässig	wegen der langen Pfahlwurzeln Mohn nicht verpflanzen; deshalb an Ort und Stelle säen und auslichten

Deutscher Name Lateinischer Name	Licht- bedürf- nis	Wuchs- höhe cm	Saatzeit	Blütezeit Blüten- farbe	Boden	Bemerkungen
Klatschmohn *Papaver rhoeas*	☼	50–75	März–Mai	Juni–September weiß, rosa, rot	durch- lässig, locker	
Nelke *Dianthus chinensis* (Chinesernelke, Kaisernelke)	☼ ◐	20–40	März–Mai	Juli–Oktober weiß, rosa, rot	kalk- haltig	zart, verzweigt, ungefüllt und gefüllt; duftlos; durch Rückschnitt nach der 1. Blüte 2. Blüte im Spätsommer; Aussaat ab März in Pflanzschalen und Frühbeet, ab Mai auch ins Freiland mit 20–25 cm Abstand
Dianthus caryophyllus (Gartennelke)	☼ ◐	60	April	Juli–Oktober weiß, rosa, rot	kalk- haltig	Aussaat bis April im Frühbeet; dann ab Ende April + Mai ins Freiland
Petunie *Petunia-Hybride*	☼	25–40	März	Mai–November weiß, rosa, rot, violett	nährstoff- reich	einfacher als die Aussaat ist das Pflanzen, Abstand 20–25 cm, gut düngen und wässern; „F1"-Hybriden-Sorten werden jährlich neu gezüchtet; auch Samen tragen die Abkürzung F1, Pflanzzeit Mai
Portulakröschen *Portulaca grandiflora*	☼	15–20	März + April	Juni–Oktober weiß, gelb, rosa, karminrot	sandig, trocken, leicht	blühen dort, wo es anderen Blumen zu trocken ist; Blüten öffnen sich nur bei Sonnenschein; ab März ins Frühbeet säen, ab Mai ins Freiland auf 10–15 cm Abstand auspflanzen
Reseda *Reseda odorata* (Gartenreseda)	☼	bis 40	ab April	Juni–Oktober orange	nährstoff- arm	auf 15–20 cm Abstand verpflanzen; intensiver Duft
Ringelblume *Calendula officinalis*	☼	30–50	April + Mai	Juni–November gelb, orange	kalkreich	die Samen (ins Freiland gesät) keimen rasch, Pflanzen sind anspruchslos, versäen sich leicht selber, Abstand 30 cm
Salbei *Salvia farinacea* (Blauer Salbei)	☼ ◐	50	April + Mai	Juni–Oktober blau	humos, durchlässig	es gibt noch andere, ebenfalls blau, aber auch rot und rosa blühende Sorten

Deutscher Name Lateinischer Name	Lichtbedürfnis	Wuchshöhe cm	Saatzeit	Blütezeit Blütenfarbe	Boden	Bemerkungen
Salvia splendens (Feuersalbei)	☼	25	–	Mai–Oktober leuchtend rot	durchlässig, humos, nährstoffreich	warme Vorkultur unter Glas; verträgt das Umpflanzen, die Setzlinge können aufgeblüht gepflanzt werden; schön in Rabatten; Pflanzzeit Ende Mai
Sandnelke, Strandflieder *Limonium sinuatum*	☼	70	Frühjahr	Juli–Oktober weiß, blau, rosa	trocken	aus Vorkultur anpflanzen
Schleierkraut *Gypsophila elegans*	☼	40–50	März–Mai	Mai–August weiß, rosa	mager, kalkhaltig	Blütezeit 8 Wochen nach der Aussaat etwa 6 Wochen lang; Pflanzabstand 30–40 cm; blüht wieder nach Rückschnitt, sät sich selber aus
Schleifenblume *Iberis umbellata*	☼ ◒	20–30	Ende März–Mai	Juni–September weiß, rosa, lila, purpur	nährstoffarm	direkt ins Freiland säen, Abstand 20 cm, sät sich wieder aus, blüht nach Rückschnitt
Skabiose *Scabiosa atropurpurea*	☼	40–90	März + Ende April	Juli–Oktober rosa, lila, dunkelpurpur	kalkhaltig	
Sommeraster *Callistephus chinensis*	☼	35–70 je nach Sorte	März + April	Juni–Oktober weiß, gelb, hell- bis dunkelrot, violett	nährstoffreich	Es gibt Sommerastern verschiedener Wuchshöhen, verschiedener Blütenformen: einfache, zungenblütige, nadelförmige und röhrenblütige in reicher Farbenpracht; März + April in ein Frühbeet säen, Mitte Mai ins Freiland pflanzen; Pflanzabstand 20 cm (niedrige Sorten), 30 cm (halbhohe) und 40 cm (hohe); Astern nicht frisch düngen, nicht nach Tomaten pflanzen (Welke)
Sommerrittersporn *Delphinium ajacis*	☼	50–100	März + April	Juni–September weiß, blau, rot, rosa, lila	nährstoffreich	auf 15 cm Abstand vereinzeln, Frühlingssaat blüht im Spätsommer, Herbstsaat im Frühsommer
Sonnenblume *Helianthus annuus*	☼	50–500	April	Juli–Oktober goldgelb, purpur, braunrot	sehr nährstoffreich	im Abstand von 40 cm säen oder vereinzeln; reichlich düngen; Sonnenblumen wenden sich immer der Sonne zu

Deutscher Name Lateinischer Name	Licht- bedürf- nis	Wuchs- höhe cm	Saatzeit	Blütezeit Blüten- farbe	Boden	Bemerkungen
Sonnenhut *Rudbeckia hirta*	☼ ◒	60–90	März + April	Juli–Oktober gelb, rostrot, braun	feucht, humos	Aussaat ab März ins Frühbeet, ab April ins Freiland, Abstand 30–40 cm; in mildem Klima überwintern Pflanzen
Steinkraut *Lobularia maritima Alyssum*	☼ ◒	12	März–Mai	Juni–September rosa, weiß, purpurviolett	durch-lässig, steinig	
Strohblume *Helychrisum bracteatum*	☼	30–120 je nach Sorte	Ende März – Anfang Mai	Juli–Oktober goldgelb, verschiedene Rottöne, weiß	leicht, durch-lässig	
Studentenblume *Tagetes*	☼	20–75 je nach Sorte	März + April	Mai–November gelb, orange, rötlich, bräunlich	nährstoff-arm	auf 25 cm Abstand vereinzeln; die anspruchslose Pflanze kann umgepflanzt werden
Trompetenzunge *Salpiglossis sinuata*	☼	60–80	März + April	Juni–September braun, goldgelb, rosa, rot, bläulich	nährstoff-reich	ab März Aussaat unter Glas; schwieriger im Freiland (ab April möglich); Mai: auf 30 cm Abstand umpflanzen
Wicke Wohlriechende Platterbse *Lathyrus odoratus*	☼	20–60	April–Juni	Juni–September zahlreiche zarte Pastelltöne	feucht	
Wunderblume *Mirabilis jalapa*	☼	60–80	Ende März–Anfang Mai	Juli–September verschieden-farbig	feucht, nährstoff-arm	Blüten verschiedener Farben an einer Pflanze, blüht nachts, nur im Herbst tagsüber; schnellwüchsig, reichlich gießen
Zinnie *Zinnia elegans*	☼	30–100	April	Juni–Oktober gelb, weiß, orange, rot, rotviolett	nährstoff-reich	Anzucht unter Glas; Mitte Mai auspflanzen im Abstand von 10 cm (niedrige) und 20 cm (höhere)

Zweijährige Blütenpflanzen

Es gibt nicht viele Zweijahresblumen, aber die wenigen sind beliebt; vielleicht, weil sie, wie beispielsweise Fingerhut, Bartnelken oder Stockrosen, an alte Bauerngärten oder Großmutters Blumenbeete erinnern. Der zweijährige Rhythmus dieser Sommerblumen beginnt im Frühsommer mit der Aussaat. Im Herbst werden die Pflanzen an den Standort gepflanzt, an dem sie im nächsten Jahr blühen. Zur Samengewinnung läßt man einige Pflanzen mit den Samenkapseln stehen, bis die Samen ausgereift sind.
In kalten Lagen deckt man die überwinternden kleinen Pflanzen im Spätherbst mit Nadelholzästen ab, damit sie nicht erfrieren.

Stiefmütterchen

Zweijährige Blütenpflanzen

Deutscher Name Lateinischer Name	Lichtbedürfnis	Wuchshöhe cm	Saatzeit	Pflanzzeit	Blütezeit Blütenfarbe	Boden	Bemerkungen
Bartnelke Karthäusernelke *Dianthus barbatus*	☼ ◐	25–60	April–Juni	Spätsommer	Juni + Juli weiß, rosa, rot	durchlässig, nährstoffreich	
Fingerhut, roter *Digitalis purpurea*	◐	120–150	Juni–August	Spätsommer	Juni + Juli oder August–Oktober purpurrot, weiß, gelb, rosa, dunkelrot	trocken, wasserdurchlässig	giftig
Gartenstiefmütterchen *Viola Wittrockiana Hybride*	☼ ◐	20–30	Juli + August		März–Mai alle Farben	locker, humusreich	winterhart

Deutscher Name Lateinischer Name	Licht-bedürf-nis	Wuchs-höhe cm	Saatzeit	Pflanz-zeit	Blütezeit Blüten-farbe	Boden	Bemerkungen
Goldlack *Cheiranthus cheiri*	☼	15–50	April + Mai		Mai–Juli gold, orange, rotbraun	nährstoff-reich, kalk-haltig, lehmig	Winterschutz
Erysimum allionii	☼ ◐	40	April + Mai		Mai–Juli gelb	wie Chei-ranthus cheiri	wie Cheiranthus cheiri
Islandmohn *Papaver nudicaule*	☼	40	Mai + Juni		Juni+Juli rot, gelb, weiß	durch-lässig, locker	der Mohn hat eine lange Pfahlwurzel und verträgt das Umpflanzen nicht; im Aussaatjahr erste Blüte im Herbst
Königskerze *Verbascum densiflorum*	☼	150–200	Juni + Juli		Juli+August gelb	sandig, mager, kalkhaltig	keine stauende Nässe
Marienglockenblume *Campanula medium*	☼	40–80	Mai + Juni		Juni+Juli weiß, rosa, lilablau	humos	
Stockrose *Alcea (Althaea) rosea*	☼	200–300	Mai + Juni	Herbst	Juli–September weiß, rosa, rot, gelb, dunkelrot	nährstoff-reich, trocken	
Vergißmeinnicht *Myosotis sylvatica*	☼ ◐	15–40	Juni + Juli		Mai himmelblau, rosa, weiß	feucht	sät sich selber aus
Wolfsmilch *Euphorbia lathyris*	☼	80	Juni + Juli		Mai–Juli weißlich	trocken, kalkreich	gegen Wühlmäuse, wird wegen der schönen Hoch-blätter angepflanzt

Mehrjährige Stauden

Wer in seinen Blumengarten ausdauernde Stauden pflanzt, hat die Pflanzarbeit für viele Jahre nur einmal. Diese Gewächse frieren im Winter meist oberirdisch ab, aber die unterirdische Wurzel bleibt erhalten und treibt im nächsten Jahr neu aus, um in der Vegetationszeit wieder reich zu blühen. Es gibt unter ihnen solche, die bereits im März und April blühen, beispielsweise die Primel, andere schließen sich ihnen im Mai und Juni an, wie die Akelei. Gerade in der Hochsommerzeit erfreuen viele Stauden über lange Zeit mit ihren Blüten. So blühen Lupinen zum Beispiel von Mai bis September. Chrysanthemen und Astern dagegen treiben ihre herrlichen Blüten erst im Herbst.

Da es unter den Stauden so unterschiedliche Pflanzen wie *Steingartenpolster, Immergrüne, hohe Stauden* (wie Rittersporn, Fingerhut oder Eisenhut) gibt, haben sie auch sehr unterschiedliche Bedürfnisse. Wenn man Freude an Stauden haben will, muß man ihre Bodenbedürfnisse und Gewohnheiten beachten und sie so zusammenpflanzen, daß sie nicht nur lange miteinander auskommen, sondern sich auch gegenseitig fördern.

Da Stauden viele Jahre am gleichen Standort verbringen, ist der Boden sorgfältig vorzubereiten. Er ist tief zu lockern und mit reifem Kompost zu versehen. Ein Langzeitdünger kann untergemischt werden. Zu beachten ist, daß Unkraut unbedingt entfernt werden muß. Manchmal steckt es nicht nur im eigenen Gartenboden, sondern wird mit dem Wurzelballen mitgeliefert. Wenn es sich im Wurzelbereich einnistet, ist es später kaum auszurotten.

Staudengruppen mit verschiedenen Pflanzen sollten nicht nur in der Wuchshöhe, sondern auch in den Farben zusammenpassen. Bei sonnenhungrigen Stauden werden kleine Pflanzen auf der Südseite des Beetes gepflanzt, größere und ganz große gestaffelt dahinter. Bleiben Lücken zwischen den Gruppen, bepflanzt man sie mit einjährigen Blumen. Tagetes, Ringelblumen und Kapuzinerkresse gesunden den Boden und vertreiben Schädlinge.

Gepflanzt werden Stauden vorzugsweise im Herbst oder Frühjahr. Feine, faserige Wurzeln werden vorher zurückgeschnitten, niemals jedoch fleischige, rübenartige Wurzeln. Anschließend kann um die Stauden herum noch Gelbsenf eingesät werden.

Will man Stauden selbst vermehren, bieten sich verschiedene Möglichkeiten. Außer zur Gewinnung von Samen eignen sich verschiedene Pflanzen zur Wurzelstockteilung, der Abtrennung von Rhizomen (Wurzelstöcken) und Ausläufern oder zur Bewurzelung von Stecklingen.

Damit die Stauden lange blühen, schneidet man auch bei ihnen die verblühten Blüten ab. Während der Wachstumsperiode düngt man am besten mit einer Pflanzenjauche.

Im Herbst wird reifer Kompost auf die Staudenrabatten gestreut, dem man einen Langzeitdünger aus Horn-, Blut-, Knochenmehl und ein Gesteinsmehl beimengen kann.

A: Vermehrung durch Triebstecklinge von jungem Holz:
- **a) Von einem Ast wird der oberste Teil abgeschnitten;**
- **b) die unteren Blätter werden entfernt, die übrigen Blätter beschnitten;**
- **c) in einer Holzkiste (oder einem Blumentopf) mit Erde, die mit Sand gemischt ist, schlagen die Stecklinge unter einer Plastikhaube bald Wurzeln.**

B: Vermehrung durch Wurzelstockteilung

C: Vermehrung durch Rhizomenteilung:
- **a) Abtrennen eines Rhizoms und Beschneiden der Blätter;**
- **b) der abgetrennte Wurzelsproß wird zum Bewurzeln sehr flach in die Erde gelegt.**

D: Vermehrung durch Wurzelschnittlinge, auch Wurzelstecklinge genannt;
- **a) Abstechen der Wurzelenden mit dem Spaten;**
- **b) Herausheben der abgetrennten Wurzeln;**
- **c) 5 cm lang geschnittene Wurzelstücke werden in gut gelockerte sandige Erde gelegt und mit 5–7 cm Erde bedeckt;**
- **d) Bewurzelung eines Stecklings.**

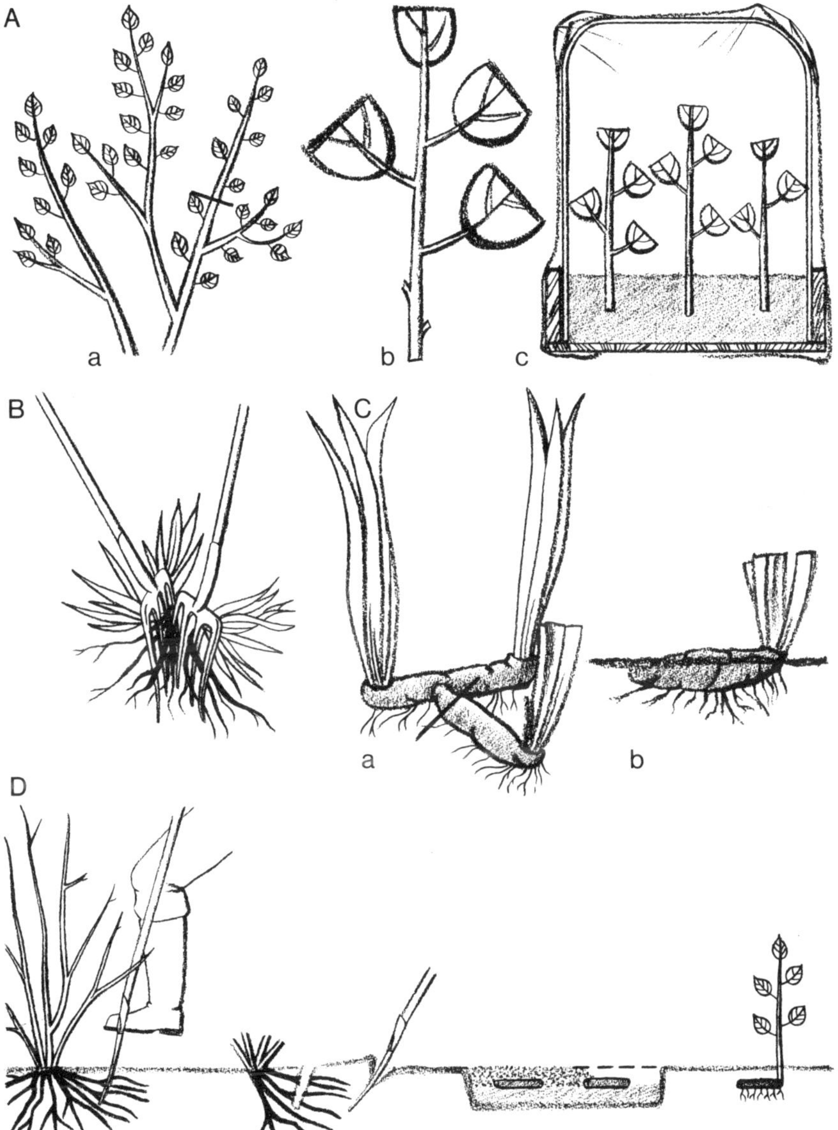
A
a
b
c
B
C
a
b
D
a
b
c
d

Mehrjährige Stauden

Deutscher Name Lateinischer Name	Licht- bedürfnis	Wuchs- höhe cm	Blütezeit Blütenfarbe	Boden	Bemerkungen
Adonisröschen *Adonis vernalis*	☼	20–40	April + Mai gelb	durchlässig kalkhaltig	giftig; Vermehrung durch Samen, die kurz vor der Reife geerntet und ausgesät werden
Akelei *Aquilegia-Hybride*	☼ ◒	50–80	Mai + Juni weiß, blau, rosa, rot, violett	leicht, feucht	Hybriden, Vermehrung aus Samen, Saatzeit März – Juni, Blütenfarbe unverändert
Aster *Aster-Dumosus-Hybriden*	☼	20–50	August – Oktober weiß, violett, rosa, karminrot	nährstoffarm	vor und während der Blüte viel gießen; breiten sich in Ausläufern stark aus; neigt auch zu Mehltaubefall. Alginure Granulat oder Quellperlen in den Boden einarbeiten zur Abwehr der Wurzelälchen
Aster-novae-angliae-Hybride (Rauhblattaster)	☼	150–180	September + Oktober weiß, rosa, violett	nährstoffarm	sehr robust; mit gut belaubten Pflanzen kombinieren, da sie an den unteren Stengelteilen oft die Blätter verlieren
Aster amellus (Bergaster)	☼	30–80	August + September rosa, lila, weiß	nährstoffreich	Setzlinge müssen bei der Auspflanzung ganze Wurzelballen haben
Aster novi-belgii (Glattblattaster)	☼	150	September + Oktober weiß, violett, rosa, karminrot, dunkelrot	nährstoffreich, feucht	Pflanze fällt leicht um, neigt zu Mehltaubefall
Bergenie *Bergenia*	☼ ◒	30–40	März + April rosa, weiß, dunkelrot	nährstoffarm, trocken	Vermehrung im Frühjahr durch Teilung des Wurzelstocks; bilden rasch Ausläufer; schöne Blätter
Berufskraut *Erigeron-Hybride*	☼	50–80	ab Juni blau, rosa, violett	gut	regelmäßig wässern, Vermehrung im Frühjahr durch Teilung des Wurzelstocks; asternartig
Christrose (Nieswurz) *Helleborus niger*	◒ ●	30	ab Februar weiß	humos, kalkhaltig	immergrünes Blatt, setzt im Herbst Knospen an und blüht, sobald der Schnee schmilzt; Vermehrung durch Samen, die gleich nach der Reife ausgesät werden, oder durch Teilung des Wurzelstocks; Sämlinge blühen erst im 4. Jahr nach der Aussaat; unter Laubbäume pflanzen, damit sie im Winter Sonne bekommt, im Sommer Schatten

Farbtafel 15: aus Rasen hervorgegangene Blumenwiese.

Deutscher Name *Lateinischer Name*	Licht- bedürfnis	Wuchs- höhe cm	Blütezeit Blütenfarbe	Boden	Bemerkungen
Edeldistel *Eryngium bourgatii*	☼	30–40	Juli + August violett	sandig, trocken	zäh, grauweiß, stachlig; für Trockenpartien, Vermehrung durch Samen, die gleich nach der Reife ausgesät werden, durch Ausläufer und Wurzelschnittlinge
Ehrenpreis *Veronica spicata ssp. incana*	☼ ◐	30–50	Juni + Juli blau	durchlässig, sauer	Vermehrung durch Teilung des Wurzelstocks; silbrige Pflanze, Blütenähre, trockener Standort
Fackellilie *Kniphofia-Hybride*	☼	70–100	Juni – Oktober orange	durchlässig, feucht	exotische Staude mit ungewöhnlicher Blüte; im Winter Blätter mit Fichtenreisig oder Folie bedecken; Vermehrung durch Teilung des Wurzelstocks
Federnelke *Dianthus plumarius*	☼	40	Juni – September weiß, rosa, rot	schwer, kalkhaltig, trocken	Vermehrung durch Stecklinge und durch Samen
Feldsteinkraut *Alyssum saxatile*	☼	15–30	April – Juni zitronengelb, goldgelb	durchlässig, steinig	kann aus Samen gezogen werden
Fetthenne *Sedum spectabile*	☼	40–50	August + September rot	nährstoffreich	meist immergrün, Vermehrung durch Teilung des Wurzelstocks im Frühjahr und Frühherbst, ältere Pflanzen öfter teilen, verpflanzen; lockt Schmetterlinge an
Flockenblume *Centaurea montana* *Centaurea dealbata*	☼	 100 50	Mai + Juni Juni + Juli blau, rosa, gelb, weiß	tiefgründig, Feuchtigkeit haltend	dann Gießen unnötig; Vermehrung durch Teilung des Wurzelstocks, breiten sich bei gutem Boden stark aus
Flammenblume, Phlox *Phlox-paniculata-Hybride*	◐	60–120	Juni – September weiß, rosa, violett, rot	humos, feucht	Vermehrung durch Teilung des Wurzelstocks; einige Sorten remontieren (blühen mehrmals im Jahr)
Funkie *Hosta sieboldii* (Weißrandfunkie)	◐	40	Juli + August hell	nährstoffreich, durchlässig, lehmig, feucht	Vermehrung durch Teilung des Wurzelstocks; schöne verschiedenfarbige Blätter

Farbtafel 16: aus Kräuter- und Rasensamen hervorgegangene ökologische Blumenwiese.

Deutscher Name Lateinischer Name	Licht- bedürfnis	Wuchs- höhe cm	Blütezeit Blütenfarbe	Boden	Bemerkungen
Geißbart *Aruncus dioicus*	◒	150	Juni + Juli weißgelb	feucht, sauer	mit Prachtspiere, Rittersporn, Edeldistel, Trollblume zusammen anpflanzen
Gemswurz *Doronicum orientale*	☼ ◒	15–50	April – Anfang Mai je nach Art	nährstoffreich, humos, feucht	Vermehrung durch Teilung des Wurzelstocks
Glockenblume *Campanula persicifolia* (Pfirsichblättrige Glockenblume)	☼ ◒	bis 100	Juni – August hellblau, weiß	lehmig, feucht	Vermehrung durch Teilung des Wurzelstocks und durch Samen
Campanula glomerata (Knäuelglockenblume)	☼	50–60	Juni – August violett	humos, locker	
Campanula latifolia	☼	150	Juni + Juli violettblau	humos, locker	
Goldrute *Solidago*	☼ ◒ ●	30–200	Juli – Oktober goldgelb	nährstoffarm	überwuchert schnell den ganzen Garten, füllt Lücken aus
Goldwolfsmilch *Euphorbia polychroma*	☼ ◒	30–50	–	durchlässig, kalkreich	unauffällige Blüten in den Blattwinkeln versteckt; Rosetten der Hochblätter färben sich im Mai, Juni leuchtend gelb, Blattfärbung im Herbst rot; Vermehrung durch Teilung des Wurzelstocks, durch Samen
Herbstanemone *Anemone var. scabra* (Japonica-Hybride)	☼ ◒	60–150	September + Oktober weiß, rosa, rot	humos, sauer, feucht	Winterschutz nötig, sonst Frostschäden, Vermehrung durch Wurzelschnittlinge relativ schwierig, nur für fachkundige Laien; mit Pflanzen, die sauren Boden brauchen, anpflanzen; z. B. Farnen, Rhododendron
Hornveilchen *Viola cornuta-Hybride*	☼ ◒	10–25	Mai – September blau, violett, weinrot, gelb	gut, locker, etwas feucht	Vermehrung durch Teilung des Wurzelstocks
Indianernessel *Monarda didyma*	☼	60–100	Juli – September rot	nährstoffreich	gefärbte Hochblätter, stark aromatischer Geruch; treibt stark Ausläufer; Vermehrung durch Teilung des Wurzelstocks od. Stecklinge

Deutscher Name Lateinischer Name	Licht- bedürfnis	Wuchs- höhe cm	Blütezeit Blütenfarbe	Boden	Bemerkungen
Kaukasusvergiß-meinnicht *Brunnera macrophylla*	◐	30–50	April – Juni blau	feucht, nährstoffreich	an günstigen Standorten breitet sich die Pflanze stark aus
Kokardenblume *Gaillardia*	☼	20–80 je nach Sorte	Juni – September gelb, rot, bräunlich, orange, weiß	durchlässig, gut, eher trocken	Vermehrung durch Teilung des Wurzelstocks, durch Samen, hat im 2. Jahr noch mehr Blüten
Kriechgünsel *Ajuga reptans*	☼ ◐	10–20	Mai – August blau, rosa, weiß	feucht	oberirdische, leicht wurzelnde Ausläufer; Sorten mit verschiedenfarbenen Blättern; Bodendecker; Vermehrung durch Stecklinge oder Teilung des Wurzelstocks
Kugeldistel *Echinops*	☼	80–100	Juli – September hellblau, zartviolett	steinig	Vermehrung durch Teilung des Wurzelstocks oder durch Samen
Kugelprimel *Primula denticulata*	◐	30	März + April gelb	feucht	nach dem Verblühen Vermehrung durch Teilung des Wurzelstocks oder Samen
Hybriden			blau, rot, weiß, rosa		Vermehrung nur durch Wurzelstockteilung
Lampionblume *Physalis alkekengi*	☼ ◐	40–70	Samenkapsel: September Samenkapsel: orange	nährstoffarm	aus den unscheinbaren weißlichen Blüten entstehen Fruchtstände, bei denen sich die Samen in einem orangefarbenen Gehäuse befinden; schneidet man die Stengel, sobald sich dieses Gehäuse rot färbt, bleibt die Farbe den ganzen Winter hindurch
Lavendel siehe Tabelle Steingarten					
Leimkraut *Silene schafta*	☼	10	Juli – September karminrot	durchlässig	Vermehrung durch Teilung des Wurzelstocks, Stecklinge, Samen; viele Blüten; andere Arten heller rot
Lichtnelke *Lychnis viscaria* (Pechnelke)	☼	30–40	Mai + Juni leuchtend rosarot	nährstoffarm	Vermehrung durch Teilung des Wurzelstocks

Deutscher Name Lateinischer Name	Licht- bedürfnis	Wuchs- höhe cm	Blütezeit Blütenfarbe	Boden	Bemerkungen
Lychnis chalcedonica (Brennende Liebe)	☼	70–100	Juni – August leuchtend rot	nährstoffarm	anspruchslos, sät sich selber aus; schön mit Rittersporn, weißen Margeriten, Schafgarbe, Berufskraut
Löwenmaul *Antirrhinum majus*	☼	25–90 je nach Sorte	Juni – Januar viele Farben	gedüngter Boden	bei uns meist einjährig, in mildem Klima ausdauernd; Samen im April in ein Saatbeet; Ende April Setzlinge in 20–35 cm Abstand (je nach Sorte) umpflanzen
Lupine *Lupinus*	☼	70–100	Mai – September gelb, rosa, rot, blau, weiß	nährstoffreich, tief, kalkfrei	Hybriden, Vermehrung durch Aussaat (meist farbbeständige Blüten)
Mädchenauge, Schöngesicht *Coreopsis*	☼	60	Juli – September gelb	nährstoffreich	nach 3 Jahren Wurzelstock teilen und umpflanzen
Margerite, Wucherblume *Chrysanthemum*					
Wiesenmargerite *Chrysanthemum leucanthemum*	☼	50	Mai – September weiß	nährstoffreich	schön in Blumenwiesen
Große Margerite *Chrysanthemum maximum*	☼	100	Juni – September weiß	nährstoffreich	regelmäßig wässern; Vermehrung im Frühjahr durch Teilung des Wurzelstocks; nach 3 Jahren umpflanzen und teilen. Blüten remontieren nicht
Freilandhybriden	☼	80	September + Oktober weiß	locker	regelmäßig wässern; leichter Winterschutz; Vermehrung schwierig; Neukauf von Jungpflanzen
Bunte Margerite *Chrysanthemum coccineum*	☼	60–80	Mai – Juli rot, rosa	nährstoffreich	reichlich wässern; Vermehrung durch Teilung des Wurzelstocks nach dem Verblühen; nicht umpflanzen
Nelkenwurz *Geum-Hybride*		30–60	Mai + Juni orange, rot, gelb	feucht	Vermehrung durch Teilung des Wurzelstocks

Deutscher Name Lateinischer Name	Licht- bedürfnis	Wuchs- höhe cm	Blütezeit Blütenfarbe	Boden	Bemerkungen
Pfingstrose *Paeonia lactiflora*	☼	60–100	Juni + Juli weiß, rosa, rot	tief, nährstoffreich	Umsetzen stört die Pflanze empfindlich, am selben Standort blüht sie 10–15 Jahre; vorsichtig beim Winterschutz, durch das Abdecken kann Grauschimmel kommen; nicht zu tief setzen
Prachtscharte *Liatris spicata*	☼	80–100	Juli – September rot	feucht, nährstoffreich	30 cm lange rote Blütenähren; die kleinen Blütchen blühen nacheinander von oben nach unten auf; Vermehrung durch Teilung des Wurzelstocks
Prachtspiere Astilbe *Arendsii-Hybride*	☼ ◒	bis 200	Juni – August weiß, rosa, dunkelrot	nährstoffreich, humos, feucht	Teile der Rispe haben verschiedene Schattierungen, beim Austreiben sind die jungen Blättchen rot, grün, bräunlich, braunrot; während der Triebzeit zusätzlich wässern; im Frühjahr oder Herbst Vermehrung durch Teilung des Wurzelstocks; wenn ältere Wurzeln aus dem Boden kommen, mit Erde oder Kompost bedekken
Primel *Primula-Hybriden*	◒ ●	bis 25	April – Juni gelb, blau, rot, weiß, rosa	feucht	nach dem Verblühen Vermehrung durch Teilung des Wurzelstocks; Stammpflanze durch Samen
Purpur-Rudbeckia *Echinacea purpurea*	☼ ◒	bis 100	Juli – Oktober purpurrot	feucht, humos	Vermehrung durch Samen
Rittersporn *Delphinium-Hybriden* *Belladonne*	☼	100–150	Juni – September blau, weiß, lila	tief, nährstoffreich	regelmäßig gießen; gleich nach dem Verblühen 15 cm über dem Boden abschneiden – dann blühen sie zum zweitenmal; in windigen Lagen aufbinden; Vermehrung durch Teilung des Wurzelstocks
Hoher Edelrittersporn	☼	160–180	Juni – September blau, weiß, lila		
Salomonsiegel (Weißwurz) *Polygonatum multiflorum*	◒ ●	90	Mai – Juni weiß	gut, humos, sauer, feucht	je 2–5 „Blütenglöckchen" unter den Blattachseln, im Herbst blauschwarze Beerchen, Vermehrung durch Teilung des Wurzelstocks, feuchter Standort mit Farnen und anderen Schattenpflanzen
Schafgarbe *Achillea filipendulina*	☼	70	Juli – August gelb	nährstoffarm	Vermehrung im Herbst durch Teilung des Wurzelstocks; schön zusammen mit Salbei und Lichtnelke

Deutscher Name Lateinischer Name	Licht- bedürfnis	Wuchs- höhe cm	Blütezeit Blütenfarbe	Boden	Bemerkungen
Schleierkraut *Gypsophila paniculata*	☼	100	Juli – August weiß, gelbweiß	sandig, trocken	braucht Trockenheit nach dem Verblühen, sonst verfaulen die Wurzeln; Vermehrung: bei einfachen (ungefüllten) Sorten im Frühjahr durch Samen; gefüllte im Sommer durch Stecklinge
Schleifenblume *Iberis sempervirens*	☼	30	April + Mai weiß	durchlässig	immergrüner Zwergstrauch mit dunkelgrünem Blattwerk; nach dem Verblühen zurückschneiden; Winterschutz aus Fichtenreisig; Vermehrung durch Teilung der Wurzelstöcke und durch Stecklinge
Schwertlilie *Iris germanica*	☼	20–100	Juni + Juli blau, violett, gelb, weiß, rosa, weinrot, rosarot	durchlässig, trocken möglich	bei Nässe und Stickstoffdüngung Fäulnis der Rhizome; nach 4 Jahren Pflanzen aus dem Boden nehmen, Rhizome teilen, flach einpflanzen, gleich nach der Blüte, sonst kommt die Pflanze im folgenden Jahr nicht zum Blühen
Seifenkraut *Saponaria ocymoides*	☼	10–20	Juni + Juli rosa	durchlässig, kalkreich	immergrüne Polster, übersät von kleinen rosa Blüten; Vermehrung durch Samen oder Stecklinge
Skabiose *Scabiosa*	☼	60–80	Juli – September blau, weiß, violett	leicht, kalkreich	Gattung umfaßt ausdauernde und einjährige Vermehrung durch Teilung des Wurzelstocks im Herbst; sonst nicht im Herbst umpflanzen
Sonnenauge *Heliopsis helianthoides scabra*	☼	150	Juli – September gelb	nährstoffarm, nur nicht naß	die einzelnen Blüten gehen nacheinander auf, welken langsam, Vermehrung durch Teilung des Wurzelstocks
Sonnenbraut *Helenium-Hybride*	☼	80–160	Juni – Oktober rot, gelb, rotbraun	feucht, humos	Vermehrung durch Teilung des Wurzelstocks im Frühjahr; regelmäßig gießen
Sonnenhut *Rudbeckia fulgida*	☼ ◒	60	August – Oktober goldgelb	feucht, humos	Vermehrung durch Teilung des Wurzelstocks
Sonnenröschen *Helianthemum-Arten*	☼	15–25	Juni – September rosa, gelb, rot, dunkelrot, weiß	trocken	Winterschutz durch Fichtenreisig, Rückschnitt nach dem Verblühen; es gibt gefüllte und ungefüllte

Deutscher Name Lateinischer Name	Licht- bedürfnis	Wuchs- höhe cm	Blütezeit Blütenfarbe	Boden	Bemerkungen
Taglilie *Hemerocallis*	☼	50–120	Juni – September gelb, orange, rot, rosa, braun	durchlässig, humos	bis 40 Knospen pro Busch, von denen jede 1 Tag blüht; Hybriden; nicht umsetzen, ihre Schönheit kommt erst nach mehreren Jahren voll zur Geltung, Laub auch sehr schön; Vermehrung durch Teilung des Wurzelstocks; in Abständen von 50 cm pflanzen
Tränendes Herz *Dicentra spectabilis*	●	60–90	Mai + Juni rosa	feucht, gut	Vermehrung durch Teilung des Wurzelstocks im Frühjahr; zieht nach der Blüte ein, man könnte deshalb einjährige Blumen nachpflanzen, schön mit Schleifenblume, Gänsekresse, Waldanemone, auch solitär
Türkischer Mohn *Papaver orientale*	☼	bis 150	Mai + Juni rot, weiß, rosa, lachsfarben	nährstoffreich	Vermehrung durch Samen
Trollblume *Trollius-Hybriden*	☼	bis 80	März – August gelb	feucht	immer genügend Bewässerung oder feuchter Standort; Vermehrung durch Teilung des Wurzelstocks oder durch Samen
Weißer Diptam *Dictamnus albus*	☼	60–100	Mai – Juli weiß	kalkreich, schwer, nährstoffreich	Vermehrung nur aus Samen, die nach der Reife ausgesät werden; die Sämlinge blühen jedoch erst im 4. Jahr; stark aromatischer Duft, ätherische Öle
Wollziest *Stachys olympica*	☼	50	Juni + Juli rosa	trocken, steinig	Pflanze wuchert, viele Ausläufer; an trockenem sonnigen Standort schöne silbrige Blätter, deshalb wird sie gern angepflanzt
Wiesenraute *Thalictrum aquilegifolium*	◒	40–150	Mai + Juni weiß, violett	humos, kalkfrei	Vermehrung durch Samen; schön mit Akelei, Islandmohn, Salomonssiegel und Schafgarbe

Steingartenpflanzen

Deutscher Name Lateinischer Name	Licht- bedürfnis	Wuchs- höhe cm	Blütezeit Blütenfarbe	Boden	Bemerkungen
Alpenbalsam *Erinus alpinus*	☼ ◒	niedrig	April – Oktober rosa	leicht, kalkreich	andere Arten weiß, karminrot; sät sich selbst aus
Alpenmohn *Papaver burseri* *syn. P. alpinum*	☼ ◒	5–20	Mai – August gelb	durchlässig, ungedüngt	abgehärtet, befestigt Boden und Trockenmauern durch seine Wurzeln
Alpennelke *Dianthus alpinus*	☼	8–12	Juni + Juli rot	steinig	Winterschutz
Aster *Aster alpinus*	☼	15–20	Juli – September violett-blau	trocken, leicht, kalkhaltig	
Beifuß *Artemisia nitida*	☼	10	siehe unter Bemerkungen	leicht, in Steinfugen	Blüte unscheinbar, dekorative, zarte silbergraue Belaubung, schöne Polster
Berufskraut *Erigeron aurantiacus*	☼	20–25	Juni + Juli orange	trocken	empfindlich gegen Überfeuchtung im Winter. Drainage!
Blaukissen *Aubretia*	☼ ◒	10	April + Mai blau, violett, rosa, rot, weiß	in Steinfugen	
Christrose *Helleborus purpurascens*	◒ ●	30	ab Herbst purpur	humos	reiche Blüte, jedoch erst nach mehrjährigem ungestörtem Wachstum
Drachenkopf *Dracocephalum austriacum*	☼	30–40	Juli + August blau, violett, rosa, weiß	trocken, kalkreich	ausdrucksvolle Lippenblütler, Vermehrung durch Teilung der Aussaat
Edelweiß *Leontopodium*	☼	5–20	Juli – September weißlich	trocken, kalk- reich, steinig	

Deutscher Name Lateinischer Name	Licht- bedürfnis	Wuchs- höhe cm	Blütezeit Blütenfarbe	Boden	Bemerkungen
Ehrenpreis *Veronica cinerea*	☼	10–12	Juni – August hellblau-weißrosa	trocken	
Enzian *Gentiana acaulis* (Stengelloser Enzian)	☼ ◐	niedrig 6–10	Mai + Juni blau	locker, humos, durchlässig, feucht	verträgt keinen frisch gedüngten Boden; bei den verschiedenen Sorten von Gentiana acaulis darauf achten, ob sie kalkliebend oder kalkfliehend sind
Federnelke *Dianthus plumarius*	☼	20–30	Juni + Juli weiß, rosa, rot	kalkhaltig, schwer	verträgt keinen nassen Boden
Felsenteller *Ramonda myconi* *syn. R. pyrenaica*	●	10–12	Juni – August blauviolett, weiß, rosa	humos, nährstoffreich	das Wasser muß aus den Rosetten abfließen können
Fetthenne *Sedum spurium*	☼ ◐	15	August + September rosa	nährstoffarm	
Flammenblume *Phlox subulata*	☼	10–15	April + Mai viele Farben	Sand- oder Steinböden	
Frauenschuh *Cypripedium reginae*	◐	15–50	Mai + Juni weiß, rosa	kalkhaltig	
Gänsekresse *Arabis-Hybriden*	☼	10–25	April + Mai weiß, rosa	durchlässig	
Glockenblume *Campanula portenschlagiana*	◐	10	Juni – August blau	humos, steinig, kalkhaltig	
Campanula „Birch Hybrid“	◐		Juni – August dunkelviolett	wie bei C. portenschlagiana	für Trockenmauern
Grasnelke *Armeria maritima*	☼	5–30	Mai – Oktober weiß, rot	leicht, sandig	kalkfliehend

Deutscher Name Lateinischer Name	Licht- bedürfnis	Wuchs- höhe cm	Blütezeit Blütenfarbe	Boden	Bemerkungen
Hauswurzarten *Sempervivum*	☼	5–15	Juli – August gelb, rosa, karminrot	trocken	widersteht stärkster Trockenheit
Heide *Erica herbacea (syn. E. carnea)* (Schneeheide)	☼	bis 60	März – Mai rosarot	sauer	Es gibt auch Arten, die im Herbst blühen; immergrün
Erica cinerea (Grauheide)			ab April weiß, karminrot, rosa		
Johanniskraut *Hypericum coris*	☼	20–30	Juni – August gelb	durchlässig	
Hypericum olympicum	☼	20–30	Juni – August gelb	durchlässig	
Küchenschelle *Pulsatilla vulgaris*	☼	10–20	März + April lila	durchlässig, kalkreich	
Kugelblume *Globularia cordifolia*	☼	10–15	Mai – August violettblau	steinig	kurzer Stengel mit kugeligem Blütenstand wächst aus einer Blattrosette; immergrün
Lavendel *Lavandula angustifolia (syn. officinalis)*	☼	25–60	Juli + August weiß, dunkellila	trocken, leicht, kalkreich, durchlässig	winterhart, verträgt keine Feuchtigkeit, gute Bienen- und Hummelweide
Leberblümchen *Hepatica*	◒	10	März + April violett, rosa, weiß, rot	locker, humos, kalkhaltig	will in Ruhe gelassen werden; nicht umpflanzen
Marokkokamille, Ringblume *Anacyclus depressus*	☼	20–30	Mai + Juni rosaweiß	sandig, durchlässig, humos	Blüten öffnen sich nur bei Sonnenschein, vertragen nicht viel Feuchtigkeit; schön für Trockenmauern

Deutscher Name Lateinischer Name	Licht- bedürfnis	Wuchs- höhe cm	Blütezeit Blütenfarbe	Boden	Bemerkungen
Pfingstrose *Paeonia tenuifolia*	☼	30–40	Mai + Juni leuchtend rot	leicht	winterhart
Prachtspiere *Astilbe-Hybriden*	◒	15–20	Juli + August rosa	feucht	Vermehrung durch Teilung des Wurzelstocks
Primel *Primula rosea*	◒	10–15	Frühjahr leuchtendrot	feucht, humos	Laubblätter nach der Blüte
Schafgarbe *Achillea ageratifolia* *A. tomentosa*	☼ ☼	15–20 8–30	Juni + Juli weiß goldgelb	leicht,kalk- reich, trocken trocken	
Seidelbast *Daphne cneorum*	☼	25–30	Februar + März rosa	steinig, humos, sauer, mit Torf vermischt	Früchte giftig, kleiner Strauch mit überwinternden Blättern
Seifenkraut *Saponaria x olivana*	☼ ◒	niedrig	Mai + Juni rosarot	locker, durch- lässig, leicht	dichte, feste, dunkelgrüne Polster
Silberwurz *Dryas*	☼	niedrig	Mai weiß	steinig, leicht	immergrün, ledrige, an der Unterseite filzige Blätter; die Blüte anemonenähnlich
Sonnenröschen *Helianthemum-Hybriden*	☼	bis 20	Juni – September weiß, rot, gelb, rosa	trocken	Blätter vielfach immergrün; Sorten mit einfachen Blüten remontieren nach dem Rückschnitt; gefüllte blühen bis in den Herbst; Vermehrung durch Aussaat und Stecklinge; Winterschutz
Steinbrecharten *Saxifraga*	◒	bis 15, je nach Sorte	Februar – April weiß, zartgelb, nach Sorte	schwer	viel Licht, aber nicht die direkte Sonne; an die Ost- und Nordseite des Steingartens, in Steinfugen pflanzen; auf Drainage achten, um stauende Nässe zu vermeiden
Steintäschel *Aethionema*	☼	15–25, je nach Sorte	je nach Sorte, Mai – Juli, Juni – August weiß, rosa, purpurrot	steinig, kalkreich	graugrüne Blätter

Deutscher Name Lateinischer Name	Licht- bedürfnis	Wuchs- höhe cm	Blütezeit Blütenfarbe	Boden	Bemerkungen
Storchschnabel *Geranium argenteum*	☼	10–15	Juni + Juli rosa, dunkelrot, geädert	trocken, kalkreich	schöne silbrige Farbe der Blätter; Standort gut entwässern
Geranium sanguineum	☼	10–20	Mai – September	wie oben	schöne Polster
Teufelskralle *Phyteuma scheuchzeri*	☼	15	Juni + Juli violett	steinig, wasserdurchlässig	zwischen die Steine am Osthang des Gartens pflanzen; versät sich oft selber, sonst Teilung des Wurzelstocks oder Aussaat
Troddelblume, Alpenglöckchen *Soldanella*	☼	5–15	April – Juni violett, blau, rosa	kalkhaltig	bodennahe Blattrosette, Blütenglöckchen am blattlosen Stiel
Wohlriechendes Veilchen *Viola odorata*	☼ ◐	niedrig	Frühjahr, Herbst violett	nicht zu schwer	„unser“ Veilchen; es versät sich selber, bildet Ausläufer; Duft!

Rosen

Die Königin der Blumen, wie sie oft genannt wird, verdankt ihre Beliebtheit nicht nur ihrer Schönheit, sondern auch der langen Blütezeit, denn nach der Hauptblüte im Juni und Juli remontieren viele von ihnen bis in den Spätherbst hinein, zumal in mildem Klima. Rosen brauchen nämlich Wärme und Sonne. Vollen Schatten lieben sie gar nicht. Aber auch der Reichtum an Farbtönen der Rosenblüten, die Vielfalt der Formen und die Vielfalt der Blüten begeistern.

Die Rose ist eine uralte Kulturpflanze, die schon vor 5000 Jahren in den Gärten der chinesischen Kaiser üppig blühte und bis heute durch immer wieder neue Züchtungen der einfachen, aber vitalen einheimischen Hundsrose *(Rosa canina)*, der Essigrose *(Rosa gallica)* und der Damaszenerrose *(Rosa damascena)* mit den Stammarten aus Ostasien, der Chinesischen, der Bengal- und der Teerose *(Rosa odorata)* immer neue Eigenschaften hervorbringt.

Bei den modernen Züchtungen bleibt allerdings oft der Duft aus, der gerade eine so beliebte Eigenschaft der Rosen ist. Erfahrungen haben jedoch gezeigt, daß nichtduftende Rosen in biologischen Gärten nach einigen Jahren wieder wohlriechende Düfte verströmen.

Außer den bereits beschriebenen Strauch- und Kletterrosen gibt es Gartenrosen, Beetrosen und Zwergrosen. Durch die ständige Veredelung und Einkreuzung von Wildrosen ist eine botanische Einteilung nicht mehr möglich und eine Beschreibung einzelner Sorten nicht sinnvoll.

Zu den *Gartenrosen* zählt man die Teerosen, Teehybridrosen, die auch Edelrosen oder Großblumige Rosen genannt werden, außerdem die Pernatiana- und Remontanrosen. Veredelt sind jedoch alle Rosen bis auf die Wildrosen, und große Blüten gibt es auch bei anderen Rosen, so daß Namen wie Edelrosen und Großblumige Rosen irreführend sind. Rosen stehen gern auf einem Beet, das nicht den ganzen Tag besonnt ist.

Beetrosen nennt man *Polyantharosen, Polyanthahybriden* und *Floribundarosen,* nur nicht die höher wachsenden Sorten, die den Strauch- und Kletterrosen zugerechnet werden. Beetrosen haben einen rispenförmigen Blütenstand, sind vielblütig und erreichen mit ihrer kräftigen Belaubung eine bessere Bodenbeschattung als Gartenrosen. Polyantharosen sind niedrig und buschig. Sie sind Kreuzungen von *Rosa multiflora.* Als *Polyanthahybriden* bezeichnet man Kreuzungen von *Polyantharosen* mit Gartenrosen. Sie haben größere Blüten. Floribundarosen sind den Polyanthahybriden sehr ähnlich, aber weniger empfindlich, ja sogar immun gegen Mehltau, Sternrußtau und Rost.

Zwergrosen werden nur bis zu 30 cm hoch. Sie sind zwar kleinblütig, dafür blühen sie aber unentwegt den ganzen Sommer über. Sie eignen sich für den Steingarten und auch als Topfpflanzen.

Wildrosen werden aus Samen gezogen und eignen sich für Heckenbepflanzungen.

Das Pflanzen von Rosen

Ein gut vorbereiteter, tiefgründiger Boden ist die halbe Rosenzucht, so könnte man sagen, denn Rosen stehen lange Zeit am selben Platz. Wenn sie nach einigen Jahren nicht mehr richtig gedeihen wollen, dann heißt es, sie wären verbraucht und müßten durch neue ersetzt werden. Dabei können Rosen sehr alt werden, wenn sie in einen gut vorbereiteten Boden kommen, dem möglichst auch Alginure Bodengranulat beigefügt wird. Die Rosen danken für diese Dauerhumusbeigabe durch gesunden Wuchs, reiche Blüte und Langlebigkeit.

Alginure ersetzt aber nicht andere organische Substanzen. In den bis zu 60 cm gelockerten Boden gehört reifer Kompost, der am besten mit Rindermist bereitet wurde. Hat man den nicht zur Verfügung, arbeitet man nach der Pflanzung getrockneten Rinderdung flach in den Boden ein.

Containerpflanzen können auch im Sommer gepflanzt werden, Kühlware ist 12 Stunden in mit SPS angereichertem abgestandenem Wasser zu wässern.

In das Pflanzloch gibt man neben reifem Kompost am besten 1 kg Steinmehl, das mit dem Kompost und dem Aushub vermischt wird. Bei Lehmboden wird etwas Sand beigemischt. Der Stichtag für die Rosenpflanzung ist der 20. Oktober, nur bei Stammrosen wartet man noch 5 Tage länger. Man schneidet die Wurzeln mäßig zurück, taucht sie dann in einen Lehmbrei oder in Alginure Wurzel-Dip, dem man ebenfalls Lehm beimischen kann. Das Wurzelwerk muß im Pflanzloch reichlich Platz haben. Die Veredelungsstelle wird 5 cm mit Erde bedeckt. Die Erde wird behutsam angedrückt und mit abgestandenem Wasser gründlich gegossen. Das Anhäufeln kann man sich sparen, wenn man eine Mulchdecke von etwa 15 cm Höhe um die Pflanze streut. Mit Torf sollte nie angehäufelt werden, weil der pH-Wert durch Torf ungünstig verschoben wird und die Pflanzen geschädigt werden.
Erst im Frühjahr (an frostfreien Tagen) werden die Rosen beschnitten. Auch bei Rosen schneidet man die Äste auf ein nach außen wachsendes Auge zurück, und zwar so, daß ein runder Busch entsteht. Die Düngung wird nochmals durch Algomin, Steinmehl, Kompost und kalifornischen Trockenrinderdung ergänzt. Aber auch ein Mischdünger wie ECO-Vital und Buchenholzkohle sind eine hervorragende Düngung.
Sehr kräftigend ist im Herbst und Frühjahr vor dem Austreiben eine Spritzung mit Preicobakt. Im März wird die Mulchdecke oder die Häufelung zur Seite geschoben. Eine ständige Bodenbedeckung von etwa 5 cm erspart das Unkrautjäten und auch längere Zeit die Wässerung. Nur in Trockenperioden wird reichlich gewässert.
Im Mai verwendet man Hornmistpräparat. Im Hochsommer Hornkiesel. Wilde Triebe sind bis zur Austriebsstelle zurückzuschneiden.

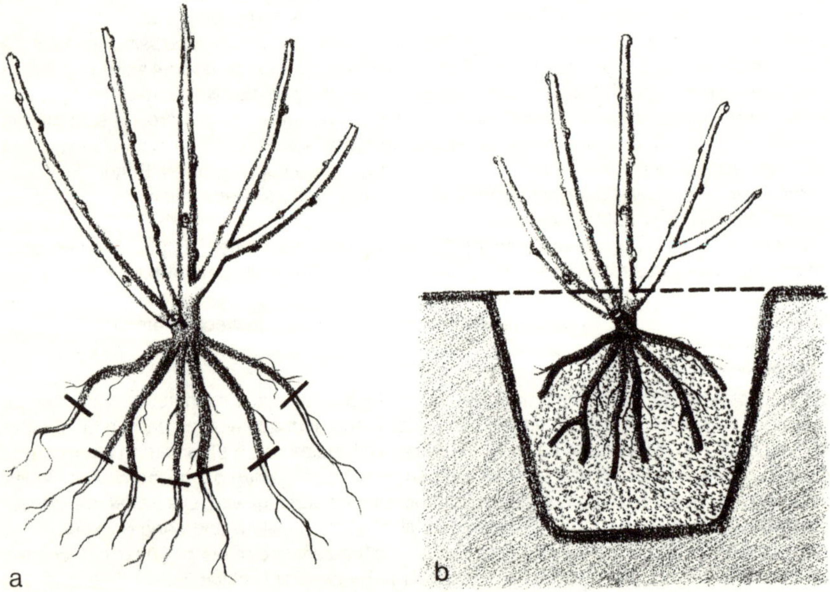

a b

Pflanzanleitung für Rosen:
a) Beschnitt der Wurzeln vor dem Pflanzen;
b) Pflanzung und Frühjahrsschnitt direkt über einem nach außen gerichteten Auge.

Bis zum 15. Juli arbeitet man nochmals Dünger ein und spritzt zur Blattstärkung 10- bis 14tägig mit ECO-Rosenspritzmittel, Alginure Verdunstungsschutzspray und Baldrianblütenextrakt.
Im November werden alte Kulturen gedüngt, mit Preicobakt gespritzt und gemulcht. Garten-, Beet- und Hochstammrosen werden mit Nadelholzreisig abgedeckt. Rosenstämme können auch der Veredelungsstelle entgegengesetzt zur Erde gebunden werden, wenn die Stämme noch jung und biegsam sind. Die Stützpfähle zieht man aus dem Boden, reinigt und imprägniert sie mit einem biologischen Holzschutzmittel, um sie im Frühjahr wieder zu verwenden.

Gräser, Farne und Wasserpflanzen

Wer einen eigenwillig gestalteten Garten haben möchte, der schaffe innerhalb eines Heckenwalles, durchsetzt von Baumgruppen, einen Garten mit Gräsern, Farnen und einem Weiher mit Wasser- und Sumpfpflanzen.
Ziergräser verbreiten das ganze Jahr eine besondere Stimmung. Niedrige (bis 25 cm hoch) und halbhohe Gräser (bis 60 cm hoch) pflanzt man in Gruppen, hohe Gräser, die über 2 m Höhe erreichen können, setzt man einzeln oder als Mittelpunkt einer Gräsergruppe.
Sandiger Boden ist der gegebene Standort für Gräser. Ihnen kann man Blumen beigeben, die ebenfalls sandige Erde bevorzugen, beispielsweise Königskerzen, Edel- und Kugeldisteln.
An die Pflege stellen Gräser keine großen Ansprüche: Im zeitigen Frühjahr werden sie zurückgeschnitten oder ausgelichtet; solche, die sich schnell ausbreiten, teilt man öfter. Im Frühjahr düngt man mit Kompost.
Farne lieben schattige, feuchte Plätze unter Büschen und Bäumen. Sie erfreuen durch gestaltreiche Wedel. Mit feuchtigkeitsliebenden Pflanzen wie der schönen Iris oder Vergißmeinnicht können Farne zu wirkungsvollen Gruppen zusammengepflanzt werden. Ein humoser waldähnlicher Boden ist für Farngewächse der richtige Standort.
Hier sind wir auch schon bei den *Wasser- und Sumpfpflanzen* angelangt, die in und um Weiher und Teiche gepflanzt werden. Im Wasser lebende Pflanzen brauchen Düngung wie Landpflanzen. Man verwendet Torf und Kompost. Damit die leichten organischen Substanzen nicht an die Wasseroberfläche steigen, bestreut man sie mit größeren und kleineren Kieselsteinen.
An den Rändern von kleinen Gartengewässern wird ein Feuchtgebiet angelegt, in dem Sumpfpflanzen ihre Heimat finden.
Für die Überwinterung der Wasserpflanzen gibt es zwei Möglichkeiten. Erstens: Man läßt das Wasser ab, schneidet die Pflanzenstengel bis zur Basis weg und füllt das ganze Becken mit Laub oder Fichtenreisig. Darüber kommt eine Abdeckfolie, damit weder Wasser noch Schnee eindringen können. Im Frühling wird das Becken von der Abdeckfolie und vom Laub befreit, die Wasserpflanzen werden gedüngt, und dann wird Wasser eingelassen. Besonders bei gemauerten oder auszementierten Becken und in Gegenden, in denen es stärkeren Frost geben kann, ist es ratsam, das Wasser abzulassen, da das Eis das Becken sprengen könnte.
Zweitens: Viele Wasserpflanzen sind winterhart. Wenn jedoch bei Seerosen, Wasserähren, Scheinkalla, Hechtkraut und Goldkeule die Gefahr des Erfrierens besteht, sollten diese Pflanzen in Schalen, Töpfen oder Pflanzkörben gepflanzt werden. Im Spätherbst entnimmt man diese Gefäße dem Becken und stellt sie in einen frostfreien, kühlen Raum. Die Oberfläche der Gefäße deckt man mit Moos oder feuchtem Torf ab, um ein Austrocknen der Erde zu verhindern. Ab und zu wässert man vorsichtig.
Das Eis auf dem Becken deckt man mit Laub ab, das vor dem Auftauen wieder entfernt wird.
Während man Gräser und Farne sowohl im Frühjahr als auch im Herbst anpflanzen kann, bevorzugt man für die Pflanzung von Wasser- und Sumpfpflanzen das Frühjahr, damit die Pflanzen während des Sommers im Wasser heimisch werden.

Gräser, Farne und Wasserpflanzen

Deutscher Name Lateinischer Name	Licht- bedürfnis	Wuchs- höhe cm	Blütezeit Blütenfarbe	Boden	Bemerkungen
Ausdauerndes Federgras (Pfriemgras, Mädchen-haargras) *Stipa pennata*	☼	40–60	Juni + Juli	trocken, auf jedem Gartenboden	in gemäßigter Zone und bis in die Tropen weit verbreitet, 250 Arten
Ausdauerndes Rohrglanzgras *Phalaris arundinacea ‚Picta‘*	☼ ◒	100–200	Juni + Juli	feucht	wächst in ganz Europa auf feuchten Wiesen und an Bachufern
Blauschwingel *Festuca glauca*	☼	15–20	Juni + Juli	trocken nährstoffarm, durchlässig	immergrün
Blaustrandhafer, Strandroggen *Elymus arenarius*	☼	60–120	Juni – August	trocken, sandig	schöner Kontrast der gelben Blütenähren zu blaugrünen Halmen
Blumenbinse *Butomus umbellatus*	☼	60–130	Juni – August	Wasser von 10–50 cm	in Europa und Asien verbreitet, winterhart
Chinaschilf, Eulalia *Miscanthus sinensis* *Miscanthus ‚Zebrinus‘* *Miscanthus ‚Gracillimus‘*	☼	250 150 150	wird wegen der schönen Blattzeich-nung gepflanzt	feucht	ausdauernd, im zeitigen Frühjahr zurückschneiden, erst nach zwei bis drei Jahren entwickeln die Pflanzen ihre schöne Zeichnung; Standort: Teichufer
Engelsüß (Tüpfelfarn) *Polypodium vulgare*	◒ ●	20–40	–	humos, kalkarm	immergrün, bildet geschuppte, kriechende Rhizome (waagrecht wachsende Wurzeln); winterhart

Deutscher Name Lateinischer Name	Licht- bedürfnis	Wuchs- höhe cm	Blütezeit	Boden	Bemerkungen
Federborstengras *Pennisetum alopecuroides*	☼	10–20	September + Oktober	humos, durchlässig	dichte Ähren
Frauenhaarfarn *Adiantum pedatum*	●	bis 60	–	humos, nicht zu sauer	winterhart; schöne ausdrucksvolle Pflanze
Glatthafer *Arrhenatherum elatius ssp. bulbosum*	☼	30–40 Ähren 50	Juni + Juli	trocken	von Juni bis Juli zieht er ein
Hasenschwanzgras *Lagurus ovatus*	☼	20–60	Mai – Juli	nährstoffarm	Aussaat im April: Blütezeit Juli Aussaat August: Blütezeit Mai
Hirschzunge *Phyllitis scolopendrium*	◒ ●	20–50	–	feucht, kalkreich	winterhart
Kalmus *Acorus calamus*	☼	bis 100	Juni + Juli	nährstoffreich	die fleischigen Rhizome haben einen aromatischen Duft; kolbenförmiger Blütenstand, abgehärtet, anspruchslos, für 20–30 cm Wassertiefe; Vermehrung durch Teilung des Wurzelstocks
Lampenputzergras *Pennisetum compressum*	☼	40–60	Herbst	humos, durchlässig	hellbraune Blütenähren
Pampasgras *Cortaderia selloana*	☼	200	September	nährstoffreich und durchlässig	verlangt geschützten, warmen Standort, im Herbst zusammenbinden und abdecken
Pfeilkraut *Sagittaria*	☼	100	Juni – August	nährstoffreich	weiße Blüten; gedeiht am besten in 30–50 cm Wassertiefe, abgehärtet, breitet sich stark aus; in kleineren Becken könnte man die Pflanze in Töpfen halten
Plattährengras *Uniola latifolia*	☼	100	September + Oktober	sowohl für feuchte Teichufer als auch für leichte, trockene Böden	die breiten Blätter färben sich im Herbst braun

Deutscher Name Lateinischer Name	Licht- bedürfnis	Wuchs- höhe cm	Blütezeit	Boden	Bemerkungen
Rippenfarn *Blechnum spicant*	◒	bis 40	–	sauer bis neutral	immergrün
Rohrkolben *Typha angustifolia*	☼	200	Juli + August	nährstoffreich, feucht	lange schmale Blätter, kolbenförmiger Blütenstand; T. angustifolia und T. latifolia für 40 cm Tiefe, anspruchslos, winterhart, Vermehrung durch Teilung des Wurzelstocks; T. minima für 20 cm Wassertiefe, kleinere runde Blütenkolben
Typha latifolia		200	Juli + August		
Typha minima		75	Juli + August		
Rutenhirse *Panicum virgatum*	☼	60–100	Juli – September		
Seerose *Nymphaea*	☼	Blüte 10 bis 15 cm über dem Wasserspiegel	Mai – September	lehmig	veredelte Sorten mit weißen, gelben, allen Arten roter Blüten; Wassertiefe 30–100 cm; warmes, stehendes Wasser, in dem sie schwimmt, Blüten 10–30 cm
Seggen *Carex*	◒ ●			die meisten lieben Feuchtigkeit	ausdauernd, 1100 Arten, auf der ganzen Welt verbreitet
C. buchananii (Fuchsrote S.)		40–60	Mai – August		
C. firma		5–10	Juni – August		
C. grayi (Morgenstern S.)		80	Mai – August		
C. morrowii ‚Variegata' (Japansegge)		60	März – Mai		
C. pendula (Riesensegge)		120	April – Juni		
Simse *Scirpus lacustris* (Seebinse)	☼	100–350	Juli + August	feucht	interessanter brauner Blütenstand; anspruchslos, abgehärtet; paßt sich der Wassertiefe an – z. B. auch 1 m –, ragt aber immer in gleicher Höhe über den Wasserspiegel heraus
Straußgras *Agrostis nebulosa*	☼	20–60	Juni – August	mager, sauer	100 Arten, die nahezu auf der ganzen Welt verbreitet sind, nebulosa = einjährig, Aussaat im April direkt ins Freiland oder in ein kaltes Frühbeet

Deutscher Name Lateinischer Name	Licht- bedürfnis	Wuchs- höhe cm	Blütezeit	Boden	Bemerkungen
Streifenfarn *Asplenium septentrionale*	◐	30	–	kalkfrei, sauer	winterhart; zarte Pflanze
Asplenium fontanum				kalkhaltig	
Asplenium trichomanes				kalkhaltig	
Sumpfcalla *Calla palustris*		15–30	Mai + Juni	Moorerde	giftig. Wassertiefe bis zu 20 cm; weiße Blüte mit gelbgrünem Kolben; im Herbst scharlachrote Beeren
Sumpfdotterblume *Caltha palustris*	☼ ◐	bis 15	April + Mai	sumpfig	Wassertiefe bis 10 cm
Teichrose *Nuphar lutea*	☼ ◐	Blüten bis 10 cm über dem Wasserspiegel	Juni – August	nährstoffreich	runde, gelbe Blüten, stark duftend; Wassertiefe von 50–60 cm; auch leicht fließendes Wasser
Wiesenhafer *Helicotrichon sempervirens*	☼	40–60	Mai + Juni	nährstoffarm	ausdauernd, nach der Blüte Halme abschneiden, im zeitigen Frühjahr mähen
Wollgras *Eriophorum latifolium*	☼	30–60	April – Juli	feucht	ideale Standorte: Teichufer und Heidegärten
Zittergras *Briza media*	☼ ◐	bis 40	Mai + Juni	trocken, kalkhaltig	ausdauernd

Rasen und Blumenwiese

Noch vor gar nicht allzu langer Zeit gab es im Garten neben Beeten, Sträuchern und Bäumen nur den Rasen: sattgrün, kurz geschnitten, weich wie ein Teppich im Wohnzimmer, und wehe, wenn in dem gestutzten Einheitsgrün plötzlich ein Farbtupfer aufbegehrte. Gänseblümchen, die gelben Blüten des Löwenzahn, Margeriten, die violetten Lippenblüten des Salbei, die blauen Glöckchen von Glockenblumen, sie und viele andere Kräuter hatten im Rasen nichts zu suchen und wurden ausgemerzt.

Heute wollen viele Gärtner ihren ökologischen Beitrag leisten. Die Blumenwiese ist eine Möglichkeit, Arten- und Umweltschutz zu betreiben. Aber man muß sich nicht zwischen Rasen und Blumenwiese entscheiden, denn man kann beides in seinem Garten anlegen. Für Ballspiele, Gymnastik und zum Lagern eignet sich ein Rasen besser als eine Blumenwiese, weil lange Gräser und hochgewachsene Kräuter sich nicht so schnell wieder aufrichten. Dafür muß ein Rasen oft gemäht werden, in den wachstumsstarken Zeiten Mai bis Juni und September jede Woche. Aber auch das sollte jeden Gärtner freuen, denn Rasenschnitt eignet sich gut zum Mulchen.

Die Blumenwiese bringt andere Freuden. Viele der von der Ausrottung bedrohten Pflanzen-, Insekten- und Vogelarten gehören der Lebensgemeinschaft Blumenwiese an. Die Artenvielfalt solch einer Ökowiese ist nicht nur schön anzusehen, sie ist auch die Voraussetzung dafür, daß sich viele Insekten und Vögel einfinden, die sonst so gut wie keinen Lebensraum mehr in unserer einheitsgrünen Nutzpflanzenlandschaft haben.

Da springt und zirpt und piepst und summt und singt es bald und macht einen wißbegierig. Es gibt wieder Zitronenfalter, Pfauenauge und eine Reihe anderer, längst vergessener Schmetterlinge, Grillen und Heuschrecken, Bienen, Hummeln und Spinnen.

Viele Insekten bedeuten auch einen reichgedeckten Tisch für viele Vogelarten. So tauchen auf der Blumenwiese wieder Vögel auf, die ebenfalls lange schon nicht mehr zu sehen und zu hören waren. Auch die Samen auf einer solchen Blumenwiese haben es den Vögeln angetan. Im Winter braucht man sie nicht mehr zu füttern, denn die Blumenwiese hat einen viel reichhaltigeren Vorrat für unsere pickenden Freunde als jedes Vogelhäuschen. Und noch ein Vorteil: Samen von der Blumenwiese verbreiten keine Krankheitskeime. Selbst bei hohem Schnee ist für die Vögel auf einer Blumenwiese, unter Bäumen und Sträuchern, wo der Schnee nur eine dünne Decke bildet, der Tisch noch reich gedeckt.

Wer die Vögel beobachtet, erfährt eine Menge Dinge, ohne in ein Buch zu schauen, und weiß vieles, was nirgendwo erfahrbar ist. Im Herbst ist beispielsweise plötzlich die ganze Wiese voller Stare. Sie wissen merkwürdigerweise genau, wo sie sich vor ihrem Zug in den Süden noch einmal richtig satt essen können. Erscheinen sie früh im Herbst, dann folgen bald Kälte und Schnee, bevölkern sie spät die nahrhafte Wiese, setzt auch der Winter erst spät ein. Im Frühling spielt sich das gleiche in umgekehrter Reihenfolge ab: früh zurückkehrende Zugvögel, frühzeitiger Frühling.

Auch andere Zugvögel kommen im Frühling aus dem Süden zurück. Man kann sie dann gut beobachten, weil die Büsche und Bäume noch spärliche Ansätze von Laub haben. Um sie auch in der Brutzeit unterscheiden zu können, wo sie sich kaum blicken lassen, ist es gut, ihren Gesang zu kennen. In den kahlen Ästen im April kann man sie noch beim Singen beobachten. Es gibt aber auch Schallplatten und Tonbänder, von denen man lernen kann, wie die verschiedenen Vögel singen.

Manche Vögel bleiben zur Brut in unseren Hecken, so Hausrotschwänzchen oder Mönchsgrasmücke. Andere – wie der Zilpzalp – verschwinden zum Brüten in den Wäldern.

Die Kräuterarten und die Vielfalt der Pflanzen auf einer Blumenwiese im Garten hängen vom Standort und den Bodenverhältnissen ab. Entscheidend ist auch der Wasserhaushalt, der bestimmt, welche Blumen blühen. Er ist jedoch nur unter großem technischem Aufwand zu beeinflussen. Hat man allerdings eine feuchte Stelle im Garten, zeigt das an, daß der Grundwasserspiegel nicht sehr tief liegen kann. Dann gräbt man an dieser Stelle ein Loch.

Sammelt sich nicht zu tief unter der Erdoberfläche Wasser, kann man sich einen Teich graben, in den man höchstens in einem heißen, regenarmen Sommer Wasser nachfüllen muß. Sonst ist er immer gefüllt. Da finden sich bald Sumpfdotterblumen, Beinwell und andere wasserliebende Pflanzen ein, aber auch Molche, Kaulquappen, Wasserkäfer, -schnecken und -läufer, Unken und Kröten, unsere Schneckenvertilger.
Ein Teich im Garten verhindert auch weitgehend, daß die Vögel die Früchte anpicken. Sie tun das kaum, um Gaumenfreuden nachzugehen, sondern weil sie Durst haben.

Die umweltfreundliche Blumenwiese
Wer einen vorhandenen Rasen in eine Blumenwiese verwandeln will, wartet entweder ab, bis sich die Blumen allein einfinden, was aber Jahre dauert, oder er lockert den frisch gemähten Rasen mit einem Rasenlüftrechen (Vertikutierrechen) und einer Aerifiziergabel. Ist die Grasnarbe zu dicht, muß man hier und da in der zukünftigen Wiese Grassoden ausstechen und lockere Erde auffüllen. An diesen Stellen sät man Kräutersamen ein, die es im Handel speziell für Blumenwiesen zu kaufen gibt. Von diesen Stellen breiten sich die Kräuter aus. Auch Blumenzwiebeln können im Herbst in der Wiese verteilt gesteckt werden. Diese werden sich gut entwickeln, weil die Wiese nicht gemäht wird. Die Krokusse und Narzissen können gut einziehen, wie der Fachmann sagt.
Auch bei einer neuangelegten Blumenwiese dauert es einige Jahre, bis sich eine stabile Pflanzengemeinschaft gebildet hat, aber Blumen blühen von Anfang an, vom Frühling bis zum Herbst.
Legt man so eine Wiese neu an, muß der Boden für die Aussaat von Gräsern und Kräutern locker sein. Nach dem Einsäen (auf 100 m^2 Fläche 1 kg Samen) wird der Samen angedrückt und 6 Wochen lang feucht gehalten, dabei wird das Wasser fein versprüht. Niemals den harten Wasserstrahl direkt auf die Fläche richten. Die ausgewachsene Blumenwiese braucht kein Wasser aus dem Gartenschlauch mehr.
Blumenwiesen werden nur ein- oder zweimal im Jahr gemäht, das erste Mal im Juni oder Juli und das zweite Mal Ende September oder im Oktober. Wer nicht mit der Sense mähen kann, braucht einen zweirädrigen Balkenmäher, mit dem man nicht zu große Mühe hat, auch hohes Gras zu mähen. Das Gras der Blumenwiese kann man zum Mulchen unter Obstbäumen, Beerensträuchern und Ziergehölzen verwenden oder im Komposthaufen verarbeiten. Auf keinen Fall darf man Grasschnitt von der Blumenwiese zum Mulchen von Gemüsebeeten benutzen, weil zu viele Samen enthalten sind. An Nachbars Zaun sollten Blumenwiesen nicht angelegt werden, weil es wegen des Samenfluges Ärger mit ihm geben kann.
Braucht man einen Weg durch die Blumenwiese, um beispielsweise an Gemüsebeete heranzukommen, wird am besten ein mähmaschinenbreiter Weg gemäht. Man verlegt ihn ab und zu, damit sich kein Trampelpfad bildet. Die zweite Möglichkeit stellt ein mit Steinplatten belegter Weg dar, den man auch im Winter begehen kann.
Blumenwiesen dürfen und brauchen auch nicht gedüngt zu werden. Jede Düngung würde das Gleichgewicht in der Pflanzengemeinschaft stören. Die Blumenwiese düngt sich selbst. Nirgendwo entstehen so dauerhafte Ton-Humus-Komplexe wie unter Gras, denn Gräser werfen jedes Jahr ein Mehrfaches ihres Gewichtes an Haarwurzeln ab. Diese Wurzeln enthalten die wichtigen Polyuronide, die dem Boden durch Umsetzung zugänglich werden. Die fruchtbare Schicht unter Gras wird mit den Jahren immer dicker. Wird also ein Stück der Blumenwiese nach einigen Jahren in Gemüsebeete umgewandelt, findet man unter dem Gras eine beträchtliche Humusschicht.
Auch für die Schädlingsbekämpfung ist eine Blumenwiese von großem Vorteil. Auf der Blumenwiese erwacht das Leben im Frühjahr früher als auf den Beeten. Das zieht nützliche Insekten an, die pflanzenfressende Insekten vertilgen. Wenn später auf den Gemüse- und Blumenbeeten die Pflanzen heranwachsen, müssen die Raubinsekten ihre Nahrung auf diesen Beeten suchen und halten so nacheinander, zuerst auf der Blumenwiese und dann auf den Kulturpflanzen, die Schädlinge in vertretbaren Grenzen.

Schädlingsbekämpfung mit Nützlingen:

a) Auf der Ökowiese finden Schädlinge schon im frühesten Frühjahr genügend Nahrung. Dort werden sie von Nützlingen dezimiert, die sich dabei prächtig entwickeln und vermehren.

b) Sind die Beete bepflanzt, stürzen sich die übriggebliebenen wenigen Schädlinge auf die zarten Jungpflanzen, zu denen ihnen die nun in der Überzahl vorhandenen Nützlinge folgen.

Der strapazierfähige Rasen

Da Rasen eine Dauerbegrünung darstellt, bei der die Grundlage, der Boden, später nicht mehr nachhaltig verändert werden kann, muß die Gartenerde gut vorbereitet werden. Eine gute Voraussetzung für den strapazierfähigen Rasen bildet ein Sand-Lehm-Boden. Reinem Lehmboden mischt man Sand bei. Hat man nichts als Baugrund zur Verfügung, lockert man diesen zuerst und fügt ihm Alginure Granulat bei.

Dann stellt man den eigentlichen Rasenboden selbst her: 60 % Sand und 40 % Schwarz- oder Weißtorf. Hat man diese Mischung 10 cm dick auf den Untergrund aufgetragen, werden auf 100 m^2 25 kg Stallatico, 40 kg Luzian-Steinmehl und 5 kg Alginure Granulat eingearbeitet. Eine Messung des pH-Wertes dieses vorbereiteten Saatbettes sollte 6,5–7 ergeben.

Man kann jederzeit den Boden für die Aussaat von Rasensamen vorbereiten, aber am besten ist diese Arbeit im September zu machen. Man bemüht sich, die Fläche bereits so plan wie möglich zu gestalten, und sät anschließend Senfsaat aus. Dadurch ist der Boden den Winter über geschützt, eine Belebung durch Regenwürmer und Bodenorganismen schafft zusätzlich Bodenverbesserung, und die Bewurzelung durch den Senf, der bei Frost abfriert und eine Mulchdecke über den Boden breitet, sorgt durch Zersetzung für weitere Polyuronide. Im nächsten Jahr, wenn sich der Boden im März oder April schon erwärmt hat und abgetrocknet ist, wird mit dem Rechen die Feinplanierung durchgeführt. Dann wird der Boden angedrückt. Dazu eignen sich zwei Brettstücke, die man unter die Schuhe bindet (Heeling-Verfahren nach Dawson) und mit denen man Schritt für Schritt den Boden beschwert. Das Körpergewicht wird auf den Fuß am Boden verlagert. Wer eine Walze hat, kann selbstverständlich anwalzen. Ende April wird gesät. Der Rasensamen sollte aus bewährten Gräsersamen bestehen, deren

Grashalme strapazierfähig sind. Dazu gehören: Wiesenrispengras *(Poa pratensis)*, Wiesenlieschgras *(Phleum ssp. nodosum)*, Wiesenkammgras *(Cynosurus cristatus)*, englisches Raygras *(Lolium perenne)* und Roter Schwingel *(Festuca rubra)*. Eine geringe Beimischung Weißklee oder Kleinkleesaat haben sich als günstig erwiesen. Die Blüten des Klees locken

Heeling-Verfahren.

Insekten an, und der reichliche Stickstoff bei diesen Schmetterlingsblütlern vermindert den zukünftigen Dünger. Die Aussaat erfolgt bei leicht feuchtem Boden an Blattagen (nach dem Aussaatkalender von Maria Thun).

Man sät entweder so gleichmäßig wie möglich überkreuz mit der Hand, dazu muß es windstill sein, oder mit einem Streuwagen. Anschließend wird die Saat mit Tretbrettern oder einer Walze in den Boden gedrückt.

Die Saat ist feucht zu halten. Falls es nur selten regnet, sprüht man mit dem Gartenschlauch. Dafür stellt man einen feinen Strahl ein und richtet ihn nach oben, so daß das Wasser als sanfter Regen auf die Erde fällt.

Wenn die Gräser 8–10 cm hoch sind, wird an einem trockenen Tag gemäht. Zur Förderung der Bestockung, das heißt zur Bildung der Ausläufer, wird der erste Rasenschnitt an Blattagen, die in der Pflanzzeit liegen, vorgenommen. Nach dem Schnitt erfolgt eine Spritzung mit dem Hornmistpräparat oder mit Brennesseljauche.

Ist der Rasen eingewachsen, mäht man in den Zeiten der Wachstumsschübe an Blütentagen, um das Wachstum zu hemmen. Zur Förderung des Wachstums wird an Blattagen gemäht. Der kurze Rasenschnitt bleibt liegen. Beim Verrotten düngt sich der Rasen selbst.

Die Messer der Rasenmäher sollen möglichst immer scharf sein, aber für den jungen Rasen müssen sie es sein, damit die Gräser nicht ausgerissen werden. Beim ersten Schnitt sollten die Gräser auf 5 cm gekürzt werden, bei älteren Rasenflächen auf 3–4 cm. Die Gräser werden

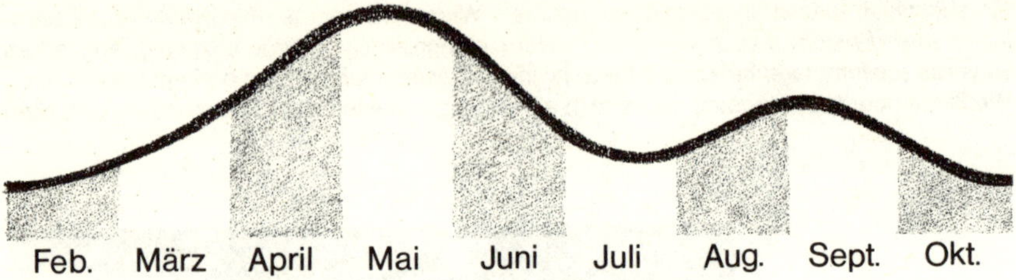

Wachstumsschübe bei Rasen auf der nördlichen Halbkugel. Am schnellsten wächst der Rasen hier im Mai und im September.

immer um etwa ⅓ zurückgeschnitten. Die Termine für das Rasenmähen richten sich nach der Höhe der Gräser, da Rasen jahreszeitlich bedingt unterschiedlich schnell wächst.
Im Rasen wachsen verständlicherweise bald alle möglichen Kräuter. Sie versuchen die durch die Monokultur auftretenden Störungen und Einseitigkeiten im Boden auszugleichen. Wenn man nicht aufpaßt, ist der Rasen bald eine Blumenwiese.
Das beste Mittel dagegen ist das Rasenmähen. Hält man den Rasen auf der Höhe von 3 cm, so können sich viele Kräuter von Beginn an nicht halten, beispielsweise die Melde, die Ehrenpreisarten, Kreuzkraut und Franzosenkraut. Großblättrigere Kräuter und sogar die Quecke treten nach einigen Schnitten den Rückzug an.
Gemäht wird am besten mit einem hand- oder motorbetriebenen Spindelmäher entweder mit Radantrieb oder noch besser mit Walzenantrieb, bei dem sich das Untermesser selbst schärft. Bei diesem Mäher werden während des Mähens mehrere zur Spindel vereinte Obermesser scherenartig an einem feststehenden Untermesser vorbeigezogen.
Im Frühjahr und im Herbst bearbeitet man den geschnittenen Rasen mit den Belüftungsrechen (Vertikutierrechen), um ihn von Moos und Kräutern (wie Gundelrebe) zu befreien.
Moos im Rasen kann verschiedene Ursachen haben: Bodenverfestigung, dauernde Beschattung, Staunässe oder Nährstoffarmut.
Der Bodenverfestigung kann man nach dem Mähen mit der Aerifiziergabel, dem Vertikutierrechen und öfteren Düngergaben über den ganzen Sommer verteilt beikommen. Dazu füllt man den Düngerstreuer mit einem Gemisch aus Sand (Körnung 0–3 mm), feingesiebtem Kompost oder Gartenerde, etwas Algomin, Meerwunder und Oscornaflor (ca. 100 g je m^2).
Mit der Zeit wird der Rasen grün und dicht, der Boden durchlässig und gelegentliche Unebenheiten verschwinden. Die gleichen Maßnahmen erfordert Nährstoffarmut.
Eine Erleichterung für die Rasenpflege bringt Rasen-Azet. Neben organischem Dünger enthält Rasen-Azet getrocknete Bodenorganismen. Ausgestreut düngt Rasen-Azet nicht nur, sondern die Bodenbakterien machen sich im feuchten Boden an die Arbeit und verwandeln Wurzelrückstände, Moos und gemähtes Gras zu Humus.
Bei Staunässe ist gleich beim Anlegen des Rasens eine Schicht aus Kiessand (Körnung 0–3 mm), aufgetragen unter der Rasentragschicht, die beste Lösung. Beim vorhandenen Rasen hilft öfteres Aufstreuen von Alginure Granulat, das die Feuchtigkeit aufsaugt.
Wird Rasen nach dem Mähen gelb und braun, sind entweder stumpfe oder schartige Messer schuld, oder der Rasen ist zu trocken. Bei Trockenheit hilft rasch Gießen mit Algifert, Brennesseljauche oder dem Hornmistpräparat.
Bei anhaltender Trockenheit muß Rasen mit einem Regner bewässert werden. Der Regner bleibt 1 Stunde auf eine Stelle gerichtet. Öfteres kurzes Gießen ist ungünstig. Eine anhaltende Beregnung läßt das Wasser in die Tiefe dringen. Dadurch werden die Wurzeln gezwungen, tiefer in den Boden einzudringen.

Wasser im Garten

Zapfstellen bei der Anlage eines Gartens einzurichten, die Wege sparen, ist eine Selbstverständlichkeit; denn jeder weiß, daß sie für die junge Saat und frische Pflanzungen dringend gebraucht werden. Aber auch wenn die Pflanzen angewachsen sind, werden Wasserzapfstellen bei extremer Trockenheit nicht überflüssig.
Weniger bekannt ist, wie nützlich eine *Tonne* oder ein gemauertes Becken unter der Zapfstelle ist. Nicht nur, daß das Wasser von tropfenden Zapfstellen aufgefangen wird, man hat auch immer abgestandenes Wasser zur Verfügung, das man noch verbessern kann, wenn man mit Torf gefüllte Säckchen in das Wasser hängt. Das Wasser wird dadurch enthärtet, was meist nötig ist. Eine genaue Analyse des Leitungswassers erfährt man beim zuständigen Wasserwerk.
Gießkannen gehören zum unbedingt nötigen Handwerkszeug eines jeden Gärtners. Sie sollten in mehreren Größen angeschafft werden, denn junge Saat muß mit einer kleineren Gießkanne gezielt und mit sanftem Strahl gegossen werden, während größere Kannen, mit ihrem größeren Fassungsvermögen, Wege sparen. Gießkannen hängt man neben jeder Zapfstelle auf, wozu sich gut ein kräftiger abgesägter Ast mit kurzen abgesägten Seitenästen als Haken eignet, den man in den Boden einschlägt. Zumindest das Stück, das in die Erde kommt, sollte mit Firnis behandelt werden, weil Holz rasch fault. Man kann die Gießkannen aber auch mit Wasser gefüllt hinstellen. So hat man noch mehr abgestandenes Wasser.
Mit einer Genehmigung kann man auch nach Wasser im Garten bohren lassen. Ein Rutengänger stellt vorher fest, wo Wasser zu finden ist.
Kostenloses Wasser läßt sich auch aus der *Regenrinne* gewinnen. Man kann das Wasser aus der Rinne in einen Behälter fließen lassen. Ein Abzapfventil mit Wasserschlauch leitet das Wasser vom Regenfallrohr in die Regentonne und läßt kein Regenwasser mehr nachfließen, sobald die Tonne gefüllt ist. Aus Brunnen und Wasserbehältern kann Wasser mit Hilfe eines kleinen Motors sogar in Bewässerungsanlagen geleitet werden. Dabei ist zu überlegen, ob der Strom hier sinnvoll eingesetzt wird.
Beregner und *Bewässerungssysteme* gibt es in großer Auswahl. Wenn eine solche Anlage wegen der Größe des Gartens, oder weil zuwenig Zeit zum Gießen mit der Gießkanne bleibt, angeschafft wird, ist darauf zu achten, daß die Wasserstrahlen im Bogen durch die Luft sanft auf die Pflanzen geleitet werden. Sobald nämlich Luft, Licht und Sonnenschein von dem fein versprühten Wasser durchdrungen werden, verbessert sich das Wasser bereits beträchtlich und erwärmt sich außerdem, so daß die Pflanzen keinen Schock erleiden.
Wasserbehälter sind für Vögel ungeeignet. Jungvögel ohne Erfahrung, aber auch andere Kleintiere können in tiefen gefüllten Wassertonnen sogar ertrinken, da sie an den glatten, senkrechten Wänden nicht hochzuklettern vermögen. Dieser Gefahr begegnet man mit einem schräg ins Wasser und mit dem einen Ende über den Rand des Behälters gelegten Brett. Auch Schwimmbecken sollten immer mit einem lebensrettenden Brett ausgestattet sein.
Für Vögel, Igel und andere durstige Tiere stellt man je nach der Größe des Gartens ein oder mehrere flache Becken auf, die möglichst unterschiedliche Tiefen aufweisen und wenigstens an einer Stelle einen flachen Rand haben.
Hat man eine Terrasse, eine Pergola oder eine Sitzgruppe im Garten, die als Eßplatz dient, sollte unbedingt ein flaches Wasserbecken in der unmittelbaren Nähe aufgestellt werden. Man wird dann beobachten, daß die herrlichsten Genüsse keine Wespe an den Tisch locken. Die wegen ihrer Stiche bei Tisch nicht gern gesehenen Gäste tummeln sich während des Essens am Wasserbecken und löschen dort ihren Durst.
Auch Teiche und fließende Gewässer sind für den Garten eine Bereicherung und bieten vielen Tier- und Pflanzenarten einen angemessenen Lebensraum.
Noch vor 200 Jahren gab es in Mitteleuropa reichlich Feuchtgebiete. Bäche und Flüsse suchten sich in Windungen ihren Weg durch das Land, bildeten Altwasser und hatten ein

breites Flußbett, das sie bei Hochwasser überfluteten. In den Tälern drängte in regnerischen Zeiten Grundwasser an die Oberfläche. Die Eiszeiten hatten zahlreiche Seen und Teiche ohne Zuflüsse hinterlassen, die mit der Zeit verlandeten und durch Grundwasser feucht gehalten wurden.
Gerade solche Übergangsbereiche zwischen Wasser und trockenem Land haben eine artenreiche Flora und Fauna, die heute durch die Begradigung und Kanalisierung von Flüssen und Bächen und Trockenlegung von Feuchtgebieten bedroht sind.
Auf diesem Gebiet kann der Gartenbesitzer einen echten Beitrag zur Erhaltung der Arten leisten.
Selten fließt ein kleiner Bach durch den Garten. Wenn man allerdings solch ein Kleinod für einige Meter sein eigen nennt, kann man viel damit anfangen. Vor allem sollte ein Bach nicht begradigt werden. Die Ufer bekommen flache Buchten im Wechsel mit Steilhängen. An einer Stelle kann der Bach zu einem kleinen Teich erweitert werden, bei dem eine niedrige Mauer das Wasser zurückhält und ein Gefälle entsteht. Auch größere und kleinere Steine im Bach, über die das Wasser teilweise hinweggleitet, um die es manchmal auch herumwirbeln muß, tragen zur Reinigung und Verbesserung des Wassers bei.
Künstliche Teiche sind ebenso möglich. Von dem Teich, der sich mit Grundwasser füllt, ist schon in dem Kapitel Blumenwiese die Rede gewesen. Bei Gärten, die an Hängen liegen, kann Fließwasser oberhalb einer Ton- oder lehmigen Tonschicht den Hang unter dem Oberboden hinunterströmen. Sticht man in solch einem Gelände die Erde ab, füllt sich der entstehende Teich oft sehr schnell mit Wasser. Bei Regenwetter kann er überlaufen. Für solche Zeiten legt man einen Bach an und schafft noch einen unteren Teich, von dem aus das überfließende Wasser in eine Dränage abläuft.
Meistens steht weder ein Bach noch Grund- oder Fließwasser zur Verfügung. Dann hat man immer noch die Möglichkeit, mit verschiedenen Teichfolien oder vorgeformtem Fertigteich-Plastik einen Teich künstlich abzudichten. Dazu hebt man Erde aus, schafft unterschiedliche Bodenhöhen, legt ein Netzgitter gegen Nagetiere darüber und breitet als letztes die Teichfolie aus. Sie soll rundherum über das umgebende Erdniveau hinausragen. Aufgefüllt wird etwa 10 cm hoch mit Kies, Sand oder Lehm, nicht mit dem ausgehobenen Oberboden, da dieser zuviel Humus und Dünger enthält. Damit würde das Algenwachstum gefördert werden. Der innere Rand kann zur Befestigung unregelmäßig mit Steinen belegt werden. Zum Schluß wird der Folienrand abgeschnitten und Wasser eingefüllt.
Man kann den Teich bepflanzen, aber noch besser ist es, wenn man die Bepflanzung der Natur überläßt. Mit etwas Geduld erreicht man ein standortgemäßes Wachstum. Auch Tiere finden sich von selbst ein: Kaulquappen und Wasserfrösche, Libellen, Wasserläufer und Unken. Setzt man allerdings Goldfische aus, wartet man vergeblich auf ein reges und vielgestaltiges Teichleben, weil Goldfische vieles wegfressen.
Stehende Gewässer brauchen Pflege, das muß man bedenken, wenn man nicht nur mit einem verlandenden Teich und einem allmählich entstehenden Flachmoor zufrieden ist. Um den Teichzustand zu erhalten, räumt man den Teich, sobald die Verlandung zunimmt, am besten nur teilweise aus. So verhindert man, daß dort lebende Arten wieder verschwinden. Wer alle 3 Jahre ein Drittel seines Teiches ausräumt, hat jederzeit eine zahlreiche und verschiedenartige Lebensgemeinschaft in seinem Garten.
Keine Angst vor Stechmücken! Ihre Larven entwickeln sich in ausgetrockneten Tümpeln. In Teichen, die immer Wasser enthalten, gibt es genügend Feinde, die Stechmückenlarven selten aufkommen lassen.
Eine junge Wissenschaft ist die Strömungsforschung. Theodor Schwenk, Begründer und langjähriger Leiter des Institutes für Strömungsforschung in Herrischried, hat festgestellt, daß verunreinigtes Wasser bald verbessert wird, wenn es durch Bäche und Flüsse fließt, die ihren natürlichen Verlauf haben. Hier liegt eine große Möglichkeit für die Zukunft.

Bezugsquellen (Firmen) in alphabetischer Reihenfolge

Abtei Fulda, Nonnengasse 16, D-6400 Fulda
Conrad Appel, Brandschneise, D-6100 Darmstadt
Oskar Angst, Gryphiusweg 15, D-6800 Mannheim 31, (06 21) 78 42 39
Ing. G. Beckmann KG, Simoniusstr. 10, D-7988 Wangen, (0 75 22) 41 74
Bio-Agrar, Hermann Tränkle, Probststr. 31, D-7505 Ettlingen, (0 72 43) 1 40 95
Bio-Elemente Vertriebs-GmbH und Co KG, Kirchgasse 7, D-7101 Erlenbach, (0 71 32) 60 87
Bio- und Gartenmarkt Keller siehe Keller
Der Blühende Garten, Mühlstr. 39–43, D-7065 Winterbach (0 71 81) 70 81
Heinrich Bornträger, Postfach 3, D-6521 Offstein
Bromet GmbH, Röntgenstr. 1, D-8870 Günzburg, (0 82 21) 3 00 61
Cohrs GmbH. Postfach 11 65, D-2720 Rotenburg-Wümme, (0 42 61) 31 06
Corna Werk, Wölper GmbH und Co, Erbacher Str. 41, Postfach 42 67, D-7900 Ulm-Donautal, (07 31) 4 30 49, (Oscorna)
Deutsche Vegetarier-Zentrale, Postfach 9, D-6443 Sontra
Ludwig Engelhart, Sylvensteinstr. 14, D-8000 München 70, (0 89) 76 40 02
Forschungsring für biologisch-dynamische Wirtschaftsweise, Baumschulenweg 9, D-6100 Darmstadt
Heinrich Geisel, Ludwigstr. 70, D-8510 Fürth
Der grüne Baum, Alte Hattinger Str. 15, Postfach 10 17 65, D-4630 Bochum 1
Hauri KG, Sonnhalde 6, D-7805 Bötzingen/Kaiserstuhl, (0 76 63) 10 51/52/53
Institut für biologisch-dynamische Forschung, Brandschneise 5, D-6100 Darmstadt, (0 61 55) 26 72
Kama siehe Mahle
Bio- und Gartenmarkt Keller, Inh. Albert Kiefer, Konradstr. 17, D-7800 Freiburg
Kerscher Import, Postfach 85, Weinbergstr. 22, D-8490 Cham/Bayern, (0 99 71) 15 58 und 91 87
Werner Kimmerle, Uhlandstr. 22, D-7441 Neckartenzlingen, (0 71 27) 3 10 83
Rolf Kockskämper, Ruthstr. 24, D-4300 Essen
Livos, Neustädter Str. 23–25, D-3123 Bodenteich, (0 58 24) 13 44
Mahle Dünger GmbH, Postfach 27 24, D-7100 Heilbronn, (0 71 31) 1 08 68 (Kama)
Messerschmidt KG, Aulenbachstr. 22, D-7320 Göppingen-Jebenhausen, (0 71 61) 4 33 11
Mikrobiologisches Laboratorium, D-6348 Herborn, (0 27 72) 25 26
W. Neudorff GmbH KG, 3254 Emmerthal
Ilmar Randuja, Ekkart Hof, CH-8574 Lengwil (Saatgut)
H. Reinert, Gerätebau, D-8821 Weidenbach-Triesdorf
Horst Richter, Zellerstr. 51, D-7311 Ohmden/Teck
Rotocrop siehe Varley
Schäfer Shop GmbH, Postfach 720, Industriestraße, D-5240 Betzdorf/Sieg
Carl Sperling und Co, Postfach 26 40, D-2120 Lüneburg
Stäbler GmbH, D-7321 Adelberg
Horst Sudau, Dietinger Str. 42, D-7906 Blaustein-Markbronn
Tetra-Werk, D-4520 Melle, Postfach 15 80, (0 54 22) 10 51
Tilco Biochemie GmbH, Postfach 70 04 30, D-7000 Stuttgart 70, (07 11) 7 80 00 76
Klaus R. Töllner, Rappeneckstr. 4, D-7808 Waldkirch
Firma Tubag, D-5473 Kruft, (0 26 56) 60 61
Varley GmbH, In der alten Mühle, D-7851 Inzlingen, (0 76 21) 8 20 00; Maulbeerstr. 15, CH-4058 Basel, (0 61) 26 68 68
Ludwig Wege und Co, Postfach 20, D-3553 Cölbe/Lahn, (0 64 21) 8 10 04
Wolf-Geräte GmbH Vertriebsgesellschaft KG, D-5240 Betzdorf/Sieg

Bezugsquellen-Sachverzeichnis

Abflammgeräte
Geisel, Sudau, Reinert

Abstützwall (bei steilen Böschungen)
Firma Tubag: tuball-Wall

Baumschulen
Appel, Kerscher

Bewässerung
Cohrs, Keller: Biosmon (Mineralsalzgemisch zur Verbesserung des Wassers)

Bewurzelungsförderung
Cohrs, Der grüne Baum, Keller, Richter: SPS
Keller, Neudorff: Neudofix
Tilco Biochemie: Alginure Bodengranulat, Alginure Wurzel-Dip (zusammen gegen Verbrennungen an den Wurzeln wegen zu hoher Nährstoffkonzentration, gegen Verpflanzschock)
Kerscher: Wirkstoff C 779
Corna-Werk: Oscorna-Wurzelstärkung

Bodenstabilisierung, -verbesserung und Erosionsschutz
Keller, Neudorff: Biofort Typ S (Durchlüftung schwerer Böden), Biofort Typ L (für Wasserspeicherfähigkeit bei leichten Böden)
Tilco Biochemie: Alginure Bodengranulat (Beseitigung von stauender Nässe; Beheben von Verschlämmen und Verkrusten; Bodenlockerung in der Tiefe; gegen Verwehen und Auslaugen bei sandigen Böden; Festhalten der Mutterbodenkappe am Steilhang; Schutz des aufgemieteten Bodens vor Kollaps; Erosionsschutz)
Keller: Rinden-Humus (Forestina-Humus, gegen Verkrustung und Erosion)
Kerscher: Wirkstoff C 779 (gegen stauende Nässe; alle Nährstoffe werden gespeichert und bedarfsgerecht an die Pflanzen weitergegeben)
Firma Tubag: tuball-Wall

Bodenuntersuchungen
Cohrs, Keller, Neudorff, Richter: Kalkprüfer Calcitest
Keller, Kerscher: Pehameter (zur Messung des pH-Wertes)
Keller: Bodenthermometer, Bodentester Sudbury (Stickstoff, Phosphorsäure, Kali, pH-Wert)

Gartengeräte
Cohrs, Engelhart, Der grüne Baum, Geisel, Keller, Richter: Sauzahn (S.-Z. Wühler), Eschenstiel für den Sauzahn
Bio-Elemente-Vertrieb, Cohrs, Keller: Gartengeräte aus Kupfer

Gartenteichprogramm
Tetra-Werk

Gewächshäuser, Frühbeete, Abdeckfolien und Folientunnel
Beckmann, Der Blühende Garten, Messerschmidt, Stäbler: Gewächshäuser, Frühbeete, Abdeckfolien
Beckmann, Stäbler: Folientunnel

Gründüngung (Bodenbedeckung, gleichzeitig Unkrautbekämpfung)
Cohrs, Keller, Richter, Sperling: Gelbsenf-Saat, Rotenburger Kombi-Gemenge (Leguminosen-Mischung zur Stickstoffbindung)

Häcksler (Schredder)
Der Blühende Garten, Keller, Rotocrop, Varley: Häcksler mit Handbetrieb
Keller, Schäfer Shop GmbH, Tilco Biochemie, Varley, Wolf: Häcksler mit Elektro- oder Benzinmotor

Haftmittel
Cohrs, Keller, Richter: Pflanzenpflegeseife
Keller: NA-Wasserglas

Holzrührfässer
Sudau

Holzschutz (ohne Schadstoffe, für Kompostkästen, Zäune, Frühbeete)
Cohrs, Der grüne Baum, Keller, Livos

Keimen
Bio-Elemente-Vertrieb: »bio snacky« Keimgerät, Biokraft-Gießmittel für das Keimgerät
Wolf: EB Wolf-Keimbox

Kompostiermittel
Cohrs, Der grüne Baum, Keller, Richter: Eco Composter
Corna-Werk, Keller: Oscorna Kompostbeschleuniger
Keller, Tilco Biochemie: Eokomit (Bakterienkulturen zur Humusbereitung)
Abtei Fulda, Keller: Humofix-Kompostpräparat
Engelhart, Tilco Biochemie: Alginure Kompostpulver, Alginure Kompost-Paste, Alginure Kompost-Fix
Mikrobiologisches Laboratorium: Symbioflor (Bakterien zur Humusbildung)
Keller: Bio Komposter, Radivit Flächenkomposter
Varley: Fertosan Bio-Kompost-Aktivator, Rotocrop Quickrich Kompost Aktivator
Mahle (Kama): Kompost-Zünder orga-rott (Bakterien, Pilze, Hornmehl, Ionenaustauscher Tonerden)
Tetra-Werk: Edafil (Bodenbakterien zur Humusbildung)

Kompostsilos und -säcke
Bromet, Der Blühende Garten, Keller, Rotocrop, Tilco Biochemie, Varley, Wege: Kompostsilos (Holz, Metall, Kunststoff)
Bromet, Keller, Neudorff, Tilco Biochemie: Kompostsäcke
Der Blühende Garten: Durchwurfsieb

Kuhhörner
Keller: Kuhhörner (offen) zur Präparatezubereitung

Luftstickstoffbindung und Biobakterien
Richter, Keller: Luftstickstoffbindende Bakterien, Azotobacter-Bakterien-Kulturen, verschiedenste Präparate, Gelbsenf-Saat, Rotenburger Kombi-Gemenge
Keller, Neudorff: AZ-Lanze (zum Ausbringen aller Azet-Bodenimpfmittel), Tomaten Azet (für Tomaten, Gurken und andere Gemüsepflanzen)

Keller: Azet-Tomatenring
Tetra-Werk: Edafil (Bodenbakterien zur Humusbildung)
Mikrobiologisches Laboratorium: Symbioflor (Bakterien zur Humusbildung)

Mineralische Düngemittel (Gesteinsmehle, Korallalgenkalk u. a.)

Bio-Agrar, Der Blühende Garten, Cohrs, Engelhart, Keller, Richter: Algomin (Korallalgenkalk)
Cohrs, Der grüne Baum, Keller, Neudorff, Richter: Bentonit
Cohrs, Keller, Richter: Algen-Phosphat, Luzian-Steinmehl
Der Blühende Garten, Hauri, Keller: Hauri Vulkangesteinsmehl
Keller, Neudorff: Biofort Typ L (für leichte Böden), Biofort Typ S (für schwere Böden)
Keller: Naturphosphat Gafsa, Eifelgold Urgesteinsmehl, Eifelgold Granulat
Neudorff: Urgesteinsmehl
Engelhart: Basaltmehl
Mahle (Kama): Orgamin (organisch-mineralischer NPK-Dünger)

Obstbaumpflege

Cohrs, Engelhart, Der grüne Baum, Keller, Richter: Preicobakt (für den Stammanstrich von Obstbäumen im Frühjahr und Herbst, zum Spritzen, vorbeugend gegen Schädlinge und Krankheiten)
Cohrs, Keller, Richter: Promanal (Weißöl, Frühjahrsspritzmittel gegen überwinternde Schadinsekten)
Eco-Pflanzenpflegeseife (zur besseren Haftfähigkeit aller Spritzbrühen), Lacbalsam (für alle Wund- und Veredlungsstellen)
Richter, Keller: Quast (zum Anstreichen von Preicobakt)
Keller, Neudorff:Fix-Fertig Raupenleimring
Keller: Quassia-Holz (biolog. Spritzmittel gegen Sägewespe und andere Schädlinge), Kirschfruchtfliegenfalle, Bio Baumanstrich (gegen Schädlingsbefall), Lacbalsam Veredlungsband, Winterspritzmittel Promanal (gegen Schildläuse und andere Schadinsekten)
Neudorff: Wundwachs, Baumwachs

Obstpflücker

Der Blühende Garten: Obstpflücker »Baumgiraffe« mit Teleskopstange, Baumsäge, Zweigabschneider

Organische pflanzliche und tierische Dünger, Mischdünger (mit Zusatz von Korallalgenkalk, Gesteinsmehlen usw.)

Cohrs, Engelhart, Der grüne Baum, Keller, Richter: Polymaris Universal (Heil-, Wildkräuter, Nordmeeralgen, organische Dünger)
Cohrs, Der grüne Baum, Keller, Richter: Algifert Spritzpulver, Algifert Flüssigextrakt (Meeresalgen), Eco-Vital (Horn-, Knochen-, Blutmehl, Algen-, Stein-, Tonmehl, Kräuter), Eco-Vital S (ohne Kalk)
Der Blühende Garten, Cohrs, Keller, Richter: Rizinusschrot
Bio-Agrar, Cohrs, Keller, Richter: Super-Stallatico (Schaf-, Pferde-, Rinderdung kompostiert)
Cohrs, Engelhart, Keller, Mahle (Kama): Hornspäne
Cohrs, Engelhart, Keller, Richter: Buchenholzkohlengries (kalireich, pilzhemmend), Knochenmehl
Cohrs, Keller, Richter: Eco-Brennesselpulver, Eco-Schachtelhalmpulver, Eco-Schachtelhalmschnitt (zur Herstellung von Pflanzenjauchen); California Trockenrinderdung
Cohrs, Engelhart, Mahle (Kama): Hornmehl
Engelhart, Keller: Blutmehl
Keller, Mahle (Kama): Horngrieß
Corna-Werk, Keller: Oscorna Animalin (Mischdünger, Horn-, Blutmehl), Oscorna organisch speziell für Erdbeeren, Oscorna speziell für Rosen, Oscorna speziell für Nadelgehölze, Oscorna naturreiner Blumendünger mit Hornmehl, Oscorna Rasendünger Oscornaflor
Cohrs, Richter: Eco-Blumendünger
Keller, Neudorff: Biotrissol (Flüssigdünger für Zierpflanzen), AZ-Kalk (Bodenaktivator mit Azotobacter-Bakterien, Düngekalk, Torf)
Kimmerle, Richter: Spezial-Mist-Kompost (nach der Beratung durch den Forschungsring für biologisch-dynamische Wirtschaftsweise)
Richter: Heco-Organ, vollorganischer NP-Dünger
Engelhart: Horn-, Knochen-, Blutmehl mit Frischblut; Engelharts Gartendünger auf organischer Grundlage, mit Frischblut; Engelharts Meeralgendünger
Cohrs: Knochenschrot
Keller: Horn-, Knochenmehl, Cuxin 90 (Hühnerdung kompostiert), Kutomin (2/3 Kuhdung, Bentonit, Algomin u. a.), Mistkompost, Peru-Guano, Rinden-Humus (Forestina-Humus)
Mahle (Kama): Orgahum, gekörnter Stalldung; Sanguano
Kompost-Service: Eokomit-Rosendünger, Eokomit flüssig (für Blattpflanzen, für Blütenpflanzen)

Pflanzenförderungsmittel, Blattdüngung, Mittel zur Vorbeugung gegen Schädlinge und Pflanzenkrankheiten

Cohrs, Engelhart, Der grüne Baum, Keller, Richter: Artanax (biologisches Spritzmittel auf Phytonzid-Basis, vorbeugend gegen Pilzkrankheiten und Schadinsekten), Algifert Spritzpulver, Algifert Flüssigextrakt (Konzentrat aus Meeresalgen zur biologischen Blattdüngung), Bio-S (biologisches Spritzmittel zur Vorbeugung von Pilzkrankheiten), Polymaris Universal (Flüssigdünger aus Heil- und Wildkräutern, Nordmeeralgen, vorbeugend gegen Schädlinge und Pilzkrankheiten)
Cohrs, Der grüne Baum, Keller, Richter: SPS (natürliches Pflanzenpflegemittel, bewurzelungsfördernd), Eco-Erdbeerspritzmittel, Eco-Rosenpflegemittel, Tannalgin (vorbeugend gegen Pilzkrankheiten und Schadinsekten, für Koniferen, Rhododendron und andere Immergrüne)
Cohrs, Engelhart, Keller, Richter: Eco-Schachtelhalmpulver, Eco-Brennesselpulver (zur Herstellung von Pflanzenjauchen)
Cohrs, Keller, Richter: Baldrian-Blütenextrakt (für verstärkte Blütenbildung), Etermut (biologisches Streumittel gegen Möhrenfliegen), Eco-min (Stäubemittel zur vorbeugenden Behandlung gegen Schadinsekten und Pflanzenkrankheiten, ausgenommen Azaleen, Rhododendron und andere Immergrüne), Buchenholzkohlengries (pilz-und fäulnishemmend), Schachtelhalm-Grobschnitt (Pflanzenjauchen)
Cohrs, Der grüne Baum, Keller: Eco-Blumendünger (aus Meeresalgen und Wildkräutern)
Engelhart, Tilco Biochemie: Alginure flüssig Schutzspray (gegen Welken und Verdunstung)
Tilco Biochemie: Alginure Bodengranulat (Humusversorgung), Alginure Wurzel-Dip (beides im Zusammenwirken gegen Verbrennung der Wurzeln durch zu hohe Nährstoffkonzentration und gegen Verpflanzschock)
Cohrs, Der grüne Baum: Equisan (neu entwickeltes Heil- und Wildkräuterkonzentrat, auf der Basis von Schachtelhalm, sofort einsetzbar gegen Pilzkrankheiten)
Cohrs, Richter: Eco-Schachtelhalm-Schnitt (für Pflanzenspritzmittel)

Keller, Neudorff: Bio Blattspritzmittel (pflanzliches Pflegeöl gegen Pilzkrankheiten)

Engelhart, Keller: Rainfarnkraut (für Teeabsud, gegen Schädlinge und Pilzkrankheiten)

Keller: NA-Wasserglas (zur besseren Haftfähigkeit von Spritzbrühen)

Tilco Biochemie: Eokomit flüssig (für Blattpflanzen, für Blütenpflanzen, zur Gründüngung), Quassia-Holz (biologisches Spritzmittel gegen Sägewespe und andere Schädlinge)

Regenwürmer

Oskar Angst: Tennessy-Wiggler (Regenwurmfarm)

Kockskämper (WUZ Wurmzuchtfarm), Töllner (ReFa Regenwurmfarm)

Sämereien und Pflanzen aus biologischem Anbau

Bornträger (Gewürzpflanzen, Kräutersamen), Deutsche Vegetarier-Zentrale, Geisel, Kerscher (Pflanzen), Randuja, Sperling

Zur Abwehr von Schädlingen und Pflanzenkrankheiten im akuten Stadium (siehe auch Obstbaumpflege)

Cohrs, Keller, Neudorff, Richter: Spruzit-Staub, Spruzit-Flüssigextrakt, Spruzit-Gartenspray (Pyrethrum-Präparate, Insekten- und Kaltblütergift, für Bienen unschädlich)

Cohrs, Keller, Richter: Dipel (Bacillus thuringiensis zur Raupenbekämpfung), Promanal (Weißöl, Frühjahrsspritzmittel gegen überwinternde Schadinsekten), Quiritox (pflanzlicher Köder gegen Wühlmäuse, giftig!) Eco-Ameisenstreumittel (auf Phytonzid-Wirkstoffbasis)

Keller, Neudorff: Bio-Gemüse-Streumittel, Bio-Myctan (Pyrethrum-Spray)

Corna-Werk: Oscorna Insektenschutz (Pyrethrum)

Vogelschutz

Der grüne Baum, Keller

Register